MEHR ZEIT ZU ZWEIT

...

Europatrips
ZUM VERLIEBEN

KUNTH

In hellen Pastelltönen gestrichene, kleine Häuser, die ineinander verschachtelt scheinen und durch Treppen, Terrassen [illegible] verbunden sind, [illegible]

Malerisch spiegeln sich die Fassaden der historischen Giebelhäuser Brügges im Wasser der Kanäle wider.

Das Wiener Café Central mit seinen Säulengewölben war um 1900 ein Literatentreff und erstand, aufwendig restauriert, in den 1980er-Jahren wieder auf. Aber auch in den vielen anderen Kaffeehäusern der Stadt lebt die Tradition fort.

Wenige Orte an der Algarve können mit einer solchen Vielfalt an Stränden auftrumpfen wie Lagos. Einer der schönsten ist die zweigeteilte Praia do Camilo.

M. MONIZ 12
ENTRADA
576
carris

ENDLICH ZEIT FÜR UNS!

Raus aus dem Alltag, rein ins Abenteuer? Mehr Zeit miteinander zu verbringen und den eingefahrenen Abläufen des täglichen Lebens zu entfliehen, ist in vielen Partnerschaften gar nicht so einfach. Dieses Buch will ein Ansporn dafür sein und entführt in die romantischsten Städte und an die schönsten Orte Europas. Es gibt Tipps, wie man einen Kurztrip voller Zweisamkeit am besten gestaltet. So muss man keine Zeit damit verschwenden, herauszufinden, zu welcher Jahreszeit man am besten wohin reist, wo man das unvergesslichste Candle-Light-Dinner erlebt oder in welchem Hotel man am besten die Nacht verbringt. Stattdessen kann man sich ganz auf den ursprünglichen Charme der Insel Milos einlassen, in einem Oldtimer-Cabrio die Toskana entdecken oder auf Sylt händchenhaltend ausgedehnte Strandspaziergänge machen.
Zu jeder Jahreszeit kann man an einem ganz besonderen Ort in Europa gemeinsam träumen.
Als Zeit des Erwachens, des Aufblühens und der ersten Sonnenstrahlen ist der Frühling bekannt. Und genau deshalb verbringt man ihn am besten in Gegenden, in denen das Grau des Winters schnell vergessen ist, zum Beispiel an der Côte d'Azur, wo man ein erstes Bad im Mittelmeer wagen kann. Oder man macht sich auf den Weg nach Brügge, wo die Frühlingsblumen die Stadt in ein buntes Farbenmeer tauchen.
Paris, die Stadt der Liebe, erkundet man im Sommer, wenn unter der französischen Sonne die gemütlichen Straßencafés mit einer Erfrischung locken. Alternativ kann man sich auch in der entgegengesetzten Ecke Europas an der Sommersonne erfreuen: In Ljubljana etwa ist es angenehm warm, und die Architektur des berühmten Architekten Jože Plečnik verzaubert im Sonnenlicht besonders.
Der Herbst ist die Zeit des Inselglücks: Sylt, Kreta oder Zypern – was darf es sein? Auf alle Fälle sollten ausgedehnte Spaziergänge am Strand nicht fehlen, bevor man sich bei einem romantischen Dinner den Genüssen der einheimischen Küche hingibt. Danach beobachtet man die Sonne beim Untergehen am Meer und genießt dabei einen köstlichen Inselwein. Oder man wirft sich in Dirndl und Lederhose und besucht das Münchner Oktoberfest. Nach Hause zurück kehrt man dann natürlich mit einem Lebkuchenherz.
Im Winter packt man sich warm ein und saust gemeinsam die Skipisten im Erzgebirge hinunter, bewundert den Tanz der Polarlichter über Reykjavík oder erkundet das pittoreske Stockholm. Nach einer Stadtbesichtigung heißt es dann aber: Ab an den Kamin und, unter eine gemeinsame Decke gekuschelt, einen warmen Tee schlürfen. Oder doch noch über einen Weihnachtsmarkt schlendern?
»Mehr Zeit zu zweit« bedeutet mehr als Pärchenurlaub. Dieses Buch lässt uns Europa in Liebesstimmung entdecken und uns neu verlieben – ineinander und in die schönsten Orte des alten Kontinents.

Links: Es ließe sich der Hut vom Kopf eines Passanten stehlen, so schmal ist der Fußweg an einigen Stellen der Strecke der altmodischen Straßenbahnen Lissabons und so dicht schiebt sich die alte Bahn dann an den Menschen vorbei, die durch die Alfama schlendern.

INHALT

FRÜHLING

SOMMER

HERBST

WINTER

»Es gibt zwei Arten von Städten: alle anderen und Venedig«, stellte der Schriftsteller Henry James fest. In der Stadt auf dem Wasser ist tatsächlich vieles anders. Denn Venedig erscheint uns wie eine Mischung aus Wirklichkeit und Traum, aus Geschichte und Mythos. Wohl an keinem anderen Ort der Welt ist Vergänglichkeit so unmittelbar erfahrbar wie hier.

St. Stephen's Green ist eine Oase im irischen Dublin. Die ersten Blüten im Frühling sorgen für Farbtupfer in der Parkanlage.

FRÜHLING

Mildes Wetter, blühende Bäume und charmante Straßencafés: Im Frühling bieten viele Städte und Regionen eine besonders romantische Atmosphäre. Und die erste Eiskugel des Jahres schmeckt nun besonders gut!

E BAR
48
48
Importers
OF
FINE SMOKING
TOBACCO
Always in Stock
Official Member
THE TEMPLE BAR
SIR WILLIAM TEMPLE
Traditional Irish Music
THE TEMPLE BAR
DUBLIN
EST. 1840
LIVE MUSIC DAILY

DUBLIN

Dublin eignet sich bestens für ein Wochenende zu zweit: Ein Bummel durch die quirlige Innenstadt, ein Picknick in einem der schönen Parks, Hand in Hand durch die National Gallery schlendern, und zum Abschluss einen Pint im Pub genießen! Die Stadt ist in jeder Hinsicht das Zentrum der Republik Irland: politisch, wirtschaftlich und kulturell. Dublin blickt auf eine bewegende Geschichte zurück. 1922, nach der Unabhängigkeitserklärung des irischen Freistaats von Großbritannien, wurde Dublin zur Hauptstadt. Heute lebt dort jeder achte Bewohner des Landes, dementsprechend reich und vielfältig ist das kulturelle Angebot.

Oben: An der Liffey kann man abends romantische Spaziergänge machen (Blick auf das Gebäude der Four Courts).

Links: Temple Bar ist nicht etwa nur der Name einer Szenekneipe, sondern der eines ganzen Viertels, das sich südlich der Liffey bis zur Dame Street erstreckt.

● GENERAL POST OFFICE

Das klassizistische Gebäude des General Post Office in der O'Connell Street war Schauplatz eines der wichtigsten Ereignisse der irischen Geschichte: Am Ostermontag des Jahres 1916 besetzten irische Rebellen eine Woche lang das Postamt, bis es von britischen Truppen gestürmt wurde. Heute werden in dem nationalen Denkmal wieder alltägliche Postangelegenheiten erledigt.

● O'CONNELL BRIDGE

Viele Brücken verbinden über die Liffey den Südteil mit dem Nordteil der Stadt, die prächtigste ist jedoch die 50 Meter breite, verkehrsreiche und dreibogige O'Connell Bridge aus dem späten 18. Jahrhundert. Straßenhändler verkaufen ihren Krimskrams, und von hier bietet sich ein schöner Überblick auf das emsige Treiben der O'Connell Street und über den Fluss.

● TEMPLE BAR

Das Viertel Temple Bar ist der Inbegriff des wilden Nachtlebens von Dublin. Tagsüber ist das kleine Stadtviertel fast beschaulich. Nachts jedoch geht es in den Pubs und Clubs rund. Kultivierter geht es im Irish Film Institute in der Eustace Street mit Filmarchiv, Buchladen und Restaurant sowie auf dem samstäglichen Bauernmarkt am Meeting House Square zu.

● DUBLIN CASTLE

Das Schloss ist ein gewaltiger Komplex, der jahrhundertelang Symbol der verhassten englischen Herrschaft war. Die Wikinger errichteten dort im Jahr 841 ein Fort, die Anglonormannen erweiterten es einige Jahrhunderte später zur Burg. Während der britischen Herrschaft diente das Gebäude als Hauptsitz des englischen Vizekönigs in Irland sowie als Hauptquartier der Polizei und als Gefängnis. Heute finden hier staatliche Bankette statt.

WARUM IM FRÜHLING?

Dublin hat viele romantische Seiten, die man zu zweit entdecken kann: Da sind zum einen die vielen Museen der Stadt, die zu Kunst- und Kulturgenuss einladen. Zum anderen gibt es unzählige Pubs und urige Kneipen, in denen man sich am besten mit einem guten Bier in eine ruhige Ecke setzt und der Livemusik lauscht, die abends vielerorts gespielt wird. Im Frühling laden vor allem die Parks wie etwa St. Stephen's Green zu Spaziergängen ein. Und natürlich sollte man Orte wie die O'Connell Bridge oder die Love Lane (früher Crampton Court) im Viertel Temple Bar mit ihrer Street-Art zum Verlieben nicht verpassen.

● CHRIST CHURCH CATHEDRAL

Die Kathedrale gehört wohl zu den ältesten Gotteshäusern in Dublin und wurde ursprünglich von den Wikingern gegründet. In ihrer heutigen Version wurde sie allerdings erst in den 1870er-Jahren vollendet. Neben der prachtvollen Innenausstattung ist auch die Krypta mit ihren Särgen und Grabmälern sehr sehenswert, die zum ältesten Teil der Kirche gehört.

● CHESTER BEATTY LIBRARY

Zum mächtigen Komplex des Dublin Castle gehört auch diese großartige Bibliothek. Die Sammlung besteht aus Büchern, Manuskripten, Papyrusrollen, Miniaturen und ornamentalen Gegenständen, die der Stifter Alfred Chester Beatty überwiegend im Orient, aber auch in Europa sammelte.

● ST. PATRICK'S CATHEDRAL

Die Kathedrale ist die größte Kirche Dublins und soll auf dem ältesten christlichen Grund stehen. Das weitläufige Innere der Kirche ist reich bestückt mit Grabmälern, auch mit dem von Jonathan Swift, der 1713–1745 Dekan der St. Patrick's Cathedral war, und von Turlough O'Carolan, dem letzten irischen Barden und berühmten Harfenspieler.

Unten: Am engsten mit der St. Patrick's Cathedral verbunden ist der Schriftsteller Jonathan Swift, der hier ab 1713 als Dekan arbeitete und auch in der Kirche begraben wurde: »Hier liegt der Leib des Jonathan Swift …«, lautet die von ihm selbst verfasste Grabinschrift, »wo wilde Empörung sein Herz nicht weiter zerfleischen kann.«

Unten links: Viele Brücken der Stadt schmücken Liebesschlösser.

Rechts: An Irlands Alma mater, dem Trinity College, studierten Geistesgrößen wie der Theologe und Philosoph George Berkeley, der Dichter Oscar Wilde und der Nobelpreisträger Samuel Beckett. Die Universitätsbibliothek (im Bild: der Long Room) birgt viele bibliophile Schätze, darunter das berühmte »Book of Kells«.

● ST. STEPHEN'S GREEN

Die 1664 angelegte Grünanlage ist eine wahre Oase der Ruhe in einem der belebtesten Einkaufsviertel Dublins. Neben Ententeich und lauschigen Ecken gibt es hier auch zahlreiche Denkmäler für verdiente Dubliner, aber auch für andere Persönlichkeiten und Ereignisse der Geschichte. Umgeben ist der rechteckige Park von einigen schönen Gebäuden aus dem 18. und 19. Jahrhundert.

● TRINITY COLLEGE

Die Universität wurde im Jahr 1592 auf Anweisung der britischen Königin Elisabeth I. gegründet. Einer der ältesten Bauten auf dem weiträumigen Gelände ist die Old Library (1732) mit dem Long Room, mit 64 Metern der längste Bibliotheksraum Europas. Den größten Schatz findet man in der Treasury, nämlich das »Book of Kells«, eine reich bebilderte mittelalterliche Handschrift, die etwa um 800 von Mönchen auf Iona angefertigt wurde.

● BANK OF IRELAND

Das Gebäude gegenüber dem Trinity College wurde 1739 als erstes eigens für ein Parlament errichtetes Bauwerk Europas vollendet. Kurz darauf, 1801, wurde das irische Nationalparlament aufgelöst. Ein paar Jahre später erwarb die Bank of Ireland, die hier seither residiert, das palladianische Bauwerk. Die Kassenhalle war einst die Lobby des Unterhauses.

● DOCKLANDS

Warum sollte es in Dublin anders sein als in anderen Hafenstädten? Irgendwann wurde das Hafenbecken zu klein für moderne Schiffe und das Viertel zu einem der Schandflecken der Stadt. Doch wie in London auch, war genau das die Rettung so manch alten Gebäudes – und gleichzeitig die Chance, fast im Zentrum der Stadt einen ganz neuen, modernen urbanen Mittelpunkt zu schaffen. Das Leben und Arbeiten nahe am Wasser wurde hip. Glas-, Beton- und Stahlpaläste entstanden, ein Kongresszentrum und eine Konzerthalle.

DINNER FOR TWO

CHAPTER ONE // Das etablierteste und feinste Restaurant Dublins im Kellergeschoss des Writers Museum ist mit seiner französisch angehauchten Küche noch immer eines der Spitzenrestaurants der Stadt.

// chapteronerestaurant.com

THE COBBLESTONE // Das alte Pub ist noch ein Stück Vergangenheit und die beste Gelegenheit, fast jeden Abend traditionelle irische Livemusik zu erleben.

// cobblestonepub.ie

BEWLEY'S GRAFTON STREET CAFÉ // Jeder Besucher sollte wenigstens einmal im traditionsreichen Bewley's Oriental Café eine Tasse Tee und ein süßes Teilchen verzehren. Die Innenräume zieren schöne Glasmalereien.

// bewleys.com

DELAHUNT // Für ein romantisches Dinner zu zweit der ideale Ort. Man wählt einen von drei verschiedenen Vorschlägen pro Gang und wird von der Qualität überzeugt sein.

// delahunt.ie

KULTURGENUSS

● DUBLINS THEATERSZENE
Die überschaubare, aber hochkarätige Theaterszene konzentriert sich auf eine Handvoll Spielstätten, von denen das Abbey Theatre, das Gate, das Gaiety, das Olympia und das Grand Canal die wichtigsten sind. Das jährlich Ende September, Anfang Oktober stattfindende Theatre Festival zählt zu den bedeutendsten Theaterfestivals der Welt. Am besten vorher Tickets für eine Show besorgen!

● LITERARY PUBS
Seit jeher leben und wirken Dichter, Dramaturgen und Schriftsteller in Dublin. Nicht umsonst ist sie UNESCO-Literaturstadt der Welt. Bram Stoker, James Joyce und William Butler Yeats sind nur einige Namen, mit denen man diverse Pubs und Kneipen in Verbindung bringt. Die Literary Pubs der Stadt und ihre Geschichten lernt man am besten auf einer Tour kennen.

● ST. PATRICK'S DAY
Grünes Bier ist zwar nicht unbedingt romantisch, doch die Feierlichkeiten zu Ehren des irischen Schutzheiligen sind Kult in der Landeshauptstadt. Zur Mutter aller irischen Feste kommen Hunderttausende auf den Straßen und in Veranstaltungsorten des Stadtzentrums zusammen, um den Heiligen zu ehren, der die Schlangen aus dem Land vertrieben haben soll. Straßentheater, eine Festwiese und ein Musikfestival werden geboten, der berühmte St.-Patrick's-Straßenumzug am 17. März ist der Höhepunkt.

● POWERSCOURT ESTATE GARDENS
Ein idealer romantischer Ausflug zu zweit: Direkt vor den südlichen Toren Dublins im County Wicklow erstreckt sich eine riesige Parkanlage mit italienischem und japanischem Garten, naturbelassenen Flächen und künstlichen Seen. Wegen der traumhaften Kulisse des Powerscourt Estate werden hier das ganze Jahr über Hochzeiten gefeiert. Man kann aber auch ganz ohne Anlass durch die Gärten flanieren.

ÜBERNACHTEN

CLONTARF CASTLE HOTEL //
Nur etwa zehn Minuten vom Stadtzentrum und wenige Minuten von der Dublin Bay entfernt liegt dieses Luxushotel. Ob romantisches Abendessen oder Afternoon Tea: Hier fühlt man sich wie auf Wolke Sieben.

// clontarfcastle.ie

THE SHELBOURNE // Das schönste Hotel der Stadt mit großer Geschichte (hier wurde 1922 die irische Verfassung entworfen) und mit erstklassiger Lage an Dublins hübschestem Park bietet entsprechend hochklassiges Ambiente, behielt aber seinen historischen Stil bei.

// theshelbourne.com

THE MERRION HOTEL // Neben der georgianischen Architektur, den Stuckdecken und den Antikmöbeln ist der wunderschöne Hofgarten nur noch das i-Tüpfelchen. Das Restaurant Patrick Guilbaud ist das einzige in Irland mit zwei Michelin-Sternen. Zum Entspannen lädt das Tethra Spa ein.

// merrionhotel.com

ZU ZWEIT ERLEBEN

○ DUBLINS VIELFÄLTIGE MUSEUMSWELT ERLEBEN

Gerade zu zweit macht ein Museumsbesuch besonders Spaß! Das Spektrum reicht von Kleinstausstellungen bis hin zu den gigantischen Beständen der großen Museen von nationalem Rang. So sind in der Hauptstadt der Republik neben dem National Museum etwa das Naturgeschichtliche Museum, das Irish Museum of Modern Art, das Irish Jewish Museum, das National Museum of Ireland – Decorative Arts and History oder ein Wachsfigurenkabinett ansässig. Zudem gibt es renommierte Sammlungen zu lokalen Traditionen oder über berühmte Persönlichkeiten. Auch das Kilmainham Gaol, in dem Anhänger des Irish Republican Movement während des Anglo-Irischen Krieges (1919–1921) gefangen gehalten wurden, dient heute als Museum.

○ IM »QUEEN OF TARTS« SCHWELGEN

Das winzige Café liegt in einer Seitenstraße der Dame Street und ist eine echte Oase. Morgens kann man dort frühstücken, mittags gibt es ein umfangreiches Bistroangebot von Salaten bis zu Sandwiches oder warmen Speisen. Das Beste sind jedoch die Kuchen und Törtchen, die man am besten mit seinem Partner genießt.

○ EIN SELFIE AUF DER LOVE LANE MACHEN

Dieser Straßenabschnitt hat sich in den letzten Jahren bei Dublinbesuchern zum Instagram-Hotspot gemausert. Einige Gassen im Ausgehviertel Temple Bar wurden im Zuge der Initiative »Love the Lanes« von lokalen Künstlerinnen und Künstlern in ein neues Gewand gekleidet. Wo früher Grau in Grau überging, erstreckt sich nun zwischen Essex Street und Dame Street die »Love Lane« mit bunten Street-Art-Werken, von denen man originelle Fotos machen kann.

○ ÜBER EINEN DER VIELEN MÄRKTE SCHLENDERN

Wem der Sinn nach frischem Gemüse und saftigen Früchten steht oder wer einige der an den vielen Ständen angebotenen kulinarischen Köstlichkeiten probieren will, ist hier genau richtig. Frische Lebensmittel werden (Mo–Sa) auch auf dem traditionsreichen Moore Street Market und (die ganze Woche über) in der George Street Arcade gehandelt – einer gegen Ende des 19. Jahrhunderts erbauten Markthalle mit schöner roter Backsteinfassade. Am kunterbunten Cow's Lane Designer Market (Samstag) findet man »urban streetwear« junger Modedesigner und allerlei Kunsthandwerk.

Unten links: 1998 wurde das »Queen of Tarts« von zwei irischen Schwestern gegründet, die ihre Backkunst in New York erlernt haben. In ihrem Café wollen sie Gemütlichkeit und Genuss verbreiten.

Unten rechts: Jeden Samstag verwandelt sich der große Meeting House Square im Herzen des Temple Bar District zu einem der schönsten Märkte in Dublin.

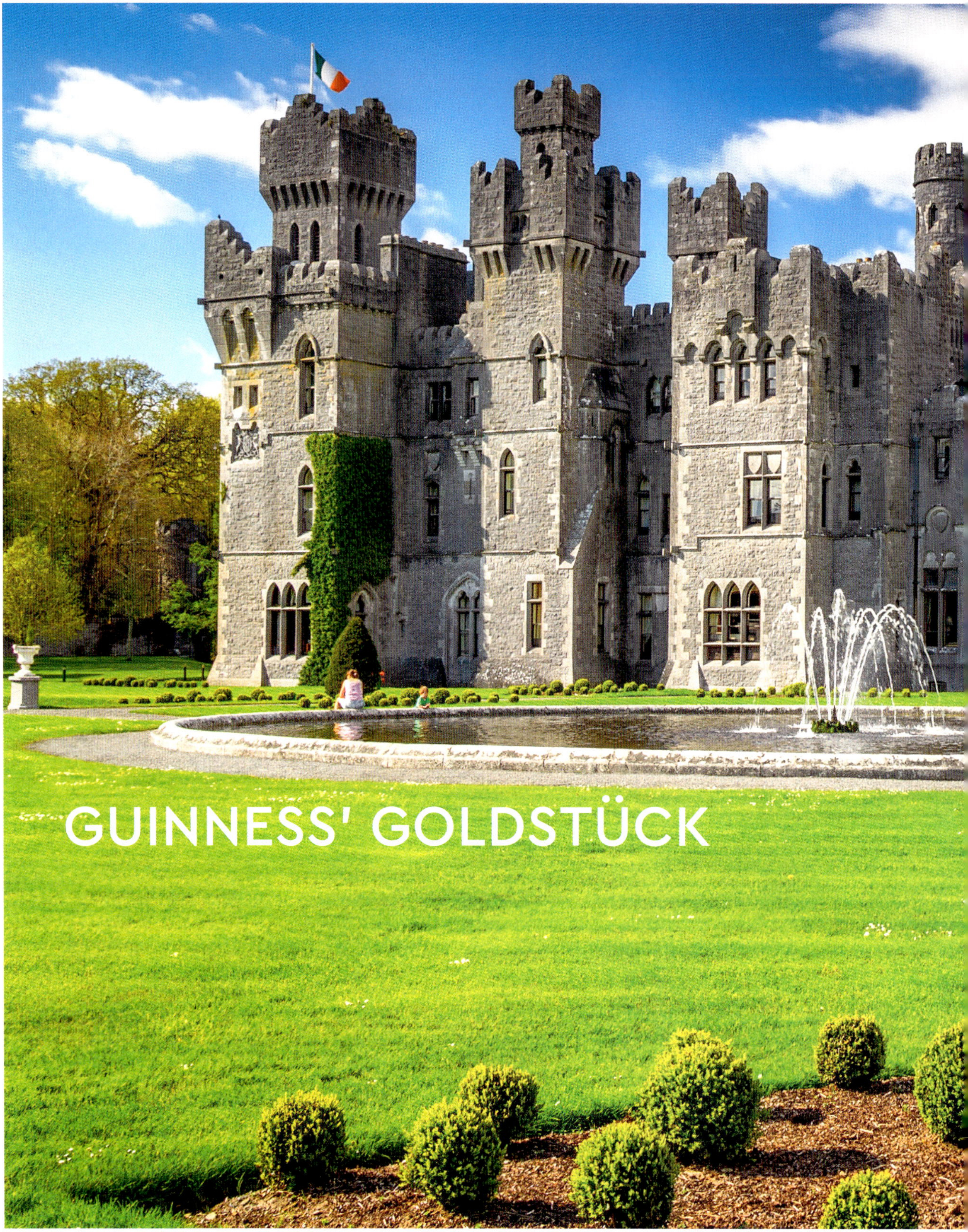

GUINNESS' GOLDSTÜCK

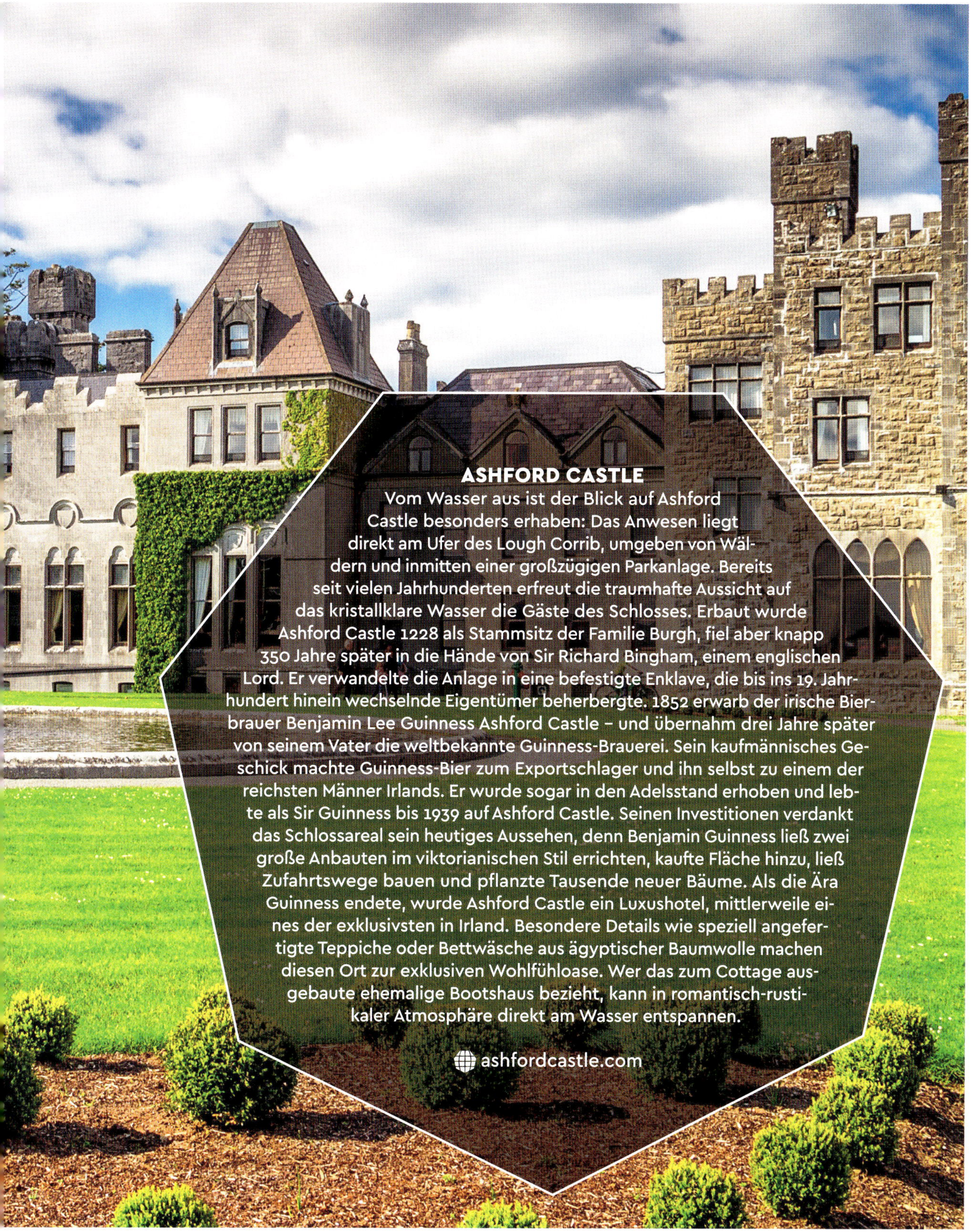

ASHFORD CASTLE

Vom Wasser aus ist der Blick auf Ashford Castle besonders erhaben: Das Anwesen liegt direkt am Ufer des Lough Corrib, umgeben von Wäldern und inmitten einer großzügigen Parkanlage. Bereits seit vielen Jahrhunderten erfreut die traumhafte Aussicht auf das kristallklare Wasser die Gäste des Schlosses. Erbaut wurde Ashford Castle 1228 als Stammsitz der Familie Burgh, fiel aber knapp 350 Jahre später in die Hände von Sir Richard Bingham, einem englischen Lord. Er verwandelte die Anlage in eine befestigte Enklave, die bis ins 19. Jahrhundert hinein wechselnde Eigentümer beherbergte. 1852 erwarb der irische Bierbrauer Benjamin Lee Guinness Ashford Castle – und übernahm drei Jahre später von seinem Vater die weltbekannte Guinness-Brauerei. Sein kaufmännisches Geschick machte Guinness-Bier zum Exportschlager und ihn selbst zu einem der reichsten Männer Irlands. Er wurde sogar in den Adelsstand erhoben und lebte als Sir Guinness bis 1939 auf Ashford Castle. Seinen Investitionen verdankt das Schlossareal sein heutiges Aussehen, denn Benjamin Guinness ließ zwei große Anbauten im viktorianischen Stil errichten, kaufte Fläche hinzu, ließ Zufahrtswege bauen und pflanzte Tausende neuer Bäume. Als die Ära Guinness endete, wurde Ashford Castle ein Luxushotel, mittlerweile eines der exklusivsten in Irland. Besondere Details wie speziell angefertigte Teppiche oder Bettwäsche aus ägyptischer Baumwolle machen diesen Ort zur exklusiven Wohlfühloase. Wer das zum Cottage ausgebaute ehemalige Bootshaus bezieht, kann in romantisch-rustikaler Atmosphäre direkt am Wasser entspannen.

ashfordcastle.com

BRÜGGE

Die Hauptstadt Westflanderns ist mit ihrer halbkreisförmigen, von Grachten durchzogenen Altstadt ein Musterbeispiel mittelalterlicher Städtebaukunst und verzaubert einen jeden Besucher. Brügge galt im Spätmittelalter nach Venedig als prachtvollste und reichste Stadt der Welt: Alle wichtigen Handelshäuser hatten in Brügge Niederlassungen, die Herzöge von Burgund hielten prunkvoll Hof und die Kunst hatte einen hohen Stellenwert. Von dem damaligen Charme hat die Stadt nichts eingebüßt. Egal, ob man die Kanäle entlang flaniert und die Schwäne füttert, über die malerische Bonifaziusbrücke geht, am Rozenhoedkaai steht oder eine Kutschfahrt durch die Altstadt macht – überall herrscht romantisches Flair. Ein Vier-Gänge-Menü in einem der vielen Spitzenrestaurants der Stadt rundet den Besuch perfekt ab.

Enge Gassen, mittelalterliche Zunfthäuser und dazwischen viele Grachten – die gesamte Altstadt von Brügge zählt zum Weltkulturerbe der UNESCO. Besonders stimmungsvoll ist der Anblick am Abend.

● MARKT MIT BELFORT

Ein Rundblick über die Stadt vom 83 Meter hohen Belfried zeigt, dass Brügge zu den Orten gehört, denen die Geschichte nicht viel anzuhaben vermochte. Brügge strahlt noch heute die stille Beschaulichkeit eines frühbürgerlichen reichen Städtchens aus, das ganz in sich selbst ruht. An diesem Eindruck ändern auch die täglichen Menschenmassen aus aller Welt auf dem Grote Markt vor dem Rathaus mit seinem zum UNESCO-Welterbe gehörenden Belfried nichts. Dreimal wöchentlich erklingt von oben wohltönend das Glockenspiel, »Carillon«, gespielt von einem echten »Beiaardier«, einem Glöckner. Dann verstummt das vielsprachige Gesumme unten für einige Minuten, um mit dem letzten Glockenschlag sofort wieder anzuheben. Der Markt, das Zentrum der Stadt, wird von schönen alten Giebelhäusern gesäumt. Mittwochmorgens findet hier der Wochenmarkt statt. Schon seit dem 10. Jahrhundert wird hier regelmäßig Markt abgehalten.

● STADHUIS

Im 14. Jahrhundert stand Brügge in seiner Blüte als Handels- und Tuchmacherstadt, Kaufleute aus ganz Europa tauschten hier ihre Waren. Ein solcher wirtschaftlicher Aufschwung beflügelt stets die Kultur, und so entwickelte sich die 40 000-Einwohner-Stadt zu einer der wohlhabendsten Regionen Europas. Den Reichtum wollten die Regierenden auch in den Repräsentativgebäuden darstellen. Das Stadhuis, wie das Rathaus auf Flämisch heißt, stammt von 1375 und gilt als eines der schönsten des Landes. Die prächtige Fassade aber hat

WARUM IM FRÜHLING?

Eine Reise nach Brügge lohnt sich zu jeder Jahreszeit. Doch gerade im Frühling sollte man hier die Beginenhöfe besuchen. Im 12./13. Jahrhundert formierte sich in vielen Städten Nordeuropas die Bewegung der Beginen: Ledige junge Frauen, die ein religiöses Leben führen wollten, ohne einem der anerkannten und meist überfüllten Konvente beitreten zu müssen, gründeten »Beginagen«, halbklösterliche Gemeinschaften, die oft aus um einen begrünten Innenhof angeordneten Einzel- oder Reihenhäusern bestanden. Heute stehen 13 Höfe in Flandern unter dem Schutz der UNESCO. Einer der schönsten ist die im Jahr 1245 gegründete Anlage Ten Wijngaarde in Brügge. Auf dem Gelände kann man schön spazieren gehen und die Frühlingsluft genießen.

schon einige ihrer kulturellen Schätze eingebüßt; die Statuen etwa, die Jan van Eyk im 15. Jahrhundert geschaffen hatte, gingen in der Französischen Revolution verloren. Innen beeindruckt der prächtige Gotische Saal. Seit über 700 Jahren residiert die Verwaltung der Stadt in diesem Gebäude.

● HEILIGBLUT-BASILIKA

Reliquien strahlen einen schwer zu fassenden Zauber aus – für viele nicht mehr unbedingt als Objekte realer Anbetung, aber als vage Möglichkeit wirksamer Kräfte, die unser Weltbild nicht zu fassen vermag. In einer von einem Glasbehälter geschützten Flasche aus Bergkristall befinden sich laut Überlieferung einige

Unten: Der Spiegelrei-Kanal war früher eine wichtige Handelsstraße.

Unten links: Van Eycks Meisterwerk »Die Muttergottes des Kanonikus Joris van der Paele« (1434).

Unten rechts: Die Heiligblut-Basilika beherbergt eine der heiligsten Reliquien in Europa – einige wenige Tropfen Blut Jesu Christi.

Rechts: Besonders schön sind die Grachten und Bauwerke von Brügge bei untergehender Sonne.

Unten: Über die Wijngaard-Brücke gelangt man zum Haupteingangstor von einem der schönsten Beginenhöfe in Brügge.

Tropfen Blut von Jesus Christus, aufbewahrt in einer Seitenkapelle der zweiteiligen Heilig-Blut-Basilika. Der untere, romanische Teil, erbaut im 12. Jahrhundert, gilt als ältestes erhaltenes Gebäude Brügges. Im oberen neogotischen Bau aus dem 19. Jahrhundert liegt die viel besuchte Seitenkapelle mit ihrem silbernen Tabernakel, in dem die Kristallflasche mit ihrem unbezahlbaren Inhalt ruht. Jährlich zu Himmelfahrt (Oktober) wird sie bei der Heilig-Blut-Prozession durch Brügge getragen.

● LIEBFRAUENKIRCHE

Nicht immer braucht es aufwendige Reisevorbereitungen im Vorfeld, um das Besondere in einer Stadt zu finden. Es reicht nur ein wenig Kunstsinn, um von der marmornen Madon-

DINNER FOR TWO

BARTHOLOMEUS // In dem mit zwei Michelin-Sternen ausgezeichneten Restaurant bereitet Bart Desmidt den Gästen höchste Gaumenfreuden. Das Menü besteht aus vier bis fünf Gängen. Während des Essens genießt man die romantische Aussicht auf die Bucht.
// restaurantbartholomeus.be

PATRICK DEVOS // Das Lokal befindet sich in einem historischen Gebäude inmitten der Altstadt. Die exquisite Einrichtung der Räume ist Stilepochen wie Louis XVI oder Art déco zuzuordnen; jeder Raum verströmt den Glanz vergangener Zeiten. Besonders romantisch ist es im Wintergarten.
// patrickdevos.be

LA BUENA VISTA // Ein Geheimtipp gefällig? Dieses Restaurant, versteckt in einer kleinen Seitenstraße, verwöhnt seine Gäste mit heimeliger Atmosphäre, tollem Service und unschlagbar guten Tapas.
// Sint-Clarastraat 43

na mit ihrem Kinde im Kircheninneren ergriffen zu werden und zu ahnen, dass dieses Werk kein gewöhnlicher Künstler geschaffen haben kann. Dazu ruht sie zu harmonisch in sich, strahlt diese besondere Kraft und Stille aus, die in Stein zu bannen nur den ganz großen Bildhauern gelingt. Michelangelo gilt als ihr Schöpfer, und allein für dieses Kunstwerk lohnt sich ein Besuch in der Liebfrauenkirche. Doch damit nicht genug: Die im 15. Jahrhundert vollendete gotische Kirche gehört zu den frühen Backsteinbauten der Region und strahlt selbst die Harmonie und Ruhe aus, die sich im Kleinen in der Madonna widerspiegelt. Der 115 Meter hohe Kirchturm prägt seit fast 700 Jahren die Silhouette der Stadt.

● SINT-JANSHOSPITAAL

Schreien, Siechen und Sterben gehörten zum Alltag im seit dem 12. Jahrhundert von Mönchen und Nonnen betriebenen Sint-Janshospitaal. Von dieser Atmosphäre ist im Krankensaal, der heute wechselnde Ausstellungen beherbergt, sowie in der Krankenhauskirche kaum noch etwas zu spüren, obwohl das Museum auch manches zur Spitalgeschichte zeigt. Still und andächtig empfangen die Räume ihre Besucher, und das scheint die angemessene Stimmung für die sechs Werke Hans Memlings (1430–1494) zu sein, die hier dauerhaft zu sehen sind. Darunter der unglaubliche »Ursulaschrein« (1489) mit sechs Darstellungen aus der Legende von den 11 000 Jungfrauen. Auch das Flügelaltarbild »Vermählung der heiligen Katharina« (1479) gehört zur Sammlung.

Das ehemalige Krankenhaus Sint-Janshospitaal liegt malerisch an einer Gracht.

ÜBERNACHTEN

HOTEL DE ORANGERIE // In einem ehemaligen Kartäuserkloster aus dem 15. Jahrhundert befindet sich eines der exklusivsten und romantischsten Hotels der Stadt.
// hotelorangerie.be

B & B CÔTÉ CANAL // Das mitten in der Altstadt gelegene Gästehaus besticht mit einem einmaligen Blick auf den Kanal.
// bruges-bedandbreakfast.be

BONIFACIUS // Die drei zur Verfügung stehenden Zimmer bieten alles, was man sich an Luxus erträumen kann.
// bonifacius.be

KULTURGENUSS

● KAAP | DE WERF

Hier erleben Besucher neben Konzerten auch beeindruckende Theateraufführungen: Das Zentrum für moderne Kunst bietet von Komödien über Dramen bis Improvisationstheater die ganze Bandbreite der Bühnenkunst.

// kaap.be

● CULTUURCENTRUM

Brügge hat ein riesiges Kulturangebot. Zahlreiche Veranstaltungen finden in einem der sieben Häuser des Cultuurcentrum statt.

// ccbrugge.be

ZU ZWEIT ERLEBEN

Unten links: Insgesamt 13 Kutschen fahren durch das wunderschöne Brügge. Über kurvenreiche Kopfsteinpflasterstraßen, die Brügger Kanäle, uralte Brücken und prächtige Plätze geht die halbstündige Fahrt im gemütlichem Tempo der Pferde. Während der Kutscher in die Geschichten der Stadt einweiht, kann man einige der Highlights bewundern, die es in Brügge zu bestaunen gibt.

Unten rechts: Wer Lust hat, selbst einmal eine Schokoladentafel herzustellen, kann sich für die einstündige Werkstatt des Schokoladenmuseums »Choco Story« anmelden.

○ ALTE MEISTER BESTAUNEN IM GROENINGEMUSEUM

Da befindet sich die nordische Kunst noch in der tiefsten Gotik, und plötzlich taucht wie ein Paukenschlag der Genter Altar der Brüder van Eyck auf und stellt alles in den Schatten, was mit Farben vorher möglich gewesen zu sein schien. Perspektive, Lichtspiele, Tiefe und die Wiedergabe unterschiedlichster Materialtexturen in einer Farbintensität und Echtheit, die schon fast hyperrealistisch wirkt – das ragt aus der Kunstgeschichte heraus. Neben van Eyck gehören Robert Campin alias der Meister von Flémalle, Rogier van der Weyden und Hans Memling zu den Großen der altniederländischen Malerei.

○ EINE GRACHTENFAHRT UNTERNEHMEN

Brügge ist eine Stadt, die man wunderbar zu Fuß erkunden kann. Aus einem völlig anderen Blickwinkel erlebt man den Ort jedoch vom Wasser aus. Die »Reien« (Kanäle) durchziehen die gesamte Stadt. Bei einer Grachtenfahrt kommt man an versteckten Gärten, mittelalterlichen Brücken und liebevoll restaurierten Häuschen vorbei, die man zu Lande vielleicht gar nicht wahrgenommen hätte. Die Boote legen an verschiedenen Stellen in der Altstadt ab.

○ INS SCHOKOLADENMUSEUM GEHEN UND DIE VIELEN CHOCOLATERIEN EROBERN

Was liegt näher als in der selbst ernannten »Hauptstadt der Schokolade« einzutauchen in die süßen Verführungen? Im Schokoladenmuseum »Choco Story« erfahren Besucher Wissenswertes über die Entwicklung der Schokolade und die Geschichte der Kakaoverarbeitung. Wem nach dem Museumsbesuch das Wasser im Munde zusammenläuft, der tut gut daran, seiner Leidenschaft zu frönen und sich in den unzähligen Chocolaterien der Stadt mit Süßem einzudecken. In allen erdenklichen Füllungen und Formen gestaltet sich eine große Auswahl.

○ EINE KUTSCHFAHRT MACHEN

Die romantische Fahrt durch die Altstadt startet auf dem Markt. Immer mittwochs kann man am Vormittag auch auf der Burg zusteigen. Die Fahrt dauert ungefähr 30 Minuten. Während die Pferdekutsche gemächlich durch die Sträßchen zieht, erklärt ein Stadtführer einiges zur Geschichte Brügges. Am Beginenhof wird meist ein Zwischenstopp eingelegt. Wer es besonders stimmungsvoll möchte, der macht die Fahrt abends, wenn die Altstadt wunderschön beleuchtet ist.

HAMBURG

Wer an Hamburg denkt, dem kommen wohl zuerst der Hafen, die Elbe und die Alster in den Sinn. Vielleicht denkt man auch an den »Michel«, den berühmten Fischmarkt, die noble Elbchaussee und die legendäre Reeperbahn. Doch die Stadt der vielen Brücken und Millionäre ist mehr. Sie ist eine pulsierende Wirtschaftsmetropole, ein internationaler Handelsplatz und eine facettenreiche Kultur- und Medienstadt. Dabei hat sich das »Tor zur Welt«, das in seiner über tausendjährigen Geschichte von schweren Schicksalsschlägen nicht verschont geblieben ist, im Lauf der Jahrhunderte immer wieder verändert und ist doch nach hanseatischer Art seiner Tradition stets treu geblieben. Gerade Für Verliebte lohnt sich eine Städtereise hierher, weil man den schönsten Sonnenuntergang am Hafen beobachten kann, abends durch die stimmungsvoll beleuchtete Speicherstadt spazieren oder ein Candle-Light-Dinner mit Blick auf die Alster genießen kann. Auch der Besuch einer Oper, eines Theaters oder Musicals darf natürlich nicht fehlen.

Oben: Von der Binnenalster bietet sich ein einzigartiger Blick über den Jungfernstieg.

Links: Als Höhepunkt der neuen HafenCity wurde die Elbphilharmonie im Januar 2017 eröffnet.

● JUNGFERNSTIEG

Der mondäne Boulevard zählt zu den beliebtesten Promeniermeilen der Stadt. Ob im traditionsreichen Alsterhaus oder in den etablierten Flagship-Stores renommierter Modelabels – hier finden Shopping-Begeisterte, was sie suchen. Am Jungfernstieg starten auch Dampfer zu einem Törn auf Binnen- und Außenalster.

● RATHAUS

Für den 1897 abgeschlossenen Bau des Sitzes von Bürgerschaft und Senat der Freien und Hansestadt Hamburg wurde jegliche hanseatische Zurückhaltung aufgegeben: Das Gebäude umfasst insgesamt 647 Zimmer, der Turm ist 112 Meter hoch, die Fassade zieren aufwendig gestaltete Skulpturen, darunter auch einige Darstellungen deutscher Kaiser.

● MÖNCKEBERGSTRASSE

Die auch als »Mö« bekannte Einkaufsstraße zwischen Rathaus und Hauptbahnhof wird von Kaufhäusern und Filialen großer Einzelhandelsketten geprägt. Auf dem Gerhart-Hauptmann-Platz finden gelegentlich kulturelle Veranstaltungen wie Konzerte und Filmvorführungen sowie ein Weihnachtsmarkt statt.

● KUNSTHALLE

Die architektonisch relativ schlicht gehaltene Kunsthalle zählt zu den bekanntesten Kunst-

WARUM IM FRÜHLING?

Wenn die Tage länger werden und in den Parks und Gärten die ersten Blumen sprießen, lockt Hamburg zu einem Wochenendtrip. Planten un Blomen lädt zum entspannten Spazierengehen ein, fangfrischer Fisch will in den Imbissbuden in Hafennähe gekostet werden, und auch die Saison für Bootsfahrten startet wieder. Zu zweit entdeckt man die Stadt auf einer Radtour oder bei einer Hafenrundfahrt. Nach dem gemeinsamen Museumsbesuch sorgt ein Picknick auf Park Fiction für Entspannung. Und beim alljährlichen »Hafengeburtstag« Anfang Mai muss man auch einmal dabei gewesen sein. Die Highlights sind die Einlaufparade der großen und kleinen Traditions- und Museumsschiffe, das Schlepperballett zu Walzerklängen, das Drachenbootrennen auf der Elbe und das Feuerwerk über dem Hafen.

sammlungen Deutschlands. Europäische Kunst mit dem Schwerpunkt deutsche Romantik wird hier chronologisch präsentiert. 1997 wurde die Kunsthalle um die Galerie der Gegenwart bereichert.

● MUSEUM FÜR KUNST UND GEWERBE

Von der Antikensammlung über islamische Kunst und Jugendstil bis zur Moderne – das MKG bietet als führendes Zentrum für Kunst, Kunsthandwerk und Design einen Streifzug durch sämtliche Epochen menschlichen Schaffens. Zu den Höhepunkten des Museums gehören neben Buchkunst auch die Sammlungen von Musikinstrumenten sowie Kleidungsstücken.

● DEICHTORHALLEN

In den beiden Hallen, in denen früher Märkte abgehalten wurden, finden heute Ausstellungen zur Gegenwartskunst statt. Die Buchhandlung für Gegenwartskunst gehört zu den bestsortierten ihrer Art in Hamburg.

● CHILEHAUS

Das zehn Stockwerke hohe Bürogebäude im Kontorhausviertel ist ein einzigartiges Beispiel der Hamburger Klinkerarchitektur der 1920er-Jahre. Sein spitzwinkliger Grundriss erinnert an den Bug eines Schiffes.

● DEICHSTRASSE

Die Deichstraße am Nikolaifleet wird von den ältesten noch erhaltenen Kaufmannshäusern

Links: Ein Höhepunkt des hanseatischen Feiertagskalenders ist der Hafengeburtstag, der Anfang Mai stattfindet.

Rechts: Übersetzt bedeutet der Name des Elbstrandabschnitts Övelgönne »Übelgunst«. Doch davon ist an einem entspannten, sonnigen Nachmittag nichts zu spüren.

der Stadt gesäumt; einige Gebäude sind aus dem 18. Jahrhundert. Die Durchgänge zwischen den schmalen Häusern sind als »Fleetgänge« bekannt.

● ST. MICHAELIS (»MICHEL«)

Das bekannteste Gotteshaus der Stadt zählt zu den schönsten Barockkirchen in Norddeutschland. Der von den Hamburgern kurz »Michel« genannte Kirchturm ist 132 Meter hoch und das Wahrzeichen der Hansestadt. Berühmt ist das Turmblasen: Vom Turm wird an Werktagen um 10 und 21 Uhr, sonntags um 12 Uhr ein Choral in alle vier Himmelsrichtungen geblasen.

● SPEICHERSTADT UND HAFENCITY

Der Hafen ist das lebendige Herz der Elbmetropole. Hier liegen Vergangenheit und Zukunft dicht beieinander: Die Speicherstadt mit ihren imposanten Backsteingebäuden entstand Ende des 19. Jahrhunderts für die zollfreie Lagerung von Waren aus aller Welt. Direkt daneben wächst Hamburgs neues Quartier mit grandiosem Blick auf Schiffe und Kaianlagen: die HafenCity, eines der größten urbanen Projekte Europas.

● ELBPHILHARMONIE

Hamburgs spektakuläres neues Wahrzeichen: 2004 beauftragte der Senat das renommierte schweizerische Architekturbüro Herzog & de Meuron mit den Planungen für die Elbphilharmonie, der Grundstein wurde drei Jahre später gelegt. Auf dem als Sockel dienenden historischen Kaispeicher erhebt sich ein geschwungener Glasaufbau, der insgesamt 110 Meter hoch aufragt. In seinem Inneren beherbergt er zwei Konzertsäle.

● ST. PAULI-LANDUNGSBRÜCKEN

Wohl jeder Besucher der Stadt kommt einmal zu den Landungsbrücken, um Hafenluft zu schnuppern oder einfach um mit Blick auf den Hafen ein Fischbrötchen zu essen. Zu allen Jahreszeiten herrscht an der 688 Meter langen Anlegestelle reges Treiben. An den Landungsbrücken starten und enden die Ha-

Das Wasserschloss Speicherstadt liegt auf einer Halbinsel zwischen zwei Fleeten.

DINNER FOR TWO

WILLIAMINE // Das wohl kleinste Gourmetrestaurant Hamburgs verwöhnt die Gaumen der Verliebten auf höchstem Niveau.
// williamine.de

HIMMLISCHES CAFÉ // Nirgendwo sonst in der Stadt kommt man bei Kaffee und Kuchen dem Himmel so nah wie in dem 84 Meter hohen Turmcafé. Der fantastische Ausblick auf die Innenstadt und die Alster ist unschlagbar.
// jacobus.de

WASSERSCHLOSS // Im Herzen der Speicherstadt zwischen zwei Fleeten liegt dieses Lokal. Eine angemessenere Kulisse für ein Abendessen zu zweit gibt es wohl kaum.
// wasserschloss.de

CLOUDS – HEAVEN'S BAR & KITCHEN // Dies ist das höchstgelegene Restaurant der Stadt. Gäste dinieren über den Dächern Hamburgs. Spektakulärer Panoramablick!
// clouds-hamburg.de

fenrundfahrten. Das 205 Meter lange Abfertigungsgebäude wurde 1907 bis 1909 erbaut und steht seit dem Jahr 2003 unter Denkmalschutz.

● ALTER ELBTUNNEL

Am westlichen Ende der Landungsbrücken unterquert der 426,50 Meter lange Alte Elbtunnel die Norderelbe. Im Gegensatz zu Autos können Fußgänger und Radfahrer den 1911 eröffneten Tunnel kostenlos und ohne zeitliche Begrenzung nutzen.

● REEPERBAHN

Diese 930 Meter lange Straße im Herzen von St. Pauli zählt sicher zu den bekanntesten in Deutschland. Bars, Amüsierlokale und Kulturstätten säumen die Reeperbahn zu beiden Seiten. Ihren Namen verdankt sie den Reepschlägern, die hier bis zum Ende des 19. Jahrhunderts Schiffstaue drehten.

KULTURGENUSS

● HAMBURGISCHE STAATSOPER

Das älteste Opernhaus Deutschlands zeigt das gesamte Spektrum des Musiktheaters von der Barockoper bis zur zeitgenössischen Uraufführung – und das auf höchstem Niveau. Virtuosen der Klassik gehen hier täglich ein und aus. Experimentelles Musiktheater bietet die kleine Bühne »Opera stabile«.

// staatsoper-hamburg.de

● LAEISZHALLE

Das neobarocke Konzertgebäude von 1908, eine Schenkung des Reeders Carl Heinrich Laeisz, bietet das passende Ambiente für klassische Musikabende, sowohl für Aufführungen der diversen heimischen Orchester als auch für Gastspiele der internationalen Stars der Branche.

// elbphilharmonie.de/de/laeiszhalle

● KUNSTMEILE HAMBURG

Mit dem 3-Tages-Pass erhalten Besucher an drei aufeinanderfolgenden Tagen freien Eintritt in alle fünf Häuser der Kunstmeile: Bucerius Kunst Forum, Deichtorhallen, Kunsthalle, Kunstverein und Museum für Kunst und Gewerbe.

// kunstmeile-hamburg.de

ÜBERNACHTEN

CAP SAN DIEGO // Wo könnte man in Hamburg stilechter übernachten als an Bord eines Schiffes im Hafen? Auf dem ehemaligen Südamerikafrachter wurden die neun Passagierkabinen für Übernachtungen wiederhergerichtet.

// capsandiego.de

AMERON HAMBURG HOTEL SPEICHERSTADT // Mitten im UNESCO-Welterbe Speicherstadt und nahe der Elbphilharmonie bietet das Hotel modernen Komfort. Das Spa- und Wellnesscenter verwöhnt die Gäste.

// ameronhotels.com/de/hamburg-hotel-speicherstadt

FAIRMONT HOTEL VIER JAHRESZEITEN // Allein der Blick auf die Binnenalster sorgt in diesem traditionsreichen, luxuriösen Haus für Herzklopfen. Das Fairmont zählt zu den Top-Adressen der Stadt.

// fairmont.com/vier-jahreszeiten-hamburg

ZU ZWEIT ERLEBEN

○ EINE RADTOUR DURCH HAMBURG MACHEN

Die Hamburger lieben ihren Drahtesel. Warum also nicht auch als Tourist das Zweirad bevorzugen und so die schönsten Orte der Stadt entdecken? Unter den 200 Leihstationen in der Stadt gibt es verschiedene Optionen: Man mietet Räder für wenige Stunden oder bis zu mehrere Tage (Tipp: Mit der Stadtrad-App kann man von einem Account aus zwei Räder auf einmal leihen). Und dann nichts wie in die Pedale treten! Am schönsten ist das Raderlebnis zu zweit, denn man kann spontan Halt machen, ein Eis essen, ein Picknick machen oder einfach gemeinsam die Aussicht auf den Hafen oder die Alster genießen.

○ CANDLE-LIGHT-SCHWIMMEN

Kerzenschein und Wasser? In zwei Bädern in Hamburg erfahren Verliebte beim Candle-Light-Schwimmen Romantik pur: immer freitags von 20 bis 23 Uhr im Holthusenbad und samstags zwischen 18.30 und 23 Uhr in der Bartholomäus-Therme. Bei stimmungsvoller Unterwasserbeleuchtung, gedämpftem Kerzenlicht und klassischer Musik wird das Baden zum romantischen Erlebnis.

○ WASSERLICHTKONZERT IN PLANTEN UN BLOMEN

Ein Event zum Verlieben in Hamburgs Parkanlage ist das Wasserlichtkonzert, das von Mai bis September jeden Abend veranstaltet wird. Klassische Musik ertönt von einer Musikanlage, während dazu im Takt bunt beleuchtete Wasserfontänen in den Himmel schießen.

○ GONDELFAHRT IM VENEDIG DES NORDENS

Eine romantische Gondelfahrt verbindet man zunächst mit Venedig. Doch auch in Hamburg gleitet man in einer Gondel von Ina Mierig über die Alsterkanäle: übrigens die einzige original venezianische Gondel in ganz Deutschland! Bei einem Ausflug zu Wasser bekommt man Hamburg von einer einzigartigen Seite zu sehen und genießt dabei traute Zweisamkeit.

○ FISCHBRÖTCHEN ESSEN

Fischbrötchen sind klassische norddeutsche Snacks. Mit Matjes, Krabben oder Fischfrikadelle gibt es sie natürlich am Fischmarkt oder bei Brücke 10 an den Landungsbrücken. Zur Untermalung dem Dröhnen der Schiffe lauschen!

Unten links: Einzigartig für Deutschland ist Hamburgs Gondoliera, die ihre Passagiere auf eine romantische Tour über die Außenalster mitnimmt.

Unten rechts: Fischbrötchen, Füße im Sand und große Schiffe beobachten: Herz, was willst du mehr?

CINQUE TERRE

Pastellfarbene Häuserfassaden, türkisblaues Wasser, eine Brise Meeresluft und mediterrane Küche – all das verleiht den »fünf Orten« (Cinque Terre) nördlich von Portovenere Flitterwochen-Atmosphäre. Die malerischen Orte Monterosso, Vernazza, Corniglia, Manarola und Riomaggiore sowie die Inseln Palmaria, Tino und Tinetto machen einen der reizvollsten Küstenabschnitte der Riviera aus. Spektakulär kleben die »Cinque Terre« an den Felsen und Buchten der ligurischen Steilküste zwischen Levanto und Portovenere.

Oben: Schmale Wanderpfade führen von einem Küstenort in den nächsten.

Links: Entlang der Küste von Monterosso zieht sich ein schöner Sandstrand.

RIOMAGGIORE

Riomaggiore ist vielleicht das optisch attraktivste der Cinque-Terre-Dörfchen. Rechts und links einer winzigen Bucht, an der sich eine Rampe für die Fischerboote befindet, zieht sich der Ort nach oben. Die Boote selbst liegen am Rand des Sträßchens, das sich vom Hafen nach hinten ausdehnt, auf dem Trockenen. Denn der Hafen, wenn man ihn so nennen mag, ist viel zu klein, um sie alle aufzunehmen. Die Fassaden sind in mediterranen Farben gestrichen und meist verwittert. Romantischer jedenfalls als in dem Ort mit den vielen kleinen Restaurants und Bars und den sehr zahlreichen Ferienwohnungen lässt sich in der Cinque Terre kaum Urlaub machen.

CORNIGLIA

Corniglia ist ein Traum. Es liegt am Rande einer steilen Klippe in Richtung Meer, auf einem Felsvorsprung in 100 Meter Höhe, und ist umgeben von ausladenden Weinbergen. Das Örtchen ist das kleinste, aber gleichzeitig das höchstgelegene der Cinque Terre. Ein Geheimtipp für einen spektakulären Ausblick auf die Riviera ist die große Terrasse hinter der Cappella dei Flagellanti di Santa Caterina. Die Kapelle liegt auf dem Hauptplatz und wurde im 18. Jahrhundert erbaut. Corniglia ist der einzige Ort der Cinque Terre, der keinen eigenen Hafen besitzt. Die Anreise per Auto ist sehr mühsam, daher lieber den Zug nehmen oder zu Fuß nach Corniglia gehen.

MONTEROSSO AL MARE

Monterosso al Mare hat trotz seiner gleichfalls bezaubernden Nachbarorte gleich mehrere Alleinstellungsmerkmale. So besitzt der Ort den einzigen echten Sandstrand der Cinque Terre, außerdem ist das Dorf durch einen ins Meer ragenden Felsen in zwei Teile getrennt. Durch diesen führt ein gut 100 Meter langer Fußgängertunnel, auf dem der Wachtturm Torre Aurora steht. Optisch noch ein wenig spannender allerdings ist die Statua del Gigante auf der westlichen Seite der Bucht. Der 14 Meter hohe Koloss, der den Meeresgott Neptun darstellt, soll der Legende nach die Fischer beschützen. Die 170 Tonnen schwere Figur blickt mit ihrem nach vorne gebeugten Kopf auf den Strand und das Meer. Sie wurde im Jahr 1910 von dem Architekten Francesco Levacher entworfen und durch den Bildhauer Arrio Minerbi aus dem Stein gemeißelt. Nach Beschädigungen im Zweiten Weltkrieg wurde sie in etwas anderer Form wiederaufgebaut.

● MANAROLA

Manarola ist vermutlich das älteste der fünf Dörfer. Ganz sicher weiß man es nicht, doch der Grundstein der Kirche San Lorenzo trägt das Datum des Jahres 1160. Interessant ist aber auch, dass der Weinanbau in Manarola eine lange Tradition haben muss: Römische Schriften wiesen auf den Sciacchetrà hin, der hier gekeltert wurde und noch heute auf terrassenförmigen Feldern angebaut wird. Die Häuser des einstigen Künstlerdorfes scheinen am Hang in aberwitzigen Verschachtelungen aneinander- und übereinandergeklebt zu sein. Wer Zeit hat, sollte einen Abstecher zur kleinen Wallfahrtskirche Nostra Signora della Salute in Volastra machen.

● VERNAZZA

Der Ort wirkt so, als sei er in die Berge hineingegossen: Wie ein Bollwerk erhebt sich eine Klippe über dem Meer und schirmt hinter sich einen natürlichen Hafen ab. Ein Bach mündet direkt in das Mittelmeer und liefert Süßwasser. Bei derart perfekten Voraussetzungen ist es kein Wunder, dass sich die Geschichte von Vernazza bis in das Jahr 1080 zurückverfolgen lässt. Damals schon fungierte das Städtchen als Hafen für die Genueser Flotte. Immer wieder kamen Piraten, sodass man begann, stärkere Wälle und Festungen zu errichten. Das Kastell Doria an der Spitze des Ortes ist älter als 1000 Jahre und wurde immer wieder erweitert und ergänzt. Beeindruckend!

ÜBERNACHTEN

MONTEROSSO AL MARE: L'EREMO DI SANTA MARIA MADDALENA // Die Mauern eines Klosters aus dem 13. Jahrhundert beherbergen eine der exklusivsten Unterkünfte der Cinque Terre. Die traumhafte Lage ist kaum zu übertreffen! Allerdings sollte man lange im Voraus reservieren.

// lamaddalenacinqueterre.it

MANAROLA: LA TORRETTA LODGE // Im Inneren eines alten Turms befindet sich dieses kleine, schicke Hotel. Die Zimmer sind äußerst geschmackvoll eingerichtet, die Aussicht auf die Küste ist einmalig schön!

// torrettas.com

DINNER FOR TWO

BAR E VINI A PIÈ DE MÀ, RIOMAGGIORE // Die wohl beste Aussicht des gesamten Ortes hat man von der Terrasse dieses Lokals aus: Man blickt hinüber zum berühmten »Liebespfad« (Via dell'Amore), der die Dörfer Riomaggiore und Manarola verbindet und sich steil über dem Meer entlangzieht. Auf der Speisekarte findet man hausgemachte Pasta und Meeresfrüchte.

// apiedema.it

ZU ZWEIT ERLEBEN

Unten links: Von dem Restaurant Nessun Dorma hat man einen fantastischen Blick auf Manarola, das vermutlich älteste Dorf der Cinque Terre.

Unten rechts: Der Wanderweg nach Corniglia führt durch alte Weinberge. Auf einem Felsvorsprung liegt der kleine Ort mit den bunten Häusern.

○ AUF DEM LIEBESPFAD WANDELN

Küssen Sie sich auf der berühmten Via dell' Amore, dem »Liebespfad« zwischen Manarola und Riomaggiore. Es handelt sich um einen Spazierweg mit äußerst romantischen Sonnenuntergängen, der leider aufgrund von Erdrutschen 2012 geschlossen wurde. Seine Wiedereröffnung soll voraussichtlich 2024 erfolgen. Nach zwölf Jahren ist dann die »romantischste Straße der Welt« wieder begehbar. Informieren kann man sich darüber vor Ort.

○ EINE BOOTSFAHRT UNTERNEHMEN

Nicht nur auf Schusters Rappen kann man die malerisch gelegenen Dörfer erkunden. Es lohnt sich mindestens genauso, die Cinque Terre vom Wasser aus unter die Lupe zu nehmen. Wer sich den Ortschaften von der Küste aus nähert, erlebt den Anblick wahrer Postkartenmotive, denn die fünf Dörfer mit ihren steil an die Hänge gebauten Häusern, die Steilküste mit ihren weinbepflanzten Hängen und die atemberaubenden Ausblicke aufs Meer suchen ihresgleichen.

○ BESUCH EINER WEINTERRASSE

Von den Muretti a secco, trockenen Mäuerchen also, gehalten, bieten die landwirtschaftlichen Terrassen in den Cinque Terre ein beeindruckendes Bild. Geschaffen über Generationen hinweg, wurden auf ihnen neben Wein auch Oliven und Gemüse angebaut. Vom Wanderweg zwischen Corniglia und Volastra aus kann man sie besonders gut von oben bestaunen.

○ GEMEINSAM DIE KOCHKÜNSTE AUFFRISCHEN

Wer gern behaupten möchte, echt italienisch kochen zu können, sollte sich die Gelegenheit nicht entgehen lassen, bei seinem Besuch in Cinque Terre an einem der Kochkurse teilzunehmen. Besonders beliebt sind die Kurse, in denen man lernt, traditionelles Pesto selbst zu machen. Aber auch das regionale Olivenöl findet Beachtung.

CORNWALL

Wo die Wärme des Golfstroms England streift, begegnet man mit wildromantischen Küstenlinien, malerischen Cottages, gemütlichen Fischerdörfern und prächtigen Herrensitzen einem Postkartenmotiv nach dem anderen. Angekommen auf der romantischen Halbinsel, erwacht man in der puren Rosamunde-Pilcher-Idylle. Der Südwesten Englands hat eine Fülle touristischer Attraktionen zu bieten: geheimnisvolle Steinkreise und majestätische Kathedralen und der fruchtbare »Garten Englands«. Schmucke Fischerörtchen wie Cawsand und Kingsand, die Gezeiteninsel St Michael's Mount, weite Sandstrände bei St. Loy, Porthcurno und natürlich der westlichste Punkt Englands, »Land's End«, ermöglichen viel Zweisamkeit.

Oben: Der einäugige Nelson war über 25 Jahre lang ein häufiger Besucher von Looes Hafen und ein Entertainer der Gäste. Nach ihrem Tod im Jahr 2003 setzte man der Kegelrobbe ein Bronzedenkmal.

Links: Die Strand-Grasnelke leuchtet mit den Farben des Himmels um die Wette und blickt auf die Bedruthan Steps herab.

● LOOE

Schon seit dem Mittelalter verbindet eine steinerne Brücke die beiden Orte am West- und Ostufer des River Looe, der hier ins Meer mündet. Erst 1898 wurden die beiden Teile unter reichlich Protest zu einer Stadt vereinigt. Neben dem Fischfang wurden über die Häfen Kupfer- und Zinnerze aus dem Hinterland verschifft, bis die Eisenbahn diese Rolle übernahm. Mit dem viktorianischen Ideal, an der See Urlaub zu machen, entwickelte sich Looe mehr und mehr zu einem Touristenstädtchen mit vielen Hotels, Bed&Breakfast-Angeboten und entsprechenden Freizeitmöglichkeiten. Neben Wandern, Segeln und Tauchen spielen Touren aufs offene Meer eine große Rolle. Nirgendwo sonst an der Küste stehen die Chancen so gut, einen Hai an den Angelhaken zu kriegen.

● NEWQUAY

Einst war der Fischerort auf Sardinen spezialisiert, die in den Mittelmeerraum exportiert wurden. Im 19. Jahrhundert wurde er dann zum wichtigsten Hafen an der Nordwestküste Cornwalls. Grund dafür waren die Vorkommen von Kohle und Kaolin. Mit dem Eisenbahnanschluss setzte bald auch die touristische Entwicklung ein, die die Stadt seit über 100 Jahren zu einem der wichtigsten Zentren der Region macht. Eine ganze Reihe kleinerer Strände, geschützt von mächtigen Felsvorsprüngen, laden große und kleine Besucher zum Baden ein. Vor allem der Fistral Beach ist ein Mekka der Windsurfer und Wellenreiter, die sich hier zu ihren jährlichen Wettkämpfen treffen. Ein weiteres Highlight sind die Boardmasters, ein Musik- und Surffestival.

WARUM IM FRÜHLING?

Das milde Klima macht den Frühling ideal zum Wandern, und auch die Orte in Cornwall sind noch nicht so überlaufen wie im Sommer. Strandspaziergänge zu zweit, bei denen einem nicht eine Seele über den Weg läuft, sind nahezu allerorts möglich. Auch zaubert die noch tief stehende Sonne wunderbar warme Lichtstimmungen. Das Hauptargument für eine Reise zu dieser Jahreszeit ist jedoch die bunte Blumenpracht, von Magnolien bis zu Bluebells, die jetzt die gesamte Region regelrecht zu überschwemmen scheint.

● BEDRUTHAN STEPS

In einer Bucht zwischen Newquay und Padstow liegen fünf mächtige Felsblöcke malerisch am Strand, wie von überirdischen Kräften dort hingeworfen. Schon früh beflügelten sie die Fantasie der Reisenden, die sie schließlich zu Trittsteinen des mythologischen Riesen Bedruthan machten. Doch beruht ihre Entstehung allein auf der Auswaschung der Gesteinsschichten.

● ST MICHAEL'S MOUNT

Vor der Stadt in der St Michael's Bay thront stolz auf einer Granitinsel die alte Burg St Michael's Mount. Die Legende berichtet, dass Fischern 495 n. Chr. der Erzengel Michael auf dem Felsen über dem Meer erschienen sei. Das schroffe Eiland im Westen Cornwalls hieß fortan St Michael's Mount und man errichtete darauf eine Kirche. Das Benediktinerkloster ging 1535 in den Besitz der Krone über und wurde in eine Festung umgewandelt. Historiker datieren die Klostergründung auf das 8. Jahrhundert. In jener Zeit errichteten keltische Mönche auf dem Mont-Saint-Michel in

Unten links: Einzelne Felsen und kleine Inseln sind der Küste Cornwalls vorgelagert, Leuchttürme wie der auf Godrevy Island sind keine Seltenheit.

Unten rechts: Abendsonne am Porthmeor Beach in St Ives.

Oben: Das Shell House im Tresco Abbey Garden auf den Scilly Isles macht seinem Namen alle Ehre, denn im Inneren ist es komplett mit Muscheln ausgekleidet.

der Bretagne ein Kloster, das seinem Pendant in Cornwall verblüffend ähnlich sieht. Bei Ebbe lässt sich die Bucht zu Fuß überqueren, ansonsten verkehren Boote. Der 70 Meter hohe Felsenberg belohnt den Aufstieg mit einem Ausblick über die Penwith-Halbinsel.

● PENZANCE

Die – immerhin – größte Stadt Cornwalls ist Penzance mit gerade einmal 21 000 Einwohnern. Der Ort, der beinahe an der äußersten Spitze der Halbinsel liegt, empfiehlt sich als Ausgangspunkt für eine herrliche, 35 Kilometer lange Fahrt über die Penwith-Halbinsel nach Land's End. Die Gegend wird wegen ihres milden Klimas auch »Cornish Riviera« genannt. Das Ortszentrum bildet das alte Viertel zwischen Chapel Street und Market Jew Street, in dem noch die längst vergangene Seefahrerzeit zu spüren ist.

● ST IVES

Heute wird Cornwall primär mit Stränden und Badeferien verbunden – der Tourismus ist auch die Haupteinnahmequelle des Künstlerstädtchens St Ives, in dem schon William Turner das Licht schätzte. Graue Granithäuschen prägen das ehemalige Fischerdorf mit einem der schönsten Strände Cornwalls. Fasziniert von Licht und Landschaft, kamen seit dem vergangenen Jahrhundert Maler und Bildhauer nach St Ives. Inzwischen hat die Tate Gallery hoch über dem nördlichen Porthmeor Beach ein Museum eröffnet, in dem unter anderem die Werke der Künstler von St Ives zu bewundern sind.

● LAND'S END

Den westlichsten Punkt Englands prägt eine offene Heide- und Moorlandschaft, die von archäologischen Stätten geradezu übersät ist: Grabmale aus der Eisen- und Bronzezeit, Steinkreise, keltische Kreuze und ganze Dör-

DINNER FOR TWO

MARAZION: THE GODOLPHIN // Nach einem romantischen Candle-Light-Dinner Hand in Hand am Strand spazieren gehen – das ist in diesem familiengeführten Restaurant möglich. Auch Frühstück und Mittagessen schmecken hier köstlich!
// thegodolphin.com

PADSTOW: PAUL AINSWORTH AT NO.6 // Dieses mit einem Michelin-Stern ausgezeichnete Restaurant ist in einem georgianischen Haus mitten in Padstow untergebracht. Auf der Karte steht moderne britische Küche.
// paul-ainsworth.co.uk/number6

PENZANCE: VICTORIA INN // Nobel und traditionsbewusst präsentiert sich eines der ältesten Inns von Cornwall. Saisonale Zutaten und regionale Rezepte werden kombiniert mit stilvoller Einrichtung und einer gut sortierten Bar. // victoriainn-penzance.co.uk

NEWQUAY: LUSTY GLAZE BEACH BAR & RESTAURANT // Versteckt in einer Bucht, besticht das Lokal durch seine exklusive Lage und seinen Privatstrand.
// lustyglaze.co.uk

fer aus der Zeit vor Christi Geburt zeugen von der jahrtausendealten Siedlungsgeschichte. Unentwegt branden die Wogen des Atlantiks gegen die mächtigen Felsen, die von den Griechen Belerion – »Sitz der Stürme« – genannt wurden. Die Spitze der britischen Hauptinsel wird heute von einem viel besuchten Themenpark dominiert, der sich mit der Geschichte Cornwalls befasst. Das westliche Ende des britischen Festlandes ist bis heute ein symbolischer Ort geblieben.

ÜBERNACHTEN

NEWQUAY: THE SCARLET // Modern, luxuriös und direkt am Meer gelegen, ist das Scarlet ideal für alle, die sich gern hohe Ansprüche erfüllen lassen – bis hin zum Entspannen in Pool und Spa-Bereich.
// scarlethotel.co.uk

MEVAGISSEY: TREVALSA COURT HOTEL // »Trevalsa« ist Cornish und bedeutet »Haus auf der Klippe«. Das geschmackvoll eingerichtete Boutique-Hotel eignet sich perfekt für ein romantisches Wochenende.
// trevalsa-hotel.co.uk

PADSTOW: ST PETROC'S HOTEL // Wer es gern idyllisch hat, sollte zur Unterkunft ein klassisches Bed & Breakfast in Betracht ziehen. Dass man dabei nicht auf den gewissen Komfort verzichten muss, zeigt St Petroc's in Padstow.
// rickstein.com/stay/st-petrocs-hotel

KULTURGENUSS

● DIE GALERIEN VON ST IVES

Kunstliebhaber sollten sich St Ives nicht entgehen lassen. Überall findet man Galerien, die unterschiedlichste Kunstwerke zur Schau stellen und zum Kauf anbieten, von klassischen Ölgemälden bis zu modernen Skulpturen oder handgefertigter Keramik.
// stives-cornwall.co.uk

● LOST GARDENS OF HELIGAN

Nach dem Ersten Weltkrieg versank diese Gartenanlage in einen Dornröschenschlaf. Seit etwa 30 Jahren erstrahlen die Bäume und Blumenbeete der Lost Gardens wieder in all ihrer Schönheit. // heligan.com

● THE MINACK THEATRE

Im wahrsten Sinne des Wortes ins Kliff gemeißelt wurde dieses Freilufttheater in Porthcurno. Das blaue Meer, atemberaubende Sonnenuntergänge und dramatische Wolkenformationen liefern die natürliche Kulisse zu den hier aufgeführten Theaterstücken.
// minack.com

AUSFLÜGE

● ISLES OF SCILLY

40 Kilometer vor der Küste liegen im Südwesten die 140 Scilly-Inseln, die per Fähre von Penzance aus zu erreichen sind. Die rund 2000 Einwohner, die vom Tourismus und Blumenexport leben, verteilen sich auf fünf bewohnte Inseln. Zu Fuß oder per Fahrrad lassen sich die Inseln mit ihren Granitfelsen, weißen Sandstränden und idyllischen Buchten bestens erkunden.

ZU ZWEIT ERLEBEN

○ DAS EDEN PROJECT BESUCHEN

Riesige geodätische Kuppeln sieht man von Weitem: Das spektakuläre Eden Project bei Bodelva wurde auf einem 14 Hektar großen Gelände in einer stillgelegten Kaolingrube verwirklicht. In zwei gigantischen Gewächshäusern bildeten Gärtner zwei Klimazonen nach – die tropische Regenwaldzone und die mediterrane Zone. Die Häuser sind dicht mit Pflanzen dieser Regionen bewachsen, sodass sich ein natürliches Ökosystem entwickeln konnte.

○ AUF KÖNIG ARTUS' SPUREN WANDELN

Die sagenumwobenen Ruinen auf Tintagel Head gelten als der Geburtsort von König Artus. Hinter dem kleinen Ort Tintagel führt ein Weg über die Klippen zu einer von bröckelnden Mauern gekrönten grünen Felskuppe im Atlantik, die über steile Treppen zu erreichen ist.

○ EINE ZUGFAHRT MACHEN

Sich zurücklehnen und die Welt an einem vorbeiziehen lassen – das kann man auf einer gemütlichen Zugfahrt mit einer der Linien zwischen Par und Penzance. Hier liegen einige der schönsten und romantischsten Zugstrecken Südenglands.

○ PASTIES, PASTRIES UND PIES

Für ihr Brot sind die Briten nicht gerade berühmt, wohl aber für ihr Gebäck. Pastries können aus Mürbe-, Blätter- oder Brandteig bestehen und sowohl süß als auch herzhaft gefüllt sein. Bei typisch britischen Pies spielt die Füllung die Hauptrolle. Der Teig ist meist ungezuckert, dafür aber sehr fett. Auf diesem Boden werden dann Obst- – Äpfel, Heidelbeeren, Kirschen oder Rhabarber – oder Nuss- und Sirupmischungen gebacken. Die Cornish Pasty dagegen ist eine halbmondförmige Teigtasche, die mit Rindfleisch, Kartoffeln, Zwiebeln und Rüben gefüllt ist.

○ IM JUBILEE POOL BADEN

1935 eröffnete man in Penzance ein beeindruckendes Freibad im Stil des Art déco. In der Form eines Dreiecks können die Gäste hier unabhängig von Gezeiten und geschützt vor Wellen und Strömung im Meerwasser baden.

Unten links: An der Nordwestküste Cornwalls liegt Tintagel Head. Die Ruinen der sagenumwobenen Burg sind seit 2019 durch eine 70 Meter lange Brücke mit dem Festland verbunden.

Unten rechts: Zum Five o'Clock Tea gehört in England Gebäck. Typisch sind frisch gebackene Scones mit Clotted Cream und Fruchtgelee. Etwas herzhafter sind die gefüllten Pies.

PRAG

Hier möchte sie lieber malen können als schreiben, meinte einst die Romantikerin Caroline de la Motte Fouqué: »Es gibt einen Punkt auf dieser Höhe, von wo der Blick, wie berauscht, in die Fülle des allergrößten Reichtums versinkt. Unmittelbar unter dem Abhänge die Moldau, darüber weg das königliche Prag!« Unbeschreiblich, »vielleicht unvergleichlich« sei diese Stadt, fügte sie noch hinzu, und genau das ist es wohl auch, was Besucher zu allen Zeiten faszinierte: dass das »Goldene Prag« mit seinem als UNESCO-Welterbe geschützten historischen Zentrum sich im Lauf seiner Geschichte immer wieder gewandelt hat und doch stets gleich geblieben ist. Und wenn nun, Jahrzehnte nach der »Samtenen Revolution«, weiterhin alles im Umbruch ist, so gilt hier doch noch immer das Wort der Dichter: »Ganz Praha ist ein Goldnetz von Gedichten« (Detlev von Liliencron). Wie gemacht also für einen Städtetrip zu zweit!

Links: Das historische Viertel auf dem Prager Burgberg heißt Hradschin. Geprägt ist es vor allem durch die Prager Burg und den Veitsdom in seinem Zentrum.

Rechts: Nachdem im 13. Jahrhundert König Ottokar II. deutsche Siedler als neue Bewohner der Kleinseite anwarb und dem Gebiet das Stadtrecht verlieh, war der heutige Prager Stadtteil lange Zeit praktisch eigenständig. Viele der Paläste, die man hier bestaunen kann, entstanden während dieser Zeit und erhielten erst später ihre Barock- und Renaissancefassaden.

● PRAGER BURG

Nicht nur optisch dominiert die auf dem »Hradschin« genannten Prager Hügel gelegene Burg seit über 1000 Jahren die Stadt – bis heute befindet sich hier das politische Zentrum des Landes. Vom frühen 12. Jahrhundert bis in die zweite Hälfte des 16. Jahrhunderts diente der dreigeschossige alte Königspalast dem jeweiligen Herrscher als Residenz. Das Prunkstück ist der 1493–1503 errichtete Vladislav-Saal. Aufgrund seiner enormen Ausmaße – 62 Meter Länge, 16 Meter Breite, 13 Meter Höhe – konnten darin nicht nur Märkte abgehalten, sondern sogar Reiterspiele und Turniere veranstaltet werden.

KLOSTER ST. GEORG

Dass die zweitürmige St.-Georgs-Basilika an der Nordseite des Georgsplatzes der älteste erhaltene Kirchenbau auf dem Areal der Prager Burg ist, würde man angesichts ihrer um das Jahr 1670 vorgeblendeten Barockfassade zunächst nicht vermuten. Schreitet man aber durch das Portal, öffnet sich ein dreischiffiger Bau, dessen romanisches Gepräge bei Renovierungen weitgehend wiederhergestellt wurde. Gestiftet wurde die Kirche um das Jahr 920 von Fürst Vratislav I.

GOLDENES GÄSSCHEN

Der Sage nach haben hier Alchimisten versucht, Gold herzustellen. In Wahrheit war es nur eine Armensiedlung mit winzigen Häusern – in einem hat Franz Kafka gewohnt –, in denen heute Souvenirläden sind.

VEITSDOM

Der Veitsdom steht für die ruhmreiche Geschichte des Königreichs Böhmen und ist die Krönungskirche von 30 Herrschern. Wo er heute aufragt, hatte im Jahr 925 Herzog Wenzel zu Ehren des frühchristlichen Märtyrers Vitus (Veit) eine Rundkapelle errichten lassen. Der später ebenfalls heiliggesprochene Wenzel stieg zum Schutzpatron Böhmens auf; sein Grab in der von ihm gestifteten Kapelle wurde zur Pilgerstätte. Im Jahr 1344 legte man den Grundstein für die gotische Kathedrale, deren Bau erst nach vielen Unterbrechungen im Jahr

WARUM IM FRÜHLING?

Der »Prager Frühling« vom 12. Mai, dem Todestag Friedrich Smetanas, bis Anfang Juni ist das prestigeträchtigste internationale Musikfestival in ganz Tschechien, das die neuesten Trends mit einem Interpretenwettbewerb verbindet. Bereits seit dem Jahr 1946 findet es einmal jährlich statt.

Links: Stars der Szene wie die Cellistin Alisa Weilerstein stehen ebenso auf dem Spielplan beim Prager Frühling wie Newcomer. Abschließender Höhepunkt ist immer eine Aufführung von Beethovens 9. Sinfonie.

Links unten: Blick von der Malá Strana auf die St.-Nikolaus-Kirche.

1929 vollendet werden konnte. Das Gebäude beeindruckt durch seine reiche künstlerische Ausgestaltung sowie durch seine gewaltigen Dimensionen: Mit einer Außenlänge von 124 Metern ist dies die größte Kirche in Prag.

KLOSTER STRAHOV

Das Prämonstratenser-Kloster ist in Betrieb. Zu besichtigen sind die atemberaubende Bibliothek, eine Gemäldegalerie und die Wunderkammer mit vielen archäologischen Fundstücken.

● KLEINSEITE

Die Prager Kleinseite (Malá Strana) ist der Stadtteil unterhalb der Burg und des Burgbergs Hradschin. Ein Spaziergang durch das Viertel mit seinen zahllosen prachtvollen Palästen wirkt wie eine Reise in eine andere Zeit. Zentrum der Kleinseite ist der von bedeutenden Bauwerken gesäumte Kleinseitner Ring.

ST.-NIKOLAUS-KIRCHE

Die Monumentalität von St. Nikolaus, der größten Barockkirche Prags, erklärt sich auch daraus, dass das im 17. und 18. Jahrhundert errichtete Gotteshaus zur Zeit der Gegenreformation und Rekatholisierung der böhmischen Länder entstand: Macht und Pracht der Architektur sollten auch den Triumph der orthodoxen katholischen Lehre über die abweichlerischen Doktrinen der Protestanten symbolisieren.

KARLSBRÜCKE

An dieser Stelle führte ursprünglich die erste Steinbrücke Prags, die im 12. Jahrhundert erbaute Judithbrücke, über die Moldau. Nachdem diese 1342 bei einem Hochwasser eingebrochen war, wurde ein Ersatz nötig, denn eine feste Verbindung über den Fluss war für die Stadt lebenswichtig. Der Bau der neuen Brücke begann jedoch erst 1357 mit der Grundsteinlegung durch Kaiser Karl IV. und wurde nach etwa 50 Jahren abgeschlossen. Über sie führte der Krönungsweg der böhmischen Könige.

ALTSTÄDTER RING

Der – nach einer um das Jahr 1900 erfolgten Erweiterung zur Moldau hin – heute rund 9000 Quadratmeter große Altstädter Ring entstand bereits im 11./12. Jahrhundert als zentraler Marktplatz der Kaufleute. Aber auch Pranger und Blutgericht befanden sich hier, und im Lauf der Geschichte wurde der Platz viele Male zum Schauplatz entscheidender, oftmals blutiger Ereignisse.

ALTSTÄDTER RATHAUS UND UHR

Das gotische Rathaus kann besichtigt werden. Der »Star« ist die astronomische Uhr aus dem 15. Jahrhundert. Zu jeder vollen Stunde zeigen sich Figuren der zwölf Apostel zu Glockenklang.

TEYNKIRCHE

Nach dem Veitsdom ist die Teynkirche der bedeutendste Sakralbau Prags. Obwohl die dreischiffige Basilika nicht direkt an der Ostseite des Altstädter Rings liegt, sondern durch die vorgelagerte Teyn-Pfarrschule etwas nach hinten versetzt, beherrscht sie das Erscheinungsbild des Platzes wie sonst nur noch das Rathaus.

JÜDISCHES VIERTEL

Nicht weit vom Zentrum befindet sich die Josefov. Leider ist nicht mehr viel davon übrig, nur noch einige Synagogen und der Alte Friedhof mit dicht gedrängten Grabmalen. Eine Führung durch das Viertel ist empfehlenswert.

CLEMENTINUM

Die Jesuiten errichteten 1556 in einem leer stehenden Kloster eine katholische Hochschule. Mit Unterstützung weiterer prokatholischer Gönner baute man das Clementinum bis 1726 zum (nach der Burg) zweitgrößten Bau Prags aus – ein ganzes Stadtvier-

DINNER FOR TWO

LA DEGUSTATION BOHÊME BOURGEOISE // Wer vorher noch nicht verliebt war, wird es definitiv nach dem Besuch dieses Lokals sein: Chefkoch Oldrich Sahajdák verwöhnt die Gäste mit innovativen tschechischen Kreationen. Liebe geht dabei garantiert durch den Magen. Perfekt für ein unvergessliches Dinner zu zweit.

// ladegustation.cz

CAFÉ DE PARIS // In den 1920er-Jahren war das Jugendstilkaffeehaus der Treffpunkt von Künstlern und Literaten. Historischer Charme trifft heute auf modernes Design – das Publikum ist nach wie vor kulturbeflissen.

// cafedeparis.cz/de

LETENSKÝ ZÁMECEK // Wer etwas ganz Besonderes für ein Abendessen zu zweit sucht, der sollte sich den Turm des Schlösschens im Letná-Park anmieten. Man diniert exklusiv unter vier Augen und genießt beste einheimische Küche. Letzteres kann man selbstverständlich auch Restaurant Letenský Zámecek tun.

// letenskyzamecek.cz

tel musste dafür weichen. Neben Wohntrakten für die Lernenden und Lehrenden, Seminar- und Hörsälen barg das nahe am Moldauufer gelegene Clementinum auch ein Theater und eine Druckerei, eine Sternwarte und nicht zuletzt mehrere Sakralbauten wie die Spiegelkapelle. Heute ist hier der Sitz der Tschechischen Nationalbibliothek.

● WENZELSPLATZ
Er ist einer der größten Plätze Europas und Schauplatz politischer Demonstrationen. Aber auch architektonisch interessant, etwa durch die Fassade des Grand Hotel Europa.

KULTURGENUSS

● RUDOLFINUM
In den Sälen des Neorenaissancegebäudes finden regelmäßig Aufführungen der Tschechischen Philharmonie statt. Die Galerie Rudolfinum stellt sowohl klassische Moderne als auch zeitgenössische Kunst aus.

// rudolfinum.cz

● FRINGE FESTIVAL
Bei diesem jährlich im Mai veranstalteten Festival bestimmen neun Tage lang Theater, Comedy, Musik, Tanz und Geschichtenerzählen das Kulturangebot der Prager Kleinseite. Hunderte von internationalen Künstlern sind dabei zu Gast.

// praguefringe.co

● SCHWARZES THEATER
Diese Form von Theater, die Jirí Srnec nach dem traditionellen japanischen Puppenspiel in den 1960er-Jahren in Tschechien einführte, zählt zu den renommiertesten ihrer Art. Die Schwarz gekleideten Schauspieler spielen vor schwarzem Hintergrund, sodass nur die Requisiten durch Bewegung sichtbar sind.

// srnectheatre.com

● TANZENDES HAUS (TANCÍCÍ DUM)
Das Bürogebäude mit Galerie und Restaurant besteht aus einem Glas- und einem Betonteil, die sich aneinanderschmiegen. Deutlich wird die Handschrift des Architekten Frank O. Gehry. Nachts ist das Tanzende Haus in bunten Farben wunderschön beleuchtet.

// galerietancicidum.cz

ÜBERNACHTEN

HOTEL U RAKA // Das U Raka hat einen ländlich-idyllischen Charakter und liegt in einem romantischen Viertel Prags. Die gemütlichen Räumlichkeiten bilden einen angenehmen Gegenpol zur Großstadt.

// hoteluraka.cz

DESIGN HOTEL NERUDA // Nach dem Prager Schriftsteller Jan Neruda (1834–1891) ist dieses schicke Hotel benannt. Das Interieur gestalteten der Architekt Borek Sipek und die Designerin Barbora Skorpilova. Ideal für Paare, denn Spa und Restaurant sorgen für unvergessliche Momente zu zweit.

// designhotelneruda.com

ARIA HOTEL PRAGUE // Mit Musikbibliothek, privatem Kino und Musiksalon, aber auch wunderschönen Gartenanlagen und luxuriösen Zimmern macht dieses Boutique-Hotel den Aufenthalt in Prag zu etwas Besonderem.

// ariahotel.net

ZU ZWEIT ERLEBEN

Unten links: Passend zum historischen Flair kann man Prag in einer Pferdekutsche erkunden. Die Kutschenräder und die klappernden Pferdehufe auf dem Pflaster, die vorbeiziehende prunkvollen Gebäude und Kaffeehäuser lassen einen von vergangenen Zeiten träumen.

Unten rechts: Das Hotel Imperial, in dem sich das Kaffeehaus befindet, liegt in der Prager Neustadt nicht weit vom Platz der Republik entfernt. Gebaut wurde es um das Jahr 1913 vom Architekten Jaroslav Benedikt.

○ PER PFERDEKUTSCHE DURCH DIE ALTSTADT

Die vielleicht romantischste Art und Weise, die Prager Altstadt zu erkunden, ist eine Fahrt mit der Pferdekutsche. Die Tour führt vom Altstädter Ring einmal durch die innere Stadt. Dabei lehnt man sich entspannt zurück in die mit Leder gepolsterten Sitze und lauscht den Erzählungen des Fremdenführers.

○ EINE NÄCHTLICHE BOOTSFAHRT UNTERNEHMEN

Viele der Sehenswürdigkeiten liegen am Ufer der Moldau, sodass man per Boot eine Stadtrundfahrt genießen kann, um sie zu betrachten. Vor allem schön, wenn die Silhouette beleuchtet ist. Es gibt regelmäßige Fahrten mit Abendessen an Bord.

○ EIN LIEBESSCHLOSS AN EINE BRÜCKE HÄNGEN

Liebesschlösser findet man in einer Stadt wie Prag mit ihren vielen Brücken quasi überall. Doch mit einer kleinen Brücke auf der Kleinseite zur Insel Kampa hat es etwas Besonderes auf sich: Man sagt, in der Moldau lebe der Wassermann Kabourek. Dieser steige nachts aus der Moldau, um die an der Brücke angebrachten Liebesschlösser zu überprüfen: Handelt es sich nämlich nicht um wahre Liebe, reiße er das Schloss ab und werfe es in den Fluss. Eine Statue des Kabourek von Bildhauer Josef Nálepa flößt den Verliebten seit 2010 hier Respekt ein.

○ ZUR VOLLEN STUNDE AN DER ASTRONOMISCHEN UHR SEIN

Das obere Ziffernblatt der Astronomischen Uhr zeigt den Umlauf der Sonne, des Mondes und die Zeit; der untere Kreis dient als Kalendarium. Zu jeder vollen Stunde kommt es zum Apostelumzug: »Der Tod läutet, wenn er die Kordel zieht, durch Kopfschütteln. Andere Figuren bewegen sich, während der Hahn flattert und die zwölf Apostel vor dem offenen Fenster vorbeigleiten …« – so beschrieb Guillaume Apollinaire das Schauspiel. Die Prager Rathausuhr ist wahrlich ein faszinierendes Erlebnis.

○ EIN PRAGER KAFFEEHAUS BESUCHEN

Einige von ihnen sind nicht minder prächtig und elegant als die Kaffeehäuser in Wien. Zu den Besuchern gehören auch immer wieder Literaten, die hier zum Teil ihre Romane verfassen. Im Café Imperial zum Beispiel schmücken Jugendstilkacheln die Wand und Mosaiken die Decke. Früher durfte man gegen ein kleines Geld andere Gäste mit alten Donuts bewerfen. Heute aber bitte nicht mehr!

GRÜNE OASE IN DER MOLDAU

Der Teufelsbach (Čertovka), ein im 12. Jahrhundert als Mühlgraben angelegter Moldauarm, trennt die erst im 15./16. Jahrhundert bebaute Insel Kampa von der Kleinseite. Durch eine Treppe ist diese Insel mit der Karlsbrücke verbunden. Im Mittelalter hortete man auf dem Eiland Waren, bis sie nach der Entrichtung der Zollgebühren über die Karlsbrücke auf die Märkte der Stadt gebracht werden durften.

PRAGS INSELGLÜCK: KAMPA

Die Moldauinsel Kampa ist vom Kleinseitner Ufer nur durch den schmalen, wegen der starken Strömung früher zum Antrieb von Mühlrädern genutzten Teufelsbach abgetrennt. Auf ihr ruhen die dem Ufer am nächsten stehenden Pfeiler der Karlsbrücke. Der Name der Insel kommt vermutlich vom lateinischen Wort »Campus« (»Feld«), denn in der Frühzeit wurden hier allerlei Feldfrüchte und Gemüsearten für die Stadtbevölkerung angebaut.

IDYLLISCHE AUSZEIT

Später bewohnten Töpfer, Flößer und jene »Eismänner« die Insel, die im Winter Blöcke aus der gefrorenen Wasseroberfläche schnitten, um sie im Sommer zu verkaufen. Nach den verheerenden Feuersbrünsten auf der Kleinseite im 16. Jahrhundert nutzte man den Brandschutt, um das Gelände zu erhöhen und zu befestigen. Heute gilt Kampa als »Klein-Venedig« von Prag mit einem romantischen Kanal, zwei Mühlen, viel Grün und einigen urigen Lokalen – perfekt für eine romantische Auszeit vom Sightseeing.

Rechts oben: Sammlungsschwerpunkte des Museum Kampa sind Gemälde und Zeichnungen von František Kupka, einem Vorreiter der abstrakten tschechischen Kunst, sowie Skulpturen von Otto Gutfreund, dem wichtigsten Vertreter des tschechischen Kubismus. Hinzu kommen Werke zeitgenössischer Künstler wie David Černý mit seinen »Miminka«-Babys).

Rechts: Besonders in den Abendstunden zeigt sich das romantische Flair der Halbinsel Kampa.

MUSEUM KAMPA

Die im Süden der Insel zur Moldau hin gelegene frühere Sova-Getreidemühle wurde umgebaut; heute befindet sich darin das Museum Kampa. Dieses Museum für Moderne Kunst geht zurück auf eine Initiative der tschechischen Emigrantin und Kunstmäzenin Meda Mladkova, die nach der Wende ihre zusammen mit ihrem Mann Jan zusammengetragene private Sammlung der Stadt Prag schenkte. Der Öffentlichkeit zugänglich gemacht werden sollte diese in der rekonstruierten Sova-Mühle auf der Insel Kampa, doch im August 2002 wäre das Vorhaben beinahe gescheitert: Damals musste die bereits installierte Kunstsammlung vor einer Jahrhundertflut gerettet werden.

MADRID

Madrid lohnt immer einen Besuch. Egal, ob man kunstinteressiert ist, die spanische Küche liebt oder es sich einfach gut gehen lassen möchte – die Hauptstadt Spaniens wartet mit so vielen attraktiven Plätzen, erstklassigen Museen, Theatern, Bühnen und einem blühenden Nachtleben auf, dass man sowieso nicht alles mit nur einem Besuch abdecken kann. Madrid ist eine moderne und sehr lebhafte Stadt, die dem Besucher gastfreundlich entgegenkommt und prädestiniert ist für einen aufregenden Städteurlaub zu zweit. Langweilen kann man sich in dieser Stadt nicht! Schließlich behaupten die Einheimischen ja auch »¡De Madrid, al cielo!« – Nur im Himmel ist es schöner!

Oben: Der ikonische Palacio de Cibeles (die heutige Stadtverwaltung) geht hinter dem nächtlich beleuchteten Brunnen beinahe unter.

Links: Als einer der ältesten Plätze der Stadt verströmt die Plaza de la Villa das Flair des 16. Jahrhunderts.

● PUERTA DEL SOL

Dies ist der belebteste Platz der Stadt. Im Herzen Madrids strömen die Menschen aus der Metrostation »Sol« vorbei an ihrem Wahrzeichen, der Statue des Bären, der am Madroño (»Erdbeerbaum«) nascht, in ihre Büros oder an die Warentische der Läden. Vor der Casa de Correos (Postamt) befindet sich der Mittelpunkt des gesamten spanischen Straßennetzes, der Nullkilometer des Landes. Auf der Puerta del Sol begann im Jahr 1808 der Aufstand gegen die französischen Besatzer und 1931 wurde hier die Zweite Republik ausgerufen. Heute ist der Ort vor allem Schauplatz für Feste.

● PALACIO REAL

Eine Katastrophe suchte am Heiligabend das königliche Burgschloss heim: Im Jahr 1734 brach am 24. Dezember ein Feuer aus. Als nach einiger Zeit der Glockenalarm anschlug, wurde er für weihnachtliches Geläut gehalten. Philipp V. plante einen Neubau, der den riesigen Königspalästen Europas, wie etwa Versailles, in nichts nachstehen sollte. Er beauftragte den italienischen Architekten Filippo Juvara, sein Schüler Giovanni Battisti Sacchetti führte das Projekt fort. Das Gebäude war mit seinen mehr als 2000 Räumen so kolossal, dass sich die Bauarbeiten 17 Jahre hinzogen.

JARDINES DE SABATINI

In den 1930er-Jahren entstanden an der Nordseite des Palastes die herrlichen klassizistischen Sabatini-Gärten. Ihre geometrischen Formen und der dekorative Stil machen sie zu einem echten Besuchermagneten.

WARUM IM FRÜHLING?

Das Frühjahr ist schlichtweg die beste Zeit für einen Städtetrip nach Madrid: warm genug, um den Winter zu vergessen, aber noch nicht so (teilweise unerträglich) heiß wie im Sommer. Die vielen Parks und Grünanlagen füllen sich mit bunten Blumen. Zwischen Museumsbesuchen und Sightseeing bietet sich ein Picknick, etwa im Botanischen Garten oder im Retiro, an. Oder man sucht sich ein Restaurant mit Dachterrasse zum Mittagessen und genießt den Blick auf die Metropole von oben. Es lohnt sich auch, über den Mercado de San Ildefonso zu schlendern. Außerdem finden im Frühling unzählige Feste wie etwa das Bankia Flamenco-Festival statt, bei dem an vielen Orten der Stadt diesem traditionellen spanischen Tanz gefrönt wird.

● PLAZA MAYOR

129 Meter lang und 94 Meter breit ist dieser Platz. Er gilt als einer der ersten Märkte der Stadt, vor allem aber als Zentrum des »Madrid de los Austrias«, des habsburgischen Madrids. Dieses Viertel liegt zwischen den Metrostationen Sol und Ópera. Sein Name geht zurück auf die Habsburger, die im 17. Jahrhundert in Spanien regierten. Bis heute nennen die Spanier sie »los Austrias«, die Österreicher. Sie gaben vor allem der neuen Hauptstadt ein verändertes Gesicht, ließen viele Häuser abreißen, um repräsentative und prachtvolle Gebäude zu errichten, die den neuen Reichtum Madrids symbolisieren sollten. Kern der frühbarocken Stadtsanierung ist die rechteckige Plaza Mayor, umschlossen von Prunkbauten mit Arkadengängen. Neun Tore öffnen den Platz zu den umgebenden Straßen.

● PARQUE DEL RETIRO

Der Name ist Programm: Ruhe und Erholung sollen die Besucher in dieser weitläufigen Grünanlage finden. Besonders sehenswert sind die Luzifer-Statue und der Rosengarten. Hier lesen Rentner im Schatten alter Bäume in Ruhe Zeitung, Skater und Jogger ziehen Runden durchs Grün und Eltern lassen ihre Kinder toben – dieser Park ist die grüne Lunge der Stadt.

● TEATRO REAL

Das Königliche Theater besitzt einen sechseckigen Grundriss, der ein wenig an einen modifizierten Flugdrachen erinnert. Königin Isabella II. weihte das Schauspielhaus 1850 ein. Bald allerdings standen Umbauarbeiten an: 1925 bekam das Gebäude neue Fassaden, in den 1960er-Jahren verwandelte sich der Bau in ein Konzerthaus, später sogar in ein Waffenlager. Erst seit 1997 wird hier wieder Theater gespielt.

● PLAZA DE CIBELES

Diese Statue bekommt Küsse von Weltstars: Wenn die Fußballer von Real Madrid feiern, führt sie ihr Triumphzug zum Cibeles-Brunnen. Dann hüllen sie die Schultern der griechischen Göttin Kybele in ihre Fahnen. Kein einfaches Unterfangen, denn immerhin mes-

Links: Schon seit dem 16. Jahrhundert ist der Flamenco in Spanien bekannt. Die von der Anstrengung heisere Stimme des Sängers, die charakteristischen Akkorde der Gitarre und der Rhythmus der Kastagnetten sind die Grundelemente des Flamenco. Vieles im Tanz beruht auf Improvisation.

Unten: Im Retiro, wie der Park in Madrid nur kurz genannt wird, lässt es sich vor allem in der warmen Jahreszeit genüsslich entspannen.

sen Brunnen und Statue ganze acht Meter. Das Wasserspiel aus dem Jahr 1782 gehört zu den Wahrzeichen der Stadt.

● REAL JARDÍN BOTÁNICO

Im 18. Jahrhundert wuchs in Madrid einer der wichtigsten botanischen Gärten der Welt. Den Real Jardín Botánico hatte König Karl III. anlegen lassen, weil der alte Garten am Manzaranesfluss zu klein wurde. Heilpflanzen aus der gesamten Iberischen Halbinsel und weiten Teilen Europas wuchsen hier, denn ursprünglich diente der Garten als königliche Hofapotheke.

● ESTACIÓN DE ATOCHA

Die Estación de Atocha liegt nur wenige Meter von den berühmtesten Kunstmuseen des Landes entfernt. Sie ist Madrids erster Bahnhof und stammt von 1891. Über dem Backsteinbau wölbt sich eine Konstruktion aus Glas und Stahl. Die Kuppel des Architekten Alberto del Palacio y Elissague schützte 100 Jahre lang Reisende vor Regen und starker Sonneneinstrahlung, wenn sie Madrid erreichten. 1992 leistete sich Madrid einen Neubau unweit vom alten Kopfbahnhof entfernt und funktionierte das alte Jugendstilgebäude zur schicken Wartehalle samt Palmengarten um.

● PALACIO DE LIRIA

Der Palacio de Liria gehört zu den exquisitesten Adelshäusern in Madrid. In unmittelbarer Nähe des Centro Cultural Conde Duque befindet sich das mächtige rechteckige Gebäude. Seine Fenster sind mit dorischen Pilastern verziert und die Frontspitzen werden vom Motiven geschmückt, die angelehnt sind an den Baustil des französischen Königs Louis XVI. Zur Zeit des spanischen Bürgerkriegs brannte der Palast der Herzöge von Alba fast voll-

DINNER FOR TWO

BODEGA DE LOS SECRETOS // Der Name ist hier Programm: Gewölbe aus dem 17. Jahrhundert sind die Kulisse dieses Restaurants, wenige Minuten von der Estación Atocha entfernt.
// bodegadelossecretos.com

ESTADO PURO // Der Küchenchef dieser hippen Tapasbar, Paco Roncero, wurde vom Meisterkoch Ferran Adrià ausgebildet. In schönem Ambiente kann man erstklassige Tapas genießen.
// tapasenestadopuro.com

SOMOS GARRA // Mit seinen Räumlichkeiten im Hotel Barceló Torre bietet das Restaurant einen einmaligen Blick auf die Gran Vía. Die Küche ist mediterran. Nach dem Dinner lockt die Cocktailbar. // Plaza de España, 18

COQUE // Mario Sandovals Spitzenrestaurant ist eine der besten Adressen der Stadt. Ein Besuch verspricht ein kulinarisches Erlebnis der Extraklasse.
// restaurantecoque.com

ständig ab. Glücklicherweise hatte man die wertvolle Kunstsammlung in die Keller der Banco de España ausgegliedert. Nur deswegen wartet der Palast heute wieder mit einer umfangreichen Privatpinakothek auf, darunter finden sich Gemälde von Tizian, Rubens, El Greco, Rembrandt und Goya. Besichtigungen müssen lange vorher angemeldet werden.

KULTURGENUSS

● MUSEO DEL PRADO

Eines wichtigsten Kunstmuseen der Welt: Der Prado ist vor allem bekannt für seine umfassende Sammlung alter spanischer Meister wie etwa Goya und Velázquez. Das Museum besitzt allein 4800 Ölbilder aus dem 12.–19. Jahrhundert. Hinzu kommen Tausende Zeichnungen und Hunderte Skulpturen.

// museodelprado.es

● CENTRO DE ARTE REINA SOFÍA

Moderne Kunst hat in Madrid seit 1986 ein eigenes Museum. Das Centro de Arte Reina Sofía schließt mit seiner Sammlung von Kunstwerken des 19. Jahrhunderts bis heute nahtlos an die gezeigten Werke im Prado an. Auf drei Stockwerken hängen Werke der wichtigsten Künstler der vergangenen beiden Jahrhunderte: Dalí, Miró, Picasso oder Juan Gris.

// museoreinasofia.es

● MUSEO THYSSEN-BORNEMISZA

Das goldene Dreieck der Kunst am Ende des Paseo del Prado umfasst auch die zweitgrößte private Kunstsammlung der Welt. Im umgebauten Adelspalast Villahermosa wandelt der Besucher durch 68 Räume voller Kunstschätze aus dem 13.–20. Jahrhundert. Zu den Höhepunkten gehört die Sammlung flämischer und holländischer Malerei aus dem 17. Jahrhundert sowie impressionistischer Ölbilder.

// museothyssen.org

ÜBERNACHTEN

THE PRINCIPAL // Das Luxushotel besticht vorrangig durch die zentrale Lage und bietet darüber hinaus hohen Komfort, Wellness und atemberaubende Aussichten über Madrid von der Dachterrasse aus.

// theprincipalmadridhotel.com

RELAIS & CHÂTEAUX ORFILA // Die fünf Sterne des Hotels halten, was sie versprechen. Man nächtigt in einem Stadtpalais von 1886 im Herzen Madrids, genießt besten Service und höchsten Komfort.

// hotelorfila.com

GRAN MELIÁ PALACIO DE LOS DUQUES // Ein Pool auf dem Dach und eine Terrasse mit Panoramablick: Dieses Nobelhotel zählt nicht umsonst zu den »Leading Hotels of the World«. Es ist nur wenige Hundert Meter von der Plaza Mayor entfernt.

// melia.com

● TEATRO DE LA ZARZUELA

Die Spanier haben eine besondere Form der Oper entwickelt: die Zarzuela. Sie ist weder Oper noch Operette. Am ehesten entspricht sie der italienischen komischen Oper. Entstanden ist sie als Singspiel, das vor allem im Jagdschloss von König Fernando aufgeführt wurde. Schon bald eroberte diese Mischung aus Oper und Sprechgesang die Straßen der Hauptstadt und gehört bis heute zu den Kulturangeboten der Stadt.

// teatrodelazarzuela.mcu.es

ZU ZWEIT ERLEBEN

Unten links: Bei einem Aperitif und feinen Tapas kann man den Abend in Madrid wunderbar ausklingen lassen.

Unten rechts: Der Tempel von Debod stammt ursprünglich aus Ägypten. Er war ein Geschenk der ägyptischen Regierung für die Unterstützung, die Spanien bei der Rettung des Tempels von Abu Simbel leistete. Im Jahr 1960 geriet dieser durch den Bau des Assuan-Staudamms in Gefahr.

○ MUSEO NACIONAL DEL ROMANTICISMO

Ganz in die Zeit des 19. Jahrhunderts versetzt dieses Museum seine Besucher zurück. Die klassizistische Villa gehörte einst dem Marqués de la Vega-Inclán. Der Begründer der spanischen Parador-Hotels hatte sich einen Namen als Kunstsammler gemacht, unter seinen Schätzen befinden sich auch Werke von Goya, Velázquez und Mengs. Die 26 Säle mit ihrer farbenprächtigen Ausstattung bilden ein einzigartiges Spiegelbild jener Zeit. Gezeigt werden außerdem Möbel und Porzellan.

○ CHURROS SCHLEMMEN

Glaubt man den Einheimischen, schmecken die Churros nirgendwo in Madrid so unwiderstehlich wie in der Chocolatería San Gínes. Hier wird das frittierte Spritzgebäck rund um die Uhr produziert. Auch die Schokolade zum Eintauchen ist hier besonders köstlich.

○ IN EINER BODEGA EINKEHREN

Mit seinen 350 000 Bars hat Madrid eine enorme Dichte an Lokalen – kein Wunder, dass vor allem die Bodegas so berühmt sind. Ein Bodegabesuch gehört zum Pflichtprogramm in Madrid. Geschmückt sind die urigen Bars oft mit alten Plakaten oder Handwerksgegenständen, und fast überall hängen unter der Decke große Schinken. Am besten mehrere kleine Gerichte bestellen und sich durchprobieren.

○ SONNENUNTERGANG AM TEMPLO DE DEBOD

Ein altägyptischer Tempel ziert den Parque del Oeste oberhalb des Flusses Manzanares. Der Templo de Debod, umgeben von Wasser und Grün, ist ein Geschenk Ägyptens. Damit bedankte sich die Regierung für Spaniens umfangreiche Hilfe beim Bau des Assuan-Staudamms. Die Iberer hatten tatkräftig bei der Rettung historischer Denkmäler vor den anstehenden Fluten geholfen und auch dieses alte Bauwerk aus einem nubischen Dorf behutsam abgebaut. Hier den Sonnenuntergang zu beobachten, ist ein unvergessliches Erlebnis.

○ DIE AUSSICHT AUF MADRID GENIESSEN

Einen der schönsten Blicke auf Madrid hat man von der Dachterrasse des Circulo de las Bellas Artes aus. Wer genug geschwärmt hat, sollte dann das Café im Erdgeschoss besuchen.

KOPENHAGEN

Die berühmte Kleine Meerjungfrau an der Langelinie basiert auf einem Märchen, das von der Liebe handelt. In den Vergnügungspark Tivoli gehen Verliebte seit seiner Eröffnung 1843, um Zeit miteinander zu verbringen. Und im Observatorium im Rundetårn kann man gemeinsam nach den Sternen greifen. Dänemarks Hauptstadt ist eine Stadt für Verliebte und zum Verlieben. Die entspannte Atmosphäre und lebensfrohe Menschen machen Kopenhagen so liebenswert. Wie sollte es auch anders sein, wenn sogar das Königshaus einen unbekümmerten, volksnahen Lebensstil pflegt! Die dänische Hauptstadt hat ein großes und vielseitiges kulturelles Angebot und die Ausgeh- und Vergnügungsviertel sind weltberühmt. Insbesondere wenn sich die Sonne zeigt, spielt sich das Leben auf den Straßen, in den Parks und nicht zuletzt am Wasser ab.

Oben: Bunte Häuser stehen am Nyhavn (Neuen Hafen) in Reih und Glied. Wo sich einst ein bedeutender Hafenarm befand, ist heute das wichtigste Vergnügungsviertel Kopenhagens.

Links: In den Abendstunden erstrahlt der älteste Vergnügungspark der Welt in stimmungsvollem Licht. Die Beleuchtung erfolgt mithilfe von über 110 000 Lampen.

● STRØGET

Kopenhagens berühmte Fußgängerzone zieht sich über fünf Straßen vom Rathausplatz bis zum Kongens Nytorv, dem Königlichen Neumarkt, hin. Ein Bummel über die Flaniermeile ist ein Muss für jeden Besucher, denn hier gibt es auf Schritt und Tritt etwas zu sehen und zu bestaunen. Die Strøget wird von prachtvollen, hohen Renaissancebauten gesäumt. Überall locken interessante Geschäfte, Cafés und Restaurants, und auch Straßenmusikanten spielen auf. Außerdem liegen einige der Museen und sehenswerte Sakralbauten an der Route.

● RATHAUSPLATZ

Ein Blickfang am weitläufigen Rathausplatz ist das zwischen 1892 und 1905 errichtete Rathaus, das seinem Pendant im italienischen Siena nachempfunden wurde. Biegt man vom Rathausplatz in die Frederiksberggade ein, gelangt man nach wenigen Minuten zum Gammeltorv – einem der schönsten Plätze der Stadt und Treffpunkt junger Leute. Nördlich des Platzes schließt sich das »Lateinische Viertel« mit dem in den 1830er-Jahren errichteten Hauptgebäude der Universität, der St.-Petri- und der Liebfrauenkirche an. Eines der bekanntesten Baudenkmäler der Stadt liegt ein Stück weiter nördlich in einer Nebenstraße der Strøget. Der »Runde Turm« wurde 1642 im Auftrag König Christians IV. als Observatorium direkt neben der Dreifaltigkeitskirche errichtet.

● TIVOLI

Der hinter dem Rathausplatz gelegene Vergnügungspark ist, neben der kleinen Meerjung-

WARUM IM FRÜHLING?

Wenn die Temperaturen nach dem kalten Winter wieder ansteigen, erwachen auch in Kopenhagen die Frühlingsgefühle. In der dänischen Fahrradstadt Nummer eins lockt es die Menschen nach draußen. Die Cafés und Restaurants stellen ihre Tische und Stühle ins Freie. Parks und Gärten laden zum Picknicken ein. Perfekte Voraussetzungen also für einen Städtetrip!

frau, wohl das bekannteste Wahrzeichen der dänischen Hauptstadt. Seit nun mehr als 170 Jahren locken Dutzende von Karussells und andere Fahrgeschäfte, Gaukler und Akrobaten die Besucher an. Mehrmals wöchentlich finden Konzerte statt. Eine chinesische Pagode und der Nachbau eines indischen Palastes sind weitere Höhepunkte.

● SLOTSHOLMEN

Auf dieser am Inderhavn gelegenen und nach drei Seiten durch einen schmalen Kanal vom übrigen Stadtgebiet getrennten Insel schlägt das politische Herz Dänemarks. Hier befindet sich Schloss Christiansborg – der Sitz des dänischen Parlaments, der Regierung und des Obersten Gerichtshofs.

● KLEINE MEERJUNGFRAU

Kreuzfahrtschiffe, die das Langelinie-Pier anlaufen, aber auch Scharen von Touristen, die an Land spazieren, kommen an Kopenhagens Wahrzeichen vorbei. Seit 1913 sitzt die nur 125 Zentimeter große Statue auf ihrem Felsblock an der Uferpromenade und blickt traumverloren aufs Meer. Sie ist nach einem Märchen von Hans Christian Andersen benannt und wurde im Auftrag des Mäzens Jacob Christian Jacobson von dem Bildhauer Edvard Eriksen geschaffen.

● NYHAVN

Der Kanal im Norden des Stadtzentrums verbindet den Kongens Nytorv mit dem Hafen und zählt zu den touristischen Attraktionen der dänischen Hauptstadt. Sehenswert ist die Front aus farbenfrohen alten Kontorhäusern im Norden des Nyhavn. Seit den 1980er-Jahren

Links oben: Im Renaissanceschloss Rosenborg hielt sich Christian IV. gern auf.

Links unten: Eher melancholisch erscheint das Wahrzeichen Kopenhagens: die Kleine Meerjungfrau von Edvard Eriksen, die an der Hafeneinfahrt sehnsüchtig auf ihren Prinzen wartet.

Oben: Blick auf Schloss Amalienborg und die Frederikskirche. Amalienborg war eigentlich nicht als Königsschloss bestimmt. Als jedoch 1794 der königliche Wohnsitz Schloss Christiansborg einem Brand zum Opfer fiel, zog Christian VII. kurzerhand in Amalienborg ein, das damit zur Residenz des dänischen Königshauses wurde und es bis heute geblieben ist.

hat sich hier eine lebendige Kneipen- und Restaurantszene entwickelt. Als Besucher sollte man eine Hafenrundfahrt machen. Kopenhagens alte Hafenhäuser sieht man nur so von ihrer schönsten Seite. Am Nyhavn befinden sich auch das Schauspielhaus und die neue Oper. Der Park Amaliehaven und Schloss Amalienborg liegen in der Nähe.

● AMALIENBORG SLOT & FREDERIKS KIRKE

Nur einen Steinwurf von der »Kleinen Meerjungfrau« entfernt liegt im Süden Schloss Amalienborg, eine der Residenzen von Dänemarks Königin Margrethe II. Der Gebäudekomplex aus der Mitte des 18. Jahrhunderts ist kein typisches Schloss. Er besteht vielmehr aus vier Palais, die sich um einen achteckigen Platz gruppieren. Die prunkvoll geschmückten Fassaden gelten als Höhepunkt des dänischen Barock. Besucher sollten auf die Flagge achten: Ist sie gehisst, ist die Königin zugegen. Um 12 Uhr kann der beeindruckende Wachwechsel der Garden mit ihren großen Fellmützen bestaunt werden. Überragt wird die Szenerie von der Frederiks Kirke, die von 1740 bis 1894 errichtet wurde und wegen ihres Baumaterials auch Marmorkirche genannt wird. Als Vorbild diente der Petersdom in Rom, entsprechend zählt die 45 Meter hohe Kuppel zu den größten Europas.

● ROSENBORG SLOT

Im Stadtzentrum fällt eine große, fast quadratische Grünfläche ins Auge: der streng geometrisch angelegte Park von Schloss Rosenborg. Das Gebäude ließ sich König Christian IV. ab 1606 als Sommersitz errichten, und die gesamte Bauzeit betrug rund zwei Jahrzehnte. Das Ergebnis kann sich auch heute noch sehen lassen, Schloss Rosenborg gilt als herausragendes Beispiel der Renaissancearchitektur. Als saisonale Residenz wurde es nicht genutzt, denn um 1710 empfand es der Urenkel des Erbauers, König Frederik IV., als nicht mehr zeitgemäß. Und so beherbergte das Schloss Rosenberg nun die königlichen Sammlungen. Als größter Schatz gelten die kostbaren Kronjuwelen.

● CHRISTIANSHAVN

Das Viertel auf der Insel Amager zählt zu den urigsten von ganz Kopenhagen. Es wurde unter König Christian IV. ab 1619 nach dem Vorbild Amsterdams angelegt und mit einem Kanalsystem ausgestattet. Da es von Zerstörungen verschont blieb, sind viele Teile der historischen Bebauung erhalten. Weltweit bekannt wurde Christianshavn durch die 1970 von Hippies gegründete »Freistadt Christiania«, in der alternative Lebensformen und -konzepte entwickelt und erprobt werden sollten.

DINNER FOR TWO

DET LILLE APOTEK // Das älteste Restaurant Kopenhagens ist stolz auf seine Tradition. Hans Christian Andersen soll ein häufiger Gast in dem Haus unweit der Frauenkirche gewesen sein. Heute wird nach ursprünglichen Rezepten gekocht. **// detlilleapotek.dk**

SILO // Im 17. Stockwerk weit über den Dächern der Stadt, Glasfenster vom Boden bis zur Decke – hier speist man nicht nur erstklassig, die Atmosphäre ist unvergesslich. **// restaurantsilo.dk**

RESTAURANT KRONBORG // Das typisch dänische Smørrebrød ist in diesem Lokal zur Perfektion gelangt. Die Auswahl an Varianten ist groß: Einfach durchprobieren! **// restaurantkronborg.dk**

STUD!O! // Im ersten Stock des Art déco-Gebäudes Standard direkt am Hafen befindet sich eines der kleinsten Restaurants Dänemarks mit einem Michelin-Stern. **// studiocph.dk**

● BOTANISK HAVE

Seit 1870 befindet sich der Botanische Garten an seinem heutigen Platz und nimmt eine Fläche von zehn Hektar ein. Auf dem Spaziergang durch die Stadt kann man einfach hindurchschlendern, denn der Park ist öffentlich zugänglich und kostet keinen Eintritt. Besonders faszinierend sind die historischen Gewächshäuser aus Glas, 27 an der Zahl.

ÜBERNACHTEN

IBSENS HOTEL // Urban und dennoch schick, vor allem aber sehr zentral: Das Ibsens ist ideal für alle, die ihren Sightseeing-Tag nicht gern mit langen Anfahrtswegen beginnen.
// arthurhotels.dk/ibsens-hotel

MANON LES SUITES // Luxus und Extravaganz sind in einer Stadt wie Kopenhagen keine Fremdwörter, doch ein hoteleigener Dschungel ist selbst hier exotisch!
// guldsmedenhotels.com/manon-les-suites

NIMB // Skandinavisches Design trifft auf maurische Ästhetik. Direkt beim Tivoli gelegen, fühlen sich die Gäste in diesem erstklassigen Boutique-Hotel in ein Märchen versetzt. **// nimb.dk**

CENTRAL // Das angeblich kleinste Hotel der Welt besitzt einen einzigen, aber dafür äußerst hyggeligen Schlafraum oberhalb eines netten Cafés.
// centralhotelogcafe.dk

KULTURGENUSS

● OPERAEN PÅ HOLMEN

Der 2005 eröffnete Neubau des Kopenhagener Opernhauses, ein Geschenk des Reeders Arnold Mærsk Mc-Kinney Møller an den dänischen Staat, war von Anfang an umstritten: Der reichste Mann Dänemarks ließ die Oper ohne vorherige öffentliche Ausschreibung errichten.

● NATIONALMUSEET

Zum dänischen Nationalmuseum gehören 20 Museen und Schlösser. Das Zentrum der gesamten dänischen Kulturgeschichte ist allerdings das Prinsens Palæ. Von Exponaten aus der Vorgeschichte bis zum heutigen Dänemark in seinem internationalen Kontext wird ein komplexer Überblick gegeben.

● DANSK DESIGN CENTER

Dänemark hatte schon ein Designmuseum, als man vielerorts nicht einmal wusste, was Design ist! 1890 gegründet, befindet sich das Museum seit 1926 an seinem jetzigen Standort in einem Rokokobau, der einmal ein Krankenhaus war.

● STATENS MUSEUM FOR KUNST

Die Nationalgalerie wurde 1897 eröffnet und residiert seitdem in einem prachtvollen Gebäude, das Ende des letzten Jahrhunderts harmonisch mit einem modernen Anbau verbunden wurde. Die umfangreiche Kunstsammlung umfasst dänische und internationale Werke aus sieben Jahrhunderten, von der Renaissance bis heute.

● NY CARLSBERG GLYPTOTEK

Die Glyptothek aus dem 19. Jahrhundert ist dem Gründer der Brauerei Carlsberg zu verdanken. Das erstklassige Museum stellt Skulpturen aus der klassischen Antike, aber auch aus der Moderne aus.

ZU ZWEIT ERLEBEN

○ ZUM OPEN FOYER IN DIE OPER GEHEN

Das umstrittene Bauwerk – der Mäzen hat jedes Detail entschieden, statt die Stadt in die Gestaltung einzubeziehen – liegt genau gegenüber von Schloss Amalienborg. Täglich werden Führungen (ca. 14 Euro) angeboten. Drei Stunden vor einer Vorstellung kann das Foyer kostenlos betrachtet werden.

○ EINEN ABENDSPAZIERGANG AM NYHAVN MACHEN

Ohne eine Besichtigung von Nyhavn ist ein Kopenhagenbesuch nicht vollständig. Der »neue Hafen« ist vor allem in abendlicher Beleuchtung ein Highlight. In der warmen Jahreszeit schmücken noch dazu Sonnenschirme und Tische und Stühle der Restaurants, die sich hier wie Perlen an einer Schnur reihen, die Flaniermeile. Das ein oder andere Lokal lädt sicher auch zum Verweilen ein.

○ SICH EIN SMØRREBRØD TEILEN

Auch wenn »smørr« Butter heißt und »brød« Brot, ist das Nationalgericht der Dänen viel mehr als ein Butterbrot! Es wird auch nicht mit den Fingern gegessen, sondern mit Messer und Gabel. Das typische Mittagessen besteht aus einer Scheibe Brot mit leicht gesalzener Butter. Bei dem weiteren Belag sind der Fantasie kaum Grenzen gesetzt. Ob man sein leckeres Smørrebrød tatsächlich teilt, ist jedem selbst überlassen.

○ EINE FÜHRUNG DURCH CHRISTIANIA

Das Viertel auf einem ehemaligen Militärgelände nennt sich »Freistaat«. Tatsächlich organisieren die Bewohner einiges selbst, was üblicherweise die Stadtverwaltung regeln würde. Ein bisschen machen sie auch ihre eigenen Gesetze. Fotografieren ist streng verboten. Man kann das Gelände auf eigene Faust erkunden oder an einer Führung teilnehmen.

○ DIE WACHABLÖSUNG VOR DEM AMALIENBORG SLOT

Ob Regen oder Schnee – täglich um 11:30 Uhr verlässt die Königliche Leibgarde die Kaserne am Schloss Rosenborg und marschiert zum Schloss Amalienborg, manchmal begleitet von einem Musikzug. Um 12 Uhr findet auf Amalienborg die Wachablösung statt. Die Männer mit den schwarzen Bärenfellkappen bauen sich an den Wachhäuschen auf und bleiben dort stehen, um die Königsfamilie zu beschützen.

Unten links: Das neue Opernhaus liegt direkt am Wasser. Gespielt werden Stücke der königlich dänischen Oper, des Balletts und des Orchesters. Auch ein Blick hinter die Kulissen lohnt sich.

Unten rechts: In allen erdenklichen Variationen gibt es das Smørrebrød in Kopenhagen an jeder Ecke. Belegt mit feinen Antipasti oder auch Kaviar, ist garantiert für jeden etwas dabei.

LONDON

Wer sie einmal besucht hat, will mehr davon! London ist Haupt- und Residenzstadt, britischer Regierungssitz, internationale Finanzmetropole, eine Weltstadt im wahrsten Sinne des Wortes: Denn bis vor einigen Jahrzehnten war London das Zentrum eines gigantischen Weltreichs, des »British Empire«. Dass es in der Megacity an kulturellem Angebot nicht mangelt, ist bekannt: Man hat die Qual der Wahl zwischen den Klassikern wie Shakespeare's New Globe und den Shows im Westend, den Kronjuwelen im Tower of London und den funkelnden Schaufenstern der Oxford oder Bond Street, zwischen Kew Gardens und Hampstead Heath, zwischen National Gallery und Tate. Unvergessliche Momente erlebt man in London auf Schritt und Tritt.

Oben: Die Themse ist nicht nur der bekannteste, sondern auch der größte Fluss Englands. Sie entspringt in den Cotswolds nordwestlich von London und mündet in die Nordsee.

Links: Besonders schön ist die St Paul's Cathedral im Frühling, wenn rings umher die Bäume in zartem Rosa blühen. Über die 528 Stufen erreicht man den höchsten Aussichtspunkt der steinernen Kuppel, von wo aus man wunderbar über die Dächer der Stadt blicken kann.

● TOWER BRIDGE

Die Tower Bridge gehört nicht nur zu den Wahrzeichen Londons, sondern ist auch ein Zeugnis der Ingenieurskunst der damaligen Zeit. Mitte des 19. Jahrhunderts war das Londoner East End so dicht bevölkert, dass eine Brücke notwendig wurde. Die Lösung war eine kombinierte Klapp- und Hängebrücke. Dampfmaschinen setzten die Hydraulik in Gang, welche die Brücke innerhalb weniger Minuten öffnen konnte. In beiden Türmen befinden sich heute Ausstellungen zur Geschichte des Bauwerks. Der verglaste Fußgängerübergang hoch über der eigentlichen Brücke bietet einen tollen Blick über London.

● TOWER OF LONDON

Am östlichen Rand der City direkt an der Themse wacht die massive Anlage mit dem langen Namen »Her Majesty's Royal Palace and Fortress The Tower of London«. Bis ins 17. Jahrhundert war der Tower königliche Residenz, bis ins 20. Jahrhundert ein Gefängnis und bis heute die königliche Schatzkammer, in der seit über 300 Jahren die kostbaren Kronjuwelen der Öffentlichkeit präsentiert werden.

● ST PAUL'S CATHEDRAL

Stolz und unübersehbar thront die prachtvolle Kuppel der St Paul's Cathedral inmitten der Finanzpaläste der City. Bereits seit 1400 Jahren steht auf dem Ludgate Hill in der City eine christliche Kirche. Die heutige englisch-barocke St Paul's Cathedral ist bereits die fünfte Version und ohne Frage die prächtigste. Die umliegenden Grünflächen laden an warmen Tagen zum Verweilen ein.

WARUM IM FRÜHLING?

Gleich mehrere Gründe sprechen für einen Besuch im Frühling: Zum einen ist da die Chelsea Flower Show: Das Gelände des Royal Hospital verwandelt sich in der letzten Maiwoche in ein Gartenkunstwerk, in dem Gärtner um Auszeichnungen konkurrieren. Außerdem blühen im St James' Park die ersten Blumen. Wer mehr Natur will, der sollte unbedingt Kew Gardens und Regent's Park besuchen. Des Weiteren findet der London Marathon statt, ein Sportevent, das Tausende Zuschauer anzieht und als eine der größten eintägigen Charity-Veranstaltungen der Welt gilt. Der Frühling ist nicht zuletzt wegen des guten Wetters ein perfekter Zeitpunkt für einen Citytrip, denn Rundfahrten auf der Themse und Radtouren machen vor allem bei milden Temperaturen Spaß.

● WESTMINSTER ABBEY

Einzigartig ist dieses Gotteshaus, das offiziell Stiftskirche St Peter heißt, nicht nur wegen seiner großartigen Architektur, sondern vor allem wegen seiner für das ganze Land bedeutungsvollen Symbolik. Seit Wilhelm dem Eroberer wurden in dieser Kirche bis auf wenige Ausnahmen alle Monarchen Englands gekrönt – traditionell vom Erzbischof von Canterbury –, und viele fanden hier auch ihre letzte Ruhestätte. Auch die Grabmale weiterer historischer Persönlichkeiten, darunter Schriftsteller, Künstler und Politiker, sind hier zu finden.

● WESTMINSTER PALACE

Die neugotische Fassade des Westminster Palace mit seinen charakteristischen Türmen, darunter auch der Glockenturm mit dem Big Ben, erweckt den Eindruck, als habe sie sich schon seit dem Mittelalter in der Themse gespiegelt. Tatsächlich befand sich seit dem 11. Jahrhundert an dieser Stelle ein Herrschaftssitz. Das heutige Gebäude, zusammen mit der Westminster Abbey eine Welterbestätte der UNESCO, wurde jedoch erst Mitte des 19. Jahrhunderts errichtet.

● TRAFALGAR SQUARE

Auf dem Trafalgar Square scheint sich die gesamte Geschichte des einstigen britischen Empire zu konzentrieren, hier spiegelt sich

Unten links: Der moderne Wolkenkratzer in der 30 St Mary Axe wird von den Londonern aufgrund seiner Gurkenform »The Gherkin« genannt.

Unten rechts: Auf der Shaftesbury Avenue ist besonders in den Abendstunden viel geboten.

auch die Gegenwart des Landes mit all seinen Facetten. Der Platz im Herzen des West End wurde nach einer der wichtigsten Schlachten der Engländer gegen Napoleon benannt.

NATIONAL GALLERY
Die National Gallery befindet sich direkt am Trafalgar Square. Es ist ein Gebäude, das einem griechischen Tempel gleicht. Schwerpunkte sind italienische Meister und Werke niederländischer Maler.

● PICCADILLY CIRCUS
In den Piccadilly Circus münden fünf verkehrsreiche Straßen, darunter Haymarket, Shaftesbury Avenue und Regent Street. Der weitläufige Platz gilt daher als Entrée in die Londoner Vergnügungsviertel West End und Soho und in die größeren Einkaufsstraßen. Wegen der zentralen und verkehrsgünstigen Lage an der viel befahrenen Piccadilly Line ist er deshalb auch seit jeher ein beliebter Touristentreffpunkt.

● BUCKINGHAM PALACE
Buckingham Palace ist der offizielle Sitz der königlichen Familie, allerdings nur werktags und außerhalb der Sommerferien. Offiziell zu besichtigen ist der Palast daher nicht – außer in den Monaten August und September, wenn 19 seiner Zimmer für die Öffentlichkeit zugänglich sind. Sehenswert ist aber auf jeden Fall das »Changing of the Guard«, die Wachablösung vor den Toren des Palasts.

● THE SHARD
Dieser »Splitter« ragt ganze 310 Meter in die Höhe und ist das neue Wahrzeichen in Southwark. Im Juli 2012 wurde das Gebäude eingeweiht. Gebaut wurde es vom italienischen Star-Architekten Renzo Piano. Die Aussichtsterrasse und die drei Top-Restaurants sind angesagte Attraktionen.

● VICTORIA AND ALBERT MUSEUM
Kein Haus, in das man mal so eben einen kurzen Blick werfen kann, denn es weist sage und schreibe 145 Einzelgalerien mit über vier Millionen Objekten auf! Ein Museum für buchstäblich alles, ein Sammelsurium aus Artefakten, die aus der ganzen weiten Welt des einstigen britischen Empires stammen.

● NATURAL HISTORY MUSEUM
Das naturhistorische Museum gleicht einem sakralen Bauwerk. In seinen vier Abteilungen kann man Dinosauriern begegnen, die Folgen von Erdbeben nachvollziehen und sich den Einfluss des Menschen auf die Natur vor Augen führen.

DINNER FOR TWO

BOB BOB RICARD // Ein Restaurant im Stil der Goldenen Zwanziger mit einer russisch-britischen Küche und einer Klingel, mit der man Champagner auf Knopfdruck bestellen kann.
// bobbobricard.com

PLANTS // Von dem köstlichen Sauerteigbrot bis zur cremigen Macadamia Cacio e Pepe Pasta. Im Plants von Ella Mills wird alles selbst gemacht und frisch zubereitet.
// deliciouslyella.com

BOURNE & HOLLINGSWORTH GARDEN ROOM // Dieser »Garten« über den Dächern Londons ist sowohl mittags als auch abends eine gute Adresse mit tollem Ambiente. Inmitten von Grün sitzend, hat man einen herrlichen Blick über die Stadt.
// bourneandhollingsworth.com

CIRCOLO POPULARE // Italien mitten in London: Die intime und herzliche Atmosphäre in dieser Trattoria bezaubert jeden Gast.
// bigmammagroup.com

● HYDE PARK
Die grüne Lunge der Stadt gehört zu den königlichen Parks. Man kann Konzerte besuchen und an der Speakers' Corner jederzeit einen Vortrag halten – sofern die Queen und die königliche Familie nicht erwähnt werden.

KULTURGENUSS

● LITERARY WALKS
London ist die Heimat vieler Autoren und der Handlungsort zahlreicher Romane und Dramen. Bei Themenführungen lernt man die Stadt unter einem literarischen Blickwinkel kennen, zum Beispiel bei der Charles-Dickens-Tour oder auf den Spuren von Sherlock Holmes. Es gibt außerdem kostenlose Stadtrundgänge, die zum Teil auch per App zur Verfügung stehen.
// londonforfree.net/walks/writers-walk

● SHAKESPEARE'S GLOBE
Das Globe Theatre ist ein Nachbau des ursprünglichen Freilufttheaters, in dem Shakespeare einst zum Ensemble gehörte. Der Nachbau schmälert das Vergnügen einer Shakespeare-Aufführung darin keinesfalls. Seit einigen Jahren finden Aufführungen im Winter im Sam Wanamaker Playhouse drinnen und bei Kerzenschein statt. Es lohnt sich auch eine Führung durch das Theater zu machen.
// shakespearesglobe.com

● THEATERSZENE IM WEST END
Wenn sich in einem der großen Theater Londons der Vorhang hebt, kann man gewiss sein, dass man erste Qualität und so manchen Film- und Fernsehstar zu sehen und zu hören bekommt. Die Londoner sind leidenschaftliche Theaterbesucher, aber auch sehr anspruchsvoll. Mittelmaß hat hier keine Chance. Das glitzernde Zentrum der Londoner Theaterszene ist das West End mit seinen über 50 großen Theatern.

● TATE BRITAIN UND TATE MODERN
Britische Kunst vom Jahr 1500 bis zur Gegenwart ist in der einzigartigen Sammlung der Tate Britain in Westminster untergebracht. Londons Top-Museum für moderne und zeitgenössische Kunst befindet sich in einer alten Turbinenhalle an der Bankside, die über fünf Stockwerke in die Höhe reicht.
// tate.org.uk

ÜBERNACHTEN

THREADNEEDLES // Ein Schmuckstück von einem Hotel, das in einer ehemaligen Bank aus dem 19. Jahrhundert untergebracht ist. Die Lobby ist spektakulär: gekrönt von einer Kuppel aus handbemaltem Glas. Die 70 großzügigen Zimmer bieten alle Fünfsternekomfort.
// hotelthreadneedles.co.uk

MAD HATTER // Die altmodische Fassade aus dem 19. Jahrhundert verbirgt ein kleines modernes Hotel mit allem Komfort, nicht weit von der Tate Modern und Shakespeare's Globe.
// madhatterhotel.co.uk

BLAKES LONDON // Das im Royal Borough of Kensington and Chelsea gelegene Hotel ist das erste Boutique-Hotel der Welt. 2013 gewann die Corfu Suite den »Sexiest Bedroom Award«. Auch die restlichen Zimmer haben eine exquisite Ausstattung.
// blakeshotels.com

ZU ZWEIT ERLEBEN

○ TEA TIME IM »RITZ«

Ganz nobel und typisch britisch den »Tea at the Ritz« zu sich nehmen: Ein Tässchen Tee mit Sahne, dazu Scones mit Marmelade und Clotted Cream – britischer geht es nicht. Die edelste Variante findet mit viel Prunk im Palm Court des Hotel Ritz statt. Unbedingt reservieren oder auf »The Savoy« oder »The Dorchester« ausweichen!

○ EINE INDIVIDUELLE TOUR IM DOPPELDECKERBUS

Anstatt einer gewöhnlichen Bus-Tour (»Hop-on, Hop-off«) sollte man das Sightseeing in London ruhig einmal in die eigene Hand nehmen und mit dem roten Doppeldecker-Linienbus fahren. Mit etwas Glück ergattert man einen Sitz ganz vorn im oberen Stock. Zwei tolle Linien sind Nummer 11 (zwischen Fulham und Liverpool Street) und Nummer 24 (zwischen Pimlico und Hampstead Heath); sie fahren an vielen Sehenswürdigkeiten vorbei!

○ EINE FAHRT MIT DEM LONDON EYE

Das London Eye, ein Riesenrad zwischen County Hall und Southbank Centre, wurde 1999 eröffnet und hat sich seither zu einem Highlight der Metropole entwickelt. Mit 135 Metern ist es das bislang größte Riesenrad Europas. Während der Betriebszeiten dreht es sich ununterbrochen, aber langsam – etwa 30 Minuten dauert eine komplette Umdrehung.

○ IN COVENT GARDEN BUMMELN

Covent Garden ist seit dem 17. Jahrhundert ein Zentrum des Volksvergnügens. Es begann mit dem großen Markt, der heute noch zahllose Schau- und Kauflustige anzieht. Doch bald schon gab es allerlei Unterhaltungseinrichtungen und fahrende Künstler. Der alte Covent Garden Market, heute Covent Garden Piazza, ist ein glasüberdachtes Gebäude mit einer überwältigenden Auswahl an Boutiquen und Cafés, während auf dem offenen Platz Straßenkünstler die Passanten unterhalten.

○ SICH IN LITTLE VENICE IN ITALIEN WÄHNEN

Nahe der U-Bahn-Station Paddington wähnt man sich am Canal Grande von Venedig. Das Stadtviertel mit den engen Wasserstraßen und Brücken ist Little Venice. Hier liegen bunt bemalte und mit viel Liebe zum Detail hergerichtete Hausboote im Wasser. Manche sind zu kleinen Buchläden und Cafés umgebaut.

Unten: Eine Fahrt mit dem London Eye bietet eine atemberaubende Aussicht. Hoch über der Themse und über den Dächern der Weltstadt kann man sich zur Abwechslung mal alles von oben anschauen. Besonders der Blick auf den Palace of Westminster ist gigantisch.

MYKONOS

Oben: Vor 100 Jahren waren es Bewunderer der griechischen Antike, die auf Mykonos Station machten, um auf dem nahen Delos die Stätten des Apollonkults zu besuchen. Sie hatten auch Augen für das beispielhaft schöne Ortsbild der Chora (Hauptort der Insel, Altstadt). Künstler und Lebenskünstler zogen ein. Seit rund 50 Jahren sind die Reichen und Schönen oft auf Mykonos anzutreffen.

Links: Überall sorgen leuchtend blau, türkis oder rot gestrichene Fensterläden und Türen sowie mit Blumen geschmückte Balkone für farbige Akzente in dem sonst fast blendend weißen Häusermeer.

Kykladenromantik pur verspricht der Urlaub auf der Trendinsel Mykonos: Den antiken Sagen zufolge musste Herakles, ein Halbgott, gegen Riesen kämpfen. Er besiegte sie und warf sie ins Meer. Aus diesen dort versenkten Riesen soll die Insel Mykonos entstanden sein. Heute bietet sie ausgezeichnete Restaurants, schöne Strände, verträumte Buchten und luxuriöse Villen. Sie sind ein Zeugnis, dass Mykonos nicht nur eine beliebte Ferieninsel geworden ist, sondern auch beim Jetset hoch im Kurs steht. Dabei hatte die Insel bis in die 1950er-Jahre ein schlecht ausgebautes Stromnetz. Schon bald aber kamen Prominente, und die Insel bezauberte Berühmtheiten wie Grace Kelly, Elisabeth Taylor oder Maria Callas. Heute verbringen Hollywoodgrößen wie Michael Douglas oder Russell Crowe gern ihre freien Tage hier. Nicht umsonst trägt die Insel auch den Beinamen »St. Tropez der Ägäis«.

● MYKONOS-STADT

Bei vielen griechischen Inseln heißt die Hauptstadt genau wie die Insel, in diesem Fall Mykonos. Sie ist die Partyhochburg von Mykonos, dort wird gefeiert, bis die Sonne wieder aufgeht. Aber auch tagsüber gibt es in der Hauptstadt viel zu entdecken. Die typisch quaderförmig gebauten Kykladenhäuser mit ihren Flachdächern, die blumengeschmückten Vorgärten, die engen steilen Gassen zwischendrin und die weiße Farbe sorgen für Fotomotive an jeder Ecke.

KLEIN-VENEDIG

Plötzlich endet die kykladische Bauweise der Innenstadt und die Häuser bekommen Balkone, Erker, manche haben sogar Dächer aus Ziegeln und liegen ganz nah am Meer. Klein-Venedig ist ein Teil von Mykonos-Stadt, der an die Zeit der italienischen Herrschaft im 17. und 18. Jahrhundert erinnert. Heute finden sich in den engen Gassen viele Boutiquen, Juweliere und Luxusrestaurants.

HAFEN

Er ist weiß, etwas tollpatschig, zutraulich und reckt seinen langen Hals gern nach Touristen: Der Pelikan am Hafen zählt zu den Wahrzeichen der Insel. Gemeinsam mit seiner Herzensdame flaniert er besonders gern an der Hafenmeile und stört sich auch nicht daran,

WARUM IM FRÜHLING?

Mykonos gilt als schillerndste Insel von Griechenland. Vom einfachen Feriengast bis zum Hollywoodstar reicht das Spektrum der Gäste. Der viele Luxus, das gute Leben und die berühmten Gäste haben ihre Spuren hinterlassen. Dafür bietet Mykonos Ferien auf gehobenem Niveau mit Spitzenrestaurants, Luxushotels und Designerboutiquen. Das Frühjahr bietet sich als eine der besten Zeiten für einen Urlaub an, denn dann steht die Natur der Insel in voller Blüte. Angenehme 20 °C im Durchschnitt machen Lust auf Aktivurlaub.

wenn andauernd Touristen stoppen, um Fotos von ihm zu machen. Er ist an diesen Trubel gewöhnt. Der Hafen ist eines der Zentren der Stadt. Wer dort flaniert, wundert sich nicht über die Popularität, denn die blau-roten Fischerboote dümpeln malerisch im Wasser, der Blick schweift zu bunten Häusern und kleinen Kirchen. Davor schillert das Meer in seinen Blautönen. Was tagsüber so romantisch aussieht, erwacht nachts zu prallem Leben, der Hafen ist einer der Hotspots für das Nachtleben der Insel.

KATO MILI MIT DEN WINDMÜHLEN

Hat sich Don Quijote nach Griechenland verirrt? Fast könnte man es glauben, wenn man die kleine Landzunge am Rand von Mykonos-Stadt betritt. Fünf Mühlen reihen sich dort aneinander. In typischer, turmförmiger Kykladenoptik errichtet, bilden sie einen wunderbaren Blickfang, nicht nur für Gäste mit Fotoapparat. Bis zum Anfang des 20. Jahrhunderts wurde in diesen Mühlen übrigens noch Getreide gemahlen.

KIRCHE PARAPORTIANI

Die Hauptkirche Paraportiani wirkt, als hätte man eine Ruine weiß angemalt und mit einer Kirchenkuppel versehen. Ganz falsch ist die-

Links: Mykonos ist Griechenlands Jetset-Ziel, Treffpunkt für alle Varianten der Liebe, Sammelplatz der schicksten Szenebars, von Künstlern und Lebenskünstlern aus aller Welt. Die vielen Tavernen und Restaurants der Stadt haben bis spät in die Nacht geöffnet, und in den Clubs wird bis in die frühen Morgenstunden getanzt.

Oben: Die Windmühlen und die weiß gekalkten Häuschen sind das Wahrzeichen der Insel.

ses Bild nicht, denn der Bau der Marienkirche setzt sich aus fünf ursprünglich eigenständigen alten Kirchen zusammen; die älteste (Agii Anargyri) stammt aus dem Jahr 1425, manche der Wände stehen dachlos auf der Anhöhe, andere tragen Glockenbögen. Mit ihrer eigentümlichen, asymmetrischen Fassadengestaltung ist sie nicht nur eines der bekanntesten Gotteshäuser auf Mykonos, sondern in ganz Griechenland. Am schönsten ist die Kirche im milden Licht der Abendsonne.

● ÁNO MÉRA

Etwa zehn Kilometer von Mykonos-Stadt entfernt befindet sich dieses Dorf, das sich mit seinem zentralen Dorfplatz, den kleinen Läden und Cafés so traditionell zeigt wie kaum ein anderer Ort auf der Insel. Zum Dorf gehört das Kloster Panagia Tourliani aus dem 16. Jahrhundert, das bis heute eine kontemplative Stimmung in all dem Inseltrubel verbreitet. Im Inneren der Kirche mit ihrer beeindruckenden Marmorfassade erwartet den Besucher einiges Sehenswerte, zum Beispiel schöne Marmor- und Holzschnitzkunst oder byzantinische Fresken.

STRÄNDE

● SUPER PARADISE

So heißt der berühmteste Strand der Insel. Da wummern laute Beats durch die Luft, junge Menschen feiern, so scheint es, den ganzen Tag lang.

● KALO LIVADI

Hier geht es gemäßigter zu, Partystimmung kommt nur selten auf. Liegestühle und Sonnenschirme lassen sich mieten, das Wasser fällt sanft ab und sorgt auch bei Eltern für entspannte Momente. Der Strand gilt als Familienstrand der Insel.

● AGIOS IOANNIS

Dieser Strand gilt als der schönste der Insel, liegt aber etwas abgelegen ganz im Südwesten. Die Bucht öffnet sich nach Westen, es lohnt sich also, bis zum Sonnenuntergang zu bleiben.

DINNER FOR TWO

FOKOS TAVERNA // Ganz im Norden der Insel, abseits des touristischen Trubels liegt diese Taverne etwas abgelegen mit traditioneller griechischer Küche und wunderbarer Aussicht auf die angrenzende Bucht. Die Fokos Taverna liegt direkt am Strand und ist ein beliebter Treffpunkt der Einheimischen.

// Ano Mera 846 00

KARAVAKI // Ein romantisches Plätzchen für das Essen zu zweit mit Blick über Mykonos-Stadt bietet das Restaurant Karavaki. Die Küche ist typisch griechisch, mit einer Prise mehr Raffinesse als bei vergleichbaren Restaurants. Am schönsten, wenn die Lichter der Stadt auf dem Meer funkeln und man vor der Party einen Snack zu sich nehmen möchte.

// vencia.gr

SPILIA SEA SIDE // Mit seiner Lage in der Höhle Agia Anna direkt am Kalafatis-Strand wird das Abendessen zu einem unvergesslichen Erlebnis. Frischer Fisch und Meeresfrüchte aus der Ägäis stehen auf der Karte. Beim gemeinsamen Dinner lauscht man dem Gang der Wellen und genießt eine herrliche Aussicht auf die Küste.

// spiliarestaurant.gr

Das architektonisch ungewöhnlichste Gebäude von Mykonos, die Kirche Panagia Paraportiani (wörtlich: vor den Pforten der – nicht mehr vorhandenen – Burg), wuchs seit dem Mittelalter mit neuen Anbauten.

KULTURGENUSS

● ARCHÄOLOGISCHES MUSEUM
Das Museum zeigt vor allem Funde aus der Totenstadt der Nachbarinsel Delos. Zu sehen sind Keramiken, Grabsteine, Statuen und Schmuck. Das dort präsentierte Relief ist die älteste Abbildung eines Trojanischen Pferdes.

// odysseus.culture.gr

● FOLKLOREMUSEUM
Jüngere Geschichte bildet das Folkloremuseum ab. Im Stadtteil Kastro gelegen, präsentiert es Haushaltsgeräte, Möbel und Keramik der vergangenen Jahrhunderte.

// mykonosfolkloremuseum.gr

● ÄGÄISCHES SCHIFFFAHRTSMUSEUM UND LANDWIRTSCHAFTSMUSEUM
Das Schifffahrtsmuseum zeigt anhand zahlreicher Modelle die Vielfalt der griechischen Flotte, ob im Fischfang oder Militär. Im Museumsgarten sind auf reproduzierten Grabsteinen die Namen der verloren gegangenen Seeleute geschrieben. Wer es lieber landwirtschaftlicher möchte, besucht das Landwirtschaftsmuseum bei Áno Mili und sieht sich alte Werkzeuge und Utensilien des bäuerlichen Lebens an.

// odysseus.culture.gr

ÜBERNACHTEN

HOTEL CARBONAKI // Mit kleinen Zimmern in Mykonos-Stadt strahlt dieses Hotel romantische Stimmung aus. Besonders angenehm an heißen Tagen: der kleine Pool im Innenhof.

// carbonakihotelmykonos.com

MYKONOS GRAND HOTEL & RESORT // Höchsten Luxus bietet das Grand Hotel: Viele Zimmer haben ihren eigenen Service. Es wurde an den Hang gebaut, liegt direkt am Meer und sorgt nicht nur nachts für einen wunderbaren Blick auf den Privatstrand.

// mykonosgrand.gr

THEOXENIA BOUTIQUE HOTEL // Malerisch hinter den berühmten Windmühlen von Mykonos-Stadt, liegt das schmucke Designhotel. Im Stil der 60er-Jahre kontrastieren hier die stilischen Innen- und Außenanlagen.

// mykonostheoxenia.com

ZU ZWEIT ERLEBEN

Unten links: Wer nach seiner Erkundungstour durch Klein Venedig Appetit bekommen hat, der sollte nach einem Tisch am Wasser Ausschau halten. Dort kann man gemütlich sitzen und bei einem Glas Wein zur feinen griechischen Küche den Sonnenuntergang genießen.

Unten rechts: Die Insel Delos liegt in Sichtweite von Mykonos und ist seit 1990 UNESCO-Weltkulturerbe. Die Wahrzeichen von Delos sind die berühmten Marmorlöwen.

○ KLEIN VENEDIG

Alefkantra, »Klein Venedig«, nennt sich der Teil des westlichen alten Hafens, in dem man durch autofreie enge Gässchen schlendert. Auf der Seite zum Meer hin haben sich Restaurants angesiedelt, deren Tische wenige Meter vom Wasser für romantische Stimmung sorgen, vor allem bei Sonnenuntergang. Bei einer Bootsfahrt können Gäste die Szenerie und die kleinen Häuschen des Viertels vom Ägäischen Meer aus bewundern. Auch an den Ruinen von Delos geht die Tour meist vorbei.

○ INS KUNSTATELIER GEHEN

Mykonos ist eine Insel der Künstler. In Mykonos-Stadt tummeln sich Ikonenmaler, abstrakte Künstler sowie Marmorbildhauer. Durch die Gassen der Stadt zu schlendern und die Künstler in ihren Ateliers aufzusuchen, lohnt sich; oftmals finden sich kleine Schätze in den Ausstellungsräumen. Ob der Zusammenschluss in der Galerie »Artists of Mykonos« oder die unbedarfte Künstlerin im Hafen – sie alle haben ihren eigenen Charme und bieten für jeden Kunstsinn das Passende.

○ SUNDOWNER IN DER CAPRICE BAR

Auf blauen Sitzkissen, die eine breite Fensterbank in ein Sofa verwandeln, sitzen, das blaue Meer, dessen Gischt bis ans Haus reicht, unter sich sehen und in den Sonnenuntergang klönen – die Caprice Bar ist einer der beliebtesten Plätze, um den Streifzug durch Mykonos-Stadt am Abend zu beginnen. Sie vereint die Wohnatmosphäre einer Höhle mit griechischem Tavernenambiente, das Publikum ist angenehm gemischt.

○ LUXUSJACHTEN SCHAUEN

Am Strand von Psarou tummeln sich Gäste feiner Luxushotels, in der Bucht ankern zudem auch gern hochwertige Jachten zum Schwimmausflug. Kein Wunder: Das Wasser scheint hier noch eine Spur mehr Türkis in sich zu tragen als an anderen Stellen der Insel. Tavernen am Strand sorgen für gute Verpflegung, und mit etwas Glück kann man einen Prominenten sehen. Abends steigt aber auch hier die Party.

○ EINEN AUSFLUG NACH DELOS UNTERNEHMEN

Die Insel des Lichts wird sie auch genannt: Delos ist das komplette Gegenteil von Mykonos. Der Ort, an dem der Gott des Lichts wohnt, liegt zwar nur einen kurzen Meerweg von Mykonos entfernt, und doch offenbart die Insel eine komplett andere Welt. Nur die Museumsaufseher, die die antiken Ruinen verwalten, verweilen auf Delos, die Tagesgäste sind dann längst schon wieder zurück in ihren Hotels. Möglicherweise ist diese Nachtruhe angemessen für ein Eiland, das als Sitz der Götter galt. Schließlich soll Apollon dort geboren worden sein, und so war Delos einst gleichbedeutend mit Delphi und Olympia. Sein Licht, so hieß es einst, erhellt ganz Griechenland. Sicher ist, dass Delos das Zentrum der Kykladen bildet.

ANDALUSIEN

Andalusien ist das Land der Leidenschaft und der Lebensfreude. Nirgendwo sonst hat der Flamenco eine derartige Ausdruckskraft wie hier, nirgendwo sonst sind das Temperament und die Energie der Menschen so mitreißend und ansteckend wie hier. Und nirgendwo sonst finden Paare so viele malerische Orte zum Verlieben wie in Andalusien. »Al Andaluz« – das Land des Lichtes –, so nannten die Araber im frühen Mittelalter den südlichen Teil Spaniens. Tatsächlich durchflutet diese Region am Scheidepunkt von zwei Kontinenten und zwei Meeren ein ganz besonderes, nirgendwo anders auf der Welt anzutreffendes Licht, das in seiner Klarheit jeden Besucher immer wieder aufs Neue begeistert. Andalusien ist aber auch eine einzige Farbenpracht. Weiße Dörfer heben sich gegen strahlend blauen Himmel ab, orange, rot, gelb und blau leuchten Azulejos an Hauswänden, auf Bänken, in Parks oder füllen ganze Plätze. Paläste strahlen goldverziert mit der Sonne um die Wette, und wer die Städte hinter sich lässt, entdeckt grüne Landschaften, Wälder und bizarre Felsformationen.

Links: Die Alhambra von Granada. Die Pavillons, Hallen und Höfe sind reich mit Mosaiken und Kacheln geschmückt. Der Palastkomplex ist ein herausragendes Beispiel maurischen Kunststils.

● SEVILLA

Die Stadt am Fluss Guadalquivir lernt man am besten bei einer Kutschfahrt kennen: die intensiven Farben der Bougainvilleen, die überall an alten Gemäuern und Fassaden emporranken, den Duft von Blüten und Früchten, der ständig über der zauberhaften Stadt schwebt. Kein Wunder, dass diese Atmosphäre seit jeher Literaten und Komponisten inspiriert. Sevilla, die Hauptstadt Andalusiens, verbindet historische Viertel, die »Barrios«, mit quirliger Moderne, geschäftigem Treiben und belebten Straßen.

KATHEDRALE SANTA MARÍA DE LA SEDE

Die Kathedrale von Sevilla ist ein imposantes Beispiel gotischer Baukunst. Sie fußt auf einem rechteckigen Grundriss und besitzt fünf Schiffe, allesamt überspannt von Kreuzrippengewölben und mit Kapellen zu allen Seiten. Altäre, Madonnenfiguren, Kruzifixe, Sarkophage bedeutender Persönlichkeiten der Geschichte Sevillas, verschiedene Reliquien und riesige Gemälde zeugen von einem immensen Reichtum an Kunstschätzen.

GIRALDA

Die Giralda ist ein beeindruckendes Relikt aus islamischer Zeit, das einstige Minarett der Moschee und heute der Glockenturm der Kathedrale. Sie wurde im Jahr 1198 fertiggestellt, erbaut aus Steinblöcken der ehemals römischen Gebäude der Stadt. Ihr rund 100 Meter hoher Turm besteht aus Ziegelsteinen, die einst die Araber nach Andalusien brachten. Auch über den Fenstern prangt islamische Baukunst: die typischen markanten Hufeisenbögen.

REAL ALCÁZAR

Die Puerta del León, zu Deutsch das »Löwentor«, ist der Eingang zu diesem prachtvollen Palast einstiger arabischer Herrscher. Durch den Patio del León führt der Weg ins Innere des Alcázar. Eine hohe Zinnenmauer umschließt die riesige Residenz, die die nachfolgenden christlichen Könige immer wieder in neuen Stilen umgestalteten. Das Glanzstück des Komplexes ist der Mudéjar-Palast.

ARCHIVO GENERAL DE INDIAS

Hier lagert die Geschichte des Landes in einem Gebäude, das selbst historisches Zeugnis der Renaissancezeit ist. Das Archivo beherbergt in kilometerlangen Regalen wichtige Dokumente über die Kolonialisierung und die Entdeckung Amerikas.

● CÓRDOBA

Das arabische Erbe ist in der Stadt unverkennbar. Sogar in der Mentalität der Einwohner, die farbenfrohe Häuser und bunt leuchtende

WARUM IM FRÜHLING?

Nicht nur das angenehme Wetter macht Andalusien im Frühling zum idealen Ziel für alle, die die Sonne kaum erwarten können. Religiöse Tradition hautnah miterleben – dafür muss man in Andalusien in der Semana Santa nicht in die Kirche gehen. Überall finden dann Prozessionen auf den Straßen statt. Anfang Mai dreht sich in Jerez alles um edle Vierbeiner, wenn die jährliche Pferdemesse (Feria del Caballo) stattfindet. Für die Bewohner in Córdoba wiederum zählt im Frühling nur eins: Wetteifern um den schönsten Patio. Die blumenüberladenen Innenhöfe sind dann auch für Besucher zugänglich. Zum Verlieben nicht verpassen!

Blumen lieben. Eisengitter schützen die geschmückten Patios zwar vor unliebsamen Besuchern, jedoch nicht vor bewundernden Blicken der Passanten. Córdoba trägt den Beinamen »Stadt der Kalifen«, der noch aus der Blütezeit stammt, als die Stadt mehr als zwei Jahrhunderte lang die Metropole des maurischen Spaniens war.

MEZQUITA

In dieser Zeit entstand die berühmte Moschee mit ihren elf Schiffen und zahlreichen Säulen, die »Mezquita«, die über 10 000 Gläubigen Platz bot. Als 1236 die Christen Córdoba eroberten, wurde die ehrwürdige Moschee zum christlichen Gotteshaus geweiht.

● GRANADA

Sicher entfuhr ihm ein Seufzer der Trauer: Boabdil, letzter Herrscher eines maurischen Reichs auf der iberischen Halbinsel, musste 1492 seine Stadt an den christlichen König Ferdinand übergeben und sein Reich für immer verlassen. Auf einem Hügel vor der Stadt blickte er zurück auf die Alhambra, hinter der die Schnee bedeckte Sierra Nevada emporragt. Bis heute ist das Panorama sehr sehenswert.

ALHAMBRA

Sie thront auf einem Ausläufer der Sierra Nevada über Granada wie ein Palast aus Tausendundeiner Nacht.Durch Säulengänge geht es vorbei an Gärten mit Brunnen, zu den Königlichen Bädern und, zweifellos ein Höhepunkt der Anlage, zum Harem, den »verbotenen« und privaten Gemächern des Sultans.

Oben: Auf dem Plaza de España in Sevilla herrscht eine fantastische Atmosphäre. Der Platz wurde im Jahre 1929 aus kostbaren Materialien wie Marmor und Keramik gebaut. Ein besonderes Augenmerk sollte man dabei auf die für Spanien ganz typischen Azulejos am Fuße der Gebäude legen.

Unten links: Der Zeit der arabischen Vorherrschaft verdankt Andalusien seine berühmten Prachtbauten wie die Mezquita in Córdoba.

Rechts: Die prächtige Kathedrale von Jerez de la Frontera steht zwischen der Calle de La Rosa und der Calle Aire im Herzen der Stadt. Über 100 Jahre währte die Bauzeit.

● JEREZ DE LA FRONTERA

Bei dem Wort Jerez de la Frontera denken die einen an den Sherry, das prominenteste Produkt der Stadt, und die anderen an Pferde. Weltruhm erlangte Jerez als Herkunftsort des Sherry, wie ihn die Engländer nannten. Seine Trauben gedeihen auf den weißen, kalkhaltigen Böden der Umgebung. Unter Pferdeliebhabern haben die in Jerez gezüchteten Rassepferde, die in der Königlichen Reitschule präsentiert werden, einen ausgezeichneten Ruf.

● CÁDIZ

Hinter der Meerenge von Gibraltar, dem Tor zum Mittelmeer, ist es wie in einer anderen Welt: Über die wellenumtoste Atlantikküste mit ihren kilometerlangen weißen Sandstränden peitscht starker Wind, das Meer ist ein Surferparadies – allerdings nur für Geübte, denn die Strömungen haben es in sich. Cádiz wird die Stadt des Lichts genannt, denn die Sonne zaubert einen besonderen Schimmer auf die Häuser.

● RONDA

Beinahe schwindelerregend besetzt Ronda ein Felsplateau in stolzen 750 Meter Höhe. Senkrecht fallen die Felswände an den Seiten ab. Von der Ferne bietet sich ein spektakuläres Szenario. Als eine »auf zwei Felsmassen hinaufgehäufelte Stadt« beschrieb der Dichter Rainer Maria Rilke im Jahre 1913 seinen Eindruck von dem Weißen Dorf. Durch die 100 bis 180 Meter tiefe Tajo-Schlucht wird es in Alt- und Neustadt geteilt. Verbunden sind die beiden Stadtteile durch den beachtenswerten Puente Nuevo.

DINNER FOR TWO

GRANADA: BETULA NANA // In heimeligem Ambiente kann man sich hier spanische Köstlichkeiten schmecken lassen. Von feinem Fisch bis zu köstlichen vegetarischen Kreationen ist für jeden was dabei.
// C. Málaga, 9, 18002 Granada

SEVILLA: CASA ROBLES // Es gehört zu den etablierten Größen der Restaurantszene Sevillas. Serviert werden Klassiker der spanischen Küche und gehaltvolle andalusische Spezialitäten.
// casa-robles.com

CÓRDOBA: CASA PEPE DE LA JUDERÍA // Wer Lust auf Tapas hat, findet diese in den Bars im Erdgeschoss oder auch im gemütlichen Patio. Das Restaurant selber liegt im ersten Stock.
// restaurantecasapepedelajuderia.com

RONDA: RESTAURANTE ALBACARA // Eine spektakuläre Sicht auf die Schlucht von Ronda hat man in diesem erstklassigen Lokal, das zum Hotel Montelirio gehört. Die Karte bietet neben spanischen Klassikern auch viele sehr gute vegetarische Speisen.
// hotelmontelirio.com

● MÁLAGA
Málaga ist die zweitgrößte Stadt Andalusiens und ein wichtiger Wirtschaftsstandort. Der Hafen ist nach Barcelona der zweitbedeutendste an der spanischen Mittelmeerküste. Über ihn wird der Handel mit den landwirtschaftlichen Produkten der Vega, vor allem Wein und Rosinen, abgewickelt. An Sehenswürdigkeiten gibt es in Málaga so einiges: Ein Aufstieg zum Gibralfaro, der maurischen Zitadelle mit Leuchtturm, lohnt sich auf jeden Fall, denn von dort aus bietet sich ein schöner Ausblick auf die Stadt. Von der Pracht der Alcazaba, die einst immerhin im gleichen Atemzug mit der Alhambra genannt wurde, ist heute leider so gut wie nichts mehr übrig geblieben. Und die Kathedrale, die im 16. Jahrhundert begonnen wurde, blieb unvollendet: Der Turmtorso wird deshalb auch La Manquita, »die Einarmige«, genannt.

ÜBERNACHTEN

SEVILLA: HOTEL ALFONSO XIII // Das Traditionshotel im Herzen von Sevilla ist ein Traum im Neo-Mudéjar-Stil, erbaut 1929. Es atmet das Flair eines Grandhotels, und das Außendekor versetzt den Gast in die maurische Vergangenheit der Stadt.
// hotel-alfonsoxiii-sevilla.com

CÓRDOBA: HOTEL MACIA ALFAROS // Das Haus liegt an der römischen Stadtmauer und ist nur etwa zehn Minuten zu Fuß von Mezquita und Judería entfernt. Bei der Einrichtung haben die Designer sehr viel Wert auf stimmungsvollen Dekor gelegt, der ein wenig vom Flair des Al Andaluz vermittelt.
// maciaalfaros.com

GRANADA: CASA MORISCA HOTEL // Im Herzen des Viertels Albaicín gelegen und mit wunderbarer Sicht auf die Alhambra, zählt dieses zu den besten Hotels der Stadt. Die liebevoll eingerichteten Zimmer umrahmen einen wunderschönen Patio.
// hotelcasamorisca.com

KULTURGENUSS

● SEVILLA: TEATRO LOPE DE VEGA
Das Theater ist nach Félix Lope de Vega Carpio benannt, dem berühmten spanischen Dichter. In dem heutigen Barocktheater stehen Musik und Dramen auf dem Programm.

● SEVILLA: MUSEO DE BELLAS ARTES
Per königlichem Dekret wurde das Museum 1835 als Gemäldegalerie gegründet. Das Gebäude verleiht einer der größten Pinakotheken Spaniens einen würdevollen Rahmen. Hier finden sich u. a. Werke von Murillo, Zurbarán, Francisco de Herrera d. J. und Valdés Leal.

● MÁLAGA: MUSEO CARMEN THYSSEN
Carmen Cervera nahm den Namen ihres Mannes an, als sie 1985 die fünfte Ehefrau von Hans Heinrich Thyssen-Bornemisza de Kaszón wurde, dem bedeutendsten Kunstsammler des 20. Jahrhunderts. Nach seinem Tod überließ sie die Sammlung im Wert von 700 Millionen Euro der Stadt Málaga als Leihgabe.

● MÁLAGA: MUSEO PICASSO
Die Sammlung von 233 Exponaten präsentiert die spannenden Schaffensperioden Pablo Picassos (1881–1973) von der frühen Kindheit bis zur reifen Spätphase.

ZU ZWEIT ERLEBEN

○ TAPAS, TAPAS, TAPAS

Nicht versäumen: sich in einer der unzähligen Bars durch die Tapas schlemmen. Guter Anlaufpunkt dafür ist in Sevilla »El Rinconcillo« in der Calle Gerona. Die älteste Bar Sevillas wurde 1670 gegründet. Das Interieur ist ein Schmuckstück, die Tapas sind typisch andalusisch und heute wie gestern einfach gut. Entsprechend muss man oft genug Schlange stehen. Es gibt natürlich auch in den restlichen Städten Andalusiens hervorragende Tapas zu verkosten.

○ EINES DER WEISSEN DÖRFER BESUCHEN

Eines der schönsten weißen Dörfer Andalusiens ist zweifellos Arcos de la Frontera. Seine Häuser stehen wie Würfelzucker auf der Anhöhe. Arcos de la Frontera liegt 160 Meter hoch auf dem Nordhang des Río Guadalete, die Felswände fallen steil nach unten ab. Der wuchtige, quadratische Turm der Basilica Menor de Santa María de la Asunción überragt alle umliegenden Gebäude und erhebt sich aus dem Stadtbild. Wer die Stadt einmal von weiter weg betrachten möchte, kann die Brücke über den Fluss nehmen.

○ REITAUSFLUG AM STRAND

Das weiße Dorf Conil de la Frontera liegt direkt am Meer und hat sich seine Ursprünglichkeit erhalten. Es gibt keine großen Hotelburgen, und in den kleinen Gassen scheint die Zeit fast stehen geblieben zu sein. Im Zentrum steht die Iglesia de Santa Catalina, heute das Kunst- und Kulturzentrum Conils, in dem regelmäßig Ausstellungen regionaler Künstler stattfinden. Hier bietet sich ein Reitausflug am Strand an, am besten kurz vor Dämmerung, um der untergehenden Sonne entgegenzureiten.

○ ENTSPANNEN IM HAMAM BAÑOS ÁRABES IN GRANADA

Eine wohltuende Erfahrung ebenso wie ein Schlüssel zum Verständnis maurischer Wohnkultur und des Lebensgefühls jener Zeit ermöglicht der Hamam. Massagen und Aromatherapien nach individuellem Geschmack werden ebenfalls angeboten.

○ EINE FLAMENCOSHOW BESUCHEN

Schon seit dem 16. Jahrhundert ist der Flamenco in Südspanien bekannt. Er wurde von den »Gitanos« – Zigeunern, die sich nach einer leidvollen Wanderung quer durch Europa in Andalusien niedergelassen hatten – eingeführt und entspringt den Traditionen, die sie aus Indien und Arabien mitgebracht hatten. Der Flamenco entstand aus den melancholischen Gesängen eines lange Zeit gequälten und verfolgten Volkes und wurde zunächst nur von einer Gitarre begleitet. Der Tanz kam erst später dazu. Zumindest einmal sollte man bei einem Andalusienbesuch eine Darbietung erlebt haben.

Unten links: Ganz besonders schön ist der Hamam Al Andalus in Granada. Das Interieur ist in wohltuenden Erdtönen gestaltet und sehr stimmungsvoll beleuchtet.

Unten rechts: Im Sonnenuntergang durch glitzerndes Wasser am Strand entlangreiten: Das ist für viele Urlauber ein Highlight.

ROM

Die ewige Stadt, die Stadt der ewigen Liebe. Bei einem Besuch in Rom wird einem der mythische Begründer Romulus ebenso präsent wie die Kaiser des Römischen Reichs oder die Päpste, die zur Zeit der Renaissance und des Barock in der italienischen Hauptstadt der Christenheit auch als weltliche Herrscher residierten. Rom führt wie keine andere Stätte die Entwicklung der europäischen Kultur vor Augen. Im Schatten der alten Monumente wird gelebt, auf eine mitreißende, »vitale« Weise. Hier gibt es Restaurants, Bars, Theater, von geschäftigem Treiben erfüllte Plätze. Im Naturell der Römer verschmelzen Lebhaftigkeit und Lässigkeit; die Atmosphäre ist stimulierend und entspannend, man wird angeregt und kann sich doch auch treiben lassen. Gerade für Verliebte gehören Plätze wie die Spanische Treppe und der Trevibrunnen, der Ponte Sant'Angelo oder der Campidoglio zu den Orten, die sich auf ewig in die Erinnerung einprägen.

21 Meter ragt der dreitorige Septimus-Severus-Bogen zwischen den Ruinen am Forum Romanum auf, davor die Säulen des Saturntempels.

● KOLOSSEUM

Das Kolosseum, 72 bis 80 n. Chr. erbaut, hat seinen Namen von einer Kolossalstatue des Kaisers Nero. Einst diente es als Amphitheater für Schaukämpfe von Gladiatoren und Tierhetzen. Es fasste etwa 75 000 Zuschauer, besaß Sonnensegel sowie ein sehr vorbildliches System von Ein- und Ausgängen.

● FORUM ROMANUM

Hier lag das Zentrum der Stadt und der politische Mittelpunkt des Römischen Reiches. Tempelanlagen und Staatsbauten, wie die Kurie für die Senatsversammlungen, wurden ergänzt durch Triumphbogen, Rednerbühnen, Hallen für Gerichts- und Geschäftsverkehr sowie Tavernen.

● KAPITOL

Das religiöse Zentrum des antiken Rom mit dem Tempel des Jupiter Optimus Maximus wurde nach Plänen von Michelangelo gestaltet. Der Palazzo Nuovo links und der Konservatorenpalast rechts bergen die Kapitolinischen Sammlungen. Die berühmte Reiterstatue von Kaiser Marc Aurel im Zentrum ist allerdings eine Kopie.

● ENGELSBRÜCKE UND ENGELSBURG

Die Engel auf der Brücke tragen die Leidenswerkzeuge Christi und wurden nach Entwürfen von Bernini durch dessen Schüler ausgeführt. Die Engelsburg, einst das Grabmal römischer Kaiser von Hadrian bis Caracalla, ist heute ein spannendes Museum.

● PETERSDOM

Die bis 1989 größte Kirche der Welt ist das Zentrum der katholischen Christenheit, aber auch ein überragendes kunstgeschichtliches Monument. Nach Plänen von Bramante und Michelangelo ab 1506 als Zentralbau erbaut, von Maderno und Bernini verlängert und mit Fassade und Platzanlage ausgestattet, birgt der Bau auch im Inneren eine Fülle an Kunstwerken, darunter die Hauptwerke von Bernini und die Pietà Michelangelos. Von der Kuppel aus ergibt sich ein herrlicher Blick auf die Stadt.

● SANTA MARIA IN TRASTEVERE

Die älteste Marienkirche Roms ist berühmt für ihre Mosaiken. Das Außenmosaik an der Fassade zeigt Maria zwischen Heiligen, im Apsismosaik im Inneren thront sie neben Christus. Die Szenen aus ihrem Leben darunter stammen von Pietro Cavallini (1291). Die Gegend um die Marienkirche ist ein Szeneviertel.

● CAMPO DE' FIORI

Um das Denkmal für Giordano Bruno, den vom »rechten« Weg abgekommenen Dominikanermönch, der hier im Jahr 1600 als Ket-

WARUM IM FRÜHLING?

Rom hat ein stolzes Alter – aber zu feiern versteht man hier nach wie vor. Gegründet worden sein soll die Stadt am 21. April 753 v. Chr. von Romulus, einem der beiden ausgesetzten Söhne des Mars, der dann von einer Wölfin gesäugt wurde und später seinen Bruder Remus umbrachte. Heute feiert die Stadt ihren Gründungstag jedes Jahr mit Konzerten, Festumzügen, historischen Aufführungen und lauter Menschen in Togas. Viele der Archäologischen Stätten und Museen bieten an diesem Tag freien Eintritt, Hauptort der Festlichkeiten ist jedoch der Aventin. Wer eine gute Sicht aufs Feuerwerk haben will, sollte sich rechtzeitig auf dem Kapitolshügel postieren.

zer verbrannt wurde, herum findet vormittags einer der größten Märkte Roms statt, abends erfüllt buntes Leben die Straßen.

SPANISCHE TREPPE

Über den Hügel Pincio mit schönem Blick auf Rom, vorbei an der Villa Medici mit der Französischen Akademie und der Kirche Santa Trinità dei Monti, gelangt man zur »Treppe aller Treppen« – der Spanischen Treppe mit ihrem organischen Schwung. Um die darunterliegende Piazza di Spagna spielte sich früher das Künstlerleben ab. Von hier aus erschließen sich heute die noblen Einkaufsstraßen um die Via Condotti.

FONTANA DI TREVI

Roms größter und bekanntester Brunnen ist die 1732-1751 nach Entwürfen von Nicolo Salvi angelegte Fontana di Trevi. Gespeist von einer antiken Wasserleitung, zeigt er barocke Fülle nicht nur im Schmuck, sondern auch in der Wasserführung. Unter Clemens XII. gewan Salvi den Wettbewerb für die Gestaltung des Brunnens. Entgegen dem Einspruch des Herzogs von Poli wurde die gesamte Rückseite des Palastes als Schauwand genutzt und der 26 Meter hohe Brunnen konnte über die ganze Längsseite errichtet werden.

Unten links: Mit einem großen Feuerwerk wird jedes Jahr die Feier des Stadtgeburtstags begangen. Schön ist die Aussicht am Tiber.

Unten rechts: In die Fontana della Barcaccia auf der Piazza di Spagna setzte Bernini eine halb verfallene Barke – eine Erinnerung an das Tiberhochwasser im Jahr 1598, als der Platz nur mit einem Boot erreicht werden konnte.

● PANTHEON
Ehemals ein Tempel für alle Götter, verdankt der Bau heute seinen Erhalt der Umwandlung in eine Kirche. Ursprünglich unter Augustus errichtet, bekam das Pantheon dann unter Kaiser Hadrian seine berühmte Rundform mit der den Götterhimmel symbolisierenden Kuppel. Die klassische Proportion von 1:1 im Verhältnis des Durchmessers zur Zylinderkuppelhöhe (43,20 Meter) verleiht dem Bau Vollkommenheit.

● PIAZZA NAVONA
Der längsovale Platz über dem Grundriss eines antiken Stadions besitzt drei Brunnen, darunter der die Mitte beherrschende »Vierströmebrunnen« mit den Flüssen Donau, Nil, Ganges und Rio de la Plata von Gianlorenzo Bernini. Dahinter erstrecken sich die barocken Fassaden der Kirche Sant'Agnese in Agone und des Palazzo Pamphili.

● SAN GIOVANNI IN LATERANO
Die eigentliche Bischofskirche des Papstes ist somit die ranghöchste Kirche der katholischen Christenheit. Sie bewahrt in ihrem Mauerkern noch den frühchristlichen Bau aus konstantinischer Zeit, geht in ihrer heutigen Form aber auf eine barocke Neugestaltung durch Francesco Borromini und das 19. Jahrhundert zurück.

● SANTA MARIA MAGGIORE
Die Pilgerkirche geht auf eine Legende zurück, derzufolge im August Schnee auf eine Stelle fiel, auf der ein Gotteshaus errichtet werden sollte. Im Inneren des vor allem im Barock veränderten Baus stammen die Kolonnaden und die Mosaiken an der Hochwand und am Triumphbogen vor dem Chorbereich noch aus der Erbauungszeit ab 432.

● QUIRINALSPALAST
Der Palast, ursprünglich die päpstliche Sommerresidenz, dann die Residenz der italienischen Könige, ist heute der Sitz des italienischen Staatspräsidenten. Den Platz davor schmücken ein ägyptischer Obelisk und die Gruppe der Dioskuren Kastor und Pollux aus den Thermen des Kaisers Konstantin.

KULTURGENUSS

● GALLERIA NAZIONALE D'ARTE ANTICA
Die Staatliche Gemäldesammlung zeigt einen Querschnitt europäischer Malerei seit dem Mittelalter; die Bestände stammen größtenteils aus dem Besitz römischer Adelsfamilien. Untergebracht ist die Sammlung im ehemaligen Palast der Familie Barberini.
// barberinicorsini.org

DINNER FOR TWO

SORA LELLA // Seit nunmehr 65 Jahren ist diese auf der Tiberinsel gelegene, familiär geführte Trattoria eine römische Institution. Die Gerichte sind typisch römisch, die Portionen sehr üppig. Unbedingt probieren: Fleischbällchen in Soße, dazu Salat oder Suppe. **// trattoriasoralella.it**

IL CONVIVIO // Die Brüder Troiani betreiben dieses traditionelle Restaurant, das für seine Küche berühmt ist. Nahe an der Piazza Navona gelegen, teilen sich die Geschwister Service und Küche und begeistern in beidem. **// ilconviviotroiani.com**

OPEN COLONNA // Ein Highlight unter den Restaurants Roms ist dieses mondäne Lokal in einem Glashaus auf dem Dach des Palazzo del Esposizioni. Die Möbel sind frisch und modern, man speist in einem lichtdurchfluteten Raum. Sehr beliebt ist das Buffet zum Fixpreis. **// opencolonna.it**

Die Cordonata ist die große Treppe, über die man zum Kapitolsplatz gelangt. Gebaut wurde sie von Michelangelo.

● MUSEI CAPITOLINI
Zwei Gebäude am Kapitolsplatz, der Palazzo dei Conservatori und der Palazzo Nuovo, beherbergen die Kapitolinischen Museen. Der Grundstock der Sammlung ist eine Reihe antiker Skulpturen, die von Papst Sixtus IV. zusammengetragen und 1471 den Bürgern zugänglich gemacht worden war. Am bekanntesten ist die Kapitolinische Wölfin, das bronzene Standbild jener berühmten »Lupa«, die der Sage nach die Zwillinge Romulus und Remus gesäugt haben soll.
// museicapitolini.org

● MUSEO NAZIONALE ROMANO
Mit ihren verschiedenen Sammlungen stellt diese Institution eines der größten und bedeutendsten archäologischen Museen der Welt dar. Aufgrund seines immensen Umfangs wird das Ensemble der zahllosen antiken Ausstellungsstücke notgedrungen in drei verschiedenen Gebäudekomplexen gezeigt.
// museonazionaleromano.beniculturali.it

● ESTATE ROMANA
In den Sommermonaten wird Rom mit seinen Plätzen, Palästen, Villen, Gärten und Parks zu einer einzigartigen Kulisse für eine Vielzahl von Open-Air-Veranstaltungen – vom Konzert über Kleinkunst und Theater bis zum Kino. Die Monumente sind atmosphärisch illuminiert, in den Straßen und Gassen, auf den Plätzen sind Musikanten und Darsteller unterwegs, die Altstadt wird zur Freilichtbühne.
// estateromana.commune.roma.it

ÜBERNACHTEN

CASA HOWARD // An der Spanischen Treppe pulsiert das Leben der Tiberstadt, und in unmittelbarer Nähe ist dieses wunderschöne Boutique-Hotel, das sich auf zwei Gebäude verteilt: ein echter Geheimtipp. Abends gewährt der kleine Hamam Entspannung.
// casahoward.com

AVENTINO SAN ANSELMO //
Das Hotel auf dem Aventin liegt in einem Park mit idyllischen Orangenbäumen und ist eine Oase der Stille. Ein Juwel in der Metropole Rom! **// aventinohotels.com**

RICHMOND // Mit wenigen Schritten erreicht man die großen Monumente und Geschäftsstraßen. Das Hotel ist im Besitz der Familie Gnecco, die einen tadellosen Service für die Gäste bietet. Es verfügt über eine schöne Dachterrasse, um beim Frühstück den traumhaften Ausblick auf die Kaiserforen zu genießen.
// hotelrichmondrome.com

ZU ZWEIT ERLEBEN

○ IN DEN VATIKANISCHEN MUSEEN DAS STAUNEN LERNEN

Auf sieben Kilometern durch 1300 Ausstellungsräume – die Vatikanischen Museen zeigen, welche Schätze die Kirche im Lauf der Jahrhunderte angehäuft hat. Die Sixtinische Kapelle ist das Herzstück der Vatikanischen Museen. Für Wand- und Deckenmalereien zeichnet vor allem Michelangelo, aber auch Botticelli verantwortlich. Zudem sollte man unbedingt die Stanzen des Raffael besichtigen, Wohnräume, die der Künstler im Apostolischen Palast gestaltet hat.

○ DER ROMANTIKER KEATS UND SHELLEY GEDENKEN

Das im ehemaligen Künstlerviertel an der Spanischen Treppe untergebrachte Museo di Keats e Shelley erinnert an den hier im Jahr 1821 an Tuberkulose jung verstorbenen englischen Romantiker John Keats. Das Haus bewahrt aber auch die Urne seines Dichterkollegen Percy Bysshe Shelley und einige Erinnerungsstücke von Lord Byron.

○ EINEN SONNENUNTERGANG AUF DEM GIANICOLO ERLEBEN

Seine geschichtliche Bedeutung, seine Denkmäler und botanischen Schätze sind vergessen, wenn man vom Hügel auf die Stadt schaut. Nirgends hat man einen besseren Blick auf Vatikan, antike Ruinen und die Palazzi.

○ KONZERT IM TEATRO DI MARCELLO

Für den Bau dieses auf dem antiken Marsfeld gelegenen Theaters mussten mehrere Tempel abgerissen werden. Noch unter Julius Caesar wurde es begonnen; Kaiser Augustus vollendete den Bau und benannte ihn nach seinem jung verstorbenen Neffen. Später stützte man die zweistöckigen Arkadengänge von außen ab, setzte Wohnungen und im 16. Jahrhundert sogar einen riesigen Palast für die Orsini, ebenfalls eine Adelsfamilie, darauf. Wahrlich besonders ist es, in dem antiken Theater einem Konzert zu lauschen. Im Sommer finden hier die Concerti del Tempietto statt.

○ GELD IN DEN TREVIBRUNNEN WERFEN UND SICH ETWAS WÜNSCHEN

Anita Ekberg aalte sich im Film »La Dolce Vita« von Federico Fellini in dem Brunnen. Es reicht aber auch, eine Münze über die Schulter in den Brunnen zu werfen und sich das süße Leben zu wünschen.

Unten links: Bei einem Sonnenuntergang auf dem Gianicolo kann man beobachten, wie die Stadt samt Monumento Nazionale a Vittorio Emanuele ll. in goldenes Licht getaucht wird.

Unten rechts: Die Fontana di Trevi ist nachts wunderbar beleuchtet und gerade für Paare ein romantisches Plätzchen.

LANZAROTE

Feuer und Wasser: Ganz der Aphrodite, der Göttin der Liebe, gleich wurden die Kanarischen Inseln aus dem Meer geboren, geprägt von der Gewalt des Atlantischen Ozeans sowie der Eruptivkraft der Magma im Erdinneren, die durch den Meeresgrund der driftenden Afrikanischen Platte vulkanische Schlote 1500 bis 3000 Meter hoch zur Wasseroberfläche und weiter hinauf trieb. Am augenfälligsten wird dieses Naturschauspiel auf Lanzarote, das zu den ältesten Inseln der Kanaren gehört. Mehr als 300 Vulkane und Krater zeichnen das Antlitz der Insel. Als Besucher genießt man die herrliche Natur, einsame Strände, magische Sonnenuntergänge und erstklassiges Essen. Das perfekte romantische Getaway!

Oben: Arrecife, die Hauptstadt Lanzarotes, liegt bezaubernd an einer Meerwasserlagune.

Links: Jameos del Agua wurde von dem Künstler und Naturschützer César Manrique als Kulturstätte erbaut – Pool inklusive.

● ARRECIFE

Die Hauptstadt Lanzarotes hat sich in den letzten Jahren zu ihren Gunsten entwickelt. Im Herzen Arrecifes verläuft die umgestaltete Avenida La Marina, die von schönen Gärten gesäumt wird. Zu den Sehenswürdigkeiten zählen die Iglesia de San Ginés, das Castillo de San José und das Castillo de San Gabriel.

● NATIONALPARK TIMANFAYA

Durch das Zentrum von Lanzarote und von dort nach Westen fahrend, gelangt man über Haria und Teguise in die Vulkanlandschaft der Montañas del Fuego (»Feuerberge«) von Timanfaya. In dem 1954 eingerichteten Nationalpark versammeln sich verschiedenste vulkanische Erscheinungen wie tiefschwarze Lavafelder, Krater und feuerfarbene Vulkankegel. Diese faszinierende Kulisse entstand bei Vulkanausbrüchen, die 1730 begannen und sechs Jahre andauerten. Am Parkplatz startet eine etwa 45-minütige Busfahrt durch die Mondlandschaft der Feuerberge, die man sich nicht entgehen lassen sollte. Wanderungen auf eigene Faust sind in dem Gelände untersagt. Allerdings kam man auch auf Kamelrücken das Gelände erkunden. Die Gegend mit ihrem Lavagestein zeigt sich zu verschiedenen Tages-

WARUM IM FRÜHLING?

Die Kanareninsel ist für ihr ganzjährig gutes Wetter und für ihren ewigen Frühling bekannt. Doch eignet sich die Zeit zwischen Februar und Mai sehr gut für einen Besuch Lanzarotes. Denn dann strömt der Duft von blühenden Orangensträuchern und Lavendel in die Nase, dann taucht die Natur die sonst eher karge Vulkanlandschaft in ein Meer aus Farben, dann steht alles in Blüte. Surfer finden beste Bedingungen vor, Wanderer genießen die angenehmen Temperaturen. Wird es abends noch etwas frisch, macht man es sich bei einem guten Essen im Restaurant gemütlich.

zeiten und bei unterschiedlichen Lichtstimmungen immer wieder anders – mal scharlachrot und glühend, mal braun und karg wie eine Mondlandschaft. Ein besonderes Highlight der geführten Touren ist das Sichtbarmachen der immer noch heißen Temperaturen unter der Erde. Dazu gießen die Guides kaltes Wasser in Erdlöcher. Sofort zischt dieses als Dampffontäne wieder an die Oberfläche.

● NATURPARK LOS VOLCANES

Um den eindrucksvollen Timanfaya-Park besteht die Landschaft aus Lavafeldern, durch-

Ganz oben: Die Papagayo-Strände gehören zum Naturschutzgebiet Los Ajaches.

Links: Der Ort Famara besitzt nur eine Straße, dafür aber am Hafenbecken gute Restaurants.

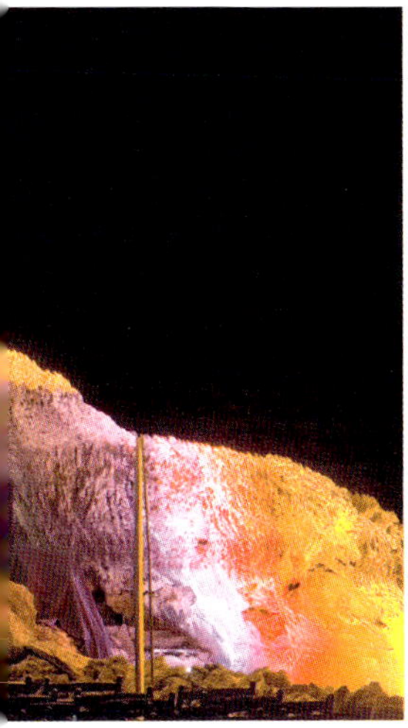

zogen von älteren Gesteinsschichten und Vulkankegeln, bemerkenswert sind die Hornitos (turmförmige Anhäufungen geschmolzener Schlacke).

● EL GOLFO
Der Vulkankrater ist teilweise im Meer versunken, so hat sich der Charco de los Clicos, eine Lagune, gebildet. Durch den hohen Salzgehalt des Wassers gedeiht die Alge Ruppia Maritima gut – sie lässt die Lagune grün schimmern.

● CUEVA DE LOS VERDES
Im Norden Lanzarotes erwarten den Besucher bizarre Höhlen, die zu einem rund sieben Kilometer langen Lavatunnel gehören, der vor 3500 Jahren entstand. Die Cueva de los Verdes ist auf einer Länge von 1000 Metern begehbar, wofür man bis in 50 Meter Tiefe hinabsteigt. Zu sphärischen Klängen vom Band geht die Führung durch die Höhle vorbei an unterschiedlichsten Lavaformationen.

● JAMEOS DEL AGUA
Nahe der Cueva de los Verdes befinden sich die beiden Jameos del Agua. Dabei handelt es sich um Kessel in den Bereichen, in denen die Decke des Lavatunnels einstürzte. César Manrique, dessen Kunstwerke an vielen Stellen der Insel zu bewundern sind, schuf hier mithilfe von Pflanzen und Licht eine einzigartige Welt von Natur und Kunst.

● LOS HERVIDEROS
Die Lavahöhlen und bizarren Felsformationen an der Südwestküste von Lanzarote sind durch das Aufeinandertreffen von glühender Lava aus den Feuer-Bergen (Timanfaya) und dem Atlantik entstanden.

● FAMARA
Caleta de Famara ist ein kleines Dorf fernab an der Nordküste im Naturschutzgebiet des Chinijo-Archipels. Der Strand grenzt an das Bergmassiv Risco de Famara an und bildet eine landschaftlich einzigartige Kulisse.

Oben: Die Cueva de los Verdes ist heute gut begehbar und beherbergt sogar einen Konzertsaal.

Rechts: Der an Caleta de Famara angrenzende Strand ist dank der andauernden Winde unter Windsurfern sehr beliebt.

DINNER FOR TWO

HÖHLENBAR LA CUEVA // In der Bar des Anwesens »La Cueva« in der Höhle sitzen und Livemusik hören, einen Drink nehmen und einfach nur im Anblick des stilvollen Anwesens schwelgen: Der Besuch der Bar im Lagomar ist ein Muss, nicht nur für Romantiker.
// lag-o-mar.com

LILIUM // Gekrönt mit einem Michelin-Stern, beweist dieses Restaurant, dass Lanzarote auch die hohe Kochkunst beherrscht. Die Kreationen wechseln jahreszeitenbedingt und bilden auf dem Teller wahre Kunstwerke.
// restaurantelilium.com

MIRADOR DE LAS SALINAS // Über den Salinen im Norden der Insel sitzen, diesen herrlichen Panoramablick genießen und Paella und Thunfischtartar genießen – dieses Restaurant setzt einen Kontrapunkt zur touristischen Einheitskarte vieler Lokale.
// Calle Molinos, 5, Yaiza

Oben: die Fundación César Manrique in der Gemeinde Teguise.

KULTURGENUSS

● AUF DEN SPUREN VON CÉSAR MANRIQUE
Keine Insel ist so von einem Künstler gestaltet worden wie Lanzarote. César Manrique hat die schönsten Plätze Lanzarotes noch mehr hervorgehoben und sie mit kunstvollen Bauwerken veredelt. Wer es schafft, sollte gleich eine Manrique-Tour über die Insel buchen – es lohnt sich! Falls das Zeitbudget knapp ist, unbedingt mindestens den Aussichtspunkt Mirador del Río ansteuern.

● MUSEO LAGOMAR
Der Künstler César Manrique hat dieses Haus einst als Wohnhaus entworfen, der Filmschauspieler Omar Sharif hat es gekauft. Gewohnt hat er dort nie, denn er hat es gleich wieder verspielt. Heute ist das Anwesen ein Museum, das man gesehen haben muss, da es einen Felsen äußerst kunstvoll umschließt.
// lag-o-mar.com

● A CASA
Das Haus des Literaturnobelpreisträgers José Saramago (1922–2010) in Tías kann besichtigt werden. Hier verbrachte der portugiesische Schriftsteller die letzten 18 Jahre seines Lebens. Er selbst nannte es das »Haus aus Büchern«. Für ihn war Lanzarote »seine Heimat«.
// acasajosesaramago.com

ÜBERNACHTEN

CASA DE HILARIO // Eine Finca künstlerisch so zu renovieren, dass das Alte bestehen bleibt und Neues farbenfrohe Akzente setzen darf, ist mit diesem kleinen Hotel gelungen, das Urlaub auf dem Land schmackhaft macht.
// casadehilario.com

MELIÁ SALINAS // Kein Geringerer als César Manrique gestaltete den Pool und den Garten des Hotels, das zwischen zwei schönen Stränden an der Nordostküste der Insel liegt. Einige der Manrique-Sehenswürdigkeiten befinden sich ganz in der Nähe.
// melia.com/es/hoteles/espana/lanzarote/melia-salinas/index.htm

H10 TIMANFAYA PALACE // Dass größere Hotelanlagen stilvoll und romantisch sein können, beweist dieses Haus, das sich bei seiner Ausstattung arabisch inspirieren ließ. **// h10hotels.com**

ZU ZWEIT ERLEBEN

○ EINE UNTERWASSER-SAFARI MACHEN

Die ganze Pracht der Unterwasserwelt, die Lanzarote umgibt, kann man auf dieser besonderen Safari erleben. Die »Sub Fun Tres«, die speziell für den Unterwassertourismus gebaut wurde, besitzt riesige Fenster, von denen aus die Passagiere Tiere und Pflanzen aus nächster Nähe, ganz bequem von der Kabine aus, beobachten können. Infos unter submarinesafaris.com.

○ AUSFLUG MIT DEM PRIVATEN SEGELKATAMARAN

Mit dem Anbieter »Catlanza« (catlanza.com) können Paare einen exklusiven Segeltrip mit dem Katamaran buchen. Die Tour geht von Puerto Calero die südliche Küste entlang. Der Anker wird dann in einer einsamen Bucht ausgeworfen. Baden, Schnorcheln, sich ganz privat an Deck sonnen – an Bord des Katamarans genießt man höchsten Luxus. Ein unvergessliches Erlebnis zu zweit!

○ WOCHENMARKT VON TEGUISE

Der malerische Ort in den Bergen der Insel ist vor allem sonntags einen Abstecher wert: Dann öffnen Buden und Stände und verwandeln den Marktplatz in einen lebendigen Ort des Handelns und Feilschens.

○ DAS WEINTAL LA GERIA BESUCHEN

Lanzarote produziert hervorragende Weine: Die warme Sonne am Tag und die schweren Wolken der Nacht verleihen den Reben ein spezielles Aroma. Damit sie in dem harten Klima den Winden und der Hitze standhalten, haben die Insulaner um jede Rebe einen Halbmond aus Steinen errichtet. Im Tal La Geria sieht die Landschaft deswegen aus wie ein großes, menschengeformtes Mosaik.

○ EINSAME STRÄNDE

Bei Orzola im Norden der Insel zeigen sich die Farbkontraste: Schwarze Lavafelsen in hellweißem Sand am Caletón Blanco. Mittendrin bilden sich kleine Becken, in denen Fische bis zur Flut ausharren. Der schönste Strand liegt auf der Nachbarinsel La Graciosa: Playa de las Conchas gehört zu den Höhepunkten des Urlaubs. Doch leider ist er zum Baden kaum geeignet und mehr etwas fürs Auge. Die Strömung ist dort lebensgefährlich.

Unten links: Über 400 Stände bietet der Wochenmarkt von Teguise. Angeboten werden landwirtschaftliche, handwerkliche und künstlerische Erzeugnisse.

Unten rechts: Lanzarotes Strände erstrecken sich oft über viele Hunderte Meter. Die meisten von ihnen sind still und unberührt. Ein romantischer Spaziergang zu zweit ist da ein besonders schönes Erlebnis.

CÔTE D'AZUR

»Blaue Küste« nennen die Franzosen die größtenteils felsige Küstenlandschaft zwischen dem Massif de l'Estérel und den Seealpen, die im späten 19. Jahrhundert zur Wahlheimat von Malern und Schriftstellern wurde und zahlreichen Filmen als Kulisse diente, so etwa in Alfred Hitchcocks »Über den Dächern von Nizza« (1955). Viele verbinden mit der Côte d'Azur neben Kunst und Romantik vor allem Glitzer und Glamour, Stars und Sternchen, Strand- und Nachtleben, Traumschiffe in den Häfen und Villen über dem Meer. Und all das ist hier auch zu finden. Paare, die unvergessliche Urlaubsmomente suchen, sollten es nicht verpassen, Hand in Hand die Promenaden von Nizza oder Cannes entlangzuflanieren, sich auf die Suche nach den Erinnerungsorten berühmter Künstler wie Picasso, Matisse oder Chagall zu begeben und sich abends im Licht der Untergehenden Sonne einen Cocktail in einer angesagten Bar zu gönnen.

● SAINT-TROPEZ

Seit Roger Vadim hier 1956 den Film »Und ewig lockt das Weib« mit Brigitte Bardot in der Hauptrolle drehte, hat sich das einstmals verträumte Fischerdorf zu einem mondänen Badeort entwickelt. Saint-Tropez ist als Tummelplatz der Reichen und Schönen weltweit ein Begriff. Wie kein anderer Ort an der Côte d'Azur verkörpert er den Traum vom »süßen Leben«. Den Sommer über liegen in der Marina die Luxusjachten dicht an dicht. Die sündhaft teuren Bars und Klubs sind gut besucht, die Altstadtgassen voll von Tagesausflüglern. Trotz dieses Hypes ist Saint-Tropez ein malerischer kleiner Küstenort geblieben.

CITADELLE

Mit ihrem sechseckigen Grundriss ist sie aus der Luft gut als militärische Anlage auszumachen: Die Zitadelle von Saint-Tropez stammt aus dem endenden 16. Jahrhundert und zählt zu den wichtigsten Sehenswürdigkeiten außerhalb des Zentrums. Ein hübscher Fußweg führt auf die Anhöhe, Eukalyptus- und Lorbeerbäume säumen den Weg auf den Hügel.

PAMPELONNE

Steht ein Strand für Saint-Tropez, dann ist es wohl dieser. Spätestens seit dem Jahr 1956, als die junge Brigitte Bardot dort den Film »Und ewig lockt das Weib« mit Curd Jürgens gedreht hat. Der Strand Pampelonne als Hauptdrehort gehört noch immer zu den schönsten der Umgebung – und zu den beliebtesten. Hier befindet sich mit dem »Club 55« eine der berühmtesten Strandbars der gesamten Küste.

● CANNES

Am Golfe de la Napoule siedelten schon die Kelten und die Römer, zum attraktiven Ziel wurde die Bucht aber erst im 19. Jahrhundert durch die Engländer und ihrem Bau von Villen, Hotels und dem Boulevard La Croisette. Die Altstadt Le Suquet zieht sich oberhalb des alten Hafens am Mont Chevalier empor. Den Gipfel ziert ein aus dem 11. Jahrhundert stammender Wachturm und das daneben stehende Musée de la Castre. Von der Aussichtsplatt-

Links: Das Aushängeschild und Wahrzeichen von Nizza ist die Promenade des Anglais unmittelbar am Meer.

Rechts: Der »Club 55« ist das berühmteste Strandlokal an der Côte d'Azur. Er liegt an der Pampelonne von Saint-Tropez.

WARUM IM FRÜHLING?

Mit einem Fest nach dem anderen begrüßen die Menschen in Südfrankreich den Frühling. Für Reisende in diese Region bedeutet das, dass sie die Orte und ihre Einwohner zu dieser Jahreszeit am intensivsten kennenlernen. Egal, ob diverse Blumenfeste, das Zitronenfest in Menton oder der Karneval in Nizza – es ist überall etwas geboten. Noch dazu tun die ersten warmen Sonnenstrahlen auf der Haut gut. Sightseeing, Shopping, Wellness – der Urlaub an der Côte d'Azur ist erholsam und abwechslungsreich zugleich.

form hinter der gotischen Kirche Notre-Dame-de-l'Espérance hat man einen herrlichen Blick auf die gesamte Bucht.

BOULEVARD DE LA CROISETTE

Der Engländer Lord Brougham brachte 1834 den europäischen Adel an die Croisette. Für ihn entstand das mondäne Carlton Hotel mit seiner weißen Zuckerbäckerfassade. Außer namhaften Luxushotels reihen sich an der berühmten Promenade auch eine Vielzahl von Boutiquen mit Namen wie Prada, Gucci, Chanel oder Louis Vuitton und exquisite Restaurants aneinander. Die Straße ist auch bekannt für den Palais des Festivals et des Congrès, wo alljährlich die Filmfestspiele abgehalten werden. Dann tummeln sich hier die Reichen und Schönen. Das restliche Jahr über lässt es sich hier aber genüsslich schlendern.

● ANTIBES

Interessant sind Antibes' hübsche, verwinkelte Altstadt und die Kathedrale mit ihrer Barockfassade aus dem 17. Jahrhundert. Ihr Quer-

Unten: Der Hafen von Cannes. Bekannt ist die Stadt für ihr jährliches Filmfestival; die Reichen und Schönen der Welt treffen sich dann auf dem Boulevard de la Croisette.

Rechts: Im Restaurant »La Colombe d'Or« in Saint-Paul de Vence sitzen die Gäste unter Originalgemälden von Matisse, Leger, Villon, Braque oder Picasso. Bei milden Temperaturen lockt die Terrasse nach draußen.

schiff und der Chor stammen noch aus dem 12. Jahrhundert. Gleich neben der Kathedrale beeindruckt der wuchtige Bau des einstigen Grimaldi-Schlosses mit einem Wehrturm aus dem 17. Jahrhundert.

● JUAN-LES-PINS

Ein kleines Kiefernwäldchen gab diesem Ort einst seinen Namen. Der Herzog von Albany hatte im späten 19. Jahrhundert den Einfall. Einige Jahre später entdeckte der US-Millionär Frank Jay Gould den Ort und ließ ein Sommerspielcasino errichten. Diese neue Attraktion sowie die schönen Strände zogen schnell Reiche und Schöne an, und so kamen Marlene Dietrich, Josephine Baker, Charly Chaplin, Pablo Picasso, Klaus Mann oder auch Coco Chanel in den kleinen Ort, der heute längst zu Antibes gehört.

● NIZZA

Die – heimliche – Hauptstadt der Côte d'Azur und – tatsächliche – Hauptstadt des Départements Alpes-Maritimes liegt herrlich an der von den Ausläufern der Seealpen umgebenen Engelsbucht (Baie des Anges) und ist ein Ort der Gegensätze: Während die Prachtboulevards die Erinnerungen an die Belle Époque wachzuhalten versuchen, geht es in Teilen der Altstadt noch zu wie in einem italienischen Dorf.

PROMENADE DES ANGLAIS

Das Aushängeschild und Wahrzeichen Nizzas ist die Promenade des Anglais unmittelbar am Meer. Betuchte Briten hatten Nizza Mitte des 19. Jahrhunderts zu ihrem Altersruhesitz erkoren, daher der Name »Promenade der Engländer«. Heute findet man an dem acht Kilometer langen Strandboulevard zahlreiche Restaurants, Cafés und natürlich Hotels mit Meerblick.

ALTSTADT

Die Altstadt selbst präsentiert sich als äußerst lebendiges Viertel, das nicht nur mit zahlreichen barocken Bauten, sondern auch mit einer bunten Gastronomieszene und vielfältigen Einkaufsmöglichkeiten aufwartet. In den ma-

DINNER FOR TWO

ST.-PAUL-DE-VENCE: LA COLOMBE D'OR // Wegen des Weines, sagen die einen, muss man nicht in die »Goldene Taube« kommen, manchen ist auch die bodenständige Karte mit französischen Klassikern zu wenig umfangreich. Dennoch sind auch das genau die Elemente, die das Restaurant »La Colombe d'Or« zu einer Legende werden ließen. Es ist eines der berühmtesten Lokale der Côte d'Azur.

// la-colombe-dor.com

GRASSE: LA BASTIDE SAINT ANTOINE // Inmitten von Olivenhainen oberhalb der Küste von Cannes gelegen, besticht dieses Lokal mit exquisiten Gerichten und einer ganz besonderen Aussicht.

// jacques-chibois.com

ANTIBES: MAMO MICHELANGELO // Wenn hier sogar die Filmstars während der Filmfestspiele einkehren, kann man mit diesem Restaurant nicht falsch liegen. Italienische Küche vom Feinsten!

// mamo-michelangelo.com/antibes

Links: Das Hotel Negresco ist ein legendäres Fünf-sterne-Luxushotel in Nizza.

lerischen Gassen des Quartiers locken unzählige kleine Läden, Marktstände und Restaurants mit kulinarischen Köstlichkeiten.

KULTURGENUSS

● SAINT-TROPEZ: MUSÉE DE L'ANNONCIADE
Eigentlich diente das Gebäude einmal als eine geweihte Kapelle. Der Maler Paul Signac durchlebte in der Stadt eine große Schaffensphase und hat ihr viele Werke hinterlassen, die den Menschen an Ort und Stelle gezeigt werden sollten. Hatte man sie zunächst im Rathaus ausgestellt, brauchte man bald mehr Platz, und so wurde die Kirche zum Museum. Zunächst nur die obere Etage, doch schon bald eroberte sich der Ausstellungsraum das ganze Haus. Das Museum zeigt heute vor allem Kunst aus dem 19. und 20. Jahrhundert, die an der Côte d'Azur entstanden ist, oder von Malern, die dort gewirkt haben.

● NIZZA: KUNSTMUSEEN
Es wäre ein Fehler, Nizza zu besuchen und die bedeutenden Kunstmuseen zu ignorieren. Schon die Fassade des Musée d'Art Moderne et d'Art Contemporain, des Museums für moderne und zeitgenössische Kunst, ist spektakulär. Eröffnet wurde das von Yves Bayard entworfene Gebäude im Jahr 1990. Die Maler Chagall und Matisse werden ebenfalls in eigenen Museen gewürdigt. Das Musée Marc Chagall beherbergt Gemälde, Skizzen, Skulpturen und Glasfenster des Künstlers. In einer umgebauten Villa logiert das Musée Matisse mit 68 Ölgemälden und bildhauerischen Arbeiten. In eine ganz andere Kunstrichtung entführt das Musée des Arts Asiatiques mit etlichen Sammlerstücken aus Asien, Teezeremonien und Tanzveranstaltungen.

ÜBERNACHTEN

SAINT-TROPEZ: LE MAS DE CHASTELAS // Eines der ältesten und schönsten Boutique-Hotels der Gegend. 14 Zimmer und neun Suiten stehen zur Verfügung. Am Pool drehte Claude Berri einige Szenen aus »Die Männer, die ich liebte« (1980) mit Catherine Deneuve und Gérard Depardieu.
// chastelas.com

NIZZA: NEGRESCO // Es ist eines der traditionsreichsten Hotels an der Côte d'Azur und bot schon so manchem Adligen ein Bett unter der von Gustave Eiffel geschaffenen Kuppel. Der luxuriöse Charme der Belle Epoque wird aufrechterhalten, in einigen Zimmer findet man jedoch auch andere Stile vertreten.
// hotel-negresco-nice.com

CANNES: HÔTEL VILLA PRULY // Ein wahres Schmuckstück ist dieses familiengeführte, zentral gelegene Hotel. Ein Aufenthalt zum rundum Wohlfühlen.
// hotel-pruly.com

ZU ZWEIT ERLEBEN

○ SICH IN DER VILLA EPHRUSSI DE ROTHSCHILD WIE IM MÄRCHEN FÜHLEN

Im Schatten mächtiger Pinien und versteckt hinter hohen Mauern, liegen an den steil ins Meer abfallenden Küstenhängen von Cap Ferrat prächtige Millionärsvillen. Die Halbinsel an der Côte d'Azur, die an drei Seiten vom Meer umgeben ist, gilt als teuerster Ort der Erde. Die Fondation Ephrussi de Rothschild, die wohl schönste Villa der Halbinsel Cap Ferrat, ist heute öffentlich zugänglich: Das hochherrschaftliche Gebäude inmitten prachtvoller Gartenanlagen zeigt die Einrichtung der Baronin Rothschild.

○ EINE FAHRT MIT DEM TRAIN DES PIGNES

Es ist eine der spektakulärsten Zugfahrten Frankreichs: Der Train des Pignes fährt durch 80 Tunnel, unendlich viele Brücken und elegant gebaute Viadukte auf gut 1000 Höhenmeter hinauf. Der sogenannte Tannenzapfenzug verkehrt vier Mal täglich zwischen Nizza an der Côte d'Azur und Digne les-Bains, das sich im Hinterland der Provence befindet.

○ FLANIEREN AUF DEM COURS SALEYA VON NIZZA

Das Herz der Altstadt von Nizza schlägt am Cours Saleya, einem lang gestreckten Platz, auf dem täglich außer montags ein Blumenmarkt stattfindet. Im Süden wird der Cours Saleya von einer Reihe von Flachdachhäusern gesäumt, in die mittlerweile nette kleine Restaurants, Boutiquen und Galerien eingezogen sind.

○ ROMANTISCHER SONNENUNTERGANG AUF DEM SCHLOSSBERG VON NIZZA

Die Colline du Château in Nizza ist der ideale Punkt für ein romantisches Picknick, bei dem man den Blick über das Mittelmeer und die glitzernden Dächer der Stadt schweifen lassen, sich an der untergehenden Sonne erfreuen und einfach die Seele baumeln lassen kann. Den Aussichtspunkt erreicht man entweder auf einer kleinen Wanderung oder mit einem kostenlosen Aufzug.

○ SEIN EIGENES PARFÜM KREIEREN

Ein Duft, der nur zwei Menschen gilt: Was gibt es Romantischeres, als gemeinsam mit seiner bzw. seinem Liebsten ein eigenes Parfüm zu kreieren? In der Welthauptstadt des Duftes, in Grasse, kann man dies begleitet von einem Experten tun. Die drei alteingesessenen Traditionshäuser Fragonard, Galimard und Molinard bieten diesen exklusiven Service für Verliebte an.

Unten links: Der Lichterglanz von Nizzas Cours Saleya in der Abenddämmerung.

Unten rechts: Mai ist der ideale Monat, um sich die berühmten Parfümmanufakturen von Grasse anzuschauen, denn die Rose von Grasse blüht nur dann.

KÖNIGLICHE SOMMERRESIDENZ

CHÂTEAU EZA

Während ein Teil der Gemeinde, Èze sur Mer, direkt an der Mittelmeerküste mit Strand, Cafés und Wassersport aufwartet, thront der andere, Èze Village, dramatisch schön auf einer Klippe hoch über dem glitzernden Meer. Wer in den frühen Morgenstunden durch die engen Gassen spaziert, fühlt sich tatsächlich wie auf einer Zeitreise ins Mittelalter. Es muss diese besondere Atmosphäre gewesen sein, in die sich der schwedische Prinz Wilhelm um die letzte Jahrhundertwende verliebte und kurzerhand eine Sommerresidenz innerhalb der alten Stadtmauern errichtete. Die schwedische Königsfamilie kam in den folgenden Jahren oft und gern in das Bergdorf an der Côte d'Azur. Der literarisch ambitionierte Prinz Wilhelm fand in dieser Idylle Ruhe und Inspiration, sodass mehrere seiner Bücher hier entstanden. Nach dieser Zeit wechselte das Schloss mehrmals seinen Besitzer, bis es schließlich 1994 seine heutige Bestimmung als luxuriöse Unterkunft fand. Nicht nur der traumhafte Blick von der Hotelterrasse ist spektakulär, die renovierte Anlage bietet moderne Annehmlichkeiten in historischen Gemäuern. Die individuelle Inneneinrichtung ist eine harmonische Mischung aus Historie, Moderne und Stilelementen des Louis-treize.

chateaueza.com

San Gimignano in der Toskana. Die hoch aus der Stadtsilhouette aufragenden Geschlechtertürme gaben der Stadt den Beinamen »Manhattan des Mittelalters«.

SOMMER

Die warmen Sommermonate sind am schönsten zu zweit. Beim Candle-Light-Dinner auf der Seine oder einem Sonnenuntergang hoch über Edinburgh: Die Möglichkeiten sind grenzenlos.

EDINBURGH

Die schottische Hauptstadt fasziniert durch ihre architektonische Geschlossenheit und ein höchst lebendiges Kulturleben – vor allem im Sommer während der berühmten Musik- und Theaterfestivals wie dem Military Tattoo, dem Fringe oder dem International Festival. Für Paare sind neben zahlreichen kulturellen Angeboten vor allem auch die schönen Parks und die vielen herrlichen Aussichtsplattformen ein Anziehungspunkt. Zum Ausklang des Tages laden am Abend Restaurants, Pubs und Bars ein zu Dinner, Drinks und Livemusik. Seit 1995 gehört Edinburgh zum Weltkulturerbe der UNESCO. Viele mittelalterliche Gebäude sowie bauten im georgianischen Stil prägen weitgehend das Stadtbild und laden zu gemütlichen Spaziergängen und zum Bummeln ein.

Oben: Spätestens nach dem Erklimmen des Calton Hill eröffnet sich dem Auge eines jeden Betrachters Edinburghs ganz besonderes Flair: Von hier oben liegt einem die Stadt zu Füßen.

Links: Im Sommer kann man in den West Princes Street Gardens herrlich spazieren.

● EDINBURGH CASTLE

Die auf dem Castle Rock, 100 Meter über der Stadt thronende Trutzburg ist zweifellos die touristische Attraktion Edinburghs. Als Residenz schottischer Könige blickt sie auf eine bewegte Geschichte zurück. Das älteste erhaltene Gebäude, die St Margaret's Chapel, stammt aus dem ausgehenden 11. Jahrhundert. Bis zur Vereinigung Schottlands mit England, nach der Schlacht von Culloden 1746, wurde Edinburgh Castle immer wieder belagert, zerstört und neu aufgebaut. Die Festung umfasst daher Gebäudekomplexe aus fast allen Epochen der schottischen Geschichte.

● OLD TOWN

Die Altstadt Edinburghs wird durch die Princes Street von der Neustadt getrennt. Winzige mittelalterliche Sträßchen verlieren sich hier inmitten der ungewöhnlich hohen, teils noch mittelalterlichen Häuser. Steile, enge und düstere Gassen mit grobem Kopfsteinpflaster verbergen verschachtelte Hinterhöfe. Bei einem Spaziergang stößt man oft zufällig auf urige Pubs und gemütliche Restaurants, die sich in irgendeinem zuvor unentdeckten Winkel befinden. Literarische Inspiration bot die Old Town Edinburghs unter anderem für Arthur Conan Doyles »Sherlock Holmes«, Robert Louis Stevensons »Dr Jekyll and Mr Hyde« sowie J. K. Rowlings »Harry Potter«-Serie.

ROYAL MILE

Die Royal Mile bildet die Hauptschlagader der Altstadt von Edinburgh und erfreut sich heute als Flaniermeile der Stadt stets üppigen Besuchs. Sie wird von steil abfallenden und ansteigenden engen Gassen, Hinterhöfen und Durchgängen, den »Closes«, gekreuzt. Einst galten sie als schmuddeliger, gefährlicher Ort und waren als

WARUM IM SOMMER?

Im August ist in Edinburgh einiges geboten: Das alljährliche große Edinburgh Festival, eine Kombination aus verschiedenen Kulturfestivals, ist längst legendär und zieht zahlreiche Besucher aus aller Welt an. Theater, Filme, Bücher, Kunst und Musik stehen dann im Mittelpunkt, allerlei Künstler beleben die Bühnen der Stadt. Nicht nur das Kulturfest können Paare in Edinburgh zum gemeinsamen Erlebnis machen. Da wäre zum Beispiel noch ein Picknick im Park oder auf einem der Hügel über der Stadt. Auch ein Spaziergang am Fluss oder ein Abstecher zum Meer sind jetzt besonders reizvoll – ebenso wie ein abendlicher Bummel durch die schöne Altstadt.

Rückzugsgebiet von Kleinkriminellen verschrien. Heute sind die alten Gemäuer sorgfältig restauriert und die Closes ein regelrechter Touristenmagnet. Besonders sehenswert sind der Old Fishmarket Close und der Advocate's Close.

ST GILES' CATHEDRAL

Mitten auf der Royal Mile, zwischen viktorianischen Häusern, steht die St Giles' Cathedral, die Mutterkirche des schottischen Presbyterianismus – gedrungen und ohne richtigen Kirchturm, dafür aber fällt ihre offene Steinkrone schon von Weitem auf. Besonders sehenswert in ihrem Inneren ist die Thistle Chapel. Löwe, Labrador, geflügeltes Fabeltier, geballte Faust oder gleich die ganze Welt unter einem Regenbogen – die Vielfalt der Wappen in der Thistle Chapel ist groß. Wessen Wappen dort hängt, der ist amtierender Ritter vom Distelorden, Schottlands höchstem Ritterorden.

● PRINCES STREET GARDENS

Im Sommer werden die Princes Street Gardens zum Freiluft-Wohnzimmer der Edinburgher. An zahlreichen Ständen werden kühle Getränke, Eis und heiße Würstchen verkauft, Dudelsackspieler amüsieren Sonnenanbeter und die Konzerte und Aufführungen im Ross Open Air Theatre sind schnell ausverkauft.

● NEW TOWN

Trotz sinkender politischer Bedeutung nach der Union mit England im Jahr 1707 blieb Edinburgh ein wichtiges kulturelles Zentrum. Gegen Ende des 18. Jahrhunderts wurde die georgianische Neustadt mit den rechtwinklig angelegten Straßen gen Norden errichtet. Entlang der Princes Street reihen sich einige sehenswerte Denkmäler und Monumente aneinander; sie trennt Edinburghs Altstadt von der Neustadt.

PRINCES STREET

Sie ist wohl eine der bekanntesten Straße in Edinburgh und bietet die spektakulärsten Ausblicke über die Princes Street Gardens hinweg zum Castle. An ihrem Ostende liegt der Calton Hill. Entlang der Straße locken etliche Shops mit ganz unterschiedlichen Preissegmenten.

Links: Während des Fringe Festivals ist das Programm auf den Bühnen Edinburghs sehr vielfältig. Gerade die Pleasance Launch Opening Gala bietet eine bunte Mischung mit Künstlern aus aller Welt.

Rechts: Die Princes Street Gardens sind ein herrlicher Park, der den Blick auf die Altstadt und das Schloss freigibt. Dort gibt es Statuen bedeutender Männer, darunter Sir Walter Scott und David Livingstone, eine Blumenuhr oder den Ross-Brunnen zu bestaunen.

Dazwischen lässt sich in zahlreichen Cafés und Restaurants pausieren.

WAVERLEY STATION
Der Hauptbahnhof von Edinburgh ist nach Scotts Novelle »Waverley« (1814) benannt. Flächenmäßig ist er der zweitgrößte englische Bahnhof nach London Waterloo. Im viktorianischen Stil erbaut, wurde die Station im späten 19. Jahrhundert erweitert.

ST ANDREW SQUARE
Zunächst als reines Wohngebiet mit Platz und Parkanlage in der ab 1772 neu gebauten New Town konzipiert, wandelte sich der St Andrew Square mit der noblen George Street im östlichen Teil zum Finanzviertel. Das Melville Monument in den St Andrew's Gardens ist das weithin sichtbare Wahrzeichen.

● CALTON HILL
Von ihm aus genießt man zuerst die »Kronen« der Stadt: Edinburgh Castle auf seinem Fels, die Spitze des Scott Monument und links daneben den Turm des Balmoral Hotel. Als Aussichtspunkt bei den Besuchern besonders beliebt, reicht von hier aus der Blick über die ganze Stadt und noch viel weiter: Richtung Westen schaut man über Corstophine Hill bis zum Cairnpapple Hill.

● HOLYROOD PALACE
Die offizielle Residenz der britischen Königsfamilie in Schottland steht in Abwesenheit der Royals für Besichtigungen offen. Die meisten Besucher interessieren sich aber statt für die heutige Queen für eine andere Bewohnerin des Palastes: In Holyrood House residierte zwischen 1561 und 1567 Maria Stuart, hier heiratete sie in zweiter Ehe Lord Darnley, hier musste sie mit ansehen, wie ihr Privatsekretär und vermutlicher Liebhaber David Rizzio hinterrücks erstochen wurde. Im Nordwestturm des Palastes sind einige Erinnerungsstücke ausgestellt.

● ROYAL BOTANIC GARDEN
Von den Einheimischen kurz »The Botanics« genannt, hat der botanische Garten neben dem

DINNER FOR TWO

THE LOOKOUT (BY GARDENER'S COTTAGE) // Nicht nur am Abend kommt hier romantische Stimmung auf. Neben der fantastischen Aussicht durch bodentiefe Fenster zählt die raffinierte, saisonal bedingte Auswahl an frisch zubereiteten Speisen zu den Stärken des kleinen, aber feinen Restaurants am Calton Hill.
// thelookoutedinburgh.co

TAISTEAL // In gemütlichem Ambiente kocht der Chef höchstpersönlich. Das Familienrestaurant präsentiert Gerichte mit den besten lokalen schottischen Produkten kombiniert mit Zutaten und kulinarischen Techniken aus der ganzen Welt.
// taisteal.co.uk

MONTEITHS // Das Lokal in einer ruhigen Seitenstraße nahe der Royal Mile ist eine perfekte Mischung aus schicker Cocktailbar und kleinem Restaurant, in dem man bei schummrigem Licht saisonale und ausgewählte Gerichte genießen kann.
// monteithsrestaurant.co.uk

Erholungswert für seine Besucher auch einen hohen Stellenwert in wissenschaftlicher Hinsicht. Edinburgh ist beim Thema Botanik führend vor drei weiteren Royal Botanic Gardens in anderen Städten.

KULTURGENUSS

● EDINBURGH FESTIVAL
Im August vereinen sich Künstler und Stadt zum Superlativ: Das berühmte Edinburgh Festival ist eine Ansammlung diverser Festspiele, die Jahr für Jahr rund zwei Millionen Besucher anlocken. In dieser Zeit erobern Gaukler die Gassen, Theatergruppen funktionieren auch noch den letzten Hinterhof zur Bühne um, Musikstars treten auf, Kabarett, Zirkus, Oper, Film und Ballett werden geboten. Und natürlich ertönen überall Dudelsackweisen. Start des legendären Kultursommers ist Ende Juli, wenn das »Blues and Jazz Festival« beginnt, dann folgt das »Fringe Festival«, das sich als Alternativveranstaltung vor dem eigentlichen »International Festival« entwickelt hat.

● ROSS THEATRE
Die Open-Air-Konzertarena der West Princes Street Gardens in der New Town bietet bis zu 2000 Besuchern Platz. Der Veranstaltungsort beeindruckt durch seine Lage mit dem Edinburgh Castle als imposanter Kulisse und den grünen und sanften Hügeln des Edinburgh Castle Garden.

● LIVEMUSIK UND CEILIDHS
In vielen der traditionellen Pubs in Edinburghs Old Town kommt man live in den Genuss typisch schottischer Musik. Bei den Ceilidhs, traditionellen Tanztreffen, die meist von speziellen Clubs organisiert werden, ist jeder willkommen, der Lust hat, sich im schottischen Volkstanz zu üben.

● DYNAMIC EARTH
Am Fuß der Holyrood Road fallen die riesigen weißen Stoffdächer der Besucherattraktion auf. Seit 1999 werden hier geowissenschaftliche Zusammenhänge auf interaktive Weise dargestellt, ausgehend vom Urknall über die Entstehung von Planeten, der Entwicklung der Erde und den Auswirkungen von Umwelteinflüssen auf das Klima, auch in Hinblick auf die Zukunft.

ÜBERNACHTEN

THE BALMORAL // Das sechsstöckige Gebäude ist nicht nur von außen beeindruckend. Im Inneren besticht es mit seinem vornehmen Ambiente. In der Teestube mit Palmen, im Michelin-Restaurant, in den einladenden Hotelbars oder im großzügigen Wellnessbereich wird man königlich verwöhnt.
// roccofortehotels.com/hotels-and-resorts/the-balmoral-hotel

FRASER SUITES EDINBURGH // Historischer Charme, unaufdringliche Moderne und nicht zuletzt die hübsche Lage unweit des Edinburgh Castle lassen die Herzen höher schlagen.
// edinburgh.frasershospitality.com

THE ROSEATE EDINBURGH // Luxuriöse Zimmer in familiärer Atmosphäre schaffen die perfekten Voraussetzungen für einen romantischen Aufenthalt zu zweit.
// roseatehotels.com/edinburgh/theroseate

ZU ZWEIT ERLEBEN

Unten links: Dean Village ist Naturidylle pur. Eine alte Mühle und malerische Bauten fügen sich perfekt in dieses Bild ein. Neben der reizvollen Beschaulichkeit findet man hier gleichzeitig Spuren der Geschichte, die den Besucher behutsam weit in die Vergangenheit der Region zurückführen.

Unten rechts: Auf Cramond Island spielen die Gezeiten eine wichtige Rolle. Die Insel liegt im Firth of Forth und kann erkundet werden, solange Ebbe herrscht.

○ SONNENUNTERGANG AUF DEM ARTHUR'S SEAT

Mit 251 Metern über dem Meeresspiegel ist der Arthur's Seat der höchste der sieben Hügel von Edinburgh. Nach einem kleinen Aufstieg darf man sich auf ein grandioses Stadtpanorama freuen. Ganz besonders genießen kann man dieses bei einem Picknick zu zweit bei Sonnenuntergang.

○ DURCH DAS HÜBSCHE DEAN VILLAGE BUMMELN

Wer etwas Zweisamkeit abseits des Trubels genießen möchte, der geht nur wenige Schritte von der Haupteinkaufsstraße Princes Street nach Nordwesten und erreicht eine Oase dörflichen Lebens: Dean Village. Die Ansiedlung entstand bereits im Mittelalter, als hier in der Senke mehr als zehn Mühlen standen, die vom Wasser des Flüsschens Leith angetrieben wurden. Der romantische Charakter des Viertels ist bis heute erhalten geblieben.

○ VOM SCOTT MONUMENT AUS DIE AUSSICHT GENIESSEN

Das zu Ehren von Sir Walter Scott 1846 eingeweihte Monument steht zentral an der Princes Street in der Nähe der Waverley Station. Unübersehbar überragt es mit seinen 61 Metern die Princes Street Gardens, über 287 Stufen gelangt man bis zur höchsten Aussichtsplattform.

○ IN DIE KULISSE DER OUTLANDER-ROMANE EINTAUCHEN

Ein großer Teil von Diana Gabaldons Buchreihe »Outlander« sowie deren Verfilmung spielen in Edinburgh. Themenführungen begleiten an entscheidende Schauplätze der dramatischen Liebesgeschichte der Hauptfiguren Claire und Jamie. Gleichzeitig erfährt man Wissenswertes über Edinburghs mittelalterliche Vergangenheit. In der Umgebung von Edinburgh ist im Dorf East Linton die Preston Mill ein berühmter Outlander-Ort.

○ EINEN SPAZIERGANG AUF CRAMOND ISLAND MACHEN

Die Gezeiteninsel Cramond gegenüber des gleichnamigen Vororts nordwestlich von Edinburgh im Firth of Forth ist bei Ebbe vom Festland aus zu Fuß über einen langen Damm zu erreichen. Das unberührte Fleckchen Grasland, umgeben von Wasser, ist der ideale Ort, um Möwen zu beobachten oder einfach aufs Meer zu schauen und sich den Wind um die Nase wehen zu lassen. Auch ein paar kleine Strände gibt es im südlichen Teil des kleinen Eilands zu entdecken.

AUSFLUG ZUR ISLE OF SKYE

FLODIGARRY HOTEL

Ganz im Norden der Isle of Skye liegt direkt an der Küste das Flodigarry Hotel. Seit 130 Jahren ist das viktorianische Herrenhaus in Betrieb und verköstigt und beherbergt Besucher der Insel. Seine Lage ermöglicht eine atemberaubende Aussicht auf den Ozean und die Berge. Das Flodigarry bietet einerseits die Möglichkeit für einen wunderbaren Aufenthalt, andererseits kann man aber auch für ein feines Mittagessen, ein romantisches Candle-Light-Dinner oder einen Cocktail auf der Terrasse mit Meerblick vorbeikommen. Seit es die Brücke gibt, die die Isle of Skye mit dem Festland verbindet, ist die Insel noch beliebter als zuvor. Von den Inneren Hebriden ist sie die größte Insel: Mit beinahe 1735 Quadratkilometern ist die Isle of Skye doppelt so groß wie die Insel Rügen und bietet im Süden hervorragende Wandermöglichkeiten.

hotelintheskye.co.uk

PROVENCE

Es gibt kaum eine Region Frankreichs, die so vor Lebensfreude strotzt wie die Provence. Paare finden hier eine faszinierende Mischung aus dem Besten, was Kultur und Natur zu bieten haben. Im Sommer scheint es überall Feste zu geben, allen voran das große Opernfestival in Orange oder das Theaterfest in Avignon. Dazu gesellen sich kleine, verträumte Orte mit langjährigen, noch immer lebendigen Traditionen wie die lebhaften Lavendelfeste zur Blütezeit und -ernte. Am meisten verzaubert in der Provence das Spiel des Lichts mit der Landschaft: Ob die rote Erde bei Roussillon, die dunkellila leuchtenden Lavendelfelder bei Valensole oder das strahlend gelbe Van-Gogh-Café in Arles – Farben und Düfte scheinen ein Fest zu feiern, stimmungsvolle Momente wollen kein Ende nehmen.

Oben: Was für ein intensives Violett! Solch prachtvolle Lavendelfelder findet man nur in Südfrankreich.

Links: Marseille, die Hauptstadt der Region Provence-Alpes-Côte d'Azur, verzaubert am Abend mit seiner reizvollen Lichtstimmung zwischen Leuchtturm und Kathedrale.

● MARSEILLE

Die zweitgrößte Stadt Frankreichs und wichtigste Hafenstadt kann auf eine 2500 Jahre alte Geschichte zurückblicken. Das Herz der Stadt schlägt bis heute am Hafen, in dessen Verlängerung die Canebière als Hauptachse die Stadt erschließt. Die Einfahrt zum Alten Hafen flankieren auf der Nordseite das Fort St.-Jean, auf der Südseite das Fort St.-Nicolas. Vom Plateau de la Croix hat man vom Vorplatz der Basilika Notre-Dame-de-la-Garde aus den besten Blick über Hafen und Stadt.

KATHEDRALE

Ein sichtbares Zeichen der Stadt für Seeleute, aber auch für die Einwohner sollte die Kathedrale von Marseille sein, als sie 1852 erbaut wurde. Napoleon selbst legte den Grundstein dafür. Dabei haben die Erbauer nicht an Raum gespart. So ist sie fast ebenso groß wie der Petersdom in Rom und bietet 3000 Menschen Platz. Allein die Kuppel ist 70 Meter hoch – und prächtig mit Steinlagen und Ornamenten verziert.

VIEUX PORT

Der alte Hafen mit seinen Jachten und Fischerbooten ist der zentrale Anziehungspunkt für Besucher Marseilles. Rings um den Hafen finden sich heute Cafés und Restaurants, in denen man Fischspezialitäten wie die legendäre Bouillabaisse probieren kann.

● AIX-EN-PROVENCE

Die Bäder- und Universitätsstadt war jahrhundertelang die Hauptstadt der Provence. Die Altstadt liegt zwischen dem Cours Mirabeau, einer Platanenallee mit schönen Stadtpalais

WARUM IM SOMMER?

Wenn von Anfang Juni bis Mitte August die Lavendelfelder in der Blüte stehen, die Landschaft wie von lilafarbenen Linien durchzogen ist und dieser gewisse intensive Duft in der Luft liegt, könnte die Atmosphäre stimmungsvoller kaum sein. Aber nicht nur die Natur ist dann für Paare besonders attraktiv: Da sind noch liebliche Ortschaften, aber auch lebhafte Städte wie Arles, Avignon oder Orange – eine ideale Mischung aus Natur und Kultur.

aus dem 18. Jahrhundert, und der eindrucksvollen Kathedrale St.-Sauveur (12. bis 17. Jahrhundert) mit einem Baptisterium aus der Merowingerzeit. Interessante Sehenswürdigkeiten sind das Rathaus (17. Jahrhundert), das Musée des Tapisseries und das Atelier de Paul Cézanne. Ein Lieblingsmotiv des berühmtesten Sohnes der Stadt ist der Mont-St.-Victoire. Bei einem eigens ausgewiesenen Stadtrundgang begibt man sich auf die Spuren des weltberühmten Malers.

● ARLES

In Arles wird man unweigerlich an Vincent van Gogh erinnert: das »Gelbe Haus«, die Kopfsteinpflasterstraßen und Gärten. In über 300 Bildern hat der Maler 1888/89 Stadt und Umgebung porträtiert. Wo er seine Staffelei damals aufstellte, verrät heute der markierte Van-Gogh-Weg durch das Städtchen an der Rhône. Zu seinen Motiven gehörte auch die römische Arena. Bereits im 1. Jahrhundert v. Chr. hatten die Römer dort in der Nähe einer einstigen griechischen Siedlung die Kolonie Arelate gegründet – Reste des antiken Theaters, des Forums samt Kryptoportikus sowie des Konstantin-Palasts sind noch erhalten.

● ROUSSILLON

Wer dem Klang des Ortsnamens das Wort »Rot« entnimmt, liegt nicht falsch, denn schon die Römer nannten die Siedlung Vicus Russulus, »rotes Dorf«. Der Grund dafür liegt in der Erde, die hier eine ganz besondere Farbe hat, eine Mischung aus Rostrot, Weinrot und eben Ocker. Letzteres wurde schon von den Römern als Grundstoff für ihre Pigmente rund um Roussillon abgebaut, und auch heute noch veredelt eine Fabrik dort den erdigen Stoff zu Farben. Kein

Oben: Gemüse und Spezialitäten aus der Gegend gibt es auf dem Wochenmarkt in Aix-en-Provence. Vor allem die Obstauswahl in der Saison ist herrlich. Die Place Richelme ist überwachsen von Platanen, die herrlichen Schatten spenden.

Unten: Einer der Höhepunkte im Lubéron ist der Besuch des Ortes Roussillon mit seinem berühmten Ockerbruch.

Einen Abstecher wert ist Les Baux-de-Provence. Das Dorf thront auf einem 900 Meter langen und 200 Meter breiten Felsrücken, der steil aus der Hügelkette der Alpilles emporragt.

Wunder, dass die Häuser dieser Stadt auch fast alle in dem typischen Rotton verputzt sind und in dieser Einheit ein pittoreskes Bild abgeben. Die Ortschaft wurde als eine der schönsten Dörfer Frankreichs ausgezeichnet.

● AVIGNON

Während der »Babylonischen Gefangenschaft« fand die römische Kurie von 1309 bis 1376 in der südfranzösischen Stadt Schutz vor den politischen Wirren in Rom. Damit war Avignon, das Papst Klemens VI. 1348 Johanna von Neapel abgekauft hatte, während des Pontifikats von sieben Päpsten Zentrum der Christenheit. Ab dem 14. Jahrhundert war die Stadt von einer fast fünf Kilometer langen Mauer umgeben worden, die durch Wehranlagen und Türme wie den Tour des Chiens und den Tour du Châtelet verstärkt wurde. Letzterer kontrollierte den Zugang zur weltberühmten Brücke Saint-Bénézet, dem Pont d'Avignon, der allerdings nur noch ein halb in die Rhône hineinreichender Torso ist.

PALAIS DES PAPES

Die unter Benedikt XII. und Clemens VI. ab dem Jahr 1334 errichtete Papstresidenz ist einer der bedeutendsten gotischen Paläste der Welt. Die Privatgemächer und Räumlichkeiten haben ein Volumen, das dem von vier Kathedralen gleicht. Auch liturgische Räume wie die Sacristie Nord mit Gipsfiguren von Würdenträgern und die von Matteo Giovanetti prächtig ausgemalten Kapellen umfasst der Komplex. Der Ehrenhof des Palastes ist heute die Kulisse des berühmten Festivals von Avignon.

● ORANGE

Auf dem Gebiet einer eroberten keltischen Siedlung im Rhônetal gründeten die Römer die Stadt Arausio. Aus dieser Zeit sind noch zahlreiche Gebäudereste vorhanden, darunter das Théâtre Romain – mit seiner 103 Meter langen und 37 Meter hohen Fassadenfront eines der größten Amphitheater der römischen Antike. Wegen der spektakulären Lage an einem Hügel mussten einige Gänge in den Fels gegraben werden. Bis zu 10 000 Zuschauer

DINNER FOR TWO

AVIGNON: LE VINTAGE // Rustikal und mit dem typischen Charme eines französischen Bistrots – hier genießt man bodenständige, leckere Küche in ungezwungener Atmosphäre. Auf jeden Fall vorab reservieren!
// le-vintage-restaurant-avignon.com

ARLES: LA CHASSAGNETTE // Küchenchef Armand Arnal findet die Inspiration für seine Kreationen täglich aufs Neue in der Natur. Jedes Gericht besitzt eine eigene kreative Note, festgeschriebene Rezepte gibt es nicht. Im Sommer sitzt man hier idyllisch auf der von einem Pflanzenmeer überwachsenen Terrasse.
// chassagnette.fr

AIX-EN-PROVENCE: PIERRE REBOUL // Wer so richtig in den Genuss der Haute Cuisine Frankreichs kommen möchte, der kann im Restaurant Pierre Reboul im Hotel Château de la Pioline Sterneküche vom Feinsten erleben.
// chateaudelapioline.com

konnten auf eine Bühne mit prächtig dekorierter Szenenwand blicken und Komödien, Jonglagen oder Pantomimen zusehen. Nach jahrhundertelangem Verfall und der Nutzung als Steinbruch und Gefängnis wurde es im 19. Jahrhundert restauriert. Heute wird es wieder für Festspielaufführungen genutzt.

KULTURGENUSS

● MUSEEN

Neben Kunst und Malerei – schließlich fingen schon Maler wie Van Gogh oder Cézanne das besondere Licht der Provence für ihre Gemälde ein – reicht die Themenvielfalt der Museen in der Region von Geschichte und Tradition bis hin zu Bergbau und Meeresbiologie. Ein außergewöhnliches und überaus sehenswertes Museum steht in Marseille, zwischen der Kathedrale und dem alten Fort. Ein modernes kubistisches Gebäude, verglast und mit einem Muster aus Beton verziert, das wie geklöppelte Spitze wirkt: Das 2013 erschaffene MuCEM ist das erste Museum, das sich den Kulturen des Mittelmeerraumes verschrieben hat – eine bislang einmalige Einrichtung. Nicht nur von außen ist das Gebäude sehenswert, auch im Inneren werden Exponate gezeigt, wie sie nicht überall auf der Welt zu sehen sind.

● FESTIVALS UND LAVENDELFESTE

Ob Oper, Theater, Film, Musik oder Kunst, in den Monaten Juli und August finden in der ganzen Provence verschiedenste Kulturveranstaltungen statt. Ganz besondere Höhepunkte sind die Lavendelfeste, die traditionell im Juli und August in kleineren Städten wie Sault, Montélimar oder Ferrassières abgehalten werden. Dann feiert man die Blütezeit und Ernte der duftenden Pflanze mit heiteren Programmpunkten wie Paraden und Kutschfahrten, Workshops, zahlreichen Vorführungen sowie dem traditionellen Lavendelschneiden mit einer Sichel.

● KOSTBARES OLIVENÖL

Die Provence scheint ein ideales Klima und beste Bodenbeschaffenheit für Olivenbäume zu bieten, denn sie gedeihen hier üppig und ihre Früchte liefern geschmacksintensives Öl. Besonders kostbar ist die Tanche-Olive. Sie wächst in Nyons und hat mittlerweile eine eigene geschützte und kontrollierte Ursprungsbezeichnung. Das Musée d'Olivier im Ort erklärt Interessantes zur Geschichte und zum Anbau der besonderen Olivensorte.

ÜBERNACHTEN

ARLES: HOTEL DE L'ANGLAIS // In dem kleinen gepflegten Gästehaus dürfen sich Paare auf einen angenehmen Aufenthalt freuen. Die fünf Zimmer sind alle individuell gestaltet. Zum Frühstück gibt es Frisches aus der Region.
// hoteldelanglais.fr

BEAUMES DE VENISE: HÔTEL LES REMPARTS // Auf den alten befestigten Dorfmauern errichtet und umgeben von Grün, herrscht in diesem Hotel eine ganz eigene Atmosphäre. Die vornehmen Zimmer scheinen einem Märchen entsprungen.

AVIGNON: HÔTEL LA MIRANDE // In den 1960er-Jahren diente dieser wundervolle Ort als Filmkulisse. Denn das majestätische Anwesen verströmt seinen Charme des 18. Jahrhunderts bis heute. In dem Juwel im Stadtzentrum nächtigt man königlich.
// la-mirande.fr

ZU ZWEIT ERLEBEN

○ KAFFETRINKEN IM CAFÉ VAN GOGH IN ARLES

Wie in einem Ölgemälde sitzt man in diesem Café. Wer das erste Mal vor dem Haus steht, muss gewiss ein wenig mit den Augen zwinkern, denn es zeigt sich tatsächlich fast alles so, wie es Vincent van Gogh einst auf seinem berühmten Gemälde dargestellt hat. Vor allem, wenn die blaue Stunde über Arles liegt und die ersten Sterne am Himmel funkeln. Dann entspricht dieses Panorama dem Original, wie es der Künstler im September 1888 gesehen und auf der Leinwand verewigt hat.

○ WEIN VERKOSTEN IM RHÔNETAL

Die südliche Rhône gilt als zweitgrößtes und ältestes Weinanbaugebiet Frankreichs. In den Gegenden um Gigondas, Beaumes-de-Venise, Rasteau, Châteauneuf-du-Pape, Ventoux, Luberon, Tavel, Clairette de Die oder Côte du Vivarais befinden sich zahlreiche Weingüter, die Führungen durch die Weinberge und Weingüter und Verkostungen anbieten. Santé!

○ DURCH DIE LAGUNEN DER CAMARGUE REITEN

Das Flussdelta zwischen den beiden Hauptmündungsarmen der Rhône umfasst mit 140 000 Hektar Sumpf-, Wiesen- und Weideland sowie Dünen- und Salzfeldern eines der größten Feuchtgebiete Europas und ein in Europa einzigartiges Naturparadies. Die üppigen Graswiesen des Deltas bieten neben zahlreichen Wasser- und Sumpfvögeln, darunter rund 10 000 Flamingopaare, auch Stieren und Pferden eine Heimat. Ein besonderes Erlebnis ist es, diese faszinierende Landschaft auf dem Rücken eines der bekannten Camargue-Pferde kennenzulernen. Zahlreiche Veranstalter und Reiterhöfe organisieren Spazier- und Wanderritte in den Salzlagunen und bis an die Küste.

○ DURCH LAVENDELFELDER WANDERN

Was kann es Schöneres geben als Hand in Hand durch duftende Lavendelfelder zu spazieren? Zum Beispiel auf dem Lavendelpfad ab Sault, der »Lavendelstadt«. Auf dem fünf Kilometer langen Rundweg stößt man immer wieder auf Infotafeln zu Anbau, Kultur, Ernte und Destillation der betörenden Pflanze. Schön ist auch die Abbaye de Senanque bei Gordes.

○ DIE TRAUMSTRÄNDE DER CALANQUES ABKLAPPERN

Ist es der weiße Kalkstein, der das Wasser so unfassbar türkis erstrahlen lässt? Woran auch immer es liegen mag – die Farben des Meeres an den fjordähnlichen Einbuchtungen bei Marseille sorgen für Staunen und gelten längst als Sehnsuchtsort. Der Nationalpark ist der jüngste in Frankreich und erstreckt sich zwischen Marseille und Cassis. Er reicht nicht nur an die Landseite, sondern bis weit ins Meer. Kleine Boote verkehren zu den schönsten Buchten und Stränden der Steilküste. Zwischen den Etappen bleibt genügend Zeit für idyllische Badepausen.

Unten links: Dass man nicht immer viele Schnörkel und Zierden braucht, um ein Gebäude imposant dastehen zu lassen, beweist das Kloster Notre-Dame de Sénanque.

Unten rechts: Spektakuläre Ausblicke auf die Mittelmeerküste und die Calanques bietet der Ort Luminy.

ALGARVE

Die herrliche Strandidylle, romantische Küstenabschnitte mit steilen Felsen und malerischen Leuchttürmen sowie charmante Städtchen mit entspanntem südländischem Flair machen den südlichen Teil Portugals für Paare besonders attraktiv. Hier warten außerdem die besten Surfspots und mancherorts auch ein pulsierendes Nachtleben auf die Urlauber. Den besonderen Reiz der Algarve macht ihre landschaftliche Vielfalt aus: Schroffe Sandsteinklippen öffnen sich im Westen für verborgene Buchten, weite, von Felswänden gesäumte Sandstrände prägen die Algarve im Mittelteil, und nach Osten hin scheinen Land und Meer in Inseln, Kanälen und Nehrungen zu verschmelzen. Eine Landschaft zum Verlieben!

Brodelndes abendliches Leben in den Gassen von Albufeira. Hier reihen sich Geschäfte und Lokale dicht aneinander.

● LAGOS

Das heute eher kleinstädtisch wirkende Lagos war in der Zeit der portugiesischen Entdeckungsfahrten einer der wichtigsten Häfen des Landes. Hier wurden die ersten Karavellen gebaut, mit denen etwa Gil Eanes im Jahr 1434 die Erstumsegelung Westafrikas gelang. Am 8. August 1443 standen in Lagos erstmals Sklaven zum Verkauf, die Schiffe aus dem Senegal angelandet hatten. Die Delegação da Alfândega an der Praça do Infante, unter deren Arkaden damals 235 Menschen versteigert wurden, existiert noch heute. Mittlerweile ist die hübsche, verwinkelte Altstadt fest in touristischer Hand, denn die Strände rund um Lagos zählen zu den schönsten der Algarve. Eine wahre Orgie barocker Goldschnitzkunst birgt die Igreja de Santo António. Sie wurde nach dem Erdbeben von 1755 mit allem Pomp und Prunk wiederaufgebaut, den der Gewinn aus dem kolonialen Handel gestattete. Überragt wird die Stadt von der Festung Ponta da Bandeira aus dem 17. Jahrhundert. Die Sand- und Felsstrände rund um Lagos sind ein beliebtes Ziel von Wassersportlern. Sehenswert sind die alte Festungsmauer und die barocke Kirche Santo Antonio (17. Jahrhundert), aber auch die Felsklippen an der rund zwei Kilometer südlich gelegenen Ponta Piedade.

● SAGRES

In Sagres an der Südwestspitze Portugals wird sinnlich spürbar, welcher Mut und welche Neugier die portugiesischen Entdeckungsreisenden angetrieben haben müssen. Der Ort auf der windumtosten Landzunge wirkt wie das Ende der Welt, und dass dahinter kein Abgrund Schiffe und Seeleute verschlingt, sondern neue Inseln und Küsten auftauchen, das mussten Entdecker wie Gil Eanes erst »erfahren«. Heinrich der Seefahrer soll in Sagres im 15./16. Jahrhundert eine Akademie unterhalten haben, an der Wissenschaftler historische Seekarten und Reiseberichte auswerteten, neue nautische Instrumente entwickelten und die Erkenntnisse der Kapitäne bündelten, die sich immer weiter ins Ungewisse vorwagten. Das karge Cabo de São Vicente soll der Sitz dieser Akademie gewesen sein. Der Bau ist verschwunden; nur eine Windrose mit einem Durchmesser von 43 Metern im Bodenbelag der Ende des 18. Jahrhunderts erbauten Festung erinnert daran. Heute gilt Sagres wegen seiner starken Winde und hohen Wellen als Mekka der Surfer.

● CABO DE SÃO VICENTE

Fast in Sichtweite von Sagres ragt das Cabo de São Vicente mit seinem 24 Meter hohen Leuchtturm aus dem Meer – es symbolisiert den südwestlichsten Punkt Europas. Die bis zu 60 Meter hohen Klippen galten vor Kolumbus noch als »Ende der Welt«.

● COSTA VICENTINA

Diese einsame Küstenlandschaft zwischen Sagres und dem Städtchen Aljezur zieht sich nach Norden bis in den Alentejo. Geprägt wird sie

WARUM IM SOMMER?

Nicht nur, um die vielen Traumstrände so richtig auszukosten: Im Sommer bietet sich die richtige Mischung aus Entspannung und Abenteuer. Wanderfreudige Paare können die eindrucksvolle Landschaft auf einem der Küstenpfade erleben. Bei einer Bootsfahrt zu zweit geht es durch Grotten und Höhlen. Dazwischen laden Küstenstädte mit bezaubernden Kirchen zu einem gemütlichen Bummel ein. Nicht zuletzt locken besondere Ereignisse wie das Sandskulpturenfestival.

von weiten Sandbuchten zwischen hohen, steilen Felsklippen, die hier zumeist aus Schiefer bestehen. Stellenweise erschweren hohe Riegel aus Sanddünen den Zugang zum Strand. Dieser Küstenabschnitt ist einer der wenigen Orte weltweit, an dem Weißstörche ihre Nester in Felsen bauen. Im Meer jagen Seeotter den Fischen nach. Im Süden präsentiert sich die Natur in herber Kargheit, aber je weiter man nach Norden kommt, desto dichter wird die Vegetation aus Eukalyptus, Johannisbrotbäumen, Pinien und Kiefern. An der unter Naturschutz stehenden Costa Vicentina gibt es nur wenige Siedlungen – kaum mehr als Fischerdörfer, die sich vor allem auf Individualtourismus eingestellt haben, denn die Strände gelten als gutes Surfrevier.

● PORTIMÃO

Die zweite touristische Hochburg an der Algarve nach Albufeira wurde nicht zuletzt durch ihren 1,5 Kilometer langen Strande Praia da Rocha mit bizarr geformten Felsen bekannt.

Links: Mit ihren weiß gekalkten Häusern, den symmetrischen Silhouetten der Araukarien und den vielen Cafés und Restaurants am Kai sieht Tavira aus, als stünde die zauberhafte Stadt nicht in Portugal, sondern irgendwo in der Karibik oder in Lateinamerika.

Unten: Besonders schön ist die bei Lagos gelegene Ponta da Piedade. Hier kann man auf steilen Treppen hinunter zwischen die Felsen steigen.

● ALBUFEIRA

Als »St. Tropez der Algarve« wurde das sich wie ein Amphitheater über den Strand Praia dos Pescadores erhebende Fischerdorf einst gepriesen, und wie St. Tropez entwickelte sich auch Albufeira vom Geheimtipp zum Massenziel. Diese Entwicklung ging an dem Ort nicht spurlos vorüber: Restaurants, Edelboutiquen und Diskotheken haben die traditionellen Läden in den engen Gassen verdrängt, nur wenige der typischen weiß gekalkten Häuschen mit ihren schmiedeeisernen Balkongittern blieben erhalten, und viele Buchten rund um den historischen Stadtkern wurden mit Hotelanlagen zugepflastert. Heute ist man bemüht, die schlimmsten Bausünden zu beseitigen und der Küste ihre natürliche Schönheit wiederzugeben. Einsame Plätzchen findet man hier nach wie vor; an der zerklüfteten Felsküste westlich des Ortes locken idyllische Buchten, die allerdings nur vom Meer aus erreichbar sind.

● FARO

Das »Tor zur Algarve« ist heute zwar eine eher reizlose Fischerei- und Industriestadt an einer lang gezogenen Lagune, hat aber einen sehenswerten Altstadtkern rund um die Kathedrale am Largo da Sé und ist umgeben von einer mittelalterlichen Stadtmauer. Sehenswert ist auch die Carmokirche (18. Jahrhundert) mit der Capela dos Ossos (Totenschädel).

● TAVIRA

Die etwa drei Kilometer landeinwärts in idyllischer Lage am Rio Gilão gelegene Stadt hat eine ganz besondere, angenehm entspannt wirkende Atmosphäre. In den von niedrigen Häusern gesäumten Straßen scheint die Zeit stillzustehen. Charakteristisch sind die aus Ziegeln angefertigten Walmdächer und die vielen fantasievoll ummantelten Kamine, von denen der Volksmund sagt, dass es sich dabei um – vor den Christen verborgene – Minarette handelt. Auch Tavira wurde zunächst römisch geprägt und war zwischen dem 8. und dem 13. Jahrhundert den Mauren untertan, an die Überreste einer Burg erinnern. Am Flusshafen laufen Kutter zum Fischfang vor dem Haff aus; Fischerei und Salzgewinnung sind wirtschaftliche Standbeine seit Jahrhunderten. Hotels und Strände des heute recht beliebten Badeortes findet man auf der der Gilão-Mündung vorgelagerten Ilha de Tavira.

KULTURGENUSS

● SAKRALE SCHÄTZE

Es gibt fast keine Stadt an der Algarve, die nicht eine Kirche oder ein Kloster besitzt. Allein Tavira hat 21 Kirchen. Die Hauptkirche ist der heiligen Maria geweiht wie viele Gotteshäuser in der Gegend. Von der Spitze des Glockenturms aus eröffnet sich der Blick über den Naturpark Ria Formosa und das weite Meer dahinter. Auch die Renaissancekirche Igreja de Misericordia etwas unterhalb der Hauptkirche ist hier sehenswert. Ein weiterer sakra-

DINNER FOR TWO

CARVOEIRO: O STOP // Am Abend verwandelt sich die unscheinbare Strandbar an der Praia de Centeanes in ein romantisches Restaurant, in dem man vor einer traumhaften Meereskulisse typisch portugiesische Gerichte genießt.
// Praia de Vale Centeanes, Carvoeiro

LUZ: FORTALEZA DA LUZ // Das Restaurant in der alten Festung sorgt mit einem atemberaubenden Panorama über die Praia da Luz sowie mit frisch zubereiteten Speisen und natürlich mit süffigem Wein für die richtige Stimmung. **// fortalezadaluz.com**

ler Schatz verbirgt sich in Loule inmitten der Häuserfassaden: Von außen wirkt die kleine Kapelle Nossa Senhora da Conceicao unscheinbar, im Inneren wird man regelrecht geblendet von dem satten Gold des Altars und der einzigartigen Gestaltung der Seitenwände mit den landestypischen Azulejos. Die blau-weiße Ausgestaltung ist auch in Sao Lourenco bei Almancil zu finden – ein überwältigender Anblick. Einen Besuch wert ist außerdem die berühmte Küstenkapelle Senhora de Rocha. Auch die kleine Barockkirche Santo Antonio in Lagos und die Kathedrale von Faro sollte man gesehen haben.

● ARCHÄOLOGISCHE ZEUGNISSE

Römer, Mauren und Araber haben in Südportugal ihre Spuren hinterlassen, die sich bis heute in der Form von Überresten von Monumenten, Villen oder Klosteranlagen durch die Landschaft ziehen. Zu den am besten erhaltenen Zeugnissen römischer Präsenz an der Algarve zählen die Ruinen von Milreu. Um das 1. oder 2. Jahrhundert n. Chr. ließ ein römischer Großgrundbesitzer etwas landeinwärts von Faro, in dem damaligen Ossonoba, eine großzügige Villa Rustica, einen Landsitz, errichten. Die Ruinen dieses Anwesens, das bis ins 6. Jahrhundert bewohnt und genutzt wurde, zählen zu den am besten erhaltenen Zeugnissen römischer Präsenz an der Algarve. Nicht nur der um das Perystil, den zentralen Innenhof, angelegte Wohnbereich, auch die luxuriöse Badeanlage, die Thermen, sind deutlich zu erkennen. Fischmosaiken schmücken das Wasserbecken, in dem Hausherr und Gäste nach dem Aufenthalt im Dampfbad Entspannung suchten. Eine Ölmühle und eine Weinpresse bezeugen, dass intensiv Landwirtschaft betrieben wurde.

● SANDSKULPTURENFESTIVAL »FIESA SAND CITY«

Nicht weit von der Küste entfernt, zwischen Lagoa und Porches, gibt es von Juni bis September Kunstwerke der besonderen Art zu bewundern: Während des Sandskulpturenfestivals an der Algarve ragen eindrucksvolle Figuren, gigantische architektonische Bauwerke und ganze Szenen aus Sand bis zu 12 Meter hoch in den blauen Sommerhimmel. Das Festival wird seit 2003 abgehalten und ist an der Algarve mittlerweile eine echte Institution. Bis zu 50 000 Tonnen Sand werden alljährlich von den Künstlern für die Errichtung der beeindruckenden Sandwelt auf dem sechs Hektar großen Gelände genutzt. Im Sommer hat das Festival täglich bis Mitternacht geöffnet, die Exponate werden ab Einbruch der Dunkelheit in unterschiedlichen Farben beleuchtet.

ÜBERNACHTEN

TAVIRA: QUINTA DA LUA // Das kleine, aber feine Bed & Breakfast ist ein Juwel etwas außerhalb des hübschen Örtchens Tavira und verspricht mit Garten und Pool einen idyllischen Aufenthalt. Die Zimmer sind nobel und gepflegt. **// quintadalua.com.pt**

PORTIMÃO: BELA VISTA HOTEL & SPA // Der Name verrät es bereits – die Lage direkt an der Praia da Rocha und der Blick aufs Meer sind kaum zu übertreffen. Der Hotelkomplex aus drei Gebäuden verfügt über 38 Zimmer im maritimen Stil. **// hotelbelavista.net**

LAGOS: VIVENDA MIRANDA // Beinahe verwunschen zeigt sich dieses Hotel mit den unterschiedlich gestalteten Zimmern, den hellen Räumen, dem schönen Blick über die Bucht und die geschwungenen Pools. Definitiv geeignet für Romantiker. **// vivendamiranda.com**

ZU ZWEIT ERLEBEN

Unten links: Sagres wegen seiner starken Winde und hohen Wellen als Mekka der Surfer.

Unten rechts: Bis zu 150 Meter fällt das Hochplateau des Cabo de São Vicente nahezu senkrecht in den Atlantik ab. Dem griechischen Geografen und Historiker Strabon (um 63 v. Chr. bis 23 n. Chr.) zufolge war dies ein heiliger Ort, an dem die Götter ihr Haupt zur Nachtruhe legten, weshalb den Normalsterblichen jeder nächtliche Aufenthalt dort verboten war.

○ SURFEN BEI SAGRES

Die stürmische Küste bei Sagres zählt aufgrund ihrer tosenden Winde und meterhohen Wellen zu den Surf-Hotspots schlechthin. Allein schon das Beobachten der unzähligen Surfer, die sich in den Wellen tummeln, ist ein Erlebnis. Eine Vielzahl an Surfschulen und Surfcamps hat sich in und um den Ort angesiedelt, um Interessierten den aufregenden Wassersport näherzubringen. Absolute Anfänger lernen bei einem Schnupperkurs alles Grundlegende über Winde, Strömungen und Gezeiten und üben zunächst das richtige Paddeln auf dem Surfbrett.

○ DIE STEILKÜSTE ABWANDERN

Portugals Südküste ist mit ihren abfallenden Klippen und den kuriosen Felsformationen höchst beeindruckend. Eine Vielzahl von Wanderwegen, wie zum Beispiel die Rota Vicentina, führen entlang der schönsten Küstenabschnitte. Im Südwesten ist die Natur zumeist ursprünglich und wild, die Südküste bietet immer wieder Strandabschnitte für eine Badepause.

○ LEUCHTTÜRME

Die weiten Buchten und zerklüfteten Felsen der Algarve machen Leuchttürme hier als Orientierungshilfe und Warnsignalgeber für den Schiffsverkehr unabdingbar. Der älteste Leuchtturm steht am Kap São Vicente und wurde erstmals 1515 in Betrieb genommen. Am höchsten über dem Meeresspiegel thront der Leuchtturm der Punta de Piedade. Malerisch muten auch die Leuchttürme am Cabo de Santa Maria und an der Praia do Carvoeiro (Farol de Alfanzina) an. Viele Leuchtfeuer sind für Besucher zugänglich und bieten herrliche Ausblicke über den Atlantik.

○ IM HAFEN VON PORTIMÃO UNTER FREIEM HIMMEL FRISCH ZUBEREITETE SARDINEN ESSEN

Das Sardinenfestival in Portimão ist jedes Jahr ein besonderer Höhepunkt der Sommersaison. Gäste aus der näheren und weiteren Umgebung kommen zusammen, um eine der berühmtesten Spezialitäten Portugals – frische, meist gegrillte Sardinen – zu essen. Die Uferpromenade im Hafen von Portimão gleicht während der Festivaltage einem riesigen Freiluftrestaurant. Neben frischen Sardinen wartet ein unterhaltsames Rahmenprogramm mit Livemusik, Folkloregruppen und Marktständen mit Kunsthandwerk.

○ BOOTSFAHRT ZU DEN HÖHLEN VON BENAGIL UND ZUR PONTA DA PIEDADE

Diese Felsen mit den Löchern in der Decke sind einmalig – die Höhlen von Benagil eröffnen einzigartige Perspektiven. Ebenfalls schön: die zerklüfteten Felsen von Ponta da Piedade. Sie zählen mit ihren Grotten und geheimen Tunneln zu dem Spektakulärsten, was die Algarve zu bieten hat.

VERBORGENES HERZ

PRAIA DA MARINHA

Die schmale Praia da Marinha östlich von Carvoeiro schmiegt sich an bis zu 30 Meter hohe, steil aufragende Küstenfelsen, die sie vor starken Winden schützen. Sie ist deshalb auch in kühleren Monaten Ziel von Sonnenanbetern. Wahrzeichen dieses Traumstrandes sind die ins Meer ragenden Felsenbögen. Es sind die von der Erosion dekorativ ausgewaschenen Überreste einer Landzunge. Erosion durch Wind und Wasser formt auch beständig die aus Sand- und Kalkstein bestehenden Klippen. Immer wieder stürzen daher Steinbrocken von der Felswand auf den Strand oder ins Meer und verändern die Küstenlinie. Ein weiteres Wahrzeichen hütet die Praia da Marinha unter Wasser: Seeanemonen, Schwämme und Korallen besiedeln Höhlen und Schluchten, und dazwischen schweben unendlich elegant Seepferdchen durch die unterseeische Felslandschaft.

La Maison Rose
Café Restaurant

PARIS

Kaum eine andere Stadt ist häufiger in Liedern besungen worden, diente öfter als Kulisse für Filme, Romane oder Theaterstücke als Paris – die Lichterstadt, die Stadt der Liebe. Die französische Hauptstadt bezaubert ihre Besucher, und oft ist es Liebe auf den ersten Blick. Ob beim Pastis in einem Straßencafé im quirligen Quartier Latin, bei einer Schifffahrt auf der Seine, bei einem Bummel im Jardin du Luxembourg oder vor einem der Kunstwerke in den Museen – dem Charme der Metropole kann man sich kaum entziehen. Aus der Keimzelle erster Besiedlung auf der Île de la Cité hat sich ein riesiges Stadtgebilde entwickelt, dessen Viertel sich noch immer gut zu Fuß erkunden lassen. Und dann gibt es schließlich noch die Métro, von der es heißt, dass kein Punkt in Paris weiter als 500 Meter von einer ihrer Stationen entfernt liegt.

Links: Das Café »La Maison Rose« im Stadtbezirk Montmartre ist eine Institution. Hierher kamen schon Picasso, Modigliani und Camus.

● NOTRE-DAME

Die Errichtung der Kathedrale, die 1163 begann, zog sich über mehr als 150 Jahre hin. Die Ausmaße des Inneren der Kirche sind beträchtlich: 130 Meter Länge, 48 Meter Breite und 35 Meter Höhe. Trotz der Größe des Raums schaffen die farbigen Glasfenster eine feierliche Atmosphäre.

● SAINTE-CHAPELLE

Sie war ursprünglich die Schlosskapelle eines nicht mehr existierenden Königspalastes und steht heute auf dem Areal des Palais de Justice. Die obere Kapelle, die auf Wunsch Ludwigs IX. wertvolle Passionsreliquien wie die Dornenkrone aufnehmen sollte, fasziniert mit ihren Glasmalereien aus dem 12. bis 14. Jahrhundert, die biblische Szenen zeigen.

● PLACE VENDÔME

Der Platz, im 18. Jahrhundert von Jules Hardouin-Mansart entworfen, besticht durch seine harmonische Gestaltung. Klassizismus in seiner reinsten Form umgibt den Platz, in der Mitte streckt sich die Collone Vendôme in die Höhe. Der Platz ist dank Juwelieren wie Cartier oder Van Cleef & Arpels und Hotels wie dem Ritz Treffpunkt der Schönen und Reichen.

● PONT NEUF

Der Name – Neue Brücke – ist irreführend. Der Pont Neuf ist die älteste Brücke von Paris, 1607 fertiggestellt. Zugleich ist er mit 330 Metern die längste der Stadt. Auch als Kunstwerk diente er mehrmals: Christo hat ihn 1984 verpackt, der japanische Couturier Kenzo ließ ihn farbenfroh mit Blumen schmücken.

● LOUVRE

Der riesige, über Jahrhunderte immer wieder mit neuen Anbauten versehene Stadtpalast der französischen Könige beherbergt heute eines der bedeutendsten Kunstmuseen der Welt. Beim Rundgang durchs Museum sollte man neben den Kunstwerken auch den beeindruckenden Räumlichkeiten Beachtung schenken.

● OPÉRA GARNIER

Der Prachtbau des Architekten Charles Garnier entstand in den Jahren zwischen 1860 und 1875 unter Napoleon III., dessen Ära hier zu ihrem eigenen – neobarocken – Baustil fand. Als Aufführungsort für Opern hat das Gebäude allerdings seit Errichtung der Opéra Bastille weitgehend ausgedient. Hier werden nun Ballettaufführungen vom hauseigenen Ensemble dargeboten.

● LA MADELEINE

Unter Ludwig XV. sollte hier eine barocke Kirche mit einer Kuppel entstehen, Ludwig XVI. wollte einen klassizistischen Bau in der Art des Panthéons, und erst unter Napoleon entstanden die Pläne für die einem altgriechi-

WARUM IM SOMMER?

Um Filme unterm Sternenhimmel zu schauen beim Cinéma en Plein Air: Der Parc de la Villette im nordöstlichen Zipfel des 19. Arrondissements mag nicht sonderlich attraktiv klingen, war diese 55 Hektar große Fläche doch früher der Schlachthof der Stadt. Doch seit der Umgestaltung 1979 ist er einer der bedeutendsten Pariser Kulturräume mit zehn Themengärten, drei großen Konzertbühnen und dem größten Wissenschaftsmuseum Europas. Ein Besuch lohnt sich noch mehr, wenn das Cinéma en Plein Air stattfindet. Dann wird eine riesige Leinwand aufgestellt und eine Auswahl guter Filme gezeigt. Liegestühle zu mieten kostet nur ein paar Euro. Die Filme werden in der Originalfassung mit französischen Untertiteln gezeigt, doch selbst wer nicht alles versteht, kann die Atmosphäre genießen: milde Pariser Abende mit Picknick-Decken, Baguettes und einer Flasche Bordeaux – ein geselliger Abend unter den Sternen.

schen Tempel nachempfundene Säulenhalle, die als Temple à la Gloire, als Ruhmeshalle, dienen sollte. Unter König Louis Philippe wurde 1842 die Kirche Sainte-Marie Madeleine geweiht.

PLACE DE LA CONCORDE

Der größte Platz von Paris, der zweitgrößte ganz Frankreichs, hat eine wechselvolle Geschichte hinter sich. Er entstand als Königlicher Platz, wurde aber 1792 in Place de la Révolution umbenannt. Hier stand die Guillotine, auf der auch das Leben von Marie Antoinette und Ludwig XVI. endete. Der Obelisk in der Mitte war ein Geschenk des ägyptischen Vizekönigs an Frankreich.

CHAMPS-ÉLYSÉES

Die Anfänge des Prachtboulevards, der von der Place de la Concorde bis zum Arc de Triomphe fast zwei Kilometer lang ist, reichen in die zweite Hälfte des 17. Jahrhunderts zurück. Die meisten Bauten, die das Straßenbild heute prägen, stammen aus dem 19. Jahrhundert. Die breiten Gehsteige laden zum Flanieren ein.

ARC DE TRIOMPHE

Bereits unter Napoleon wurde im Jahr 1806 der Grundstein für den Bogen gelegt, die Ein-

Oben: Die Place de la Concorde besticht insbesondere durch seine Lage: Nicht weit entfernt von den Tuileren, der Champs-Elysées mit dem Arc de Triomphe, der Rue Royale und dem Palais Bourbon könnte die Ausrichtung zentraler kaum sein.

Links unten: Open-Air-Kino in einer einmaligen Atmosphäre und einer fantastischen Kulisse – das bietet das Filmfestival Cinéma en Plein Air.

weihung fand allerdings erst 1836 statt. Seit 1923 brennt hier am Grabmal des unbekannten Soldaten die berühmte Ewige Flamme.

● JARDIN DU LUXEMBOURG
Dieser Park, der das Palais du Luxembourg, in dem heute der Senat tagt, umgibt, ist die grüne Lunge des 5. und 6. Arrondissements und bietet jede Menge Freizeitmöglichkeiten: für Kinder ein Kasperletheater, ein Karussell und einen Abenteuerspielplatz, für die Großen Tennisplätze, eine Bocciabahn, einen Platz zum Schachspielen und ein Café.

● MUSÉE D'ORSAY
Im ehemaligen Bahnhof, der für die Weltausstellung 1900 errichtet wurde, sind Kunstwerke des 19. Jahrhunderts aus gleich mehreren Museen zusammengetragen worden. Wo einst Züge abfuhren, befindet sich heute eine der weltweit bedeutendsten Sammlungen zur Kunst dieser Zeit, deren Schwerpunkt auf der impressionistischen und postimpressionistischen Malerei und Skulptur liegt.

● HÔTEL UND DÔME DES INVALIDES
Von 1671 bis 1676 wurde das Hôtel des Invalides im Auftrag von Ludwig XIV. als Heim für Kriegsveteranen erbaut. Auch eine Kirche gab es dort schon. Doch der Sonnenkönig empfand sie als zu schlicht und ließ deshalb ab 1675 den Dôme des Invalides, einen prachtvollen Kuppelbau, errichten. Im Inneren des Doms, direkt unter der Kuppel, befindet sich heute der Sarkophag Napoleons. Im Hôtel des Invalides haben mehrere Museen ihre Heimat.

● EIFFELTURM
Nur schwer kann man sich heute die Empörung vorstellen, die der Bau des wunderbar filigranen Turms aus etwa 10 000 Tonnen Stahl auslöste, als er zur Weltausstellung im Jahr 1889 errichtet wurde. Wohl kein zweites Bauwerk der französischen Métropole ist weltweit so bekannt wie der 324 Meter hohe Turm des Ingenieurs Gustave Eiffel. Aufzüge führen zu seinen Plattformen, die dem Besucher einen traumhaften Blick über die Stadt Paris und bei klarem Wetter weit in die Île-de-France hinein ermöglichen.

● SACRÉ-CŒUR
Zwei Bauwerke beherrschen die Silhouette von Paris: der Eiffelturm und die prachtvolle Basilika Sacré-Cœur. Weithin leuchten ihre weißen Kuppeln und der Campanile über der Stadt. Um Sacré-Cœur liegt das Herz von Montmartre mit seinen kleinen malerischen Gassen und Restaurants.

DINNER FOR TWO

LE 114 FAUBOURG // Die Atmosphäre ist leger, das Menü vom Feinsten, der Sommelièr versteht sein Fach und die Kundschaft besteht nicht nur aus Touristen. Für besondere Anlässe oder Feinschmecker mit gut gefülltem Portemonnaie empfiehlt sich das mit einem Michelin-Stern ausgezeichnete Restaurant.
// 114 Rue du Faubourg Saint-Honoré

LA MAISON ROSE // In dem seit 1908 bestehenden lokal speisten und tranken bereits Künstlergrößen wie Picasso oder Camus. Romantische Einrichtung, tolles Ambiente!
// lamaisonrose-montmartre.com

DANS LE NOIR? // Blind Date der etwas anderen Art. In dem Restaurant herrscht vollkommene Dunkelheit, alle anderen Sinne können sich dadurch verschärft auf das Essen konzentrieren – es duftet, es schmeckt. Und keiner sieht es, wenn man den gesamten Abend Händchen hält.
// paris.danslenoir.com

KULTURGENUSS

CRAZY HORSE SALOON
Die Shows dieses 1951 gegründeten Revuetheaters gelten als die freizügigsten von Paris. Die Tänzerinnen werden so ausgewählt, dass sie von Größe und Statur her völlig gleich erscheinen, bekleidet sind sie in erster Linie durch die großartige Light-Show. Im Crazy Horse selbst wird kein Essen serviert, doch einige erstklassige Restaurants in der Umgebung bieten jeweils ein Dîner an, das in Kombination mit der Show gebucht werden kann.

KONZERTE IN DER MADELEINE-KIRCHE
Die Église la Madelaine gleicht in ihrem Äußeren einem griechischen Tempel. Ebenso besonders sind die Konzerte, die das ganze Jahr über in der Kirche stattfinden und sich der Klassischen Musik widmen. Ein schönes Erlebnis sind auch die nächtlichen Konzerte.

MUSÉE DE L'ORANGERIE
Wer bei der Erwähnung von »Impressionismus« sofort pastellfarbene Seerosen vor dem inneren Auge hat, sollte das Musée de l'Orangerie bei einem Besuch in Paris nicht vergessen. Denn hier widmen sich gleich zwei Räume den berühmten Seerosen-Gemälden Claude Monets. Die restliche Fläche des kleinen Museums zeigen weitere impressionistische Werke sowie Kunst der École de Paris von Gauguin, Sisley, Modigliani, Renoir und vielen weiteren.

OPÉRA NATIONAL DE PARIS
Die Pariser Nationaloper spielt in zwei Häusern, die architektonisch kaum kontrastreicher sein können: in der neobarocken prunkvollen Opéra Garnier und der Opéra Bastille, die 1989 eingeweiht wurde und fast etwas Futuristisches an sich hat. Doch egal, wo man hingeht – geboten bekommt man stets erstklassige Darbietungen, ob Oper, Ballett, Konzerte.

Links: Die Glaspyramide von I. M. Pei vor den Gebäudeflügeln des Louvre markiert seit 1989 den Haupteingang des Museums.

ÜBERNACHTEN

HÔTEL CARON DE BEAUMARCHAIS // In diesem Haus hat einst Pierre August Caron de Beaumarchais seine »Hochzeit des Figaro« geschrieben. Mit einem Kamin im Stil Ludwigs XVI. und historischen Kerzenhaltern als Ausstattungsstücken versucht man, der Atmosphäre jener Epoche nahezukommen.
// carondebeaumarchais.com

SEVEN HOTEL PARIS // Alle sieben Suiten wurden komplett unterschiedlich gestaltet. Es gibt eine Geheimagenten-Suite oder eine komplett in edlem Schwarz gehaltene Suite, in einer dritten gibt es eine Pole Dance Stange mitten im Zimmer, schließlich gibt es da noch die Lovez-vous-Suite mit riesigem Jacuzzi und Kingsize-Bett.
// sevenhotelparis.com

AMÉLIE // Jedes der Zimmer in dem kleinen, charmanten Hotel auf halbem Weg zwischen Eiffelturm und Hôtel des Invalides ist in unterschiedlichen Farbtönen gestaltet.
// hotelamelie-paris.com

ZU ZWEIT ERLEBEN

○ ROMANTIK IM MUSEUM

Ein Museumsbesuch wird für die meisten nicht mit Romantik verbunden sein. Aber Paris ist die Stadt der Liebe, und natürlich hat die Stadt ein Museum, das sich dem hingebungsvoll widmet. Das Musée de la Vie romantique wurde bereits 1983 in dem ehemaligen Wohnhaus Ary Scheffers eingerichtet. Ausgestellt sind neben Werken dieses Künstlers auch Originalstücke aus dem Besitz der Schriftstellerin George Sand. Dazu gehören sinnliche Briefe und Gemälde, die Sands Beziehung mit Chopin dokumentieren. Insgesamt widmet sich das Museum der Kunst und Literatur der ersten Hälfte des 19. Jahrhunderts. Umgeben ist die Villa von einem grünen Garten, der für zusätzliche Stimmung sorgt.

○ CANDLE-LIGHT-DINNER AUF DER SEINE

Die Stadt wuchs von den Inseln nach außen, daher finden sich viele der wichtigsten Sehenswürdigkeiten entlang des Seine-Ufers. Von einem der Schiffe aus kann man sie nicht nur bequem, sondern auch aus einer ganz besonderen Perspektive bestaunen. Romantisch wird das besonders nach Sonnenuntergang, wenn sich die warmen Lichter der Stadt in der Seine spiegeln, gemeinsam mit den Kerzen, von denen das köstliche Dinner an Bord beleuchtet wird.

○ KOCHEN WIE EIN FRANZÖSISCHER SPITZENKOCH

Paris ist die Stadt der Liebe, und die geht durch den Magen. Im Le Cordon Bleu lernen Profis von Profis, aber auch Laien dürfen in Themenkurse schnuppern. Auch sehr gut zum Kochenlernen ist das Atelier des Sens.

○ »ICH LIEBE DICH« IN 250 SPRACHEN SAGEN

Frédéric Baron und Claire Kito schufen auf dem Square Jean Rictus im Künstlerviertel Montmartre ein besonderes Werk für alle Liebenden und Geliebten: Auf einer 40 Quadratmeter großen Mauer aus Lavasteinfliesen wurde in weißer Schrift 330 mal »Ich liebe dich« geschrieben, und zwar in insgesamt 250 Sprachen. Dem oder der Liebsten alle Schriftzüge vorzulesen wäre sicherlich eine sehr besondere Liebeserklärung – auch an die Sprachen der Welt.

○ DAS IDYLLISCHE PARIS SEHEN

Wer kennt das nicht: Gemeinsam mit unzähligen Touristen schiebt man sich durch die Straßen, an Klassizismus und Souvenirshops vorbei. Besonders romantisch ist das nicht. Lieber Hand in Hand durch wirklich idyllische Gassen flanieren, wie die Rue Crémieux mit ihren bunten Häuschen oder der Villa Léandre, in der man fast erwartet, auf Amélie Poulain zu treffen.

Unten links: Am romantischsten erkundet man Paris von der Seine aus.

Unten rechts: Le mur des je t'aime, die »Ich-liebe-dich«-Mauer am Montmartre.

CANAL SAINT-MARTIN

Ein Bummel entlang des Canal Saint-Martin führt den Reisenden in ein anderes, alltäglicheres Paris als das im historischen Zentrum mit seinen vielen Sehenswürdigkeiten: Hier findet man sie noch, die kleinen Handwerker und Gewerbetreibenden, die im charmanten Bistro um die Ecke einen Kaffee oder Aperitif trinken und im benachbarten Tante-Emma-Laden ihre Einkäufe erledigen. Cineasten sind hier Déjà-vu-Erlebnisse garantiert, denn der Canal Saint-Martin diente als (Studio-)Kulisse für Marcel Carnés Film »Hôtel du Nord« (1938), der für seine großartigen Charakterzeichnungen und die Echtheit des Milieus der Pariser Banlieue gerühmt wird. Statt Lastkähnen fahren auf dem in den Jahren 1805 bis 1825 entstandenen Kanal heute meist Ausflugsboote – eine Fahrt vom Bassin de la Villette im Norden bis zum Bassin de l'Arsenal, dem Hafenbecken an der Bastille, dauert etwa zwei Stunden.

ROMANTISCHE WASSERSTRASSE

SAN SEBASTIÁN

San Sebastián, die Hauptstadt des Baskenlandes, liegt malerisch an der Bahía La Concha, der Muschelbucht. Der Stadtstrand zählt zu den schönsten auf der Iberischen Halbinsel. Im Westen schließt sich eine riesige Bucht mit zwei beliebten Stränden an. Den mit Abstand schönsten Ausblick aber bietet der Monte Igueldo. Nicht nur die Bucht und die herrliche Lage des Ortes sorgen für Romantik, auch das reiche kulturelle und gastronomische Angebot sucht seinesgleichen. Feinschmecker zieht es in die zahlreichen Kneipen – San Sebastián gilt auch als Hauptstadt der Tapas, »pinxtos« genannt.

Oben: Obwohl San Sebastián an die 190 000 Einwohner zählt – am alten Fischerhafen findet man noch viel Ursprüngliches.

Links: Angeblich kann die Altstadt von San Sebastián mit der höchsten Kneipendichte ganz Spaniens aufwarten. Auf jeden Fall herrscht hier insbesondere in den Sommermonaten allabendlich ein brodelndes Nachtleben.

● ALTSTADT UND PLAZA DE LA CONSTITUCIÓN

In der Altstadt künden noch mondäne Gebäude vom Glanz früherer Zeiten, als die Stadt ein Seebad des Adels war. Die Altstadt wird vom Monte Urgull und dem Castillo de la Mota überragt. Das Zentrum ist die Plaza de la Constitución, die von hübschen Häusern gesäumt wird. Einst wurden auf dem Platz Stierkämpfe ausgetragen – dieser Umstand erklärt die große Anzahl an Balkonen. Das aktuelle Rathaus von San Sebastián liegt ein wenig von der Plaza de la Constitución entfernt und war, als es 1897 gebaut wurde, noch ein Spielcasino.

● SAN TELMO MUSEOA

Auffällig ist der Erweiterungsbau dieses Museums, denn die großflächige Wand bildet eine metaphorische Grenze zwischen Stadt und Natur. Gefertigt wurde sie aus Aluminium. Darin sind große und kleine Löcher, aus denen Moose und Farne wachsen, die man auch auf dem dahinter liegenden Monte Urgull findet. Diese moderne Gestaltung kontrastiert mit den alten Gemäuern des ehemaligen Klosters, die ebenfalls zum Museum gehören. Es widmet sich den Menschen und der Gesellschaft des Baskenlands, und die ausgestellten Gegenstände sind so individuell wie die Bevölkerung. So findet man hier neben Skulpturen auch einen Seat 600 und Sporttrikots von Real Sociedad ebenso wie Werkzeuge der Eisengewinnung oder des Walfangs.

● CATEDRAL DEL BUEN PASTOR

San Sebastiáns prächtigster Sakralbau ist die Kathedrale. Ihr 75 Meter hoher, von vielen Orten der Stadt aus gut sichtbarer Turm war schon früh ein beliebtes Fotomotiv. Im neogotischen Stil des Architekten Manuel Enchave errichtet, wurde die Kirche nach der Grundsteinlegung 1888 nur neun Jahre später geweiht. Wer die Kathedrale betritt, ist nach dem Trubel der Altstadt plötzlich von angenehmer Stille umgeben. Durch ihre 14 Bleiglasfenster, die Juan Bautista Lázaro entwarf, fällt buntes Licht in den Innenraum. Die Orgel gilt mit ihren mehr als 10 000 Pfeifen als eine der größten Europas.

● IGLESIA DE SAN VICENTE

Hierbei handelt es sich um das älteste Gotteshaus der Stadt. Erbaut wurde es um 1507 im Stil der baskischen Gotik. Der barocke Portikus stammt von 1619, die Sakristei von 1666 und das Chorgestühl von 1784. Im Jahr 1892 kam die orientalische Fassade hinzu.

● AQUARIUM

Zu den am besten ausgestatteten Ozeanarien darf sich dieses Aquarium zählen. Bereits 1908 wurde es gegründet, heute können Klein und Groß Haie in einem 360°-Tunnel beobachten, Seepferdchen zusehen und viel Wissenswertes lernen.

DINNER FOR TWO

ARZAK // Drei Michelin-Sterne darf das Arzak sein Eigen nennen. Das Restaurant hat eine lange Familientradition und ist verankert in der ursprünglichen baskischen Küche, die weltoffen kombiniert wird. Vielleicht nicht für jeden Geldbeutel geeignet, aber ganz bestimmt für den ein oder anderen besonderen Anlass. // arzak.es

PINTXOS TOURS // Statt nur eine Pintxos-Bar zu besuchen, sollte man am besten eine Tour buchen und sich einlassen auf ein authentisches Gastronomieerlebnis.
// sansebastianpintxos.com

ÜBERNACHTEN

VILLA SORO // Ein prächtiges Landhaus, eine breite Holztreppe mit Läufer – man muss das Zimmer noch gar nicht sehen und hat sich schon in das Hotel verliebt. Betritt man es doch, überzeugen hohe Decken, das Marmorbad und die geschmackvolle Einrichtung.
// hotelvillasoro.com

AKELARRE // Den Pool mit anderen Menschen als der eigenen Begleitung teilen kommt nicht infrage? Dann sollte man die Suite des Akelarre buchen. Hier hat man einen beheizten Indoor- und Outdoor-Pool ganz für sich.
// akelarre.net

● PLAYA DE LA CONCHA

Ein Mosaik aus bunten Handtüchern, Sonnenschirmen und fröhlichen Menschen, die hier nach der Arbeit oder am Wochenende ein wenig Sonne tanken: Seitlich begrenzt wird die Playa de la Concha von den grün bewaldeten Bergen Monte Urgull und Monte Igueldo. Der bogenförmige Strand ist in den langen Sommern regelmäßig dicht von Sonnenhungrigen bevölkert. Im Westen schließt sich die Playa de Ondarreta an. Die dem Strand vorgelagerte kleine Insel Santa Clara sorgt für zusätzlichen Windschutz.

● CASTILLO DE LA MOTA

Die erste Festung stand bereits im 12. Jahrhundert auf dem Berg Urgull. Mehrfach zerstört und wiedererrichtet, thront die Burg heute über der Stadt. Ein Ausflug hierher belohnt mit einer spektakulären Aussicht auf San Sebastián und die Playa de la Concha.

ZU ZWEIT ERLEBEN

○ SPAZIERGANG AM PASEO DE LA CONCHA

Eine Promenade, wie sie im Buche steht: Der Paseo de la Concha verläuft entlang des gleichnamigen Strandes von der Avenida de la Libertad bis zum Stadtteil El Antiguo. Man könnte sagen, die Promenade ist ein Inbegriff der Stadt, zumindest ist ihre Brüstung längst ein Wahrzeichen geworden. Hand in Hand an dieser Promenade spazieren zu gehen, ist natürlich besonders schön in den frühen Morgenstunden oder der Abenddämmerung.

○ MARKT LA BRETXA

Bereits 1870 wurde der Markt errichtet, rund 30 Jahre später nochmals umgebaut und erweitert. Heute ist er überdacht und unverwechselbar in der Gestalt seiner Fassade. Im Inneren kann man sich einfach ein wenig treiben lassen und die Sinne alles aufnehmen lassen: den Duft von Gewürzen, das Glitzern der Fischschuppen, die Rufe der Marktleute. Zu kaufen gibt es vor allem Käse, Fleisch, Fisch, Meeresfrüchte und Obst.

○ DEN AUSBLICK VOM MONTE IGELDO AUS GENIESSEN

Auf dem Monte Igeldo geht es oft bunt und dynamisch zu. Kein Wunder, hier liegt San Sebastiáns Vergnügungspark. Doch man muss kein Fan von Trubel sein, damit sich ein Ausflug lohnt. Von hier aus hat man zweifelsohne die beste Sicht auf die Stadt, die Muschelbucht und weit hinaus auf das blaue Meer.

○ EINEN SURFKURS MACHEN

Wind in den Haaren, Sonne im Gesicht und auf den Lippen ein breites Grinsen – entweder, weil der Partner mal wieder ins Wasser gefallen ist oder weil man gerade selbst eine schwierige Welle mit Bravour gemeistert hat. Im Osten der Stadt liegt der Strand Zurriola, das Mekka für die Surfer der Umgebung. Hier werden natürlich auch Kurse angeboten, und warum sollte man diesen coolen Sport nicht einfach gemeinsam erlernen? Die besten Wellen laufen übrigens an der Mole auf der rechten Seite der Bucht.

○ EINEN AUSFLUG ANS KAP MACHICHACO MACHEN

Westlich vom Kap Machichaco liegt die Kapelle San Juan de Gaztelugatxe auf einer Felsnase an der romantischen, windgepeitschten Steilküste. Sie ist nur über einen einmalig schönen, den Felsen abgerungenen Treppenaufstieg erreichbar. Interessant ist auch die Seefahrerkapelle aus dem 11. Jahrhundert.

Unten: Besonders schön ist die Aussicht auf dem Gipfel des Monte Igeldo bei Sonnenuntergang. Von hier kann man wunderbar auf den La Concha Strand, die Insel Santa Clara und den Monte Urgull blicken.

KRAKAU

Krakau war bis zum Jahr 1596 Polens Hauptstadt und vom 11. bis zum 18. Jahrhundert Krönungsort der polnischen Könige. Davon kündet noch der Wawelhügel mit Königsschloss und Kathedrale, von dem aus man den wohl schönsten Blick über die Stadt genießt. Romantiker können dafür auch in einem Heißluftballon über die Stadt fliegen oder das stimmungsvolle Stadtbild bei einer abendlichen Bootsfahrt auskosten. Auch in Sachen Kunst und Kultur gibt es einiges zu erleben, ob im Szeneviertel Kazimierz oder auf einem der Festivals, die im Sommer stattfinden – für Paare ist Krakau in jedem Fall eine Reise wert.

● HAUPTMARKT (RYNEK GŁÓWNY)

Zu den größten mittelalterlichen Marktplätzen Europas zählt der Rynek Główny mit seinen 200 Metern im Quadrat. Neben den Markthallen, die hier Tuchhallen heißen, beherrscht vor allem der Rathausturm den Platz. Das dazugehörige Gebäude wurde 1820 wegen Einsturzgefahr abgerissen. Als Begleiter des schiefen Rathausturms prägen zwei Kirchen den geschichtsträchtigen Ort. Die St.-Adalbert-Kirche gilt als das kleinste Gotteshaus Krakaus.

TUCHHALLEN

Der Blütezeit des Krakauer Tuchhandels im 16. und 17. Jahrhundert setzen die Tuchhallen bis heute ein Denkmal. Sie sind im Stil der Renaissance erbaut, nachdem das Vorgängergebäude 1555 abgebrannt war. Nicht nur die Arkaden und das Tonnengewölbe sind besondere Merkmale, sondern auch die Schmuckfiguren auf dem Dach, die schlechte Eigenschaften wie Trunksucht oder Neid darstellen. Im Inneren des Gebäudes befinden sich Kunsthandwerksläden sowie eine Galerie im oberen Stockwerk. Nebenan befindet sich ein unterirdisches Museum mit Ausgrabungen.

MARIENKIRCHE

An der Nordostecke des Hauptmarkts ragen die asymmetrischen Türme der Marienkirche auf, die als Teil der Krakauer Altstadt zum Weltkulturerbe gehört. Die gotische Basilika aus dem 13. bis 15. Jahrhundert enthüllt ihre wahre Größe erst innen: Da ist zunächst das über bunt bemalten Pfeilern, Streben und Bögen von Mittelschiff und Chor schwebende Gewölbe als dunkelblauer Nachthimmel mit goldenen Sternen, vor allem jedoch, unter den vielfarbigen Glasfenstern des Chorabschlusses, der Altar des Nürnberger Meisters Veit Stoß (um 1447–1533), eines der bedeutendsten Schnitzwerke der Spätgotik.

Links: Das Wahrzeichen von Krakau ist zweifellos die Marienkirche mit ihren unterschiedlich gestalteten Türmen und der fantastischen Innenausstattung.

● WAWELHÜGEL

Ein steiler Felsen hoch über der Weichsel und nah der Stadt bildete den perfekten Verteidigungsposten. Bis ins frühe Mittelalter lassen sich hier Nachweise von Burgen finden. Vor 1000 Jahren errichtete man eine erste Kirche, die Marienrotunde, eines der ältesten Gebäu-

DINNER FOR TWO

CHIMERA // Hier genießt man polnische Hausmannskost in stimmungsvoller Atmosphäre. In dem verwinkelten Kellergewölbe aus dem 14. Jahrhundert befinden sich drei Restauranträume; im Erdgeschoss gibt es eine bunte Salatbar. Ganz besonders schön und romantisch ist es im begrünten Innenhof.

// chimera.com.pl

de des Hügels. Später bauten die Könige die Festung aus; Türme, Arkaden, Prunksäle tragen architektonische Handschriften von Gotik bis Barock.

WAWEL-KATHEDRALE

»Du bist nicht richtig in Polen gewesen, wenn du nicht auf dem Wawel warst«, heißt es. Und der Ort größter Anbetung ist die Wawel-Kathedrale. Die dreischiffige gotische Basilika mit ihrer Backsteinfront aus dem 14. Jahrhundert gilt heute als Musterbeispiel der Krakauer Gotik.

KULTURGENUSS

● FESTIVALS UND THEATER

Krakau ist eine Theater- und Bühnenstadt. Im Sommer dürfen sich vor allem Musikfans auf Festivals unterschiedlicher Art freuen. Ein großes alljährliches Highlight ist das Festival Internationaler Straßentheater im Juli, bei dem sich die Straßen Krakaus in eine riesige Bühne verwandeln und Artisten, Musiker und Performer aus aller Welt auftreten. Große Tradition hat auch das Jüdische Kulturfestival, ebenfalls im Juli, im Stadtviertel Kazimierz. Auch Theaterliebhaber haben die Qual der Wahl. Das Alte Theater (Stay Theatr), das älteste (1798) noch geöffnete Theater Polens, ist nur eine von vielen Schaubühnen Krakaus. Neben traditionellen Aufführungen gibt es auch zunehmend experimentelle Inszenierungen.

ÜBERNACHTEN

DOM PUGETÓW // Zwischen dem Hauptmarkt und Kazimierz befindet sich dieses kleine historische Schmuckstück. Die nur vier Zimmer und zwei Appartements bieten eine besonders private Atmosphäre.
// donimirski.com/dom-pugetow

HOTEL UNICUS // Das gepflegte Hotel ist für einen Städtetrip einmalig gelegen. Der historische Charakter und die moderne Einrichtung der Zimmer ergänzen sich optimal.
// hotelunicus.pl/de

HOTEL GRÓDEK // Gemütliche Zimmer, ein Lesezimmer sowie die Dachterrasse sorgen für einen angenehmen Aufenthalt. Zentrale, aber ruhige Lage!
// hotelgrodek.com

Oben: Das Königsschloss Wawel liegt direkt am Ufer der Wisla und ist seit vielen Jahrhunderten die Residenz der polnischen Königsfamilie. Es stellt in vielerlei Hinsicht den wichtigsten historischen und kulturellen Ort des Landes dar.

ZU ZWEIT ERLEBEN

Unten links: Das kreative Kazimierz ist Krakaus ehemaliges Judenviertel. In diesem historischen Teil der Stadt befinden sich auch einige sehenswerte Antiquitätenläden mit besonderen Schätzen.

Unten rechts: Die Kapelle der Heiligen Kinga befindet sich in der Salzmine Wieliczka und wurde zum UNESCO-Kulturerbe ernannt. Durch das hohe Sicherheitsrisiko für die dort arbeitenden Bergleute entwickelte sich die Tradition, unterirdische Kreuze und Kapellen für Heilige, Beschützer und Schutzpatrone zu errichten.

○ BALLONFAHRT ÜBER KRAKAU

Gemeinsam in einem Ballon über den Dächern Krakaus zu schweben und den Krakauer Markt oder die Wawel von oben zu sehen, ist ein Erlebnis, das man bestimmt nicht so schnell vergisst. Mehrere Veranstalter bieten verschiedene Touren über und um Krakau an. Der Sommer ist für so einen speziellen Ausflug natürlich eine hervorragende Zeit.

○ SPAZIERGANG DURCH DEN STADTPARK

Besonders im Sommer lohnt es sich, zumindest für eine kleine Weile den Trubel in der Altstadt zu verlassen und einen gemütlichen Spaziergang durch den Planty Park, der sich wie ein Ring um die Altstadt legt, zu machen. Denkmäler, Blumenbeete und Brunnen säumen die schattigen Wege. Ein schöner Ort zum Flanieren und zum Ausruhen gleichermaßen.

○ DURCH KAZIMIERZ SCHLENDERN

Das jüdische Viertel von Krakau hat sich über die Jahre herausgeputzt und erstrahlt heute in neuem Glanz. Die Fülle an interessanten Zeugnissen der Vergangenheit und lebendigen Traditionen ist riesig, außerdem ist der Stadtteil mittlerweile ein kreatives Zentrum und ein Künstlertreff. Ob im Museum, in einer Kunstgalerie, auf dem Flohmarkt, auf der Suche nach Street Art oder in einem der hübschen Cafés, traditionellen Restaurants oder ausgefallenen Kneipen – ein Bummel durch dieses Viertel lässt die Herzen höher schlagen!

○ AM ABEND ÜBER DIE WEICHSEL SCHIPPERN

Sich entspannt zurücklehnen und auf einer Bootsfahrt die besondere Abendstimmung genießen! Vom Wasser aus bieten sich in der Dämmerung immer wieder schöne Panoramen auf Krakaus erleuchtete Stadtkulisse. Dazu noch ein Glas Wein – was will man mehr?

○ EINE ROMANTISCHE SALZKAPELLE BESICHTIGEN

Das Salzbergwerk Wieliczka, etwa 15 Kilometer außerhalb von Krakau, birgt eine Märchenlandschaft aus unterirdischen Kristallgrotten, Stollen und Skulpturen. Die Kapelle der Heiligen Kinga ist ein regelrechtes Kunstwerk aus Salz: Vom Altar über die Reliefs bis hin zum Fußboden besteht so gut wie alles aus Steinsalz. Die gigantischen Leuchter bestehen aus glitzernden Salzkristallen. In der Kapelle finden neben Heiligen Messen auch Konzerte und Trauungen statt.

KORFU

»Korfu ist ein idealer Aufenthalt; Klima, Spaziergänge im endlosen Olivenschatten, gute Fahrwege und die herrliche Meeresluft, dazu den prachtvollen Mondenschein« – das notierte schon die österreichische Kaiserin Elisabeth Ende des 19. Jahrhunderts über die nordgriechische Insel. Korfu wirkt, als hätte jemand Italien und Griechenland zusammengemischt: Hier die bunten Farben der italienischen Häuser und die sattgrünen Gärten, dort die Fischerdörfer und tief religiösen Menschen. Es ist eine Insel, die sich ungewöhnlich lieblich zeigt. Traumhafte grün bewachsene Gebirgslandschaften laden zum Wandern ein, dazwischen bieten sandige Buchten unwiderstehliche Möglichkeiten zu Badepausen oder Schnorchelerlebnissen. Zur Abwechslung schlendert man einfach durch die kleinen bunten Dörfer und genießt die griechische Inselidylle und das Flair unter Einheimischen.

Oben: Auf der dem albanischen und dem griechischen Festland zugewandten Ostseite sind die Kiesstrände lang und schmal. Lange Sandstrände säumen die Nordküste. Zum offenen Meer hin ist das Ufer meist felsig, viele Sandstrände ziehen sich hier unter dem Steilufer entlang oder liegen zwischen bizarren Felsformationen. Ein besonderes Highlight hier ist die »Schmetterlingsbucht« bei Porto Timoni.

Links: Über den Dächern der Altstadt von Korfu ragen die ein oder anderen Kirchtürme auf.

● KORFU-STADT

Verwinkelte Gassen mit italienischem Flair, zwei Festungen, die die Stadt überragen, viele Kirchen und Cafés – Korfu-Stadt ist das unbestrittene Zentrum der Insel. Die Stadt zählt knapp 40 000 Einwohner.

ALTE FESTUNG

Ein wenig wirkt sie wie ein Bunker: Die Alte Festung aus dem 16. Jahrhundert in Korfu-Stadt ist ein Bollwerk der Venezianer. Es ist eigentlich eine Mini-Stadt mit Kirchen, Häusern und einem verschlungenen Gangsystem, das weit bis in die Stadt hineinreicht. Unbedingt anschauen sollte man sich die einem klassizistischen Tempel nachempfundene Georgskirche. Der kleine Wassergraben schützt das wehrhafte Gemäuer zusätzlich. Die Esplanade, also der große Platz vor der Festung, ist ein beliebter Treffpunkt der Stadt mit ihren Läden und Cafés. Im Festungsgraben findet ein Wochenmarkt statt.

NEUE FESTUNG

Noch trutziger und abweisender als die Alte Festung wirkt die Neue Festung. Sie stammt aus dem 17. Jahrhundert und war als Ergänzung der Alten Festung gedacht. So verwundert es nicht, dass geheime Gänge einst beide Gebäude verbunden haben. Gemeinsam mit der Alten Festung gab die Burg der Insel Schutz vor Eroberern.

MUSEEN

In Korfu-Stadt öffnen einige Museen ihre Pforten. Das Byzantinische Museum entführt den

WARUM IM SOMMER?

Um entspannt am Strand zu liegen, an kuriosen Orten bei Sonnenuntergang kühle Drinks zu nehmen und das warme Klima so richtig zu genießen. Der Regen, der für die sattgrüne Vegetation Korfus verantwortlich ist, legt in den Sommermonaten nämlich eine Pause ein, das Inselidyll zeigt sich von seiner sonnigsten Seite. Jetzt ist die beste Zeit, um in die korfiotische Lebensart einzutauchen und auf Erkundungstour der Insel zu gehen.

Gast in die Welt der Ikonen. Das Archäologische Museum präsentiert Fundstücke aus den Ausgrabungen auf der Insel wie etwa Tempelgiebel oder frühe Plastiken. Das Museum der Asiatischen Kunst stellt Stücke aus Japan, Korea, Tibet oder Thailand vor, die einst ein Diplomat gesammelt hat. Ein privates Banknoten-Museum zeigt nicht nur Scheine aus aller Welt, sondern erklärt auch, wie sie gefertigt wurden.

KANONI

Auf dieser Halbinsel nahe der Stadt befindet sich zwar auch der Flughafen, Kanoni ist aber möglicherweise auch Zentrum der ersten Besiedelungen auf der Insel. Ein Zeugnis dessen bildet das Kloster. Als Nonnenkloster mitten auf dem Wasser lockt es die Besucher, die dabei einen langen Holzsteg passieren müssen, um trockenen Fußes auf die Insel zu gelangen. Von dort aus führt ein Weg zur Aussichtsterrasse, an dem eine Kanone steht und sich ein wunderbarer Panoramablick über das Meer ergibt. Auch die vorgelagerte kleine »Mäuseinsel«, Pontekonisi, ist von dort zu sehen.

● ACHILLION

Die österreichische Kaiserin Sisi war so begeistert von der griechischen Insel, dass sie dort 1890–1892 einen Palast bauen ließ. Er ist die beliebteste Touristenattraktion der Insel. Entstanden ist ein kleiner Palazzo in elegantem Marmor, verziert mit vielen Statuen und Bildnissen antiker Helden und Götter sowie wunderbaren Panoramaplätzen, die einen Blick über die Insel ermöglichen. Die Kaiserin liebte es, sich an schönen Plätzen hinzusetzen und über das Meer zu blicken. Nach Elisabeths Tod übernahm der deutsche Kaiser Wilhelm II. den Bau und ließ ihn umgestalten. Inzwischen ist vieles so wiederhergestellt, wie es zu Sisis Zeiten ausgesehen haben könnte. Der große Garten verspricht inspirierende grüne Erholungsmomente.

● MON REPOS

Was sonst als ein klassizistischer Bau passt zu einer griechischen Insel? Diesen Gedanken musste wohl auch der englische Gouverneur Frederick Adam gehabt haben, als er sich 1828

Links oben: Gegrillter Oktopus ist nur eine der vielen kulinarischen Köstlichkeiten, mit denen Korfu aufwarten kann.

Links unten: Der Leuchtturm Ákra Síderos steht am Kap Sidero auf einer von den Venezianern im 16. Jahrhundert errichteten Festung in Korfu-Stadt.

eine Sommerresidenz auf Korfu errichten ließ. Er nannte sie »Mon repos«, und unter diesem Namen ist das Schloss heute noch ein beliebtes Ausflugsziel. Allerdings wohnen dort keine Botschafter oder Könige mehr, vielmehr zeigt ein Museum archäologische Funde und historische Dokumente. Der Park mit den riesenhaft wirkenden Bäumen ist beeindruckend. Wer sich mit den europäischen Königshäusern auskennt, dem ist dieser Ort ein Begriff, denn der Gemahl der englischen Queen, Prinz Philip, wurde dort geboren.

● PALEOKASTRITSA

In Korfus Norden breitet sich die wohl schönste Gegend der Insel aus: sattgrüne Wälder, kleine Dörfer, Berge mit vielen spektakulären Aussichtspunkten auf das tiefblaue Meer. Die gleichnamige Stadt verströmt eine stille Idylle, die an das nahe Italien erinnert. Der Strand ist wohl der am meisten fotografierte der Insel: Sechs Buchten reihen sich hintereinander auf. Teilweise mit kleinen Felsen und Steilküste, teilweise mit Sand, aber immer mit glasklarem, türkisfarbenem Wasser. Es gibt kaum Wellen, sie brechen sich im offenen Meer.

● ANGELOKASTRO

Ein schroffer, wehrhafter Felsen direkt am Meer, der zur Landseite hin flach abfällt und leichte Passagen ermöglicht, lädt geradezu als Bauplatz für eine Burg ein. So ist es kein Wunder, dass die Byzantiner im 13. Jahrhundert diese Engelsburg, wie ihr Name übersetzt heißt, erschufen. Sie befindet sich an der Nordwestspitze der Insel und ist heute als Ruine zu besichtigen. Sehenswert ist zudem die Kirche, die zur Anlage gehört.

● KORISSIONS-SEE

Ein Süßwassersee auf einer von Salzwasser umgebenen Insel ist immer gut, das jedenfalls dachten sich die Venezianer, als sie im Mittelalter diese Lagune anlegten. Naturfreunde kommen dort auf ihre Kosten und können mit Glück sogar Flamingos und Schildkröten beobachten. Ein schmaler Streifen Land trennt diesen flachen See vom Meer.

● PALEO PERÍTHIA

Wohnt dort noch wer oder ist es verlassen? Von Weitem ist das nicht erkennbar, denn tatsächlich war dieser kleine Weiler lange Zeit ein Geisterort und ist es an einigen Stellen noch immer. Kleine Tavernen und Cafés hauchen dem verlassenen Platz Leben ein.

● »SCHMETTERLINGSBUCHT« AFIONAS

Eine schmale Landzunge, auf der man an beiden Seiten hervorragend baden kann, ist schon etwas Besonderes. Wenn die Badebuchten aussehen wie Flügel, wundert es nicht, dass die Korfioten sie liebevoll Schmetterlingsbucht oder Zwillingsbucht nennen.

● GLYFADA

Feine Sandstrände sind auf Korfu eher selten, sie sind zumeist kieselig und gröber. Umso be-

DINNER FOR TWO

PALEOKASTRITSA: AKRON // Als Strandbar und Restaurant bietet das Akron kühle Drinks, aber auch feine Gourmetküche. Abends kommt in der Bucht romantische Stimmung auf. Jeden Freitag gibt es Livejazz.
// akron.gr

PEROULÁDES: 7TH HEAVEN // Wie im siebten Himmel! Hier schwebt man regelrecht über dem Meer, der Ausblick ist – vor allem bei Sonnenuntergang – überwältigend. Es gibt Drinks und kleine Speisen.
// Perouládes, Kerkira, Korfu

KALAMI: TAVERNA KALAMI // Typisch korfiotische Gerichte, ein angenehmes Ambiente und eine wunderschöne Aussicht auf das Meer – hier stimmt einfach alles.
// kalamibeach.com

liebter ist der Sandstrand von Glyfada, der grellweiß in der Sonne strahlt. Hier herrscht wenig Wellengang, der Strand fällt schön flach ins Wasser – ideal für Familien.

● PELEKAS
Er zählt zu den schönsten Stränden an den Ufern der Westküste: Der Sand fällt flach ab, das Meer ist türkisblau, meist ruhig und wellenlos, ideal für kleine Kinder und für Familien. Für Hungrige gibt es mehrere Tavernen.

KULTURGENUSS

● FESTE
Korfu hat sich seine Authentizität bewahrt. Die Feste, die hier stattfinden, haben daher meist traditionellen Charakter. An den Sommersonntagen veranstalten viele Orte kleine Kirchweihen. Ein größeres Ereignis ist die »Varkarola«, ein Seenachtsfest, das jedes Jahr im August in der Bucht von Paleokastritsa stattfindet. Zuschauer dürfen sich auf ein Spektakel mit Tanz und Musik und vor allem auf die Nachstellung einer Szene aus Homers »Odyssee« freuen, in der Odysseus in einen Sturm gerät und am Strand auf die Prinzessin Nausikaa trifft. Boote gehen dabei in Flammen auf, und zum Abschluss gibt es ein Feuerwerk.

● TYPISCH KORFIOTISCHE KÜCHE
Mehr als 400 Jahre lang stand Korfu unter venezianischer Besetzung. Die Spuren sind bis heute erkennbar, auch in der Küche. Sie weist starke mediterrane Einflüsse auf, kombiniert mit landestypischen Eigenheiten. Traditionelle Gerichte sind die Pastisada, Fleisch vom Rind oder Hahn in einer pikant-zimtigen Tomatensoße mit Nudeln, sowie der Bourdeto, eine Art Fischeintopf (meist Skorpion, Barsch oder Oktopus) mit Zwiebel und rotem Pfeffer, oder auch das Sofrito, dünn gebratenes Kalbfleisch in einer Knoblauch-Weinsoße.

Die Inselhauptstadt, überragt von der Alten Festung und dem Turm der Spyridonkirche, gilt als eine der schönsten Städte Griechenlands.

ÜBERNACHTEN

ACHARAVI: MR. AND MRS. WHITE // Nobel und – wie der Name schon sagt – vorwiegend in Weiß zeigt sich das Hotel im Norden der Insel. Im romantischen Garten kann man am Pool herrlich entspannen. Eine besondere Unterkunft ist die Jacuzzi-Suite mit eigenem Whirlpool auf dem Balkon.
// mrandmrswhitecorfu.com

DASSIA: CORFU PALMA BOUTIQUE HOTEL // Im kleinen Ort Dassia inmitten von Grün und unweit des Sandstrands garantiert das Hotel mit Pool Ruhe und Erholung.
// corfupalmaboutiquehotel.com

KALAMI: SAN ANTONIO CORFU RESORT // In der wunderschönen Bucht von Kalami gelegen. Da die Hotelanlage – ein Adults Only Hotel – steil an den Hang gebaut ist, muss man gut zu Fuß sein. Dafür wird man mit einem tollen Ausblick über die Bucht belohnt, auch von der Poolterrasse aus.
// sanantoniocorfuresort.gr

ZU ZWEIT ERLEBEN

Unten links: Auf einer kleinen Insel vor der Halbinsel Kanoni liegt das Kloster Vlacherna. Nicht weit entfernt kann man die Mäuseinsel Pontikonisi sehen. Sie zählen beide zu den beliebtesten Sehenswürdigkeiten der Insel Korfu.

Unten rechts: Das griechische Meer ist an vielen Stellen türkisblau. Wer mit Taucherbrille und Schnorchel loszieht, wird ein buntes Unterwasserparadies entdecken.

○ SONNENUNTERGANG AUF DER MÄUSEINSEL PONTEKONISI MIT BLICK AUF DAS KLOSTER VLACHERNA

Südlich von Kanoni liegt auf einer winzigen Insel das leuchtend weiße Kloster Vlacherna, das bis 1980 noch bewohnt war. Von Kanoni aus führt ein schmaler Steg zum Kloster, heute kann man die kleine Klosterkapelle besichtigen. Von der dahinter liegenden Insel Pontekonisi aus – man erreicht sie per Boot – kann man einen der spektakulärsten Sonnenuntergänge auf Korfu erleben.

○ HAND IN HAND DURCH DIE ALTSTADT VON KORFU SCHLENDERN

Korfu-Stadt ist geprägt von einer lebendigen Geschichte, die heute noch zu spüren ist. Verwinkelte Gassen, kleine Geschäfte, nette Cafés und Tavernen und ein besonderes Flair machen die charmante Altstadt aus.

○ DURCH DEN CANAL D'AMOUR SCHWIMMEN

Im Inselnorden befindet sich eine Meerenge mit romantischem Namen – der Canal d'Amour (»Liebeskanal«). Hier gibt es wunderschöne Strände. Der Sage nach soll es außerdem ein verzauberter Platz sein: Unverheiratete Frauen, die den Kanal durchschwimmen und dabei an ihren Liebsten denken, sollen schon bald einen Heiratsantrag von ihm bekommen.

○ EINEN TAG INS INSELINNERE FAHREN

Wer auf Korfu das Inselinnere nicht gesehen hat, hat die Insel nicht verstanden. Während es am Strand trocken und karg zugeht, findet sich im Inneren der Insel eine wahre Idylle mit Blütenpracht an berankten Häusern, Blumen auf den Feldern und dichten Wäldern. In den kleinen Dörfern trifft man sich im Kafenion zu einem Mokka und taucht vollkommen ein in eine andere Welt.

○ EINEN SCHNORCHELAUSFLUG MACHEN

Die Unterwasserwelt des Ionischen Meeres hat von Seesternen bis zu bunten Fischschwärmen einiges zu bieten. Die zahlreichen, oft felsigen Buchten Korfus eignen sich hervorragend zur Erkundung der Unterwasserwelt. Ein bewährtes Schnorchelgebiet ist zum Beispiel die Zwillingsbucht. Auch die Inseln Paxos und Antipaxos, die man im Zuge eines Tagesausflugs erreicht, sind mit ihrem glasklaren Wasser wahre Schnorchelparadiese.

SALZBURG

Ob man nun zu zweit durch die schöne Innenstadt schlendert, die Aussicht von den Stadtbergen genießt, ein klassisches Konzert besucht oder edle Mozartkugeln verkostet – ein Hauch Romantik liegt stets in der Luft. Nicht umsonst nannte Hugo von Hofmannsthal die Hauptstadt des Salzburger Landes das »Herz vom Herzen Europas«. Diese Stadt brachte nicht nur einen Wolfgang Amadeus Mozart hervor, sondern inspiriert bis heute Künstler aus aller Welt zu kreativen Höhenflügen. Festung Hohensalzburg, Dom, Kollegienkirche, Residenz, St. Peter und Schloss Mirabell – das urbane Gesamtkunstwerk an der Salzach zwischen Kapuziner-, Mönchs- und Festungsberg belebt und betört die Sinne seiner Besucher mit seinem überquellenden Barockambiente und einem faszinierenden Kulturangebot.

Oben: Der Schloss Mirabell umgebende Mirabellgarten geht auf Fischer von Erlach zurück. 1730 wurde er zu einem Barockgarten umgestaltet, mit Betonung der Längsachse, die die Anlage auf Dom und Feste Hohensalzburg hin ausrichtet (im Hintergrund).

Links: Treppenaufgang am Mönchsberg mit herrlicher Sicht auf die Stadt.

● FESTUNG HOHENSALZBURG

Hoch oben über Salzburg blickt sein Wahrzeichen wachend auf die Bewunderer herab: Die Festung Hohensalzburg ist Mitteleuropas größte erhaltene Burg und der ganze Stolz der Stadt. Das Wahrzeichen Salzburgs hat seine Anfänge im 11. Jahrhundert. Der Festungsberg mit seinem Park auf 120 Höhenmetern eignet sich für einen schönen Spaziergang mit atemberaubendem Ausblick. Die Burg ist mit einem dreifachen Festungsring gesichert und nur durch drei Tore zugänglich. Im inneren Mauerring ist die trutzige Festung wie eine kleine Stadt ausgebaut. Die FestungsBahn bringt Besucher auf den Berg.

● DOMKIRCHE ST. RUPERT UND ST. VIRGIL

Der Salzburger Dom, vor dessen grandioser Fassade seit 1920 allsommerlich Hugo von Hofmannsthals »Jedermann« zur Aufführung kommt, ist die älteste Bischofskirche im heutigen Österreich. Die Wurzeln seiner Baugeschichte reichen tief ins frühe Mittelalter zurück und finden sich im Domgrabungsmuseum dokumentiert. Dort, unter der Chorkrypta, förderten Archäologen Reste sowohl einer ersten dreischiffigen Basilika als auch des 1181 nach einer Brandkatastrophe von Konrad III. veranlassten fünfschiffigen Baus zutage. Der heutige Dom entstand 1614 bis 1628 nach Plänen das damaligen Hofbaumeisters Santino Solari. Der ließ sich von italienischen Gotteshäusern inspirieren und gestaltete die Vorderfront als barocke Schaufassade.

● GEBURTS- UND WOHNHAUS MOZARTS

Wer auf den Spuren von Salzburgs berühmtestem Sohn wandeln will, besucht Mozarts

WARUM IM SOMMER?

Während der Salzburger Festspiele, die seit 1920 im Juli und August zahlreiche Besucher aus aller Welt mit Theater, Konzerten und Opern begeistern, ist Gänsehaut garantiert. Aber auch sonst hat Salzburg im Sommer eine Menge zu bieten: zahlreiche Cafés, in denen es sich herrlich draußen sitzen lässt, Schifffahrten auf der Salzach mit Dinner für zwei, herrliche Ausblicke von den Stadtbergen. Schön ist es auch, durch einen der Parks zu spazieren oder gemeinsam am städtischen Salzbeach zu entspannen.

Geburtshaus und das aufwendig renovierte Wohnhaus am Makartplatz. In der Getreidegasse 9 steht das gelb gestrichene Hagenauerhaus, in dem das musikalische Wunderkind Wolfgang 1756 das Licht der Welt erblickte.

● STIFT ST. PETER

Vor allem architektonisch beeindruckend sind die Bauten der Stiftskirche St. Peter aus dem 7. Jahrhundert. Das eigentliche Highlight ist aber ihr Friedhof mit den in den Mönchsberg gehauenen Katakomben.

● HAUS DER NATUR

Dass es in Salzburg auch ausgestorbene Saurier oder eine faszinierende Unterwasserwelt zu bestaunen gibt, erfährt jeder, der das Haus der Natur besucht.

● RESIDENZ UND RESIDENZPLATZ

Wer sich wie ein König fühlen will, besucht Salzburgs ehemalige Palastanlage. Die mit fast schon verschwenderischem Prunk ausgestattete Residenz und der romantische Residenzplatz sind Zeugen barocker Baukunst.

● SCHLOSS MIRABELL UND -GARTEN

Mit der gleichen musischen Mischung aus üppigem Barock und strengem Mittelalter wie der Stadtkern am linken Salzachufer wartet auch der Bezirk Neustadt jenseits des Flusses auf. Da spaziert man durch die Prunkräume des fürsterzbischöflichen Lustschlosses Mirabell und den dazugehörigen Park mit seinem Heckentheater (eine Art Freilichtbühne, deren Wände und Gassen aus Hecken bestehen) und dem Barockmuseum. Schloss Mirabell wurde 1606 von Fürsterzbischof Wolf Dietrich von Raitenau für seine Geliebte Salome Alt (mit der er 15 Kinder zeugte) errichtet und zieht als besonders romantischer Ort Menschen aus aller Welt an.

● MOZARTPLATZ

Er wurde nach dem Abriss mehrerer Bürgerhäuser angelegt und wird vor allem vom Mozart-Denkmal dominiert. Das von Ludwig Schwanthaler entworfene Denkmal wurde am

Links: Aufwendig sind die Inszenierungen bei den Salzburger Festspielen. Höhepunkt ist natürlich das Stück »Jedermann« von Hugo von Hofmannsthal.

Links oben: Blick auf das Stift Nonnberg und die Häuser um den Kajetanerplatz vom Kapuzinerberg aus gesehen.

Rechts oben: Heller Untersberger Marmor bestimmt das Innere des Salzburger Doms.

5. September 1842 im Beisein von Mozarts Söhnen enthüllt. Sehenswerte Gebäude auf dem Platz sind das Antretterhaus, das Imhofstöckl, die Neue Residenz und das Café Glockenspiel.

● MUSEUM DER MODERNE

Wer sich für zeitgenössische Kunst interessiert, findet über den Dächern der Stadt auf dem Mönchsberg, was er sucht. Auf insgesamt vier Ebenen gibt es im Museum der Moderne Kunst aus dem 20. und 21. Jahrhundert zu entdecken.

● MARIONETTENTHEATER

Zum Staunen für Groß und Klein ist das Marionettentheater. Mit handgeschnitzten Puppen werden Theater- und Musikstücke aufgeführt, ein Highlight darunter ist Mozarts »Zauberflöte«. Stets im Programm ist auch das Musical »The Sounds of Music«, basierend auf dem erfolgreichen Heimatfilm »Die Trapp-Familie« aus den 1950er-Jahren, der größtenteils in Salzburg gedreht wurde.

● SPIELZEUGMUSEUM

Im historischen Spielzeugmuseum ist Ausprobieren ausdrücklich erlaubt. Die kunstvollen Spielsachen sind schließlich zum Spaß da. Selbst erwachsene Augen beginnen hier zu leuchten.

● SCHLOSS HELLBRUNN

Das prächtige Lustschloss ist ein architektonisches Meisterwerk der Spätrenaissance. Im weitläufigen Schlosspark begeistern die berühmten Wasserspiele, die besonders an lauen Sommerabenden in romantischem Licht erstrahlen.

● STIFT NONNBERG

Singende Nonnen, historische Wandmalereien und gotische Baustile gibt es in der Benediktinerinnenabtei Nonnberg zu entdecken. Vor allem in den frühen Morgenstunden lohnt sich ein Besuch, denn dann finden die Chorproben statt.

● HANGAR-7

Wer sich für Technik interessiert, ist im Hangar-7 am Flughafen goldrichtig und wird von

DINNER FOR TWO

STIEGL-KELLER // In der gut bürgerlichen Traditionswirtschaft genießt man nicht nur österreichische Hausmannskost, sondern vom Biergarten aus auch wunderschöne Ausblicke über die Dächer Salzburgs.

// restaurant-stieglkeller.at

KAFFEE-ALCHEMIE // Das winzige Café am Rudolfskai legt wert auf hochwertigen und fair gehandelten Kaffee. Dazu sitzt man mit Blick auf die Salzach gemütlich draußen in den Fensternischen. **// Rudolfskai 38**

der beachtlichen Sammlung historischer Flugzeuge, Helikopter und Formel-1-Rennwagen begeistert sein.

● SCHLOSS LEOPOLDSKRON
Unter Touristen ist es ein echtes Muss. Allein die Parklandschaft mit dem romantischen Weiher und den Bergen im Hintergrund fühlt sich an wie im Märchen.

ÜBERNACHTEN

ARTHOTEL BLAUE GANS // In einem historischen Gebäude direkt in der Getreidegasse befindet sich dieses Hotel und könnte somit zentraler kaum sein. Die Zimmer sind klein, aber gemütlich, die Räumlichkeiten ungezwungen stilvoll. Perfekt für einen Wohlfühl-Aufenthalt zu zweit!
// blauegans.at

HOTEL & VILLA AUERSPRERG // Diese Oase mitten in der Salzburger Innenstadt verwöhnt ihre Gäste mit vielen Extras wie Märchengarten, Bio-Frühstück, Spa und Yoga-Angebot. Gastfreundschaft wird hier ganz großgeschrieben.
// auersperg.at

HOTEL GOLDGASSE // Das noble Boutique-Hotel besitzt ein außergewöhnliches Merkmal: Die Wände der Zimmer sind mit riesigen Momentaufnahmen der Salzburger Festspiele tapeziert. Das Hotelrestaurant lädt zum romantischen Essen ein.
// hotelgoldgasse.at

● KAPUZINERKLOSTER
Wer das Kapuzinerkloster auf dem Kapuzinerberg besuchen will, tut dies am besten zu Fuß. Als Belohnung warten ein phänomenaler Ausblick sowie die geschichtsträchtigen Klostergemäuer.

● DOMQUARTIER SALZBURG
Das DomQuartier Salzburg vereint die Ausstellungen von fünf Museen, die sich in den Räumen der Residenz, des Doms und des Klosters St. Peter befinden. Während des Rundgangs erhascht man umwerfende Ausblicke über die Stadt, während man im Inneren Prunkräume und Kunstschätze bewundern kann.

KULTURGENUSS

● SALZBURGER FESTSPIELE
Die Salzburger Festspiele wurden 1920 mit der Aufführung des »Jedermann« von Hugo von Hofmannsthal in der Regie von Max Reinhardt auf dem Domplatz geboren. Seither zieht es jeden Sommer Besucher aus aller Welt in die Mozartstadt, Tickets sind äußerst schwer zu bekommen. Heute bieten die Festspiele eine Mischung aus Theater, Oper und Konzert an zahlreichen Spielstätten. Zum Teil sind es Uraufführungen. Spielstätten sind neben dem Domplatz das Große Festspielhaus, das Haus für Mozart und die Felsenreitschule.

● KLASSISCHE KONZERTE
Mozartstadt, Musikhauptstadt – Musik hat in Salzburg einen hohen Stellenwert. Täglich hat man die Qual der Wahl gleich mehrerer Musikveranstaltungen, ob Klavier- oder Violinkonzert oder Orchester, in den schönsten Räumlichkeiten der Stadt. Als Geburtsstadt Mozarts steht der Komponist hier natürlich im Mittelpunkt, viele weitere klassische Konzerte zu Ehren berühmter Komponisten von Bach bis Strauss runden das Angebot ab.

ZU ZWEIT ERLEBEN

Unten links: Am Alten Markt befindet sich der im Jahr 1860 errichtete Kiosk Tomaselli. Dort treffen sich im Sommer viele Einheimische auf einen Kaffee.

Unten rechts: Die Innenräume von Schloss Mirabell sind prunkvoll gestaltet. Ganz besonders schön ist das Schloss aber im Sommer, wenn man durch die Gartenanlagen samt Orangerie wandeln kann. Die UNESCO ernannte Schloss Mirabell und das gesamte historische Zentrum von Salzburg 1996 zum Weltkulturerbe.

○ IM CAFÉ FÜRST »ECHTE« MOZARTKUGELN KOSTEN

Die feine Praline aus Marzipan und Pistazien, Nougat und dunkler Schokolade ist heute weltberühmt und in vielerlei Art auf dem Markt. Nirgends schmeckt sie jedoch so gut wie in Salzburg. Das Original stammt vom Konditormeister Paul Fürst, die Konditorei Fürst am Alten Markt besteht bis heute und fertigt die Kugeln noch immer von Hand. Im dazugehörigen Café kann man auch weitere süße Leckereien genießen.

○ EIN KLASSISCHES KONZERT BESUCHEN

Wer in Salzburg ist, sollte es nicht verpassen, ein klassisches Konzert zu besuchen. Während der Festspiele bietet sich das natürlich am besten an, aber auch sonst hält die Stadt zahlreiche Möglichkeiten für musikalischen Hochgenuss mit Gänsehautgarantie parat.

○ NEUSTADT- UND ANDRÄ-VIERTEL

Der Bezirk Neustadt wartet, in etwas kleinerer Dimension, mit der gleichen Mischung aus Barock und Mittelalter auf wie der Stadtkern am linken Salzachufer. Da spaziert man durch die Prunkräume eines fürsterzbischöflichen Lustschlosses und den dazugehörigen Park. Das Viertel Andrä lädt mit seinen Geschäften und Restaurants um die Andräkirche zu einem gemütlichen Bummel ein. Jeden Donnerstag kann man auch über die Schranne schlendern, einen der größten Wochenmärkte des Landes.

○ DEN MARMORSAAL IM SCHLOSS MIRABELL BESICHTIGEN

Jede Menge Romantik umgibt Schloss Mirabell – kein Wunder, war es doch ein Geschenk des Fürsterzbischofs Wolf Dietrich von Raitenau an seine Geliebte Salome Alt. Besonders viel Romantik verströmt der inzwischen weltberühmte Marmorsaal, zu dem man über die prachtvolle Marmorstiege gelangt. Paare kommen auch von weit her extra nach Salzburg, um sich in dem mit Marmor und vergoldetem Stuck leuchtenden Trausaal, der als der schönste der Welt gilt, das Ja-Wort zu geben.

○ AUSSICHT VOM KAPUZINERBERG

Das Gegenstück zum vis-à-vis gelegenen Mönchsberg bietet mit seiner waldigen Anhöhe ein lohnendes Wanderrevier. Man erklimmt den Berg von der Steingasse aus über die steile Imbergstiege. An deren Ende bietet eine Aussichtsterrasse, die Hettwerbastei, einen reizvollen Blick auf das Stadtzentrum.

LUXUSHOTEL
Heute ist Schloss Leopoldskron ein stilvolles Hotel mit 55 Zimmern, zwölf Suiten und sogar zwei Townhäusern. Churchills Ente sucht man allerdings vergeblich, das Hotel verfügt über kein eigenes Restaurant mehr. Dafür entschädigt aber die Lage in unmittelbarer Nähe der Salzburger Innenstadt. Das Hotel selbst bietet die Möglichkeit, sich im Fitnesscenter und beim (Mini-)Golf zu betätigen.

schloss-leopoldskron.com

SCHLOSS LEOPOLDSKRON

Bereits beim ersten Blick auf das idyllisch am Leopoldskroner Weiher in Salzburg gelegene Rokokoschloss lässt sich nachvollziehen, warum viele seiner einstigen Besitzer ihr Herz an das Bauwerk verloren haben. Sein Erbauer, Salzburgs Fürsterzbischof Leopold Anton Freiherr von Firmian, verfügte sogar, dass sein Herz nach seinem Tod hier in der Kapelle bestattet werden sollten – seine übrigen Gebeine befinden sich, seinem Rang angemessen, im Salzburger Dom.

HERZENSANGELEGENHEIT

Zu Lebzeiten bestanden allerdings erhebliche Zweifel daran, dass der Erzbischof überhaupt ein Herz besaß, denn sein unbarmherziges Vorgehen gegen Protestanten hatte in der Bevölkerung für Bestürzung gesorgt. Der Bau des Schlosses 1736 war mitunter ein Versuch, den angeschlagenen Ruf der Familie wiederherzustellen. Der Region schenkte er damit ein Schmuckstück an verspielter Baukunst. Die Innenräume selbst wurden spätestens zu der Zeit zum Kunstwerk, als Regisseur und Begründer der Salzburger Festspiele Max Reinhardt Schloss Leopoldskron erwarb. Er gestaltete Säle, Hallen und Zimmer mit großer Hingabe in prachtvoller Opulenz und machte sein Zuhause zum Treffpunkt der kulturellen Elite. Als der Zweite Weltkrieg ausbrach, der Jude Reinhardt nach Amerika emigrierte und Schloss Leopoldskron enteignet wurde, brachte er seine Trauer über den Verlust des Schlosses in einem Brief an seine Ehefrau Helene Thimig zum Ausdruck: »Ich habe 18 Jahre in Leopoldskron gelebt, wirklich gelebt, und ich habe es lebendig gemacht. Ich habe jedes Zimmer, jeden Tisch, jeden Sessel, jedes Licht, jedes Bild gelebt.«

Rechts: Die gemütliche Bibliothek in Schloss Leopoldskron ist der perfekte Ort zum Verweilen. Besonders bei schlechtem Wetter greift so manch einer gern zu einem Roman aus den holzvertäfelten Bücherregalen.

FEINSCHMECKER, FASHION & FILM

Als Max Reinhardt hier lebte, waren Schriftsteller, Komponisten und Schauspieler aus Europa und der Welt zu Gast. Der Überlieferung nach war Churchill Anfang der 1930er-Jahre so begeistert von der servierten Ente, dass er sich sogar das Rezept geben ließ. Einen Genuss anderer Art vermittelte der Modedesigner Karl Lagerfeld, als er das Schloss 2014 im Rahmen einer Modenschau für das Luxuslabel Chanel in einen opulenten Laufsteg verwandelte. Filmisch wurde Leopoldskron im Filmklassiker »The Sound of Music« von 1959 verewigt, da hier Dreharbeiten stattfanden.

Rechts unten: Das Hotel Schloss Leopoldskron liegt direkt an einem See. Seine Räumlichkeiten und auch seine Gärten sind sehr beliebt für Events aller Art.

VERONA

Ein Pilgerort der Liebenden wurde Verona dank William Shakespeare – vor dem freilich schon ein halbes Dutzend anderer Autoren die melodramatische Geschichte des glücklich-unglücklichen Muster-Liebespaars erzählt hatte. Zahllose Gäste besuchen die Casa Giulietta und streichen der Bronzefigur der Julia über die rechte Brust in der Hoffnung auf Liebesglück. Doch nicht nur wegen Romeo und Julia ist gerade für Paare ein Besuch in der Stadt so besonders, sondern auch wegen der Opernfestspiele in der antiken Arena.

● ARENA DI VERONA

Imposante Monumente wie das im 1. Jahrhundert errichtete riesige Amphitheater bezeugen den antiken Ursprung Veronas. Die Opernfans feierten hier schon hundertjähriges Jubiläum: Am 10. August 1913, dem 100. Geburtstag Giuseppe Verdis, ließ sich das Publikum zum ersten Mal in der Arena zu Begeisterungsstürmen hinreißen, damals zu Verdis »Aida«. Tausende entzündeten bei Einbruch der Dunkelheit Kerzen und führten damit ein Lichterritual ein, das bis heute zu diesen Festspielen gehört, die ebenso Volksfest wie gesellschaftliches Ereignis sind. Das Oval der Arena – 152 Meter lang, 128 Meter breit – fasst 25 000 Menschen. Während es im Parkett bequem gepolsterte Sessel mit Lehne gibt, sitzt man weiter oben auf Stufen – Kissen, Decken, Picknickkorb und Getränke bringt man mit.

● PIAZZA DELLE ERBE

Die Piazza delle Erbe mit dem Brunnen der Madonna Verona, der Markussäule und dem Palazzo Maffei ist das Herzstück der Stadt und tagsüber ein belebter Marktplatz. Schon Goethe faszinierten hier Gemüse und Früchte. Erst abends kehrt zwischen den Marktbuden wieder Ruhe ein.

● DUOMO SANTA MARIA MATRICOLARE

Erdbeben hatten die hier zuvor stehenden Gotteshäuser zerstört, sodass man sich jetzt für einen monumentalen Bau entschied. Der Duomo Santa Maria Matricolare wurde als romanische Basilika im 12. Jahrhundert errichtet. Im Jahr 1187 weihten Priester das neue Gottes-

Rechts: Vom Ufer der Adige (Etsch) hat man einen schönen Blick auf den römischen Ponte Pietra und den Turm des Doms.

Links: In Verona sollte man einfach einmal abseits der Touristenstrecke gehen, um malerische Gässchen wie dieses hier zu entdecken.

DINNER FOR TWO

TERRAZZA BAR AL PONTE // Eine der schönsten Terrassen Veronas! Hier frühstückt man idyllisch mit herrlichem Blick auf den Ponte Pietra.
// terrazzabaralponte.eu

ENOTECA SEGRETA // Bei schummrigem Licht genießt man beste Weine und kann dazu regionale Wurst- und Käsesorten bestellen.
// enotecasegreta.it

haus. Doch der Stil hielt nicht lange. Aus der Zeit der Romanik ist der Kreuzgang links des Doms geblieben, er stammt aus dem Jahr 1123. Im 15. Jahrhundert wurde der Duomo gotisiert und mit aufstrebenden Fenstern versehen. Auch barocke Elemente sind zu finden. In dem dreischiffigen Bau beeindrucken reich verzierte Kapellen. Roter Marmor und Fresken sind ebenso Zeichen der Kunstfertigkeit vergangener Jahrhunderte wie die Flachreliefs an der Fassade. In der Capella Nichesola befindet sich ein Bild von Tizian und in der Mazzanti-Kapelle der Sarkophag der heiligen Agathe.

● PONTE PIETRA

Der fünfbögige Ponte Pietra führt über die Etsch. Durch immer wiederkehrende Zerstörungen und Restaurierungen besteht die Brücke heute aus verschiedenen Bausubstanzen, die jeweils charakteristisch für die jeweilige Epoche waren.

● BASILICA DI SAN ZENO

Die Basilika San Zeno entstand im 12. und 13. Jahrhundert über einem Vorgängerbau und ist eine der bedeutendsten romanischen Kirchen Oberitaliens. Die Reliquien des namensgebenden Bischofs Zeno von Verona werden in einer Krypta aus dem 10. Jahrhundert verwahrt, über der sich bühnenartig der Hochchor erhebt. Dort befindet sich der San-Zeno-Altar, ein Meisterwerk des Renaissancemalers Andrea Mantegna. Das dreiteilige Bild zeigt die Muttergottes. Eine spätgotische farbige Holzdecke aus dem 14. Jahrhundert überwölbt das Mittelschiff. Wie die Langhauswände wechselt auch der frei stehende Glockenturm (Campanile), der im 12. Jahrhundert beendet wurde, zwischen hellem Tuffstein und roten Ziegeln in Streifenlagen ab. An der Fassade findet sich eines der frühesten romanischen Beispiele für das Motiv der Fensterrose überhaupt.

● SANT'ANASTASIA

Die an Kunstwerken reichste und größte Kirche Veronas ist Sant'Anastasia. Errichtet wurde das Gotteshaus von den Dominikanern zwischen 1290 und 1481 im Stil der Gotik. Seine Fassade wurde nie fertiggestellt, dafür birgt sein Inneres eine Fülle an sehenswerter Ausstattung.

ÜBERNACHTEN

HOTEL CINQUE // Das im Stadtteil San Zeno gelegene Hotel befindet sich in einem eleganten Gebäude. Hier übernachtet man in farbenfrohen, blumig gestalteten Zimmern mit moderner Ausstattung. Ein kurzer Spaziergang an der Etsch führt direkt ins Stadtzentrum.
// cinqueroomsverona.it

RELAIS BALCONE DI GIULIETTA // Für das Romantik-Komplettpaket ist eine Nacht hier wohl Pflichtprogramm, denn man hat vom Zimmer aus einen direkten Blick auf den berühmtesten Balkon Veronas und den Innenhof, der nachts für Touristen gesperrt ist.
// balconedigiulietta.com

KULTURGENUSS

● OPERNFESTSPIELE

Die von Römern im Jahr 30 n. Chr. erbaute Arena von Verona fasste seinerzeit 30 000 Zuschauer. Noch heute wird hier nach dem Start der sommerlichen Opernsaison manch sehenswerte Aufführung geboten. Veranstaltungen gibt es von Juni bis Anfang September.
// arena.it

ZU ZWEIT ERLEBEN

Unten links: Die Arena von Verona gehört zu den berühmtesten Festspielorten der Welt. Während es im Parkett gepolsterte Sessel mit Lehne gibt, sitzt man weiter oben auf Steinstufen – Kissen und Decken bringt man mit.

Unten rechts: Das angebliche Haus der Julia, die Shakespeare in seiner Tragödie besingt, ist an der langen Besucherschlange unschwer zu erkennen. Der gotische Palazzo aus dem 14. Jahrhundert gehörte tatsächlich einer Familie Capuleti, von deren Zwist mit den Montecchios, deren Spross Romeo ist, der englische Dichter erzählt. Man stellte eine bronzene Julia-Statue in den Hof, die seitdem Liebesglück verheißt, wenn man über ihre rechte blanke Brust streicht.

○ FANTASTISCHE OPERN SEHEN

Wenn eine Weltklasse-Diva eine Passage aus »Aida« in die Gemäuer der Arena von Verona schmettert, ist das schon ein erhebender Moment. Selbst wer kein gesungenes Wort versteht, kann sich der lauen Abende im »Bravo!« rufenden Publikum erfreuen, beim Licht der Kerzen, die bei Sonnenuntergang angezündet werden. Nicht vergessen, ein Kissen mitzunehmen!

○ VERONA IN LOVE – FESTIVAL DER LIEBE

Schon Shakespeare wusste um den romantischen Zauber Veronas – ließ er doch sein berühmtes Werk »Romeo und Julia« hier spielen. In dieser Tradition feiert die Stadt mehrere Tage rund um den Valentinstag das Fest der Liebe. Die malerische Altstadt ist mit Lichtern und Herzen geschmückt und an herzförmig aufgebauten Marktständen kann man regionale Produkte entdecken. Auf dem Cortile Mercato Vecchio halten Paare ihre Liebesbotschaften fest und zahlreiche Konzerte und Veranstaltungen widmen sich dem Thema »Liebe«.

○ VOM CASTEL SAN PIETRO BLICKEN

Auf dem Hügel San Pietro liegt idyllisch zwischen Zypressen die gleichnamige Burg. Vom Ponte Pietra führen Treppen durch eine schmale Gasse zu ihr hinauf. Oben angelangt, genießt man einen einzigartigen Ausblick über die Stadt.

○ LIEBESGESCHICHTEN

Die Liebe und ihre (tragischen) Geschichten sind in Verona allgegenwärtig. Die bekannteste Liebesgeschichte ist natürlich die von Romeo und Julia, gefolgt von denen der unzähligen Besucher, die ihre Liebesbotschaften an der Hauswand der Casa di Giulietta offenbaren. Eine weitere (tragische) Liebesgeschichte erzählt auch der Brunnen der Liebe nahe der Piazza delle Erbe, in den sich laut Erzählungen im 16. Jahrhundert ein unglücklicher Verliebter und danach auch seine Angebetete gestürzt haben sollen.

○ SPAZIERGANG IM GIARDINO GIUSTI

Der schöne Renaissancegarten wurde ursprünglich im 16. Jahrhundert zusammen mit dem Palazzo Giusti von der gleichnamigen Adelsfamilie errichtet. Im 19. Jahrhundert wandelte man ihn in einen englischen Park um. Heute verbirgt sich hier mitten in der Stadt eine herrliche Oase. Man schlendert durch die alte Zypressenallee, zwischen zahlreichen Terrassen und Marmorstatuen und vorbei an kunstvoll beschnittenen Hecken. Vom höchsten Punkt des Gartens aus genießt man ein herrliches Panorama. Der terrassenförmig angelegte Giardino Giusti bietet immer wieder tolle Ausblicke auf die Stadt. Besonders am späten Nachmittag, wenn die edle Anlage in ein goldenes Licht getaucht wird, herrscht eine zauberhafte Stimmung.

HOTEL CASTELLO OLDOFREDI

Der bis zu 251 Meter tiefe Lago d'Iseo gehört zu den malerischsten Alpenseen Italiens und liegt nur knapp 100 Kilometer von Verona entfernt. Im Osten wird der See vom 1949 Meter hohen Monte Guglielmo überragt, in seiner Mitte steigt der 599 Meter hohe Monte Isola wie ein steiler, überdimensionaler Zuckerhut in den Himmel. Der mit dichten Kastanienwäldern bewachsene Berg bildet die größte Insel in einem italienischen Binnensee. Auf seiner Spitze thront – umgeben von mehreren Dörfern – die Wallfahrtskirche Madonna della Ceriola. Hier liegt auch das Örtchen Peschiera Maraglio mit seinem herrlichen Hotel Castello Oldofredi. Zwischen alten Olivenhainen liegt das mittelalterliche Gebäude, das heute mit allen Annehmlichkeiten wie Pool und Restaurant aufwartet.

oldofrediresidence.it

AUFWACHEN AUF DEM ISEOSEE

Gazela
Sabe bem com a vida.

LISSABON

Portugals Hauptstadt Lissabon breitet sich auf sieben Hügeln über dem Tejo aus. Sie ist umspielt von einem ganz besonderen Licht und umschwirrt von exotischen Aromen aus Portugals Kolonialvergangenheit. Manuelinik und Barock feiern an den Fassaden von Kirchen und Palästen die Größe der einstigen Seemacht. Der leicht morbide Charme der Altstadtviertel von Lissabon verbindet sich mit der kühnen Eleganz moderner Architektur. Kein Zweifel – Lissabon ist eine Stadt für Romantiker und für diejenigen, die es noch werden wollen. Man erkundet die »weiße Stadt« am besten zu Fuß flanierend und lässt sich treiben.

● ALFAMA

Ein Labyrinth enger Straßen und Gassen zieht sich vom Ufer des Tejo hinauf zum Castelo de São Jorge. In der Alfama wohnten früher die Armen, heute ist der älteste Stadtteil Lissabons ein trendiges Viertel. Am besten erkundet man dieses noch immer ursprüngliche Quartier zu Fuß.

● CASTELO DE SÃO JORGE

Die Festung aus dem 12. Jahrhundert wurde vor einigen Jahren renoviert und gehört zu den schönsten Aussichtspunkten der Stadt. Wer die Mühe des Aufstiegs auf sich nimmt, wird mit einem fantastischen Blick auf Lissabon belohnt.

● ROSSIO

Dieser zentrale Platz ist einer der größten und wichtigsten Lissabons und dient als Treffpunkt für Einheimische wie Touristen. Das extravagante Wellenmuster auf dem Boden soll an das Meer erinnern. Der Rossio (offiziell: Praça de Dom Pedro IV.) wurde bereits im 16. Jahrhundert als Handelsplatz eingerichtet. Hier sollten die über den Atlantik verschifften und über den Tejo an der Praça do Comércio angelandeten Waren zum Verkauf angeboten werden.

● PRAÇA DO COMÉRCIO

Den beeindruckenden Platz des Handels betritt man durch einen Triumphbogen. Eine monumentale Reiterstatue von José I., König Portugals von 1750 bis 1777, prägt den im Sonnenlicht gleißend hellen Platz, der sich zur Tejo-Bucht hin öffnet. Abgesehen von seiner geometrisch gegliederten Weite, die viel Raum für Cafés und Restaurants lässt, ist es seine Geschichte, die den Platz zu einem besonderen Ort macht. Man bezeichnet ihn gern auch als »Empfangsplatz« von Lissabon.

Oben: Der Elevador de Santa Justa. 24 Personen können in der mit Holz und Glas verzierten Kabine fahren. Oben befindet sich ein Café mit herrlicher Aussicht.

Links: Die Rua Augusta lädt zum Bummeln ein.

WARUM IM SOMMER?

Am 13. Juni, dem Gedenktag des heiligen Antonius, des Schutzheiligen von Lissabon, ist Portugals Hauptstadt verrückt nach Sardinen. Ein Brauch, der auf jenen Tag im 13. Jahrhundert zurückgeht, da der katholische Heilige das italienische Rimini besuchte. Enttäuscht über das Desinteresse an seinen Predigten, begab er sich ans Ufer, um sich den Fischen anzuvertrauen. Plötzlich hoben Scharen von Fischen die Köpfe aus den Wellen und verbeugten sich. Heute wird ihm zu Ehren ein Festumzug auf der Avenida de Liberdade veranstaltet und unverheiratete Mädchen vollführen Tänze, um Antonius anzuflehen, ihnen bei der Suche nach einem guten Ehemann behilflich zu sein.

● MUSEO NACIONAL DO AZULEJO
Im ehemaligen Kloster Madre de Deus widmet sich ein komplettes Museum einem außergewöhnlichen Ausstellungstück: den typisch portugiesischen Keramikfliesen, den Azulejos.

● CATEDRAL SÉ PATRIARCAL
Die älteste Kirche Lissabons wurde schon im 12. Jahrhundert erbaut und über die Jahrhunderte immer wieder verändert und erweitert. So entstand eine beeindruckende und vor allem sehenswerte Mischung der verschiedensten Baustile.

● CONVENTO DE CARMO
Das Erdbeben von 1755 zerstörte auch das Karmeliterkloster. Noch heute erinnert die steil aufragende Ruine an die Katastrophe. Stimmungsvoll ist eine Besichtigung in den Abendstunden, wenn man vom dachlosen Kirchenschiff in den Sternenhimmel blickt.

● ELEVADOR DE SANTA JUSTA
Dieser architektonisch beeindruckende Fahrstuhl, der die Ober- und Unterstadt seit über 100 Jahren miteinander verbindet, ist auch ein grandioser Aussichtspunkt über die Stadt.

● MUSEU CALOUSTE GULBENKIAN
Rembrandt, Rubens, Renoir: Bedeutende Kunstwerke dieser und etlicher anderer Künstler aus allen Epochen zeigt das eindrucksvolle Museum, das nach seinem Stifter, einem reichen englischen Geschäftsmann und Ingenieur mit armenischer Abstammung, benannt ist.

● MOSTEIRO DOS JERÓNIMOS
Das imposante Kloster der Hieronymiten ist im spätgotischen Stil erbaut und darf auf keiner Sightseeingtour fehlen. Der Reichtum und die Blütezeit der Seefahrernation Portugal sind nicht nur in den Geschichtsbüchern festgehalten, sondern auch in den Gebäuden und ihrer Architektur. Dabei ist ein ganz eigener Stil entstanden, den es nur in Portugal gibt: die Manuelinik.

Im 15. Jahrhundert wurde die Klosterkirche Madre de Deus errichtet, die heute einen prächtigen Rahmen für das Azulejos-Museum bildet.

Das monumentale Entdeckerdenkmal in Belém erinnert an die stolze Geschichte der portugiesischen Seefahrt.

● TORRE DE BELÉM

Geschichten von der Seefahrt scheint er zu erzählen, vom einstigen Ruhm und Reichtum der Entdeckernation Portugal. Verziert mit Ornamenten, die sich wie Taue um die Türmchen schlingen, mit Ankern und Muscheln setzt der Turm eindeutig der Seefahrt ein Denkmal. Er stammt aus der Mitte des 16. Jahrhunderts, einer Zeit, als sich Portugal in voller Blüte seiner Seefahrer- und Handelsqualitäten befand. Der 1521 erbaute Leuchtturm an der Tejomündung fungierte zwischenzeitlich als Gefängnis und als Zollstation. Mittlerweile ist er als Weltkulturerbe ausgezeichnet.

● PADRÃO DOS DESCOBRIMENTOS

Seefahrer und Entdecker prägten die Geschichte Portugals. Das 1960 erbaute Denkmal am Ufer des Tejo setzt Magellan und Co. ein Andenken.

● PONTE 25 DE ABRIL

Die beeindruckende Hängebrücke mit den zwei Stockwerken verbindet die Stadtteile Almada und Alcântara miteinander und ist mehr als zwei Kilometer lang.

● OCEANÁRIO DE LISBOA

Eines der größten Meeresaquarien der Welt befindet sich auf dem ehemaligen EXPO-Gelände am Tejo. Das Kernstück bildet ein Aquarium, das sich über zwei Stockwerke erstreckt und die Besucher durch riesige Fenster in die Meereswelt mit Fischen, Meeressäugern, Vögeln, Pflanzen und Algen eintauchen lässt.

● JARDIM BOTÂNICO

Ein Garten Eden mitten in der Stadt: der Botanische Garten. Inmitten von alten, tropischen Bäumen und malerischen Teichen kann man den Trubel der Großstadt völlig ausblenden.

● MUSEU DE FADO

Der melancholische Musikstil des Fado gehört seit 2011 zum immateriellen Weltkulturerbe. Wer die Geschichte dieser traditionellen Musik kennenlernen möchte, sollte das Museum besuchen.

DINNER FOR TWO

CHAPITÔ À MESA // Untergebracht in der Zirkus- und Artistenschule Lissabons und ehemals ein Gefängnis, punktet dieses Restaurant mit einer grandiosen Atmosphäre. Die Küche ist traditionell, die Aussicht überragend.
// Costa do Castelo 7, Alfama

LARGO CAFÉ ESTÚDIO // Dieses charmante Café bietet Kaffee und Kuchen sowie kleinere Gerichte für zwischendurch. Schöne Terrasse!
// Largo do Intendente, 16

CERVEJARIA O ZAPATA // Wer ein authentisches kulinarisches Erlebnis teilen möchte, der ist hier bestens aufgehoben. Das einfache Lokal ist familiengeführt und verwöhnt mit frisch zubereiteten portugiesischen Leckerbissen, allen voran natürlich frischer Fisch.
// Rua do Poco dos Negros 47, Bairro Alto

KULTURGENUSS

● FADO
Der Fado ist der Soundtrack Lissabons. In jedem Stück schwingt »Saudade« mit – die Sehnsucht. Portugal war lange Zeit ein armes Land, ein Land der Auswanderer und stark von der Seefahrt geprägt. Daher schwingen in den Liedern stets Abschiedsschmerz, Heimweh und Melancholie mit. Die unumstritten berühmteste Fado-Künstlerin war Amália Rodrigues, durch sie wurde der Fado auch über die Grenzen Portugals hinaus bekannt; ihr ehemaliges Wohnhaus in Lissabon kann heute besichtigt werden. Bis heute lassen immer neue Generationen von Fadosängern die Tradition der ergreifenden Klänge fortdauern.

● MANUELINISCHER STIL
Der besondere Architekturstil Portugals des 16. Jahrhunderts prägt auch Lissabon. Selbst wenn viele der typisch manuelinischen Bauwerke durch das große Erdbeben im 18. Jahrhundert zerstört wurden, gibt es heute noch einige Zeugnisse dieses einzigartigen Baustils zu bewundern, der gern maritime Elemente, Bögen, Säulen und Schnörkel, aber auch christliche Symbole als Ornamente einsetzt. Die wohl markantesten Bauten sind das Mosteiro dos Jerónimos sowie der Torre de Belém. Auch die Fassade der großteils zerstörten Kirche Igreja de Nossa Senhora da Conceição Velha ist ein schönes Beispiel.

● NOS ALIVE MUSIKFESTIVAL
Vier Tage (und vor allem Nächte) lang bebt im Juli die Bühne am Passeio Marítimo de Algés beim alljährlichen Musikfestival Nos Alive. Künstler aus vielfältigen Bereichen, darunter Rock, Pop, Funk, Soul, Elektro oder Reggae heizen den Zuschauermassen so richtig ein. Für Musikfans ein einmaliges Erlebnis in außergewöhnlicher Atmosphäre.

Der wehmütigen Musik des Fado lauscht man am besten bei einem Konzert, oder man sucht sich eine Kneipe, die vorwiegend von Einheimischen besucht wird. Mit ein bisschen Glück wird hier spontan gesungen.

ÜBERNACHTEN

PORTUGAL BOUTIQUE HOTEL // Die modernen Zimmer sind in den Farben Portugals blau und weiß gehalten, auch den typischen Azulejos begegnet man immer wieder. Neben dem Panorama-Restaurant sorgt als größtes Highlight die Bar auf der Dachterrasse für schöne Momente.
// hotelportugal.com

CASA AMORA // Ein kleines Juwel mitten in der Stadt, das seine Gäste mit viel Liebe zum Detail verwöhnt. Die geschmackvoll eingerichteten Zimmer und die Herzlichkeit der Besitzer sorgen für einen rundum gelungenen Aufenthalt. **// casaamora.com**

THE VINTAGE LISBON // In den sorgfältig im Stil der 1950er-Jahre eingerichteten Zimmern nächtigt man vorzüglich. Ebenfalls sehr einladend sind das Restaurant und die schöne Dachterrasse.
// thevintagelisbon.com

ZU ZWEIT ERLEBEN

Unten links: Was gibt es Schöneres, als den Tag auf einem Miradouro ausklingen zu lassen?

Unten rechts: Romantisch sieht es aus, wenn sich die gelben Wagen der Tram 28 durch die Gassen schlängeln. Das liebenswerte gelbe Verkehrsmittel verbindet Martim Moniz mit dem Campo Ourique und fährt durch die beliebten Touristenviertel Graca, Alfama, Baixa und Estrela.

○ PASTÉIS DE BELEM SCHLEMMEN

Eine Creme aus Eiern und Sahne in einem knusprigen Blätterteigförmchen, mit ein wenig Zimt bestreut: Pastéis de Belem sind in Lissabon legendär und müssen definitiv am besten mit einem Galão, dem typisch portugiesischen Milchkaffee im Glas, gekostet werden.

○ LX FACTORY, VILLAGE UNDERGROUND

Ein ehemaliges Fabrikgelände, das in nette Cafés, Restaurants und schicke Läden umgestaltet wurde, jedoch von seinem ursprünglichen Charme nichts eingebüßt hat; und gleich nebenan: ein aus Containern und Bussen aufgestapeltes Viertel, in dem kreative Veranstaltungen stattfinden. Beide Orte sind kurios und Zeit zum Verweilen wert!

○ MIRADOURO DE SÃO PEDRO DE ALCÂNTARA

Leise Fadomusik weht von einem der Cafés des Bairro Alto herüber. Der Ascensor da Glória rumpelt vernehmlich sein in das Kopfsteinpflaster eingelassene Gleisbett hinunter. Der Brunnen des Aussichtspunkts plätschert im Hintergrund ein unermüdliches Lied. In der Dämmerung beginnt das Nachtleben, eine ganz eigene Stimmung erfasst die Stadt, und bald werden junge Menschen den Miradouro erobern, rauchend auf der Balustrade sitzen, ihre sanfte Sehnsucht verbergen hinter lautem Gelächter. Lissabon ist voller Aussichtspunkte, von denen aus über die Dächer, Treppen und Plätze hinweg zum Tejo geblickt oder das hoch oben thronende Castel São Jorge als Fotomotiv gewählt werden kann. Der Miradouro São Pedro ist auf zwei Etagen verteilt, mit kleinen Beeten auf der unteren Terrasse und hübschen Cafés am Rande.

○ SICH IN ALFAMAS GASSEN-LABYRINTH VERLIEREN

In den steilen und verwinkelten Straßen lässt man sich am besten ewig treiben. Zwischendurch eine Einkehr in einem der kleinen Cafés oder ein Blick in einen der Kunsthandwerksläden, und zum krönenden Abschluss der bezaubernde Blick von den Aussichtspunkten Santa Luzia oder Graça.

AVE GRATIA PLENA
CIVITAS

LJUBLJANA

Eine Altstadt unter Denkmalschutz, barocke Prachtbauten, Brücken mit dem gewissen Extra und die neuere Architektur, geprägt von einem slowenischen Stararchitekten: Ljubljana ist voller Überraschungen. Die Hauptstadt Sloweniens liegt am Ufer der Ljubljanica, eines kleinen Flusses, der die Stadt dennoch deutlich in zwei Hälften teilt. Auf der einen Seite schlendert man durch die Altstadt mit ihren engen Gassen, dem Dom und dem Bischofspalais. Auf der anderen Flussseite, im belebteren Ljubljana, warten zahlreiche Cafés, Restaurants sowie die Fußgängerzone mit ihren Kaufhäusern und Boutiquen.

● FRANZISKANERKIRCHE

Am Prešerenplatz beherrscht vor allem die Franziskanerkirche Mariä Verkündigung das Bild. Die barocke Basilika wurde zwischen 1646 und 1660 errichtet, wobei die Fassade erst um 1700 ihr heutiges Aussehen erhielt und der Altar aus der Mitte des 18. Jahrhunderts stammt. Ein Erdbeben 1895 beschädigte die Decke und zerstörte so einen Großteil der ursprünglichen Fresken. Neue schuf Mitte der 1930er-Jahre der Impressionist Matej Sternen.

● TROMOSTOVJE

Ebenfalls am Prešerenplatz befindet sich eines der Wahrzeichen Ljubljanas, die »Tromostovje«, die »Drei Brücken«. Und tatsächlich: Drei Brücken kreuzen den Fluss unmittelbar nebeneinander. Nachdem die ursprüngliche mittelalterliche Holzbrücke 1657 niederbrannte, wurde sie durch eine neue ersetzt. Diese musste schließlich 1842 einem wiederum neuen Flussübergang weichen, dieses Mal einem steinernen. Zwischen 1929 und 1932 kamen dann nach Plänen von Jože Plecnik zwei seitliche Fußgängerbrücken hinzu.

● SCHUSTERBRÜCKE

Auch die Schusterbrücke (Cevljarski most) ist ein Werk von Jože Plecnik. Bevor der Architekt hier tätig wurde, stand an der gleichen Stelle im Mittelalter eine Holzbrücke und im 19. Jahrhundert eine gusseiserne Brücke. An der Stelle dieser Vorgängerbrücken errichtete Plecnik mit seiner neuen Schusterbrücke eine Art breiten Platz über dem Wasser. Die aus Kunststein und Beton bestehende Konstruktion erhielt schlicht geformte Geländer und an jeder Seite eine Reihe von sechs hohen Säulen mit Kugeln an den Spitzen. Die Brücke entstand in den Jahren 1931 und 1932 und verbindet eher wie eine Piazza denn als klassische Brücke die Stadtteile beiderseits des Flusses.

● ALTSTADT

An der Altstadtseite, dort, wo die Schusterbrücke in den Stadtplatz (Mestni trg) mündet, stehen die ersten Straßencafés. Hier ist man schon mitten im ältesten und heute weitgehend verkehrsberuhigten Teil der Stadt. Die umgebenden Häuser sind beinahe durchweg barocke Bauwerke. Einige Giebelformen sind auch gotischen Ursprungs. Bedeutende Sehenswürdigkeiten sind hier nicht mehr weit, so wie das Rathaus aus dem Jahr 1718 und der Brun-

DINNER FOR TWO

VALVAS'OR // Das Restaurant befindet sich in der Altstadt und bietet im Sommer auch draußen auf der Terrasse Platz. Auf der Karte findet man sowohl traditionell slowenische Speisen als auch mediterrane Gerichte.

// **valvasor.net**

Seit 1932 überquert das Ensemble der sogenannten Tromostovje – drei eng beieinanderliegende und fast parallel verlaufende Brücken – im Schatten der Franziskanerkirche das Flüsschen Ljubljanica.

nen der Drei Flüsse am Stadtplatz oder am Oberen Platz (Gornji trg) die im Jahr 1672 vollendete Kirche St. Florian.

Für den Bau der Slowenischen Nationalgalerie hat sich der Architekt von der Prager Staatsoper inspirieren lassen. Innen erwartet Besucher europäische Kunst vom Mittelalter bis zur Gegenwart.

● KOLONNADEN

Von den Drei Brücken bis zur Drachenbrücke verläuft eine lange Kolonnadenreihe direkt am Ufer der Ljubljanica. 1939/40 von Jože Plecnik gebaut, verleiht sie der Innenstadt eine reizende mediterrane Atmosphäre. Hinter den Kolonnaden verbergen sich, leicht zu übersehen, die Markthallen. Auch diese tragen unverkennbar die Handschrift des großen Architekten. Die eleganten Formen der weißen Arkaden erinnern an griechische Tempel.

● SOMMERTHEATER KRIŽANKE

Auch die Umgestaltung des ehemaligen Klosters des Deutschen Ritterordens am Platz der Französischen Revolution (Trg francoske revolucije) ist Plecniks Verdienst. Von 1952 bis 1956 gab der Architekt der Anlage ein neues Gesicht. Heute befindet sich hier eine Schule für Design und Fotografie sowie das beliebte Sommertheater Križanke.

● NATIONALGALERIE

Das Gebäude der Nationalgalerie wurde 1896 durch den tschechischen Architekten František Skabrout als Veranstaltungsort gebaut und hieß »Nationalhaus«. Die Nationalgalerie ist hier seit 1918 untergebracht.

ÜBERNACHTEN

VANDER URBANI RESORT // Das Design-Hotel mitten in der Altstadt hat so ziemlich alles, was man als Paar im Urlaub schätzt: Komfortable Zimmer, zwei gute Restaurants, eine Champagnerbar und nicht zu vergessen eine Dachterrasse mit Swimmingpool.
// vanderhotel.com

APRIL 1550 // Wer skandinavisches Design liebt, ist hier genau richtig. Das Boutique-Hotel April 1550 ist ein Familienbetrieb. Es wurde in hellen natürlichen Farbtönen minimalistisch gestaltet und versprüht eine warme, familiäre Atmosphäre. Jeder Winkel ist liebevoll und ausgesprochen hochwertig eingerichtet.
// april1550.com

KULTURGENUSS

● JAZZ-FESTIVAL

Das Jazz-Festival gilt als eines der ältesten seiner Art in ganz Europa. Seit den 1970er-Jahren beherrschen große Namen der Jazzszene meist im Juni für mehrere Tage die Bühnen der Stadt. Die meisten Veranstaltungen finden im Kultur- und Kongresszentrum Cankarjev dom und dem dahinter liegenden Park statt.

ZU ZWEIT ERLEBEN

○ MALERISCHE BOOTSTOUR DURCH DIE ALTSTADT

Besonders um sich einen ersten Überblick über die Stadt zu verschaffen, lohnt sich eine Fahrt auf dem Fluss Ljubljanica. Sie führt vorbei an Promenaden mit kleinen Cafés und an den ersten Sehenswürdigkeiten. Wer es gern gemütlich hat, sollte eine spezielle Tour zum Sonnenuntergang buchen, wenn sich das Licht der Straßen im Fluss spiegelt und Ruhe in der Stadt einkehrt. Einige Touren bieten dazu auch die ein oder andere Flasche Wein an, romantische Stimmung ist also vorprogrammiert.

○ SOMMERKINO UNTER DEN STERNEN

Im Burghof von Ljubljana kann man laue Sommerabende mit einem guten Film ausklingen lassen. Meist im Juli werden hier Filmklassiker, ältere Filme, aber auch Premieren und Vorpremieren gezeigt. Die Filme laufen immer in Originalsprache mit slowenischen oder englischen Untertiteln. Ein lohnendes Kinoerlebnis über den Dächern der Stadt!

○ STREIFZUG DURCH DAS ALTERNATIVE KÜNSTLERVIERTEL

Nicht nur für Graffiti-Liebhaber ist ein Abstecher in das frühere Militärgelände Metelkova lohnenswert. Hier haben sich Künstler, Clubs, Kulturprojekte und Galerien angesiedelt. Die Häuserwände bilden eine regelrechte Street-Art-Galerie – eine eigene Welt, die man unbedingt gemeinsam erkunden sollte.

○ MIT DEM STAND-UP-PADDLE ÜBER DIE LJUBLJANICA

Warum nicht die Altstadt Ljubljanas per Stand-Up-Paddleboot erkunden? Auf der Ljubljanica durch die alten Häuser und unter den schönen Brücken der Innenstadt hindurch zu paddeln, ist ein besonderes Erlebnis, das man unbedingt teilen sollte. Mittlerweile gibt es eine ganze Reihe organisierter Touren, bei denen man gleichzeitig auch noch etwas über die beiden Stadthälften erfährt. Wer noch nie auf einem solchen Brett stand, kann auch einen Kurs für Einsteiger buchen.

○ AUF DEM OPEN FOOD MARKET ODER DEM WOCHENMARKT SCHLEMMEN

Der lebhafte Wochenmarkt an der St.-Nikolai-Kirche lohnt einen Besuch. Die Standbetreiber kommen meistens aus dem Umland, und ihre Produktpalette, die von Honig bis Schnaps reicht, wird von den Bewohnern Ljubljanas sehr geschätzt. Im Sommer verwandelt sich der Markt im Rahmen der »Open Kitchen« jeden Freitag in ein kulinarisches Fest, wenn Spitzenköche aus dem ganzen Land direkt vor den Besuchern köstliche Gerichte zubereiten.

Unten links: Zum Sonnenuntergang ist eine Bootstour auf der Ljubljanica besonders romantisch.

Unten rechts: Das Metelkova Mesto ist ein alternatives Kulturzentrum in einer ehemaligen Militärkaserne. Dort gibt es viel Straßenkunst zu entdecken.

MILOS

Eine griechische Insel, die traumhaft, aber relativ unbekannt ist? Das klingt nach Milos. Während die Griechen das Eiland als »Insel der Verliebten« kennen, ist sie außerhalb des Landes eher ein Geheimtipp. Das liegt möglicherweise an ihrer Vergangenheit, denn die Kykladeninsel konnte sich den Luxus leisten, nicht auf Tourismus zu setzen. Der Reichtum von Milos schlummert unter der Erde statt an schönen Stränden: Waren es seit der Frühzeit die Bodenschätze wie Obsidian, sind es heute Schwefel oder Betonit, die Milos reich machen und den Bewohnern ein gutes Leben bescheren. Das 160 Quadratkilometer große Eiland breitet sich wie ein Hufeisen in der südlichen Ägäis aus, ungefähr auf der Höhe von Tunesien. Ein kleiner Kosmos mit Traumstränden, unentdeckten Buchten und wahrscheinlich sogar einem Goldschatz. Weltbekannt ist die Statue der »Venus von Milo«, die auf der Insel gefunden wurde.

● KATAKOMBEN BEI TRIPITI

Südwestlich des Dorfes Tripiti führt der Weg ins Nirgendwo – so scheint es. Steile Berghänge, darunter glitzert das blaue Meer. Und doch, zwischen den Grasbüscheln taucht ein kleiner Platz mit einem Kassenhäuschen auf: der Eingang zu den Katakomben, die nur mit einer Führung besichtigt werden dürfen. Die Katakomben stammen aus dem 1. bis 5. Jahrhundert und reichen bis zu 200 Meter in das Gestein hinein. Die unterirdischen Gänge sind in Griechenland einzigartig und ein Zeugnis früher Kultur.

● ALT-MILOS UND FUNDSTELLE DER VENUS VON MILO

Die berühmteste Sehenswürdigkeit der Insel steht leider im Pariser Louvre: Die Venus von Milo wurde in der Nähe der antiken Stadt Melos gefunden. Von der ehemaligen Inselhauptstadt ist heute neben Ruinen nur ein antikes Theater erhalten, dessen Ausgrabungsarbeiten andauern. Ist man in Melos unterwegs, sollte man einen Abstecher zur kleinen Kirche machen, sie liegt malerisch auf einem kegelförmigen Hügel, allein das gibt ihr eine mystische Atmosphäre.

»Ich liebe dieses Griechenland überall. Es trägt die Farbe meines Herzens«, bekannte der Dichter Friedrich Hölderlin. Und wie sollte man seine Liebe nicht verstehen, wenn man auf die Bucht Kleftiko schaut?

● FISCHERHÄUSER VON KLIMA

Sie leuchten am schönsten bei Sonnenuntergang: Wenn die letzten Strahlen der Abendsonne die Fassaden der Fischerhütten von Klima streicheln, kitzeln sie noch einmal eine Farbenpracht heraus, bevor das Licht verschwindet. Wie Reihenhäuser liegen die ehemaligen zweistöckigen Bootsschuppen nebeneinander. Einmalig ist wohl die dichte Bauweise am Meer; wer zum Eingang gehen will, den küsst meistens die Gischt an den Füßen. Heute sind die Fischerhütten fast alle zu Appartements für Touristen umgebaut.

DINNER FOR TWO

BARRIELLO // Traditionelle Rezepte werden hier modern umgesetzt, die Zutaten kommen größtenteils von der eigenen Farm. Das Auge isst hier stets mit. Außerdem besitzt das Restaurant eine besonders romantische Atmosphäre. **// barriello.com**

PSARAVOLADA// Nahe dem Strand Aghia Kiriaki befindet sich das Restaurant Psaravolada. Es punktet mit einer Steinterrasse und Meerblick, einem schönen Ambiente sowie fangfrischem Fisch. **// psaravolada.gr**

ADAMAS

Der Hauptort der Insel wartet nicht nur mit einer belebten Hafenmeile auf, sondern auch mit zwei Museen: Das Bergbaumuseum gibt Einblick in die geologischen Besonderheiten der Insel und schlägt den Bogen vom Obsidian-Abbau in der Frühzeit bis zum Betonitabbau heute. Die ehemalige Kirche Agia Triada zeigt prachtvolle Ikonenbildnisse.

ÜBERNACHTEN

HELIOTROPIO HOTEL // Dem Namen entsprechend dominiert das Weiß wie ein klassischer Hochzeitstraum. Kein Wunder, dass viele ihre Flitterwochen hier verbringen. Im Sonnenschein mit Blick über das Meer beginnt jeder einzelne Tag bereits mit einem Lächeln auf den Lippen und einem köstlichen Frühstück.
// heliotropio.com.gr

SANTA MARIA VILLAGE // Modern präsentiert sich das Hotel Santa Maria Village mit eigenem Pool. Es liegt etwas zurückgezogen im Ort Adamas, hat einen eigenen Spa-Bereich und einige Zimmer bieten Zugang zum grünen Garten des Hauses.
// santamaria-milos.gr

MELIAN // Wenn das Portemonnaie etwas mehr Eleganz und Luxus zulässt, sollte man sich für das Melian Boutique Hotel entscheiden. Jacuzzi auf der privaten Terrasse, Massage und Spa für Paare, Honeymoon Room im ungestörten obersten Stockwerk … **// melian.gr**

Am Firopotamos-Strand bei Agios Nikolaos lädt eine Hausruine zu schönen Fotomotiven ein.

PLAKA

Mit seiner Kirche, die wie auf einem riesigen Zuckerhut thront, ist Plaka schon von Weitem eine Attraktion. Näher kommen lohnt sich, denn das Örtchen im Inselinneren verkörpert mit seinen engen Gassen, den strahlend weiß-blauen Häusern und den kleinen Lädchen eine griechische Dorfidylle wie aus dem Bilderbuch. Das archäologische Museum informiert über die Funde – eine Kopie der Venus von Milo ist dort auch zu sehen.

WINDMÜHLEN

Milos heißt auf Griechisch »Windmühle«; ein letzter Rest der wohl einst mühlenreichen Insel zeigt sich bei Tripiti, dort stehen eine Handvoll Windmühlen malerisch auf einen Hügel. Die meisten davon werden heute als idyllische Ferienunterkünfte vermietet. Doch das sollte einen nicht davon abhalten, bei einem Spaziergang den Blick auf sie zu richten und mit den Gedanken in die Zeiten zu wandern, als Milos noch mehr dieser schneeweißen Schönheiten sein Eigen nannte. Auch sind sie tolle Fotomotive.

ZU ZWEIT ERLEBEN

○ KÖRPERFREIHEIT AM STRAND

Schenkt man manchen Einwohnern Glauben, tragen nur Touristen auf Milos Badeanzug, Bikini und Badehose. Als richtiger Insulaner sonnt man sich am Strand lieber so, dass man danach keine weißen Streifen hat. Diesem freiheitlichen Denken kann man sich besonders im Westen der Insel anschließen.

○ BOOTSTOUR ZU DEN FELSEN VON KLEFTIKO

Im Südwesten von Milos liegen die Felsen von Kleftiko. Das einstige Piratenversteck mit seinen Felsbögen und Höhlen ist eine geologische Formation, die nur per Schiff zu erreichen ist. Touren sind im Hafen von Adamas buchbar. Am schönsten ist die Variante mit dem alten Holzschiff: Es ist stilvoll und es kommt ein wenig Piratengefühl auf. Oder man nimmt sich ein privates Boot und sucht sich seine eigene, versteckte Bucht, in der man entspannte und ungestörte Stunden zu zweit verbringen kann.

○ EINSAMKEIT AUF DER INSEL FINDEN

Von Plaka nach Klima oder Adamas ergeben sich wunderbare Blicke über eine einsame Landschaft, denn die Touristen tummeln sich in den Badeorten und am Strand. Hier kann die Einsamkeit bestens zur Zweisamkeit werden. Festes Schuhwerk ist beim Wandern aber ein Muss, denn auf Milos gibt es die Kykladenviper, deren Bisse zwar nicht tödlich, aber giftig sind.

○ SONNENUNTERGANG IN PLAKA

Zu den Dingen, die man unbedingt auf Milos gemacht haben sollte, gehört es, sich den Sonnenuntergang in Plaka anzuschauen. Das Bergdorf bietet den perfekten Platz, da es sich gen Westen erstreckt. Die beste Sicht haben Romantiker vom Kirchenplatz oder vom Kastrohügel aus. Dort klettern sie auf den Berg und überblicken von hier aus die gesamte hufeisenförmige Insel.

○ EINMAL AUF DEN MOND UND ZURÜCK

»Weißt du eigentlich, wie lieb ich dich hab? Bis zum Mond und wieder zurück.« Wer für eine emotionale Rezitation dieses Ausspruchs nicht in den Weltraum fliegen möchte, kommt nach Sarakiniko. Vulkane haben dort eine einzigartige, der Mondoberfläche ähnliche Landschaft erschaffen: strahlend weißer Fels in bizarren Formen, Felsenbrücken und Weite.

Unten links: Viele Wanderrouten auf Milos führen an der Küste entlang. Während man durch duftende Macchia wandert, hat man eine fantastische Aussicht auf das türkisblaue Meer.

Unten rechts: Der Strand Sarakiniko wirkt wie eine Mondlandschaft. Kristallklares Wasser, weiße Klippen und Felshöhlen locken so manchen Besucher an.

TOSKANA

Meterhohe Zypressen, sanfte Hügel und das rauschende Meer, vor allem aber grandiose Kulturstädte – das verbinden wir mit der Toskana. Kein Geringerer als Dante Alighieri erblickte in Florenz das Licht der Welt und verfasste hier sein Meisterwerk die »Göttliche Komödie«. Die Orte in der Toskana sind gespickt mit Geschichte: Kirchen, Paläste und Architekturensembles von Weltruf finden sich hier auf kleinstem Raum geballt. Enge Gassen und belebte Plätze voller Zauber wollen entdeckt werden. Einladende Geschäfte und trubelige Märkte locken zum Bummeln Und die Küche der Toskana in Restaurants und Bars… Wer bekommt da nicht Schmetterlinge im Bauch?

Oben: Das rund 25 Kilometer südöstlich von Siena gelegene Val d'Orcia ist eine vom Menschen gestaltete Renaissancelandschaft.

Links: Von nahezu überall erblickt man in Florenz einen Kirchturm.

● LUCCA

Wer wissen möchte, wie eine Stadt zur Zeit der Renaissance von oben ausgesehen haben mag, der sollte nach Lucca fahren. Hier kann man ein Wahrzeichen der Stadt besteigen: den Torre dei Guinigi, einen Geschlechterturm, auf dessen 44 Meter hoher Plattform große Steineichen stehen. Zwei Plätze Luccas verweisen auf die antike Stadtgeschichte: Die Piazza San Michele mit der Kirche San Michele in Foro wurde auf dem ehemaligen Stadtmittelpunkt, dem Forum, errichtet, und die ovale Form der Piazza dell'Anfiteatro entstand durch den Bau von Häusern rund um ein heute nicht mehr vorhandenes, im 2. Jahrhundert errichtetes Amphitheater.

● PISA

Als »Piazza dei Miracoli«, als »Platz der Wunder«, bezeichnete der Dichter Gabriele d'Annunzio das weltweit einzigartige Gebäudeensemble rund um den Duomo Santa Maria Assunta, mit dessen Bau 1063 begonnen wurde. Als Ort für den Dombezirk suchte man nach einem trockenen Grund im Schwemmland rund um Pisa. Man entschied sich für ein ehemaliges Gräberfeld jenseits der alten Stadtmauern – eine nicht ganz glückliche Wahl, wie die Neigung des Campanile, des berühmten »Schiefen Turms von Pisa«, noch heute verdeutlicht. Mehr als 200 Jahre dauerten alles in allem die Arbeiten am gesamten Bezirk: 1118 wurde der Dom geweiht, 1157 das Baptisterium fertiggestellt, 1173 folgte der Campanile und 1278 der Camposanto.

● FLORENZ

Nicht nur politisch war und ist Florenz die Hauptstadt der Toskana. Seine kunstgeschichtlich einzigartige Altstadt wurde 1982 als erster Ort der Region in die Liste des Welterbes aufgenommen. »Der Gott, der die Hügel von

WARUM IM SOMMER?

Am 17. Juni findet in Pisa ein Rennen mittelalterlicher Boote statt: Das furiose 1500-Meter-Bootsrennen den Arno hinauf geht zurück auf das Jahr 1290. Vier schmale Boote, eins für jedes Stadtgebiet, fahren um die Wette. In jedem sitzen ein Steuermann, ein Kletterer und acht Ruderer, die gegen die Wellen ankämpfen. Ziellinie ist ein Boot, das am Palazzo Medici vor Anker liegt, ein Ort, der 1737 auf Anfrage des Herzogs von Montélimar festgelegt wurde, der zu jener Zeit in einem der Paläste logierte. Die Kletterer müssen am Ziel einen zehn Meter hohen Mast hinaufklettern und ein Paliotto (Seidenbanner) herunterholen. Die Gewinner erhalten einen Ochsen oder einen Hahn, die Verlierer Gänseküken – und Schimpftiraden.

Florenz geschaffen hat, war ein Künstler«, meinte Anatole France.

DOM SANTA MARIA DEL FIORE

Die von Brunelleschi zur Renaissancezeit errichtete Domkuppel ist der Stolz der Stadt. Der Campanile geht gar auf Giotto zurück. Typisch für die Toskana sind die verschiedenfarbigen Marmortafeln, die beiden Bauten ihr charakteristisches Aussehen verleihen. Im Dominnern beeindrucken vor allem das Kuppelfresko von Giorgio Vasari, die gemalten Reiterdenkmäler von Paolo Uccello und Andrea del Castagno sowie eine Darstellung Dantes.

BAPTISTERIUM

Die Taufkirche, einer der ältesten Bauten der Stadt, ist für ihre Türen berühmt. Die südliche, von Andrea Pisano gestaltet, ist noch der Gotik zuzurechnen, die nördliche, ein Werk Lorenzo Ghibertis von 1401, wird als »Paradiestür« bezeichnet, da Michelangelo die darauf in Reliefs gestalteten Szenen mit den überaus lebendig wirkenden Figuren für würdig hielt, die Pforten des Paradieses zu schmücken.

PIAZZA DELLA SIGNORIA

Vorbei an den eleganten Läden der Via de' Calzaiuoli und an den Meisterskulpturen von Donatello und Ghiberti des Orsanmichele gelangt man zum Herzen der Stadt. Die Piazza, das alte politische Zentrum, ist mit zahlreichen Statuen geschmückt. Die dargestellten Heldentaten des David oder der Judith von Donatello versinnbildlichen den Mut der Bürgerschaft.

Links: Hübsch geschmückt mit historischen Motiven präsentieren sich die Boote beim sommerlichen Wettrennen in Pisa.

Oben: Wunderschön sind nicht nur die Geschlechtertürme, sondern auch die Altstadt von San Gimignano mit ihren engen, gepflasterten Gassen.

Rechts oben: Der Dom von Siena ist die Hauptkirche der Stadt und gilt als ein bedeutendes Exemplar der gotischen Architektur. Sein Innenraum ist beeindruckend.

UFFIZIEN

Die von Giorgio Vasari ab dem Jahr 1559 errichteten Verwaltungsbauten beherbergen eine der bedeutendsten Gemäldegalerien der Welt. Ausgestellt sind Meisterwerke der Zeit von der Gotik bis zum Barock, von Giotto und Duccio über Botticelli, Leonardo, Tizian und Dürer bis hin zu Caravaggio und Rubens.

PONTE VECCHIO

Schon im 13. Jahrhundert gab es auf der ältesten Brücke von Florenz Läden, doch seit 1593 durften hier nur noch »bessere« Handwerker wie Goldschmiede ihre Geschäfte abwickeln. Man sollte den Blick nicht nur auf die einladenden Schaufenster richten, sondern auch über die Stadt und, flussabwärts, den eleganten Ponte S. Trinità lenken. In der Mitte der Brücke geben dafür drei Arkadenbögen den Blick frei.

● SIENA

Viele halten Siena mit seinen roten Backsteinpalästen und seinem außergewöhnlichen Flair für ursprünglicher als seine ewige Konkurrentin Florenz. Über drei Höhenrücken erstreckt sich die »Stadt der Gotik« im Herzen der toskanischen Hügellandschaft.

DOM SANTA MARIA

Assunta Sienas Dom mit den für die Toskana typischen Marmorstreifen bekam im 14. Jahrhundert einen Chor und einen unvollendeten Neubau (Duomo Nuovo) dazu. Seine reich verzierte gotische Fassade begeistert ebenso wie innen der wunderbare Fußboden. Zu den weiteren Schätzen zählen die Kanzel Nicola Pisanos, die Skulpturen von Donatello und Bernini und die Fresken von Pinturicchio.

IL CAMPO

Der muschelförmige Platz mit seinem Ziegelmuster und den schönen Palästen in dem für Siena so typischen Rotbraun ist das Herz der Stadt. Hier spielen sich das Leben und der Palio ab, hierhin zieht es Touristen aus aller Welt, und hier steht auch die Fonte Gaia, der alte Stadtbrunnen, den Jacopo della Quercia gestaltet hat.

DINNER FOR TWO

FLORENZ: DEGUSTERIA ITALIANA // Gehobene italienische Küche erwartet einen in dem kleinen Restaurant. Es wurde 2023 von Michelin ausgezeichnet.
// degusteriaitalianafirenze.com

SIENA: ALLA SPERANZA // Mitten im Herzen Sienas am Campo kann man toskanische Küche und feinen Wein genießen. // allasperanzasiena.it

LUCCA: LA VECCHIA CUCINA DI SOLDANO // In dieser urigen Trattoria werden traditionelle toskanische Gerichte serviert, und das zu sehr günstigen Preisen. // trattoriasoldano.it

GREVE IN CHIANTI: VILLA BORDONI // Auf der idyllischen Terrasse oder am gemütlichen Kaminfeuer – das Restaurant ist der ideale Ort für ein romantisches Date abseits der Menschenmengen. // villabordoni.com

PALAZZO PUBBLICO
Das alte Rathaus, das bis heute als solches genutzt wird, setzte Zeichen: Diesem Bau der Gotik mit seiner Kapelle mussten nach seiner Fertigstellung einer Verordnung der Stadt zufolge alle umliegenden Palazzi angepasst werden – nur so entstand der geschlossene Eindruck des Platzes, den wir heute bewundern.

● SAN GIMIGNANO
Die Kleinstadt mit ihren mittelalterlichen Geschlechtertürmen zählt zu den meistbesuchten in der Toskana. Die einzigartige Kulisse mit den schon von Weitem sichtbaren hoch aufragenden Geschlechtertürmen bescherte San Gimignano den Beinamen »Manhattan des Mittelalters«. Errichtet wurden diese bis zu 54 Meter hohen Türme von den im Handel reich gewordenen Adelsfamilien der Stadt.

● VOLTERRA
Volterra, auf einer Anhöhe mit herrlichem Blick über das Val di Cecina gelegen, ist als Stadt der Etrusker ebenso bekannt wie als Zentrum der Alabasterverarbeitung. Das Zentrum der Stadt bildet das mittelalterliche Ensemble rund um die Piazza dei Priori mit dem in den Jahren 1208 bis 1254 erbauten Palazzo dei Priori und dem Dom Santa Maria Assunta.

KULTURGENUSS

● FLORENZ: GALLERIA DELL'ACCADEMIA
Zweifelsohne kommen die meisten Besucher nur für einen hierher: den berühmten »David« des noch berühmteren Michelangelo. Doch das Museum hat viele weitere Meisterwerke zu bieten, neben anderen Skulpturen Michelangelos auch bedeutende Malereien von italienischen Künstlern des 13. und 14. Jahrhunderts. Erschaffen wurde die Galerie übrigens mit dem Ziel, den Studenten der Akademie das Studieren der Alten Meister zu ermöglichen.

● PISA: MUSEO DI SAN MATTEO
Am Arnoufer in Pisa liegt ein ehemaliges Benediktinerkloster, das Werke vom Mittelalter bis ins 16. Jahrhundert präsentiert. Besonders die sakrale Kunst und die Pisaner Schule stehen im Fokus. Nicola Pisano und Donatello sind nur zwei der berühmten Namen, deren Werke hier ausgestellt sind.

● FLORENZ: UFFIZIEN
In den Uffizien von Florenz hängen die alten Meister. Weltberühmte Werke wie »Die Geburt der Venus« von Sandro Botticelli oder »Die Heilige Familie« von Michelangelo sollte man bei einem Florenzbesuch nicht verpassen.

ÜBERNACHTEN

FLORENZ: IL TORNABUONI // In den oberen Etagen eines gediegenen Stadthauses liegen die stilvoll mit alten Möbeln eingerichteten Zimmer. Man frühstückt auf der Dachterrasse mit Blick auf Florenz.
// hyatt.com/de-DE/hotel/italy/il-tornabuoni/flrub

SIENA: PALAZZO RAVIZZA //
Einer Oase der Ruhe in den engen Gassen der Altstadt gleicht dieses charmante, in den Mauern eines Renaissancepalasts untergebrachte Hotel. Der kleine Salon mit Lesenischen ist behaglich eingerichtet.
// palazzoravizza.it

PALAZZETTO: BORGO SANTO PIETRO// Eine Luxusvilla inmitten des grünen und typisch toskanischem Valle Serena.
// borgosantopietro.com

ZU ZWEIT ERLEBEN

○ SPAZIEREN IN PIENZA

Wer das Dorf mit dem meisten romantischen Charme in der Toskana auswählen muss, wird sich wohl schwer entscheiden können. Eines wie das andere bezaubern sie durch Kopfsteinpflaster, idyllische Häuschen und malerische Umgebung. Doch Pienza hat gleich zwei schlagende Argumente für einen Spaziergang Hand in Hand: Sie heißen »Via dell'Amore« (Straße der Liebe) und »Via del Bacio« (Straße des Kusses). Wie wäre es damit, sich ziellos und entspannt durch die Gassen Pienzas treiben zu lassen, um dann ganz zufällig in einer dieser Straßen zu stehen und der oder dem Liebsten seine Liebe zu beweisen?

○ IN DEN THERMALQUELLEN BEI LUCCA ENTSPANNEN

Bagni di Lucca ist etwa 30 Kilometer von Lucca entfernt. Seine Quellen zogen schon im 19. Jahrhundert Reisende an, etwa Napoleons Schwester Pauline, nach der die eine Grotte (Paolina) benannt ist, oder Heinrich Heine. Kranke finden hier Linderung – und Gesunde ein reiches Wellnessangebot. Das Besondere sind die beiden Grotten Grandale und Paolina. Zu zweit entspannen ist dabei doppelt so schön, als sich alleine den Wohltaten hinzugeben.

○ RUNDFAHRT IM OLDTIMER

Die Städte sind zwar sehenswert, aber die wahre Schönheit der Toskana steckt in der Landschaft mit ihren Weinbergen, Zypressen und Olivenhainen, den Farben, die von Gelb über Grün bis Ocker reichen. Ein besonderes Erlebnis ist es, diese einzigartige Gegend bei einer Fahrt mit einem Oldtimer zu erleben. Man wird sich fühlen wie im Film.

○ DIE TOSKANA VON OBEN SEHEN

Ein Erlebnis, das man bestimmt nicht so schnell vergisst, ist eine Ballonfahrt über den Weinbergen der Toskana. Aus der Vogelperspektive betrachtet, wirkt die Landschaft wie ein grünes Meer. Das erhabene Gefühl, zu fliegen, sorgt für emotionale Stimmung, der Heißluftballon für Sentimentalität – doch für etwaige Anträge ist man vielleicht doch zu sprachlos.

○ DER BAUM DER LIEBE IN LUCIGNANO

Als »Albero dell´Amore«, Baum der Liebe, wird das Meisterwerk der Goldschmiedekunst bezeichnet. Zu sehen ist der goldene Baum in Lucignano. Knapp drei Meter hoch, trägt er vielerlei christliche Symbolik in sich. Außerdem soll er Paare schützen, weshalb vor ihm schon viele Liebesgeständnisse und Treueschwüre ausgetauscht wurden. Auch der Ort Lucignano an sich ist einen Besuch wert. Die malerischen Gassen laden dazu ein, entspannt Händchen haltend den Flair toskanischer Dörfer zu spüren.

Unten links: Die Landschaften der Toskana laden zu den unterschiedlichsten Unternehmungen ein: Radtouren, Wanderungen oder vielleicht sogar eine Ballonfahrt.

Unten rechts: Im mittelalterlichen Bergdorf Lucignano steht der goldene »Baum der Liebe«.

GRÜNE RUHEOASE

GIARDINO DI BOBOLI

Gleich hinter dem Palazzo Pitti, zwischen dem Forte di Belvedere und der Porta Romana, erstreckt sich der Giardino di Boboli, der mit seinen hübschen Laubengängen und Bosketten, einer breiten Zypressenallee (»Viottolone«) und Terrassen, einem künstlich angelegten See (»Isolotto«) mit einer Insel in der Mitte, Brunnen und sogar einem Amphitheater zu den herrlichsten Gärten all'italiana gehört. Erworben wurden die dafür notwendigen Grundstücke zusammen mit dem Palazzo Pitti 1549 von Eleonora von Toledo, der Gemahlin Cosimos I. – Verkäufer war hauptsächlich die Familie Boboli, nach der die Gartenanlagen auch benannt sind. Beim Spaziergang im Giardino di Boboli macht man einerseits, mitten im schönsten Grün, »Pause von der Kunst« (in den Museen), muss aber auch dort nicht auf Kunst verzichten: sei es in Form antiker Statuen oder moderner Exponate.

Die neogotische Lukaskirche mit ihren drei mächtigen Türmen ragt direkt am Isarufer in München empor.

HERBST

Wenn der Herbst beginnt, zieht es die einen noch mal in die Wärme, um den Sommer zu verlängern, die anderen ergreift die Gemütlichkeit der kalten Monate. Ob man eingemummelt im Strandkorb auf Sylt entspannt oder die letzten Sonnenstrahlen auf Malta genießt: Der Herbst ist kunterbunt.

DOUROTAL

Das Tal des Douro zählt nicht nur zu den besten Weinbaugebieten Portugals, es begeistert auch mit einer ungewöhnlich wilden und zugleich kultivierten Landschaft. Vor allem zwischen Peso da Regua und Pinhão windet sich der Fluss durch ein Tal, dessen Hänge aus Schiefergestein schroff eingegraben sind, und auch einmündende Nebentäler haben nahezu schluchtartigen Charakter. Weinbau bedeutet hier Handarbeit auf steilen, mühsam befestigten Terrassen. Die besondere geografische Situation des Tals bedingt die hohe Qualität seiner Weine. Am Hang übereinander gestaffelt, badet hier jede Rebenreihe direkt in der Sonne. Bereits 1756 erhielt die Region bzw. deren Weine auf Anregung des Marquês de Pombal eine Art DOC-Prädikat. Mit Gründung der »Companhia Geral da Agricultura das Vinhas do Alto Douro« wurden Herkunft und Qualität der Weine zentral kontrolliert. Eine Reise ins Tal des Douro ist wie eine Reise ins Paradies. Hier vergisst ein jeder die Sorgen des Alltags und kann die Seele bewusst baumeln lassen.

Der Weinbau hat im Dourotal lange Tradition. Seit etwa 2000 Jahren wird hier Wein angebaut, darunter die Trauben für den weltberühmten Portwein. Diese dürfen jedoch nur in der Region von Peso da Réguna und Pinhao angebaut werden, der ältesten gesetzlich abgegrenzten Weinbauregion der Welt.

● PARQUE NATURAL DO DOURO INTERNACIONAL

Auf einer Länge von 120 Kilometern bildet der Douro die Grenze zu Spanien. In diesem Bereich hat der Fluss seinen Lauf tief in das Granitgestein eingegraben und dabei steile Klippen gebildet. Das schwer zugängliche Gebiet ist Schutz- und Lebensraum zahlreicher bedrohter Vogelarten wie der Schwarzstörche, Gänsegeier, Wanderfalken, Habichts- und Steinadler sowie Uhus. Die Hochflächen des Naturparks werden traditionell landwirtschaftlich genutzt. Die wenigen Dörfer hier sind so isoliert, dass die Menschen eine eigene Sprache, das Mirandês, bewahrt haben, das im Asturischen verwurzelt ist und als Portugals zweite Amtssprache gilt. Die beliebte »dança dos Pauliteiros«, die häufig bei Festen oder Wallfahrten aufgeführt wird, besitzt angeblich sogar keltischen Ursprung. Offensichtlich ahmen die mit Stöcken und Waffenrock ausgestatteten Tänzer auf ironische Weise römische Soldaten nach.

● VILA NOVA DE GAIA

Dieser Porto gegenüberliegende Ort duftet geradezu nach seinem wichtigsten Produkt: Das zarte Aroma von Portwein schwebt über den Handelshäusern, die das Südufer des Douro säumen. Weil dieses von der Sonne nicht so intensiv beschienen wird wie das Nordufer,

WARUM IM HERBST?

Das Dourotal ist weltbekannt für seinen Weinanbau. Im Herbst ist Erntezeit! Dann finden zahlreiche Feste statt und Besucher können teilweise sogar bei der Weinernte helfen. Das Gebiet (ca. 40 000 Hektar) ist unterteilt in die Regionen Baixo Corgo (13 500 Hektar), Cima Corgo (17 000 Hektar) und Douro Superior bzw. Alto Douro (8000 Hektar). Letzteres zählt seit 2001 zum UNESCO-Welterbe. Neben dem Portwein erlangen die Tafelweine zunehmende Bedeutung (vor allem die roten), da es den Winzern seit 1986 gesetzlich erlaubt ist, selbst zu produzieren, anstatt nur an die Kellereien in Porto zu liefern. Meist verwenden die Quintas für ihre Weine traditionelle Rebsorten wie Touriga Nacional oder Tinta Roriz (Tempranillo).

ist es als Standort für die Portweinlager (»armazéns«) ideal. Mitte des 13. Jahrhunderts wurde Vila Nova de Gaia von König Alfons III. nach einem Streit mit dem Bischof von Porto über die Schiffszölle als Konkurrenzhafen gegründet; erst später einigte man sich dann darauf, die Einnahmen zu teilen. Bis heute ist Vila Nova de Gaia ein wichtiger Lager- und Umschlagplatz für den Portwein. Auf einem relativ kurzen Teilstück kann man hier auf drei Brücken den Douro überqueren; am kühnsten gestaltet ist die Ponte de Dom Luís I.

● FAVAIOS

Favaios befindet sich nördlich des Douro und bietet gleich zwei Spezialitäten eine Heimat:

Mitte: Blick auf Vila Nova de Gaia.

Unten rechts: Die Portweinfässer aus dem Dourotal werden nach der Ernte mit Rabelos (Booten) nach Porto transportiert.

Unten links: Bei der Weinernte im Dourotal packen alle mit an. Die steilen Terrassenhänge fordern einiges an Körperkraft.

Auf der einen Seite steht natürlich wie zu erwarten der Muskateller. Doch die zweite Spezialität von Favaios ist das Brot. In dem kleinen Museum »Pão e Vinho« kann man über die Geschichte, Tradition und Herstellung der beiden Köstlichkeiten auf anschauliche Art einiges Interessantes lernen.

● PROVESENDE

Die Anfahrt nach Provesende ist dank der zahlreichen Serpentinen zwar nichts für schwache Mägen, doch die Tour lohnt sich. Dieses Weindorf ist eine pittoreske Sammlung von ursprünglichen Bäckereien, Quintas und aristokratischen Bauten wie dem herrschaftlichen Haus Morgadio da Calçada. Letzteres steht fast das ganze Jahr über Besuchern offen, die dort anhand alter Gemälde, Art-déco-Möbeln und Deckenmalereien einen Sprung in die lange Geschichte der Familie machen können.

● PINHÃO

Von Porto am Douro entlang in Richtung ländliche Idylle – diese Tour nehmen viele in Angriff. Doch die meisten fahren dabei nur bis Peso da Régua. Zwar trifft man auch dort auf urige Plätzchen und hat tolle Ausblicke, aber wer wirklich nach Ursprünglichkeit sucht, sollte noch etwas weiter fahren. Ab Pinhão wird die Landschaft ein wahrer Genuss fürs Auge, schier überall blickt man auf die Weinreben, vereinzelte Quintas ragen daraus hervor. Besonders empfehlenswert ist es, die Umgebung vom Wasser aus zu erleben. Aber auch dem Örtchen Pinhão selbst sollte man Aufmerksamkeit schenken, vor allem dem Bahnhofsgebäude mit seinen schönen Azulejos.

● BARCOS

Etwas südlicher von Pinhão, und damit weiter vom Douro entfernt, liegt Barcos. Nicht zu Unrecht ist es eines der sechs Weindörfer, die die UNESCO 2001 zum Welterbe erkoren hat. Denn fast alles dreht sich hier um den edlen Tropfen. Vor den Weinbauern hatte Barcos allerdings schon eine lange Geschichte. Überreste einer Siedlung aus der Bronzezeit wurden hier gefunden und das mittelalterliche Kloster ist das erste in der Region.

● PESO DA RÉGUA

Das moderne Städtchen direkt am Douro-Ufer geht zurück auf die Römerzeit. Ab dem 5. Jahrhundert neu besiedelt, erlangte Régua Bedeutung als Handelsplatz durch seinen kleinen Verladehafen, vor allem für den Transport des regionalen Weins nach Vila Nova de Gaia. 1756 schuf der königliche Minister Marquis von Pombal mit der Companhia Geral das Vinhas do Alto Douro in Régua die Grundlage für das erste geschützte Weinbaugebiet der Welt. Mit dem Bau der Eisenbahnlinie Linha do Douro 1878 erhielt der Ort weiteren Aufschwung. Noch heute verkehrt ein historischer Dampfzug bis nach Tua. Der Bahnhof und die Altstadt von Régua stehen unter Denkmalschutz. Das Museu do Douro versteht sich auch als Dokumentationszentrum der Weinbauregion. In Régua legen Flusskreuzfahrtschiffe an und ab, von denen aus sich die Reblandschaft an den steilen Ufern bestens bei einer Flussfahrt bewundern lässt.

DINNER FOR TWO

QUINTA DA PACHECA // Auf dem Weingut inmitten der Terrassenlandschaft gibt es ein Restaurant und ein Hotel. Besucher können an Verkostungen von Käse oder Marmelade teilnehmen, hausgemachtes Olivenöl probieren oder einen Koch-Workshop buchen.

// quintadapacheca.com

RESTAURANTE CALÇA CURTA // Neben dem Bahnhof von Tua, direkt am Douro liegt dieses Restaurant und bietet hervorragendes einheimisches Essen.

// Av. da Estação, Foz-Tua

Ganz links: Dieses Azulejos-Bild findet sich am Bahnhof von Pinhão.

Links: Zu der Wallfahrtskirche Santuário de Nossa Senhora dos Remédios in Lamego führen steile Treppen.

● LAMEGO

Im Jahr 570 erstmals als Bischofssitz erwähnt, wurde der Ort auf den südlichen Douro-Hängen wohl schon von den Kelten besiedelt. Zu seinem breitgefächerten architektonischen Erbe zählt u. a. die nahe einer maurischen Nekropole erbaute Kirche Santa Maria Almacave, in der 1143 die Ständeversammlung feierlich Afonso Henriques als den ersten König von Portugal bestätigte. Im 15. Jahrhundert profitierte Lamego von seiner Lage an den wichtigsten Handelswegen des Landes; im 16. Jahrhundert begann unter Bischof Manuel de Noronha eine rege Bautätigkeit. Aus dieser Zeit stammen die ersten Umbauten der ursprünglich gotischen Kathedrale, vor allem aber das jedes Jahr im September als Pilgerziel viel besuchte Santuário de Nossa Senhora dos Remédios. Eine mehr als 600-stufige Doppeltreppe führt von der Hauptstraße zu der Wallfahrtsstätte hinauf. Von der Burg über der Stadt ist noch der Bergfried erhalten; der einstige Bischofspalast birgt ein Museum. Im 17. und 18. Jahrhundert errichteten im aufstrebenden Weinbau tätige Familien noble Herrenhäuser in und um den Ort; in dieser Zeit entstand auch das Hospital da Misericórdia, dessen Originalfassade inzwischen das 1929 eröffnete Theater ziert.

● SALZEDAS

In Salzedas ist insbesondere das Mosteiro de Santa Maria berühmt. 1155 wurde mit dem Bau begonnen, und bis heute gilt es landesweit als eines der größten Klöster des Zisterzienserordens. Bis weit ins 18. Jahrhundert wurde das Kloster immer wieder erweitert und umgebaut. Die eindrucksvolle Fassade der alles überragenden Kirche ist dabei nie vollendet worden. Im Inneren trifft man auf Kunstschätze.

ÜBERNACHTEN

QUINTA DA MARKA // Beim Blick auf den Douro im Pool entspannen und abends in die weichen Kissen sinken – romantische Ferien verspricht die Quinta da Marka unweit der Estação de Ferrão.
// durhamagrellos.com

QUINTA NOVA NOSSA SENHORA DO CARMO // Weintourismus ist hier kein leerer Begriff. Untergebracht in einem der elf exklusiven Zimmer der Quinta, taucht man ein in eine lange Familientradition und genießt gleichzeitig moderne Gastfreundschaft und mit Preisen ausgezeichnete Weine.
// quintanova.com

ZU ZWEIT ERLEBEN

○ EINEN UNVERGESSLICHEN SONNENAUFGANG ERLEBEN

Erst hellt sich der Himmel ein wenig auf, dann färben sich die Spitzen der Hügelkette wechselnd rosa, orange und rot. Schließlich läuft diese Färbung wie flüssiges Gold immer weiter an den Hängen herab und erstreckt sich auch auf den Himmel. Irgendwann lässt sich endlich auch die Verursacherin dieses Schauspiels blicken, wenn nämlich strahlend die Sonne ihren mühsamen Weg über die Gipfel vollendet hat. Und das ist spätestens der Moment, an dem man den Blick nach unten richten sollte, auf den Douro, der sich wie ein Band durchs Tal zieht. War er bis dahin dunkelblau gefärbt, glitzert er jetzt in reinem Silber. Diese Farbenpracht und die erhabene Stille am Morgen wird man nie mehr vergessen.

○ DAS DOUROTAL MIT DEM SCHIFF ERKUNDEN

Eigentlich ist es eine Selbstverständlichkeit, ein Flusstal auch vom Wasser aus zu erkunden. Beim Douro sollte man es auf alle Fälle dringend in die Planung einbeziehen, denn aus dieser Perspektive wird einem erst bewusst, wie weitreichend die Region vom Weinbau geprägt ist. Wohin man auch blickt, überall stehen die Reben in voller Traube, alte Quintas zeugen von der jahrelangen Weinbautradition, und besonders an heißen Tagen sorgt der Douro für etwas erfrischende Abkühlung. In einem alten Holzboot ist die Zweisamkeit wohl am schönsten.

○ SICH AUF DER UCANHA-BRÜCKE TIEF IN DIE AUGEN BLICKEN

Brücken und Liebespaare verbindet seit jeher eine Beziehung. Man denke nur an den Pont des Arts in Paris und viele weitere, an denen mit Vorhängeschlössern die Liebe gefeiert wird. An der Brücke in Ucanha ist dieser Brauch zwar kaum durchzuführen, denn sie besteht komplett aus Stein, doch gerade diese Bauweise macht sie zu einem Schmuckstück des Weindorfs. Als vielleicht schönste mittelalterliche Brücke Portugals ist sie definitiv einen Besuch wert – und ewige Liebe kann man sich hier auch ohne das Befestigen eines Schlosses schwören.

○ EINE WEINPROBE MACHEN

Seit fast 2000 Jahren wird in der Region Alto Douro Wein angebaut. Ihr berühmtestes Produkt ist Portwein, ein dunkelroter oder weißer Likörwein. Seine Grundlage besteht aus 21 Rebsorten, die an den felsigen Steilufern des oberen Douro angebaut werden. Sowohl die Landschaft mit ihren terrassierten Steilhängen als auch die Straßen und Dörfer mit ihren Kirchen und »quintas«, den Weingütern, sind von dieser Tradition geprägt. Die kräftigen und robusten Rotweine des Alto Douro reifen übrigens auch heute noch traditionell in robusten Eichenfässern. Riesige Fässer in dunklen Gewölbekellern klingt zunächst nicht sonderlich romantisch, doch vielerorts kann man die edlen Tropfen verkosten. Was gibt es Schöneres, als einen sonnigen Tag bei einem Glas Wein ausklingen zu lassen?

Unten links: Das Dourotal vom Deck eines Schiffs zu erleben, ist ein besonderes Erlebnis. Es gibt tolle Angebote mit anschließender Weinverkostung und Mittagessen.

Unten rechts: Die Weinkeller von Burmester können in Rundgängen besichtigt werden. Anschließend kann man bei einer Verkostung den Nachmittag schön ausklingen lassen.

SYLT

Wer noch nie Deiche, Wattenmeer und blühende Rapsfelder in ihrer beispiellosen Schönheit gesehen hat, sollte sich schleunigst auf den Weg an die Nordsee machen! Ein ganz besonders schönes Reiseziel ist Sylt, die nördlichste Insel Deutschlands. Die kleine Gemeinde List der nördlichste Punkt der Republik. Sylt ist nicht einfach nur eine Insel, es ist ein Lebensgefühl. An den 40 Kilometer langen Sandstränden, in den teilweise bis zu 30 Meter hohen Dünen, hinter den grünen Deichen und in den zwölf schönen Orten lässt man es sich gut gehen und kann ungestörter und privater kaum Urlaub machen. Während an der Westküste der Wind die Nordsee an die Küste treibt, genießen auf der Ostseite rund zwei Millionen Organismen pro Quadratmeter Wattenmeerboden die stillen Seiten der Nordsee, den Nationalpark Wattenmeer.

Oben: Lange Sandstrände, die Gischt der Wellen und ein Blick bis zum Horizont. Ein wunderbarer Ort für einen Spaziergang zu zweit.

Links: Ewiger Begleiter bei einem Strandspaziergang am Sylter Ellenbogen ist der Leuchtturm List Ost.

● ELLENBOGEN

Sylts Nordspitze ist zugleich auch Deutschlands nördlichste Landesstelle. Die Halbinsel, deren Form an einen abgewinkelten Arm erinnert, eignet sich wunderbar für ausgedehnte Spaziergänge. Zwischen den von Heidekräutern bewachsenen Dünen erheben sich malerisch die beiden Leuchttürme List Ost und List West und bieten ein tolles Fotomotiv.

● WANDERDÜNEN IM LISTLAND

Die letzten der Wanderdünen, die noch im 19. Jahrhundert den Süden und Norden der Insel ausmachten, stehen heute unter Naturschutz und dürfen nur auf den Wanderwegen betreten werden. Aber das spricht schließlich keineswegs gegen einen romantischen Strandspaziergang.

● ERLEBNISZENTRUM NATURGEWALTEN

Ein neues, hochmodernes Museum in List auf Sylt macht die Naturgewalten, die im Nationalpark herrschen, erlebbar. So kann man sich etwa im »Sturmraum« gegen den Wind stemmen, selbst Wellen erzeugen oder im Watttunnel Muscheln und Krebse beobachten.

● BRADERUPER HEIDE

Ein Traum für Naturfreunde: In der riesigen Heidelandschaft, die in den Sommermonaten wunderschön blüht, wachsen zahlreiche Heidekräuter und seltene Pflanzen wie Arnika und

WARUM IM HERBST?

Weil dann die Zeit des World Cup Sylt ist! Ende September gehört der Brandenburger Strand wieder den Spitzensurfern. Auf ihrer vorletzten Station der PWA World Tour liefern sich rund 100 Sportler Wettkämpfe in den Disziplinen Wave, Freestyle und Slalom. Den besten Blick auf Wellen und Bretter hat man von der Promenade, wo auch ein großes Rahmenprogramm stattfindet.

Lungenenzian. Frei laufende Schafe pflegen die geschützte Landschaft.

● DENGHOOG

Die steinzeitliche Grabkammer zählt zu den bedeutendsten ihrer Art in Nordeuropa. In gebückter Haltung lässt sich der Thinghügel erkunden.

● ROTES KLIFF

Die bis zu 30 Meter hohe und vier Kilometer lange Abbruchkante zwischen Wenningstedt und Kampen leuchtet dank eisenhaltigen Lehms überraschend rot. Entlang des Kliffs führt ein beliebter Wanderweg.

● VOGELKOJE KAMPEN

Was so harmlos klingt, war bis 1921 eine Entenfanganlage. In die Falle gingen Wildenten, die im 19. Jahrhundert als Delikatesse galten. Heute ist die Anlage mit Teich und Fangreusen ein Museum.

● KEITUM

Zeitsprung im Altfriesischen Haus: Wer durch die Tür dieses 1739 erbauten Kapitänshauses in Keitum geht, betritt eine vergangene Welt. Mobiliar und Hausrat aus dem 18. und 19. Jahrhundert lassen alte Zeiten lebendig werden. Der Kirchturm von St. Severin diente lange Zeit den Seefahrern als Orientierungshilfe und den Keitumern als Gefängnis. Diese Zeiten

Links oben: Sylt ist das deutsche Mekka der Windsurfer. Das Meer vor Westerland wird häufig als Austragungsort von internationalen Wettbewerben genutzt.

Links unten: Im Aquarium von Westerland lernt man trockenen Fußes die Unterwasserwelt der Nordsee kennen..

sind glücklicherweise längst vorbei. Ein wichtiger Termin für Musikfreunde: die Mittwochskonzerte.

● SYLT MUSEUM
Walknochen statt Gartenpforte – schon im Eingang ist klar, dass es hier im Keitumer Museum auf eine spannende Zeitreise durch die Inselgeschichte geht. Früher war das Museum auch als »Sylter Heimatmuseum« bekannt. Gezeigt wird alles, was zu Sylt gehört: Wissenswertes rund um die Seefahrt und den Fischfang, Geschichten über bekannte und weniger bekannte Insulaner, Kunstwerke aller Jahrhunderte und vieles mehr. Und wen die Romantik gepackt hat, der kann im Museum sogar heiraten und sich das Ja-Wort an einem ganz besonderen Ort geben.

● MORSUM-KLIFF
Das imposante Kliff im Osten der Insel ist eine geologische Besonderheit, denn die Millionen Jahre alten Erdschichten sind hier nicht waagerecht, sondern senkrecht gelagert. Außerdem haben sich seltene Pflanzen angesiedelt. Im Rahmen einer Führung gibt's spannende Fakten!

● STEINZEITGRÄBER HARHOOG UND TIPKENHOOG
Mit der ewigen Ruhe ist es nicht weit her, denn die Grabanlage Harhoog aus der Jungsteinzeit musste zweimal umgebettet werden. Nun liegt sie direkt neben dem Grab des Riesen Tipken, der von hier aus die Insel bewachte, bis ihn ein Däne niederstreckte.

● RANTUMBECKEN
Von den Nationalsozialisten als Wasserflughafen angelegt, ist das Becken heute ein einzigartiges Vogelschutzgebiet. Auf einer geführten Radtour kommt man den gefiederten Bewohnern näher.

● HÖRNUM-ODDE
Hier lässt es sich herrlich spazieren gehen, jedoch gefährdet die ständige Erosion die Südspitze der Insel. Jahr für Jahr verschluckt das

Oben: Sehr hübsch und ursprünglich sind die Friesenhäuser im idyllischen Keitum mit ihren Reetdächern, Backsteinmauern und blau-weiß gestrichenen Türen.

Rechts: Das Mekka der Geologen ist das Morsum-Kliff. Dieser zwei Kilometer lange Abschnitt der Sylter Steilküste liegt im Osten nahe dem Ort Morsum. Hier tritt offen zutage, aus wie vielen und welchen Gesteinsschichten der Sockel von Sylt unter seiner Sanddecke besteht.

DINNER FOR TWO

CAMPEN: RESTAURANT VOGELKOJE // Nichts Geringeres als ein Candle-Light-Dinner in einem der schönsten Gärten der Insel verspricht das Restaurant bei der Vogelkoje.
// vogelkoje.de

RANTUM: SANSIBAR // Mitten in den Sanddünen brunchen? Oder ein romantisches abendliches Fondue mit herrlich weichem Sand unter den Füßen genießen? Das ist in der Sansibar möglich.
// sansibar.de

RANTUM: BEACHHOUSE // Die beste Tageszeit für unvergessliche Momente im BeachHouse ist der Abend. Dann kann man bei Kerzenschein nicht nur Vorzügliches aus dem Meer und dem Garten genießen, sondern dabei der Sonne beim goldenen Untergang in die Nordsee zusehen. Traditionell wird das im BeachHouse mit Musik zelebriert.
// beachhouse-sylt.de

Meer Strand und Dünen und lässt die malerische Landschaft schrumpfen.

● LEUCHTTURM UND HAFEN HÖRNUM

Von Sylts südlichstem Ort starten gleich mehrere Ausflüge: Mit dem Schiff erreichen Sie von Hörnums Hafen aus die zahlreichen Nachbarinseln, zu Fuß geht es von Hörnums Strand aus in die Odde. Zudem ist Hörnums malerischer Leuchtturm für Besucher geöffnet und garantiert einen spektakulären Ausblick auf die Inselwelt.

ÜBERNACHTEN

KEITUM: BENEN-DIKEN-HOF // Wohnen im friesischen Landhausstil und in familiärer Atmosphäre und dabei so viel Privatsphäre genießen, wie man wünscht: Auf dem Benen-Diken-Hof ist man in einem eigenen kleinen Reethäuschen untergebracht. Mit privatem Spa und Kamin steht dem Paarurlaub nichts mehr im Wege.
// benen-diken-hof.de

HÖRNUM: HOTEL BUDERSAND // Unter dem Motto »Zweisamkeit auf Sylt« bietet das Hotel das perfekte Rundum-Paket für Verliebte: Champagner bei der Anreise, Langschläferfrühstück, Candle-Light-Dinner mit fünf Gängen, Aroma-Kerzen-Massage zu zweit, Spa-Suite und anderes mehr.
// budersand.de

WESTERLAND: SEVERIN*S RESORT & SPA // Nicht nur der Name legt Wert auf feine Details. Im Severin*s genießen Paare einen Luxusurlaub voller Entspannung.
// severins-sylt.de

KULTURGENUSS

● KUNST:RAUM SYLT QUELLE

Ungewöhnlicher Ort für eine Kunstausstellung: Die Sylt Quelle fördert Mineralwasser aus 650 Meter Tiefe, und in ihrem runden Quellenhaus verwandeln sich die Wände in eine Galerie. Ausgestellt werden hier zeitgenössische Werke der Bildenden Kunst, aber auch Lesungen, Performances oder Konzerte finden in der Abfüllhalle statt, die sich dabei in das sogenannte Meerkabarett verwandelt.

● KURSAAL³

Rund 200 Veranstaltungen jährlich stellt der kursaal³ in Wennigstedt auf die Beine, besser gesagt: auf die Bühne. Das Programm ist dabei sehr vielfältig: Jazz, Comedy, Tanz, Klassische Musik, Lesungen. Was immer gleich ist, ist die exponierte Lage auf einer Klippe und das gesellige Zusammenkommen auf der Terrasse im Anschluss an die Veranstaltungen, bei dem alle gemeinsam das Gesehene und Gehörte Revue passieren lassen.

● ORGELKONZERT IN ST. SEVERIN

Die bekannteste und älteste Kirche der Insel ist St. Severin in Keitum. Und nicht nur das Gebäude ist berühmt, auch die Mühleisen-Orgel. Mit 3145 Pfeifen und 46 Registern ist sie ein wahres Prachtstück. Nicht nur ansehen, sondern auch anhören sollte man sie sich! Das kann man meistens am Mittwoch. Die Tradition der sogenannten Mittwochskonzerte rief der einstige Organist Wilhelm Borstelmann ins Leben. Seitdem kann man an diesem Wochentag Solokonzerte hören oder auch Arrangements aus Orgel und Chor sowie Kammermusik.

ZU ZWEIT ERLEBEN

○ ROMANTISCHE KUTSCHFAHRT DURCH KEITUM

Keitum gilt für viele als das Nostalgie-Dorf schlechthin: Wenn man gemeinsam durch die Straßen schlendert, wird man schnell verstehen, wieso. Noch romantischer wird es bei einer traditionellen Kutschfahrt durch den Ort, in Decken aneinandergekuschelt und in Gedanken schwelgend.

○ EINE WATTWANDERUNG MACHEN

Natürlich könnte man das Watt auf eigene Faust erkunden. Die Gefahren werden aber gern unterschätzt – ob Seenebel, Schlicklöcher oder Prielströmungen. Deshalb sollte man sich einer Führung anschließen und erfährt so auch gleich viel mehr über diese Landschaft. Mancherorts gibt es ein besonders schönes Erlebnis für Romantiker: eine Wattwanderung in den Sonnenuntergang.

○ EIN ZEICHEN DER LIEBE SETZEN

Egal, ob frisch verliebt oder schon ein Leben lang zusammen – für den bekannten Brauch, ein Schloss an einem Geländer anzubringen und den Schlüssel auf ewig den Wellen zu übergeben, ist immer ein guter Zeitpunkt. In List war lange Zeit die Nordmole ein beliebter Ort dafür, bis die Stadt wegen Sicherheitsbedenken durch das Gewicht ein neues Plätzchen für den Liebesbeweis schuf: Direkt am Hafen gibt es jetzt eine weiße Bank für romantische Fotos und daneben eine Stahlkonstruktion, an der man die Schlösser anbringen darf.

○ GEMEINSAM IM STRANDKORB ENTSPANNEN

Nirgendwo lässt es sich so gut relaxen und sich aneinanderkuscheln wie im Strandkorb. Gut 12 000 Stück warten an den Stränden auf Besucher. Wer auf Nummer sicher gehen will, reserviert sich schon vor Reiseantritt einen Korb. Übrigens: Im Oktober werden ausgemusterte Exemplare versteigert!

○ EINE RADTOUR ÜBER DIE INSEL MACHEN

200 Kilometer Radwege ziehen sich über die Insel, da ist für jeden eine passende Route dabei. Ein besonderes Erlebnis für alle Pärchen ist dabei natürlich eine Tour auf dem Tandem – nur gemeinsam kommt man voran. Und wenn der Wind mal zu sehr pustet, steigt man in den Linienbus (der auch Räder mitnimmt).

Unten: Am Wattenmeer zu radeln, ist ein sehr naturnahes Erlebnis. Die gute Luft und die scheinbar endlose Weite bringen frische Inspiration.

PIZZERIA
ANDREA
PIZZERIA

AMALFIKÜSTE

Auf der südlichen Seite der Halbinsel Sorrent beginnt die felsige und steile Amalfiküste mit ihren pastellfarbenen Bilderbuchdörfern zwischen azurblauem Meer und grün-gelb leuchtenden Zitronenbäumen. Endstation der berühmten Küstenstraße Amalfitana ist Salerno, wo der eigentliche Mezzogiorno beginnt. Die an der Halbinsel Sorrent verlaufende Küstenstraße gilt vielen als die schönste Italiens: Die 45 Kilometer lange in den Fels geschlagene Straße zieht sich in engen Serpentinen steil über dem Meer entlang und bietet immer wieder neue Panoramablicke auf das azurblaue Meer und die Costiera Amalfitana. Wie Perlen reihen sich die Orte aneinander, dazwischen liegen Zitronenhaine und Weinberge. Die Häuser sind kühn in die Steilhänge hineingebaut worden und ziehen sich malerisch die Hänge hoch.

Die Region um Amalfi mit ihrer atemberaubenden Steilküste gehört zu den größten Naturschönheiten Italiens. Seit 1997 ist sie UNESCO-Weltkulturerbe. Oben: Blick auf die Küste vor Sorrent.

Links: Der Dom ist einer der bedeutendsten Touristenmagnete der Stadt Amalfi, die an der Südseite der Halbinsel von Sorrent liegt.

● AMALFI

Amalfi, heute ein hübscher Badeort mit 6000 Einwohnern, war vom 9. bis zum 11. Jahrhundert eine bedeutende Seerepublik und stand in Konkurrenz mit Genua, Pisa und Venedig – damals zählte es 50 000 Einwohner. An den einstigen Glanz erinnert nur noch die alle vier Jahre ausgetragene Ruderregatta gemeinsam mit den einstigen Rivalen. Im 14. Jahrhundert wurde Amalfi durch eine Sturmflut weitgehend zerstört, weshalb wenig Historisches erhalten geblieben ist. Mitten im Gassengewirr mit seinen zahlreichen Treppen steht der Dom, der auf das 9. Jahrhundert zurückgeht und 1203 im arabisch-normannisch-sizilianischen Stil umgebaut wurde. Zwei herrlich gelegene ehemalige Klöster beherbergen Luxushotels, wo schon Henrik Ibsen und Ingrid Bergman nächtigten.

● CONCA DEI MARINI

Wie Schwalbennester schmiegen sich die weißen Häuser des Ortes Conca dei Marini im Südwesten von Amalfi an die steilen Hänge der Küste. Die Grotta dello Smeraldo (»Smaragdhöhle«) – eine Meereshöhle, die von smaragdgrünem Licht durchflutet ist – zieht die Besucher in das 750-Seelen-Dorf. Das Natur-

WARUM IM HERBST?

Nach den recht hohen Temperaturen im Sommer ist der Herbst die perfekte Jahreszeit für die Erkundung der Orte entlang der Amalfiküste, die einiges Sehenswerte zu bieten haben. Natur- und Wanderliebhaber zieht es bei dem milden Klima auf den Sentiero degli Dei, den »Pfad der Götter«. Der Wanderweg belohnt mit spektakulären Ausblicken aufs Meer; schwindelfrei sollte man allerdings schon sein! Im Herbst wird an der Amalfiküste auch gefeiert, beispielsweise beim Fest zu Ehren des heiligen Andreas in Amalfi. Dem Schutzpatron der Stadt zu Ehren wird bei der Festa di Sant'Andrea Ende November eine Prozession veranstaltet. Abends rundet ein Feuerwerk die Festivitäten ab.

schauspiel in der Tropfsteinhöhle kann im Rahmen einer Bootstour besichtigt werden.

● PRAIANO

Wer dem touristischen Trubel von Positano entkommen und stattdessen den Flair eines ehemaligen Fischerdorfes kennenlernen möchte, der sollte sich in Praiano einquartieren. Schon im 13. Jahrhundert hatten die Dogen in dem Ort ihre Sommervillen. Vielleicht wussten sie, dass man in Praiano die schönsten Sonnenuntergänge an der Amalfiküste genießt: Der abendliche Blick auf die ruhige Küste hinüber nach Positano ist unvergesslich schön. Ein weiterer Grund für einen Besuch des Örtchens ist die Badebucht Marina di Praia. Ihr kristallklares Wasser lädt zum Tauchen ein.

Mitte: Die Abendstimmung in Positano ist unvergleichbar.

Unten: Im Ort Praiano kann man bei einem romantischen Abendessen im Restaurant des Hotels Le Fioriere den Tag ausklingen lassen.

Links unten: Der populäre Wanderweg Sentiero degli Dei verspricht atemberaubende Aussichten auf die Amalfiküste.

Direkt an der Bucht befindet sich auch Restaurants, in denen man gut einkehren kann.

● AMALFITANA

Die an der Halbinsel Sorrent verlaufende Küstenstraße gilt vielen als die schönste Italiens: Die 45 Kilometer lange in den Fels geschlagene Straße zieht sich in engen Serpentinen steil über dem Meer entlang und bietet immer wieder neue Panoramablicke auf das azurblaue Meer und die Costiera Amalfitana. Wie Perlen reihen sich die Orte aneinander, dazwischen liegen Zitronenhaine und Weinberge. Die Häuser sind kühn in die Steilhänge hineingebaut worden und ziehen sich malerisch die Hänge hoch. Die Straße verbindet die Dörfer zwischen Nerano und Salerno.

● POSITANO

Einer der schönsten Flecken der Amalfiküste liegt am Beginn der Amalfitana. Der Ort Positano ist berühmt für seine malerische Lage an zwei Hängen des Monte Angelo a Tre Pizzi (1443 Meter). Bereits zu Zeiten der Römer war die Schönheit des Seefahrerortes entdeckt worden. Farbige Häuser kleben stufenartig an den steilen Berghängen, in den unzähligen engen Gässchen verstecken sich kleine Boutiquen, Cafés und Restaurants. Auch am Hafen Positanos lässt sich des Abends genüsslich speisen und flanieren. Das einstige Fischerstädtchen ist heute ein mondäner Badeort, über dessen Strand Spiaggia Grande die Kirche Santa Maria Assunta aus dem 10. Jahrhundert aufragt. Diese ist das Wahrzeichen der Stadt; ihre

Unten: Terrassenförmig ziehen sich die pastellfarbenen Häuser in Positano den steilen Hang hinauf.

DINNER FOR TWO

POSITANO: THE ZASS // Der Ausblick, den man von der romantischen Terrasse des Restaurants im Hotel »Il San Pietro« genießt, wird ebenso in Erinnerung bleiben wie das mit einem Michelin-Stern gekrönte mediterrane Abendessen von Chef Alois Vanlangenaeker. // ilsanpietro.com/restaurants-bars/zass

AMALFI: PIZZERIA DONNA STELLA // Eine kleine Oase inmitten von Amalfi: Im Schatten von Zitronenbäumen genießt man hier ausgezeichnete Pizzen in ungestörter Atmosphäre. Herrlich italienisch! // Salita Rascica 2

PRAIANO: RISTORANTE FRANCHINO // Ein romantisches Candle-Light-Dinner mit Blick auf die Amalfiküste? Dieses Lokal macht es möglich! Zu den hervorragenden Gerichten wird erstklassiger Wein serviert. Was will man mehr? // ristorantefranchino.com

Links: Die Amalfiküste hat für Liebhaber von Kunsthandwerk zum Beispiel schöne Keramik zu bieten.

auffällige zentrale Kuppel ist aus gelben, grünen und blauen Majolikafliesen gearbeitet.

KULTURGENUSS

● **KERAMIKMUSEUM VIETRI SUL MARE**
An der gesamten Amalfiküste hat die Keramikkunst eine lange Tradition. Besonders sticht dabei allerdings der Ort Vietri sul Mare heraus. Leidenschaftlich wird sich hier wie ehedem der Handwerkskunst aus Keramik gewidmet. Näheres zu dieser Tradition kann man im Keramikmuseum in der Villa Guariglia erfahren und dort auch zahlreiche besonders schön gestaltete Exponate in Augenschein nehmen. Die Sammlung umfasst kleine und große Werke aus dem 17. bis zum 20. Jahrhundert.

● **VOTIVTAFELN IN DEN GOTTESHÄUSERN**
Im Urlaub Kirchen zu besuchen, steht vielleicht nicht auf jedermanns Liste ganz oben. Doch an der Amalfiküste lohnt sich der ein oder andere Kirchenbesuch. Die Gestaltung von Positanos Gotteshaus beispielsweise ist sehenswert. Und auch in anderen Kirchen sollte man Ausschau nach den bekannten Votivtafeln halten; die meisten sind von Seefahrern gestiftet.

ÜBERNACHTEN

BELMOND HOTEL CARUSO //
Mehr als 1000 Meter hoch auf einem Felsvorsprung in Ravello gelegen, bietet dieses Hotel jeden nur erdenklichen Luxus, den man sich wünschen kann. Dazu zählen ein Wellness-Center und ein Dinner auf dem Pool. Eine ideale Unterkunft für Flitterwochen!
// belmond.com/hotels/europe/italy/amalfi-coast/belmond-hotel-caruso

SANTA CATERINA HOTEL // Diese Villa aus dem 19. Jahrhundert liegt malerisch an der Küste von Amalfi und überblickt die weiten Hänge vor der Stadt. Im Meerwasserpool entspannen, abends erstklassiges mediterranes Essen genießen und danach gemeinsam in die weichen Kissen eines Himmelbetts fallen – was will man mehr?
// hotelsantacaterina.it

LE SIRENUSE // 400 Kerzen erleuchten jeden Abend den Speisesaal des Hotels und das vorzügliche Essen ist mit einem Michelin-Stern gekürt. Die Zimmer haben meist Meerblick von Balkon und Badewanne aus und sind luxuriös ausgestattet.
// sirenuse.it

ZU ZWEIT ERLEBEN

○ AUF DER PANORAMASTRASSE CRUISEN

Die Amalfitana ist teilweise so eng, dass kaum mehr zwei Autos aneinander vorbeikommen. Denjenigen, die an Höhenangst leiden, sei eine Fahrt hier nicht empfohlen. Wer aber ein einmaliges Fahrerlebnis mit spektakulären Blicken auf die Küste und den Golf von Salerno sucht, sollte sich in Neapel oder Vietri sul Mare ein Fahrzeug mieten und die 50 aufregendsten Kilometer seines Lebens fahren. Am besten mit einem Cabrio, denn dann weht einem beständig ein Hauch Zitrone um die Nase, und ganz ehrlich: Zu zweit in einem Cabrio in Süditalien – verträumter und filmreifer kann man gar nicht reisen. Mehrere Parkbuchten machen ein Anhalten auf der Strecke möglich, dann kann man die Eindrücke auch noch besser festhalten und genießen.

○ ROMANTISCHES PICKNICK IM TAL DER MÜHLEN

Ein lohnenswerter Ausflug führt von Amalfi in das abseits des Touristentrubels gelegene Valle dei Mulini (»Tal der Mühlen«): Hier siedelten sich dank des reichlich fließenden Wassers einst zahlreiche Papierfabriken an, die zu den ältesten Europas zählen. Ein fünfstündiger Wanderpfad führt von Amalfi aus in das berühmte Tal und verspricht viel Natur und Erholung. Vor allem im Herbst ist man hier oft ganz allein, und die Wiesen im Talgrund sind perfekte Orte für ein romantisches Picknick zu zweit.

○ HOCH HINAUF IN CAPRI

Die Insel ist an sich durchaus einen Besuch wert, ganz besonders zu empfehlen ist jedoch eine Wanderung auf den höchsten Punkt. Zwar ist der Anstieg auf den Monte Solaro stellenweise recht anspruchsvoll, doch die Aussicht vom Gipfel entlohnt für alle Mühen. Dann heißt es: Aufs unendliche Blau des Wassers blicken und gemeinsam die Zeit vergessen.

○ MIT DEM KAJAK ZUM ARC OF LOVERS

Jahrtausendelang formten Wasser und Erosion eine hübsche Felsformation, die an zwei sich küssende Elefanten erinnert – der Name »Arc of Lovers« ist also nicht weit hergeholt. Am einfachsten erreicht man den sich über dem Wasser aufspannenden Bogen mit dem Kajak. Der Legende nach ist einem Pärchen, das sich unter dem Bogen küsst, ewige Liebe garantiert. Die Tour führt außerdem an einigen abgelegenen Buchten vorbei, in denen man sich ganz der Zweisamkeit hingeben kann. Empfehlenswert ist auch die einsame Runghetiello Grotto.

○ VILLA RUFOLO

Wer in Ravello ist und noch etwas Zeit übrig hat, sollte diese im 13. Jahrhundert erbaute und im 19. Jahrhundert veränderte Villa mit ihren wunderschönen Gärten besuchen, in denen es sich herrlich wandeln lässt, besonders außerhalb der Hauptsaison, wenn sie teils menschenleer sind. Außerdem finden in den Räumlichkeiten immer wieder Ausstellungen statt.

Unten links: Ausschließlich über den Wasserweg ist die Smaragdgrotte Grotta dello Smeraldo zugänglich. Halb mit Meerwasser gefüllt und durch einstrahlendes Licht von außen, leuchtet die Höhle türkisgrün.

Unten rechts: Von den farbenfrohen Gärten der Villa Rufolo aus hat man einen wunderbaren Ausblick auf das Mittelmeer.

SÜDTIROL

Wunderschöne Altstadtstraßen mit romantischen Laubengängen, herrliche barocke Kirchen, imposante Festungen – Südtirols Städte zeugen von der Bedeutung, die der Region über Jahrhunderte als Transitland zukam. Seiner strategisch günstigen Lage wegen gründeten schon die Römer hier Siedlungen; im Mittelalter nutzten Kaufleute das Verbindungsglied zwischen nördlichem bzw. mittlerem Europa und dem Mittelmeerraum. Heute hat der Tourismus den Handel als wichtigsten Wirtschaftsfaktor Südtirols abgelöst. Besucher aus aller Welt genießen die Schönheit der Städte und Städtchen ebenso wie die Thermalquellen.

Oben: Meran ist zu schön zum Arbeiten, aber noch schöner zum Bummeln: sei es durch die verträumte Altstadt mit ihrer Laubengasse, sei es in den Gärten von Schloss Trauttmansdorff, vorbei an Blauweiderich, Mohnblumen und Storchschnabel, oder rund um die katholische Kirche St. Nikolaus, das Wahrzeichen der Stadt mit dem 78 Meter hohen Turm.

Links: Die Burg oberhalb von Meran gab dem Land seinen Namen: Schloss Tirol, Residenz der Landesfürsten.

● MERAN

An der Pfarrkirche steht lebensgroß der heilige Nikolaus und deutet mit erhobenem Finger durchs Bozner Tor hinaus zur Passer, als wolle er sagen: »Bürger von Meran, passt auf ihre Fluten auf!« Die Schäden von früher sind vergessen, seit flussaufwärts Staubecken die Wassermengen regulieren. Entlang der Passer wird jetzt sorgenlos promeniert, in den nahen Geschäften geshoppt, im Kursaal getanzt und im Jugendstiltheater applaudiert. Das mediterrane Klima beglückt die 37 000 Einwohner große Stadt, die deshalb seit Jahrhunderten von Persönlichkeiten wie Kaiserin Elisabeth besucht wird.

LAUBENGASSE

Zu einem Stadtbummel lädt die Laubengasse ein, die vom Pfarrplatz zum Kornplatz führt. Die Besonderheit der Häuser, die durchweg sehr schöne Fassaden mit Erkern besitzen, ist der Laubengang, durch den man auch bei Regenwetter trockenen Fußes an den Schaufenstern entlangspazieren kann. Torbögen geben immer wieder interessante Einblicke in hübsche Höfe. Die eleganten Laubengeschäfte stammen aus der Zeit um 1420 und lassen kaum ahnen, dass sich hier früher Kuhställe befanden.

STADTPFARRKIRCHE ST. NIKOLAUS

Die dreischiffige gotische Kirche erhebt sich majestätisch am Ende der Laubengasse. Ihr Turm ist mit seinen 83 Metern einer der höchsten Kirchtürme in Südtirol. In ihrer heutigen Form wurde das Gotteshaus 1465 geweiht. Auch die filigrane Innenausstattung (Altäre, Chorgestühl) hat sich rein gotisch erhalten.

SCHLOSS TRAUTTMANSDORFF

Das Schloss liegt südöstlich, etwas außerhalb Merans. Das Highlight sind seine Gärten, in denen Pflanzengesellschaften der verschiedensten Regionen unserer Erde vorgestellt wer-

WARUM IM HERBST?

Was wäre der Südtiroler Herbst ohne das Törggelen? Der Begriff stammt von »Torggl« ab: So wurde der Raum genannt, in dem die Weinpresse stand, und wohin der Winzer nach Lese und Einkellerung seine Helfer zur Jause einlud; die Weingeister sorgten für ausgelassene Stimmung. Daraus entstand der Brauch, durch herbstliche Rebenlandschaft von Weinhof zu Weinhof zu wandern, um den neuen Jahrgang mit hausgemachten Gerichten zu verkosten. Die gerösteten Kastanien als Abschluss dürfen dabei nicht fehlen! Ein ideales Törggelengebiet ist das mittlere Eisacktal. Meran wartet alljährlich im November mit vielen kulinarischen Genüssen auf: Hunderte von Weinproduzenten präsentieren im Kursaal ihre erlesenen Produkte. Dazu gibt es Delikatessen aus über 100 Feinkostgeschäften. Begleitet wird die Veranstaltung von Vorträgen und Musik.

den – es gibt einen Zypressensumpf und einen immergrünen Lorbeerwald, einen Bambuswald sowie einen Garten mit amerikanischen Nutzpflanzen. Natürlich ist auch die einheimische Flora vertreten.

● BOZEN

Bozen ist mehr als Südtirol. Die Landeshauptstadt ist auch Bolzano, wo am Waltherplatz im Sonnenschein Cappuccino getrunken wird, wo zur Passeggiata über die Talferpromenaden oder durch die Lauben die schönste Garderobe angezogen wird, wo bei den Dominikanern mit giottesker Johanneskapelle auf Italienisch, in der Franziskanerkirche überwiegend auf Deutsch zelebriert wird.

DOM

Am beliebten Waltherplatz steht Bozens Dom. Im 14. Jahrhundert wurde mit dem Bau im gotischen Stil begonnen. Mit der Fertigstellung des filigranen Glockenturms, der mit einer Höhe von 62 Metern das Wahrzeichen der Stadt ist, war im Jahr 1517 das eindrucksvolle Bauwerk vollendet.

Links unten: Der Herbst ist die Zeit des Törggelen, wenn man bei gutem Wein und herzhaftem Essen die neuen Weine probiert.

Unten: Von Montag bis Samstag werden auf dem Bozener Obstmarkt Früchte, Gemüse und Käse angeboten.

BOZNER LAUBEN
Als Haupteinkaufsstraße ziehen sich historische Lauben von Osten nach Westen durch die Bozner Altstadt. Die zumeist schmalen Bürgerhäuser entlang der Straße stammen überwiegend aus der Spätgotik. Sie sind wunderbar mit Fresken und Steinmetzarbeiten verziert und weisen malerische Erker auf. Unter den schattigen Arkadengängen locken Boutiquen und zahlreiche andere Geschäfte. Manche Gebäude sind üppig mit Stuck geschmückt, wie das barocke Haus mit der Nr. 46. Das Haus Nr. 30 mit seinen spitz zulaufenden gotischen Arkaden hat auf der Dachtraufe einen Wasserspeier in Form eines Drachens.

● BRIXEN
Die über 1000 Jahre alte Stadt Brixen am Zusammenfluss von Eisack und Rienz mit ihren Lauben und dem weithin sichtbaren Dom verzaubert vom ersten Augenblick an. Der barocke dreischiffige Bau entstand zwischen 1745 und 1754 auf den Resten eines romanischen Vorgängerbaus. Der an den Dom anschließende Kreuzgang mit seinen 20 Arkadenbögen ist ein Ort der Stille, aber auch ein kunsthistorisches Meisterwerk. 15 Arkaden werden von Fresken aus dem 14. und 15. Jahrhundert geziert. Der beeindruckendste Gebäudeteil der Hofburg, die einst der Wohnsitz der Brixener Bischöfe war, ist wohl der Innenhof mit seinen dreigeschössigen Renaissancearkaden an der Südseite. Der im prunkvoll ausgestatteten Kaisertrakt logierten die deutschen Kaiser, wenn ihr Weg sie durch Südtirol führte.

Links unten: Der eindrucksvolle Brixner Kreuzgang wurde im Mittelalter unter Leitung mehrerer Bischöfe angelegt und erweitert. Die Wände des Kreuzgangs sind mit diversen Fresken bemalt – meist religiöse Motive oder Abbildungen von kirchlichen Oberhäuptern.

KULTURGENUSS

● SÜDTIROLER ARCHÄOLOGIEMUSEUM
Das »Ötzi-Museum« in Bozen zeigt nicht nur den Mann aus dem Eis, die über 5000 Jahre alte Mumie des ältesten und mittlerweile berühmtesten »Südtirolers« aus der Kupferzeit, sondern auch viel Wissenswertes zur Ur- und Frühgeschichte des Landes.

● MUSEION VON BOZEN
Dieses Museum zeigt zeitgenössische internationale Kunst unter Einbeziehung heimischer Künstler. Sammlungsschwerpunkt sind Arbeiten im Bereich Schriftkunst. Beeindruckend ist auch der Baukörper aus Glas, der über eine Brücke die Neu- mit der Altstadt verbindet.

● FRAUENMUSEUM »EVELYN ORTNER«
Das privat betriebene Museum in Meran illustriert anhand von Alltagsgegenständen 200

DINNER FOR TWO

BOZEN: RESTAURANT LAURIN // Das Laurin ist das Flaggschiff unter den Hotels in Bozen, und entsprechend hoch ist der Anspruch, mit dem Chef Manuel Astuto und sein Team in der Küche walten. Alte Rezepte werden neu interpretiert, auf beste saisonale und regionale Produkte wird großer Wert gelegt. // laurin.it

BRIXEN: FINSTERWIRT // Das Restaurant zählt zu den traditionsreichsten Gastbetrieben der Stadt, der Gastgarten im Innenhof oder die stilvollen alten Gaststuben strahlen Charme und Stil aus. // finsterwirt.com

MERAN: SAXIFRAGA // In diesem Lokal setzt man auf traditionelle Südtiroler Küche, die durch einige internationale Gerichte ergänzt wird. Das Restaurant liegt etwas oberhalb Merans, sodass sich den Gästen von seinen Terrassen aus ein hinreißender Blick über die Stadt und die herrliche Bergkulisse bietet. // saxifraga.it

Ein Werk der Stararchitektin Zaha Hadid: das »Messner Mountain Museum« am Kronplatz auf 2275 Meter Höhe.

Jahre Frauengeschichte – weiblichen Lebensalltag im Haushalt wie im Berufsleben. Natürlich wird auch den Themen Mode und Schönheitsideale breiter Raum zugestanden. Nicht nur für das weibliche Geschlecht ein kleines Museumsjuwel!

● MERANER MUSIKWOCHEN
Auf diesem Festival in August und September präsentieren die berühmtesten Orchester Europas unter der Stabführung von virtuosen Dirigenten Klassik vom Feinsten. Der im Jugendstil gestaltete Kursaal bildet dafür den idealen Rahmen.

// meranofestival.com

● MESSNER MOUNTAIN MUSEUM FIRMIAN
Den »verzauberten Berg« nennt Reinhold Messner das Herzstück seiner Bergmuseen, MMM Firmian auf Schloss Sigmundskron bei Bozen. Bei einem Rundgang durch die weitläufige, restaurierte Burgruine erzählt der Bergsteiger von der Entstehung, Größe und Eroberung der Gebirge.

● GUSTAV MAHLER IN TOBLACH
Regelmäßiger Gast in Toblach war Gustav Mahler, von dem der Satz überliefert wird: »Hier ist es wunderherrlich und repariert ganz sicher Leib und Seele.« Der Komponist verbrachte in den Jahren 1908 bis 1910 die Sommermonate auf dem Trenkerhof in Altschluderbach und schuf dort in seinem Komponierhäuschen seine beiden letzten Symphonien und »Das Lied von der Erde«. In Toblach selbst erinnern die jährlichen Gustav-Mahler-Musikwochen an den genialen Tonsetzer.

ÜBERNACHTEN

MERAN: VILLA TIVOLI // Im modern und großzügig renovierten Haus aus der altösterreichischen Glanzzeit Merans, das am westlichen Stadtrand unterhalb der Flanierpromenade Tappeinerweg liegt, gibt es stilvolle Zimmer und Suiten. Großes Freibad (Felsenlagune) und üppiger Garten mit mediterraner Flora.

// villativoli.it

BOZEN: FIGL // Mitten in der Altstadt gelegen, wurde das Haus stilvoll renoviert und weist 22 komfortable Zimmer und Suiten auf. Parkplätze in der sehr nahen Walther-Tiefgarage.

// figl.net/de

BRIXEN: HOTEL ELEPHANT // In dem traditionsreichen Hotel, dem Flaggschiff der Brixner Hotellerie, erwarten schöne holzgetäfelte Stuben, Säle mit antikem Mobiliar und feine Küche die Gäste.

// hotelelephant.com

ZU ZWEIT ERLEBEN

Unten links: Mildes Klima, gute Luft und Kuren: In Meran gilt es zu tun, was hier schon Kaiserin Elisabeth zu tun pflegte: die Passerpromenaden entlangspazieren, Thermalbäder genießen, entspannen, den Gaumen verwöhnen und im Kurhaus tanzen. Seit dem Jahr 2005 gibt es die neue, hochmoderne Therme Meran, in der radonhaltiges Wasser und Solebäder Genuss, Heilung und Erholung versprechen.

Unten rechts: Blick in den Tunnel zur oberen Festung der Franzensfeste in Brixen.

○ IN DER THERME MERAN ENTSPANNEN

Ist kein Thermalwasser da, wird danach gebohrt. So tief und kostspielig wie eben nötig, und wenn es bis zur Magma reicht, schließlich ist Geld für Südtirols Verwaltung kein Problem, und das heilende Wasser für die Kurstadt Meran ein Muss. Das Kuren begann hier nach den Empfehlungen eines Habsburger Leibarztes 1837. Vom Herzstück der Thermenanlage, einem riesigen gläsernen Kubus, reicht der Blick bis zur imposanten, im Winter schneebedeckten Bergwelt. Der Kurbetrieb wird mit radonhaltigem Wasser aus den nahen Bergen gespeist, ein Fitness- sowie ein Spa- &-Vital-Center sorgen für Wohlbefinden.

○ GESCHICHTSPARCOURS BRIXEN – FRANZENSFESTE

Wem die Besichtigungen in Brixen noch nicht genug sind, der kann sein geschichtliches Wissen auch auf dem Geschichtsparcours von Brixen nach Franzenfeste erweitern. Unterwegs erfährt man auf 24 Informationstafeln Verschiedenes zu Themen aus Kunst, Geschichte, Natur und Geologie. Die erste Station ist das ehemalige Heilig-Geist-Spital in Brixen, dessen historisches Gebäude heute ein Altersheim beherbergt. Für eine Rast auf der Wanderung eignet sich der Vahrner See. Tafel 21 informiert über die Franzenfeste, die es zu besichtigen gilt. Der Weg endet an der »Römerstraße«, auf der die Spurrillen der Karren zu sehen sind, die bereits vor 2000 Jahren hier unterwegs waren.

○ WHISKY TRINKEN

Wer hätte gedacht, dass Italien eine Whisky-Destillerie hat? Sie gibt es erst seit dem Jahr 2012. Der Südtiroler Highland Malt, den man in der PUNI-Destillerie in Glurns im Vinschgau brennt, hat bereits einige Preise eingeheimst!

○ IN DER STERNWARTE GUMMER DEN HIMMEL BESTAUNEN

Nahe Bozen, in Obergummer bei Steinegg, steht von weither sichtbar auf einer Anhöhe zwischen Eggental und Tierser Tal Italiens größte Volkssternwarte. Besonders bemerkenswert sind auch das Sonnenobservatorium, das ebenso mit modernster computergesteuerter Technik ausgestattet wurde, sowie als weiteres Highlight ein 80-Zentimeter-Spiegelteleskop.

ENTSPANNUNG AUF TRADITIONELLE ART

HOTEL BAD SCHÖRGAU

Kaum zugänglich war das Sarntal bis vor wenige Jahrzehnte – Brauchtum und Trachten blieben so besonders urtümlich bewahrt. Seit dem 17. Jahrhundert besteht auch schon die Tradition der Wasserkur im hübschen Ort Bad Schörngau, sodass es kein Wunder ist, dass sich auch das hiesige Retreat der Hydrotherapie verschrieben hat. Besonders stolz ist man auf das Bauernbadl, in dem die Gäste neben Badehaus, Saunen und Whirpools auch in einem über 70 Jahre alten Holzzuber entspannen können. Über allem schwebt der Duft von Zirbe und Wacholder, und nach dem Bad geht es ins Heubett. Die kulinarischen Genüsse kommen in diesem ganz aus Holz gebauten Wellnessresort aber auch nicht zu kurz, dafür sorgen der italienische Chefkoch und der gut sortierte Weinkeller.

bad-schoergau.com

MALTA

Schon im Anflug auf Malta berührt den Betrachter der orientalische Zauber der Insel, deren arabisch anmutende Kalksandsteingebäude im Sonnenlicht des südlichen Mittelmeeres golden schimmern. Die selbst im Winter nur teilweise grüne Landschaft strahlt in ihrer Kargheit wohltuende Ruhe aus. Der zwischen Sizilien und Nordafrika liegende Archipel, der von Reggio di Calabria und Catania aus auch mit der Fähre zu erreichen ist, steckt voller Geheimnisse. Diese auf abwechslungsreichen Touren zu lüften, lädt die insgesamt nur 316 Quadratkilometer kleine Inselgruppe ein. Am besten lässt sie sich mit dem Auto erforschen. Dabei hat man genügend Zeit, sich in aller Ruhe die hübschen Ortschaften anzusehen, hier und dort etwas länger zu verweilen, dem eigenen Rhythmus zu folgen und die einzigartige Insellandschaft kennenzulernen.

Oben: Ein Tagesausflug führt auf die Insel Comino und zur Blauen Grotte. Die kleinste der drei maltesischen Inseln ist ein drei Quadratkilometer großes, von einer spärlichen Vegetation bedecktes Felsplateau.

Links: Auf einer Landzunge, flankiert von zwei tief landeinwärts reichenden Buchten, liegt die einst als Festungsstadt erbaute Kapitale Maltas. Zu den berühmtesten Bauwerken von Valletta zählen die St John's Co-Cathedral und der Großmeisterpalast.

● VALLETTA

Maltas Hauptstadt ist dicht. Dicht besiedelt. Dicht mit Verkehr. Und dicht an Sehenswürdigkeiten. Wenn es eine Mittelmeerinsel gibt, die urbanes Flair verströmt und gleichzeitig südeuropäische Lebensart, dann ist es diese. Malta aber haftet auch immer noch der Ruf des Zweifelhaften an. Tatsächlich lebt die Insel von Wetten und der Spielindustrie, aber auch vom Schiffbau und von Spielzeugproduktion – und vom Tourismus. Wer als Gast kommt, dem bietet sich auf kleinem Raum eine Menge. Vor allem in Valletta, einer Stadt, die eigentlich drei in einer vereint. Die einstigen drei Städte liegen auf drei Landzungen im Meer und sind längst zu einer Metropole verschmolzen.

GROSSMEISTERPALAST

Eine der bekanntesten Sehenswürdigkeiten in Valletta ist der Großmeisterpalast. Der mächtige Sandsteinbau stammt aus dem 16. Jahrhundert, findet sich im Zentrum Vallettas und diente als Regierungssitz. Vom einstigen Prunk und dem Willen, als kleine Insel und doch mächtiger Malteserorden ganz vorn in der Weltgeschichte mitzuspielen, erzählen die verschiedenen Prunkräume, etwa die Grand Council Chamber oder der Armoury Corridor mit seinen Ritterstatuen und hübschen Bodenmosaiken.

BARRAKKA GARDENS

Jeden Mittag um zwölf Uhr knallen die Schüsse aus den Kanonen. Ein kurzer Feuerball ist zu sehen, er verpufft irgendwo im Nichts und

WARUM IM HERBST?

Jedes Jahr am 8. September feiert man auf Malta den Victory Day, um das Ende von drei Belagerungen in der Geschichte Maltas zu gedenken, nämlich die Belagerung von Malta 1565 durch die Osmanen, die französische Blockade (1798–1800) und die Belagerung von Malta im Zweiten Weltkrieg (1940–1942) durch Italien und Deutschland. Am selben Tag feiert die katholische Kirche die Geburt Mariae. Grund zu einem rauschenden Fest also, bei dem es öffentliche Veranstaltungen wie Lesungen, Konzerte und Umzüge gibt und bei dem eine spektakuläre Bootsregatta im Grand Harbour veranstaltet wird. Religiösen Festen zu Ehren Marias können Besucher in den Orten Xaghra, Naxxar, Senglea und Mellieha beiwohnen.

hinterlässt eine graue Wolke aus Rauch. Die Saluting Battery ist eine der beliebtesten Attraktionen der Inselhauptstadt Valletta. Malta pflegt alte Traditionen, und die haben viel mit Wehrhaftigkeit und Rittern zu tun. In den Barrakka Gardens, die in der St. Peter and St. Paul Bastion oberhalb des Hafens liegen, huldigen Arkadengänge mit Büsten und Plastiken berühmten Besuchern wie Albert Einstein oder Michail Gorbatschow; Kunstwerke und Denkmäler stehen zwischen bunten Beeten und plätschernden Brunnen und bieten einen schönen Rahmen für Entspannung.

ST. JOHN'S CO-CATHEDRAL

Sie wurde als Hauptkirche des römisch-katholischen Ritterordens der Malteser errichtet. Der Kalksteinbau ist ein Entwurf des Militärarchitekten Gerolamo Cassar. Von außen hat das Gotteshaus Anklänge an ein militärisches Fort, wurde aber als Klosterkirche zwischen 1573 und 1578 errichtet. In scharfem Kontrast zum strengen Äußeren steht die hochbarocke Innengestaltung und -dekoration. Hierzu gehört auch Caravaggios Meisterwerk »Die Enthauptung des heiligen Johannes« (1608). Acht üppig verzierte Seitenkapellen reihen sich an das Hauptschiff. Um ihre kulturelle Bedeutung zu unterstreichen, wurde die Kirche im Jahr 1820 Ko-Kathedrale, also der Zweitsitz des Erzbischofs in Valletta.

CASA ROCCA PICCOLA

Ein typisches englisches Herrenhaus auf Malta verkörpert die Casa Rocca Piccola. Da die

Links: Anfang September wird der Sieg über die Belagerung der Osmanen 1565 gefeiert (hier: historischer Umzug in Xaghra).

Unten: Durch die Altstadt von Mdina kann man eine romantische Kutschfahrt machen.

Oben: Der Palazzo Vilhena in Mdina wurde im Jahre 1725 von dem Pariser Ingenieur Charles Francois de Guion de Mondion entworfen.

Inhaber mit dem englischen Königshaus verwandt sind, hat dort sogar schon die Queen übernachtet. Solche Geschichten erfährt man bei einer Führung durch die feudalen Räume.

● HYPOGÄUM VON HAL SAFLIENI

Wie mögen sie das wohl gemacht haben? Und wie lange hat es gedauert, mit Hörnern, Knochen und Steinkeilen drei Geschosse in den Fels zu treiben und insgesamt bis zu 14 Meter tief zu graben? Und das vor 5000 Jahren? Während man über die Entstehung nur mutmaßen kann, ist ziemlich klar, was dieser Ort einmal war: eine religiöse Kultstätte für Opferungen, Feiern und Rituale in der Jungsteinzeit.

● MARSAXLOKK

Eigenwillig waren sie schon immer, die Einwohner von Marsaxlokk. Sie sprechen ihren eigenen Dialekt, dem sogar mancher Malteser nur mit Mühe folgen kann. Das kleine Fischerdorf zählt zu den wichtigsten Zielen für Touristen; mit den hübschen, langen Booten und den Sandsteinbauten wirkt die Szenerie ein wenig wie Venedig, nur bunter.

● POPEYE VILLAGE

Malta erlangt mehr und mehr Beliebtheit als Drehort für Kinofilme. Das Potenzial der Insel hat als einer der ersten Robert Altman erkannt, als er 1979 den Film »Popeye« dort drehen ließ. Das Filmdorf des Sets ist bis heute erhalten und in einen Freizeitpark umgewandelt worden.

● MDINA

Schon von Weitem kann man erkennen: Diese Stadt muss etwas Besonderes sein. Gehalten von dicken Mauern, bildet die alte Hauptstadt Mdina eine einzige Festung. Kein Wunder also, dass sie »von Mauern umgebene Stadt« heißt und auch schon als Drehort der Erfolgsserie »Game of Thrones« diente. Der arabische Einfluss auf der Insel wird in Mdina überdeutlich, viele der Gebäude könnten so auch in Marokko stehen mit den engen Gassen, den ockerfarbenen Wänden der Häuser und dem Gefühl, durch eine riesige Festungsanlage zu spazieren. Für Abwechslung und Lebendigkeit sorgen zahlreichen Restaurants, Cafés und Läden.

KATHEDRALE ST. PAUL

Am Ende des etwas breiteren Stücks der Hauptstraße Triq Villegaignon beherrscht die frühbarocke St.-Peter-und-Paul-Kathedrale (1697–1702) die Pjazza San Pawl. Das Portal der Sakristei ist das ehemalige Eingangstor der Vorgängerkirche (12. Jahrhundert) und zeigt Motive der nordischen Romanik. Es ist aus irischer Mooreiche gefertigt,

DINNER FOR TWO

SAN GILJAN: BARRACUDA // Eine der besten Adressen für Fine Dining, kombiniert mit einer spektakulären Aussicht, ist das Restaurant Barracuda nahe Sliema. Und wie es sich für Malta gehört, landet vor allem Fangfrisches aus dem Mittelmeer auf dem Teller.
// 194 Main Street

VALLETTA: PALAZZO PRECA // Jeden Mittwoch wird es romantisch im Palazzo Preca, wenn die Tische mit Kerzen bestückt sind und sich die intime Atmosphäre über alles senkt. Serviert werden – nicht nur bei diesen wöchentlichen Candle-Light-Dinners – Meeresfrüchte, Fisch und Pasta, aber auch Fleisch.
// palazzoprecavalletta.com

GOZO: TA' RIKARDU // Hinter den dicken Mauern der Zitadelle von Victoria versteckt sich dieses Lokal. Chef Rikardu verkauft seinen selbst hergestellten Wein und Käse im dazugehörigen Laden; im Restaurant kommen lokale Spezialitäten auf die Teller.
// 4, Fosos Street, Ir-Rabat, Victoria

importiert von den Normannen. Auch der Chor des normannischen Vorgängerbaus wurde in die Kathedrale integriert. Das Fresko über dem Hauptaltar mit dem Schiffbruch des Apostels Paulus stammt von Mattia Preti. Das Deckengewölbe wurde mit Szenen aus dem Leben der Apostel Petrus und Paulus ausgemalt. Die Vierungskuppel ist das Wahrzeichen Mdinas.

Links: Der Name Hagar Qim bedeutet »stehende Steine«. Die Tempelanlage ist eine der ältesten weltweit und wohl um 3600 v. Chr. entstanden.

KULTURGENUSS

• NATIONAL MUSEUM OF ARCHEOLOGY
Vallettas Archäologisches Museum befindet sich in einem gut erhaltenen Gebäude der Ritterzeit. Eine enorme Sammlung an prähistorischer Kunst und Exponaten veranschaulicht Maltas Geschichte.

• MEGALITHTEMPEL AUF MALTA UND GOZO
Noch im 20. Jahrhundert rechnete man die Megalithbauten der phönizischen Kultur zu, bis neue Datierungsmethoden das Alter der ältesten Steintempel der Welt enthüllten. Von den sieben großen Tempelanlagen auf Malta gilt diejenige von Ggantija auf Gozo als die älteste (etwa 6000 Jahre). Die beiden von einer Mauer umgebenen Tempel bestehen aus mehreren hufeisenförmigen Kammern mit einer Länge von über zehn Metern, die kleeblattartig um einen Innenhof herum gruppiert sind. Die Welterbestätte mit den beiden Tempeln von Ggantija wurde später um ähnliche Anlagen auf Gozo und der Hauptinsel erweitert: Hagar Qim, Mnajdra, Tarxien, Ta'Hagrat und Skorba.

• GOZO
Die kleinere Schwester Maltas lässt sich in einer halben Stunde per Autofähre erreichen. Über der Hauptstadt Victoria liegt die Zitadelle, eine der Hauptattraktionen der Insel. Ebenfalls sehenswert ist das Blue Hole, eine 15 Meter tiefe Lagune.

ÜBERNACHTEN

HOTEL PHOENICIA // Gemeinsam im Licht der untergehenden Sonne vom eigenen Balkon über den Hafen Valettas bis aufs Meer blicken – im Hotel Phoenicia ist das kein Problem. Die Einrichtung spiegelt stilsicher Moderne und Tradition wider; mit kostenfreier Minibar und zuvorkommendem Service bleibt kein Wunsch unerfüllt.

// phoeniciamalta.com

LA FALCONERIA // Ein Luxushotel mit verspielten Details mitten in Valletta. Hier schläft man wie König und Königin, die romantischen Terrassen sind ein Traum und bieten einen fantastischen Blick über die Dächer der Stadt. Service, Essen und Spa entsprechen höchstem Standard.

// lafalconeria.com

ZU ZWEIT ERLEBEN

Unten links: die Insel Gozo bietet zum einen traumhafte Natur für abenteuerliche Wanderungen und Ausflüge, zum anderen gibt es aber auch spannende Kultur zu entdecken, wie zum Beispiel den sehr alten Ggantija-Tempel im Zentrum der Insel.

Unten rechts: Der kleine Tempel in den Lower Barrakka Gardens in Valletta ist das Erkennungsmerkmal dieses Ortes. Umringt von Palmen und Wasserbecken ist dieser Garten eine paradiesische Oase auf Malta.

ZU EINSAMEN INSELN SCHWIMMEN

Die Insel Comino im Norden von Malta ist einen besonderen Ausflug wert: Hier wartet die Blaue Lagune auf Badende, Schnorchler und Sonnenhungrige. Wer mit seinem oder seiner Liebsten jedoch lieber ungestört und in trauter Zweisamkeit das Karibikfeeling genießen möchte, sollte von hier aus zu einer der unbewohnten Inseln gegenüber schwimmen.

WANDERUNGEN ZU DEN DINGLI-KLIPPEN

Im Süden Maltas gehören die schroffen Klippen zu den beeindruckendsten Landschaftsmerkmalen der Insel. Wer gern wandert, sollte unbedingt den Weg entlang der Klippen wählen. Er wird nicht nur mit schönen Ausblicken belohnt, sondern auch mit dramatischen Felsformationen vor dem blauen Meer. Übrigens ein Logenplatz für Sonnenuntergänge!

ENTSPANNT DIE ZEIT GENIESSEN IN EINER DGHAJSA

Auf dem Wasser um Malta bewegt man sich mit einer Dghajsa fort, und das schon seit dem 17. Jahrhundert. Man sollte es sich nicht entgehen lassen, sich in einem dieser Boote über das Meer fahren zu lassen. Vergleichbar mit den venezianischen Gondolieri, steuern und rudern auch die Malteser ihre geliebten Boote im Stehen. Nicht nur als Wassertaxi stehen sie zur Verfügung, bei einigen Verleihen kann man eine Bootstour auch für »besondere Anlässe« buchen – einem romantischen Date steht nichts im Wege.

BEI SONNENUNTERGANG UM GOZO SCHIPPERN

Mdina ist mit seinen gepflasterten Straßen und der Kerzenbeleuchtung wohl das romantischste Städtchen auf der Hauptinsel. Wer die sogenannte Stadt der Stille bereits besucht hat und sich nach dem nächsten Ort mit romantischem Flair umsieht, sollte Gozo eine Chance geben. Besonders empfehlenswert ist es, in der Abenddämmerung eine Bootstour zu starten, die um das kleine Eiland herumführt. Dabei offenbart sich nicht nur die abwechslungsreiche Landschaft von ihren schönsten Seiten, auch der Sonnenuntergang wird Eindruck schinden.

UNBEKANNTE GÄRTEN ERKUNDEN

Maltas Gärten dürften einiges an Berühmtheit besitzen. Natürlich kann es da vorkommen, dass man sich gemeinsam mit zahlreichen anderen die Schönheit teilen muss. Jedoch gibt es auch Gärten, die nicht so überlaufen sind wie andere – und ihnen in ihrer Pracht dennoch in nichts nachstehen. Der Garten Sa Maison im Südwesten Vallettas etwa ist einer dieser Geheimtipps. Besonders im Herbst hat man ihn oft ganz für sich. So kann man ganz in Ruhe die historischen Mauern erkunden, die Bepflanzungen bewundern, unter Palmen die Stille genießen und den Blick über die Häfen von Pietta und Marsamxett schweifen lassen.

BARCELONA

Dass es einer Stadt wie Barcelona nicht an romantischen Orten mangelt, versteht man bereits nach der Ankunft. Kaum eine andere spanische Stadt ist mit einem so verheißungsvollen Flair behaftet wie Barcelona. Hier treffen sich Vergangenheit und Gegenwart, Tradition und Avantgarde, Subkultur und Eleganz und fördern ein Spektakel der Sinne zutage. Während das Gewirr der mittelalterlichen Gässchen des gotischen Viertels noch den Charme der Vergangenheit atmet, wähnt man sich kurz darauf im Zauberland der Postmoderne. In der Stadterweiterung Eixample kontrastieren herrschaftliche Stadtpaläste mit den fantasievollen Häusern der Meister des Modernisme, allen voran Antoni Gaudí, dessen großartige, von der Natur inspirierte Architektur das Gesicht Barcelonas tief geprägt hat. Die Nähe des Meeres genießt man am Hafen oder am Stadtstrand von Barceloneta.

Der Grundstein der Sagrada Família, der Sühnekirche der heiligen Familie, wurde am 19. März 1882 gelegt. Der ursprünglich neogotische Entwurf wurde von Antoni Gaudí in dem für ihn typischen fantasievollen, organischen Baustil des Modernisme abgeändert und ausgeführt.

● BARRI GÒTIC

Das gotische Viertel mit seinen schmalen Gassen und verzierten Fassaden ist einen Besuch wert. Mit seinen Ruinen aus der Römerzeit, schmalen mittelalterlichen Gassen und der Kathedrale bildet es den ältesten Teil Barcelonas.

● LA SEU

In der Krypta der Kathedrale im gotischen Viertel liegt die Schutzpatronin Barcelonas begraben. Seit dem Mittelalter sind in den Höfen des Kreuzgangs Gänse zu Hause.

● PALAU DE LA MÚSICA CATALANA

Niemand sollte Barcelona verlassen, ohne den bunt-verspielten Musikpalast von innen gesehen zu haben. Die Ausstattung im Jugendstil des prachtvollen Konzertsaals raubt einem schier den Atem.

● LAS RAMBLAS

Sie ist die pulsierende Lebensader Barcelonas, ohne die man sich diese Stadt nicht vorstellen könnte. Auf der über einen Kilometer langen Flaniermeile mischen sich Menschen unterschiedlichster Herkunft zu einem multikulturellen Miteinander. Verkaufsstände und Cafés säumen die Seiten.

● PARC GÜELL

Bunt und einladend wirkt der ab 1900 im Rahmen einer Gartenstadt angelegte Park. Gaudí sollte im Auftrag von Eusebi Güell eine geschlossene Wohnsiedlung für Wohlhabende zusammen mit einem Park nach dem Muster englischer Gartenstädte errichten. Ausgeführt wurden nur der Park und die Mauer. Nur drei Häuser sind entstanden, eines davon war Gaudís Wohnhaus und ist jetzt ein Museum.

● PLAÇA DE CATALUNYA

Er ist so groß wie der Petersplatz in Rom und bildet das Herz der Stadt. Hier laufen so ziemlich alle Verkehrswege zusammen und man trifft sich an einem der Brunnen.

● SAGRADA FAMÍLIA

Der weltberühmte Sakralbau, dessen vollständiger Name Temple Expiatori de la Sagrada Família lautet, gilt als Gaudís Meisterwerk – eigenwillig und individualistisch wie der Architekt selbst. Die neogotische Kathedrale ist zum Symbol für Barcelona geworden und gleichzeitig noch immer eine Baustelle. Das ungewöhnliche Bauwerk wird vermutlich Mitte des 21. Jahrhunderts fertiggestellt sein, dann sollen insgesamt 18 Türme in den Himmel aufragen. Gaudí, der sich die letzten Jahrzehnte seines Lebens völlig diesem Projekt verschrieben hatte, hat in der Krypta seine letzte Ruhe gefunden.

● CASA MILÀ

Es wird das Steinbruch-Haus genannt und ist die letzte Arbeit von Gaudí, bevor er sich der

WARUM IM HERBST?

Bei der Festa de la Mercè an den Tagen um den 24. September wird Nostra Senyora de la Mercè, die Gottesmutter Maria, als Schutzpatronin Barcelonas gefeiert. Ein Fest, das die ganze Stadt erfasst. Dabei werden Riesen (»gegants«), Großköpfe (»capgrosses«) und Zwerge (»nans«) durch die Straßen getragen und tanzen den »ball des gegants«, begleitet von Musikkapellen, Tänzern und Reitern. Einige Meter hohe Menschentürme (»castells«) lassen einem den Atem stocken, ebenso die Pyrotechnischen Schaustücke wie Feuer speiende Drachen, Dämonen und Lauffeuer (»correfoc«). Mitfeiern ist hier angesagt.

Sagrada Família widmete. Zu besichtigen sind ein Kunstmuseum, eine Ausstellung über den Architekten und eine Wohnung mit den Originalmöbeln aus der Zeit.

CASA BATLLÓ

Gaudí gestaltete für den Industriellen Batlló dieses Gebäude vollkommen neu. Die Legende des Schutzpatrons Kataloniens, der gegen einen Drachen kämpfte, wird auf der Fassade erzählt.

LA BARCELONETA

Barcelonas »Fischerdorf« liegt auf einer dreieckigen Landzunge und ist aus einem ehemaligen Elendsviertel hervorgegangen, das Mitte des 18. Jahrhunderts abgerissen wurde. Auf einem schachbrettartigen Grundriss wurde damals ein neues Viertel mit zwei- bis dreistöckigen Häusern entworfen, das den Hafenarbeitern und Fischern eine Wohnstätte bieten sollte. Den Mittelpunkt dieses noch volkstümli-

Unten: Den Parc Güell schmücken fantasievolle Schornsteine und Brunnen.

Links: Zu Ehren von Barcelonas Schutzpatronin wird seit 1902 die etwa fünf Tage dauernde Festa de la Mercè abgehalten. Mit Musik- und Folkloreveranstaltungen sowie Akrobatik wie den Castellers (Menschentürme) wird der Sommer spektakulär verabschiedet.

Links: Von der Kolumbussäule aus bietet sich ein fantastischer Blick über den alten Hafen.

chen Viertels mit seinen urigen Fischlokalen bildet die Plaça de la Barceloneta mit der Kirche Sant Miguel del Port.

● L'AQUÀRIUM
Das größte Meeresmuseum Europas hat einen 80 Meter langen Unterwassertunnel, in dem man Haien sehr nahe kommt.

● PORT OLÍMPIC
Der Hafen wurde in seiner jetzigen Form für die Olympischen Spiele 1992 erbaut und liegt zwischen zwei der beliebtesten Strände der Stadt. Beliebt ist der Hafen für sein buntes Nachtleben. Tagsüber bietet er außerdem viele Möglichkeiten zum Shoppen und Essen. So ist zu jeder Zeit viel los am Olympischen Hafen. In Sichtweite liegt neben zwei Zwillings-Hochhäusern auch der als »Goldfisch« (»El Peix d'Or«) bezeichnete Bau des berühmten Architekten Frank Gehry. Auch er wurde im Zuge der Olympischen Spiele errichtet. Durch die Sonnenstrahlung leuchtet er meist in seiner namensgebenden Farbe, doch je nach Stand der Sonne verändert sich sein Aussehen und das Gold leuchtet mal in diesem, mal in jenem Farbton.

● SANTA MARIA DEL MAR
Über einem alten Friedhof aus der Römerzeit, auf dem der Legende nach auch schon der Apostel Jakobus der Ältere gepredigt haben soll, wurde eine gotische Kirche errichtet, die mit ihren schlanken Proportionen, ihrer Weiträumigkeit und der beeindruckenden Lichtwirkung als schönste Kirche der Stadt gilt.

● CASTELL DEL MONTJUÏC
Die Festungsanlage diente einst dem Schutz der Stadt, heutzutage ist sie ein Museum für Militärgeschichte. Zudem finden hier auch Konzerte statt. Dank der erhöhten Lage hat man vom Castell del Montjuïc außerdem eine tolle Aussicht auf die Stadt.

● TRANSBORDADOR AERI
Die alte Hafenseilbahn führt vom Torre San Sebastià am Hafen auf den Montjuïc. Zur Startplattform fährt man mit einem Lift und einem Stopp unterwegs im Torre Jaume, um die Aussicht zu genießen.

● TIBIDABO
Mindestens einen halben Tag sollte man auf dem über 500 Meter hohen Berg verbringen. Hier ist ein Vergnügungspark mit teils sehr alten schönen Karussells zu sehen sowie die Kirche Sagrat Cor mit stattlicher Christusstatue.

● FUNDACIÓ JOAN MIRÓ
Der Künstler Joan Miró ist ein Sohn der Stadt und studierte hier. Höhepunkte im Museum

DINNER FOR TWO

PLA // Etwas versteckt gelegen, diskreter Service, feines Essen, kuschelige Atmosphäre und bester Wein – PLA ist das ideale Restaurant für ein romantisches Dinner.
// restaurantpla.cat

RILKE // Es gibt nicht viele Orte, an denen man ein köstliches Essen genießen kann und dabei auf einen verwunschenen kleinen Garten blickt, in dem eine steinerne Venus von Milo und ein Löwenbrunnen die Blicke auf sich ziehen. Das Restaurant Rilke macht es möglich. Im Inneren wurde es aufwendig restauriert und wirkt nobel in seinem neoklassizistischen Stil.
// jokbarcelona.com/restaurante

WINTER GARDEN // Mit gusseisernen Sitzmöbeln, Korbsesseln, Blick auf den Pool und Gemälden in Grüntönen macht das Restaurant seinem Namen alle Ehre. Das Besondere ist jedoch vor allem die Lage der hübschen Terrasse über den Dächern der Stadt.
// Gran Via de les Corts Catalanes 668

auf dem Montjuïc sind ein Brunnen, in dem Quecksilber fließt, und die Terrasse mit Blick über die Stadt.

KULTURGENUSS

● KATALANISCHE KLOSTERTOUR
Die bedeutendsten Klöster Kataloniens sind nur einen Katzensprung von Barcelona entfernt. Da wäre das Zisterzienserkloster de Santes Creus mit seinem verschwenderisch gestalteten Kreuzgang und dem gut erhaltenen Weinkeller. Das Monestir Santa María de Poblet wird noch von Zisterziensern genutzt. Dort gibt es sogar ein Gästehaus. Das Benediktinerkloster von Montserrat liegt in wildem Gebirge und wurde bereits 880 gegründet. Anziehungspunkt ist die Schwarze Madonna, die Schutzpatronin Kataloniens.

● MUSEU PICASSO
Der weltberühmte Künstler Pablo Picasso studierte in Barcelona. Das in fünf alten Stadtpalästen untergebrachte Museum legt den Schwerpunkt auf seine frühen Arbeiten. Audioguides in unterschiedlichen Sprachen lassen die Geschichten hinter den Werken und dem Ausnahmekünstler lebendig werden. Da es eines der beliebtesten Museen in Barcelona ist, empfiehlt es sich, im Voraus ein Zeitticket zu besorgen.

● MUSEU NACIONAL D'ART DE CATALUNYA
Der Neobarock-Tempel wurde als spanischer Pavillon der Weltausstellung 1929 erbaut. Er beheimatet eine beeindruckende Vielfalt romanischer und gotischer sowie katalanischer Kunst. Neben zahlreichen Originalen finden sich hier auch faszinierende Nachbildungen romanischer Fresken, die in einer maßstabsgerechten Architekturkulisse angebracht sind. Sie stammen vornehmlich aus kleineren Kirchen in den Pyrenäen. Immer wieder wurde das Museum um Abteilungen erweitert und so das Dargestellte nicht nur zeitlich durch Hinzunahme der Avantgarde beispielsweise und geografisch durch Aufnahme niederländischer Malerei umfangreicher. Auch weiteren Kunstformen widmete man sich mit diesen Erweiterungen, wie zum Beispiel Kupferstichen und Fotografien.

ÜBERNACHTEN

WITTMORE HOTEL // Man merkt sofort, dass man im Wittmore großen Wert auf Privatsphäre legt. Das Ambiente ist das eines exklusiven Clubs, die Einrichtung erinnert an den SoHo Style, nur Erwachsene sind als Gäste willkommen und über allem liegt der Soundtrack Frank Sinatras.
// wittmorehotel.com

HOTEL ORIENTE ATIRAM // Das Hotel, ein ehemaliges Kloster aus dem 17. Jahrhundert, gilt als Institution im Barri Gòtic. Seit seiner Eröffnung im Jahr 1942 haben sich schon manche große Opernsänger und Musiker, die im Gran Teatre de Liceu gastierten, hier ein Zimmer genommen.
// atiramhotels.com

ALMA BARCELONA // Wer nicht nur Stadttrubel, sondern auch Erholung sucht, ist im Alma genau richtig. Hier verbringt man gerne Zeit zu zweit im weitläufigen Garten oder entspannt im Spa.
// almahotels.com/barcelona

ZU ZWEIT ERLEBEN

○ NÄCHTLICHE LIVEMUSIK IN DER CASA BATLLÓ

Tagsüber ist das von Gaudí gestaltete Haus verdientermaßen ein Touristen-Hotspot. Romantisch wird der Ort deshalb erst am Abend; wenn die Sonne hinter dem Horizont verschwindet, wird auch der Besucherstrom kleiner. Jetzt ist die Zeit gekommen, verträumt auf die stilvoll beleuchtete Fassade zu blicken und dann die Stufen aufs Dach zu erklimmen. Denn auf der Dachterrasse finden bis in den späten Herbst die »Casa Batlló Magic Nights« statt. Livemusik der unterschiedlichsten Stilrichtungen unter dem Sternenhimmel – wahrlich magisch.

○ EINE HAFENRUNDFAHRT IM GLASBODENBOOT

Etwa anderthalb Stunden dauert eine sehr lohnenswerte Fahrt durch den Hafen und entlang der Küste. Der Boden im Unterdeck der Boote und Katamarane ist aus Glas gefertigt, sodass die Unterwasserwelt und der Antrieb bestaunt werden können.

○ SICH VOM DUFT DER ROSEN BETÖREN LASSEN

Kaum eine Blume wird so stark mit der Liebe assoziiert wie die Rose. Grund genug, sich mit seiner oder seinem Liebsten Zeit für einen Besuch im Parque de Cervantes zu nehmen, denn unzählige Rosen verbreiten hier ihren lieblichen Duft und eine romantische Atmosphäre. Rund vier Hektar groß ist die Fläche des beliebten Parks, sodass man sich gerade im Herbst nicht mit anderen Besuchern in die Quere kommt und stattdessen einen schönen Spaziergang in trauter Zweisamkeit unternehmen kann.

○ SPONTANES PICKNICK IM PARK

Einen entspannten Nachmittag zu zweit verbringt man am besten bei einem Picknick im Park. Doch ist man auf einem Städtetrip, ist ein Picknickkorb nicht unbedingt Teil des Gepäcks, Geschirr müsste man aus dem Hotel mitgehen lassen und Vorbereitungszeit hat man auch kaum. Wie gut, dass es findige Unternehmer gibt, die mit »Picnic! Picnic!« einen besonderen Lieferservice ins Leben riefen. Der Korb wird je nach eigenen Wünschen mit bestem regionalem Essen, Wein, Früchten, Decke und Kissen bestückt und an den Wunschplatz im Grünen gebracht.

○ EINE FLAMENCOSHOW BESUCHEN

Flamenco ist der rassige Tanz, in dem das Temperament der Spanier zur Geltung kommt. Im Tablao Cordobés ist das künstlerische Niveau sehr hoch, im schönen alten Palacio del Flamenco legt man Wert auf eine aufwendige Show. Danach schnappt man sich seinen Partner und probiert selbst einen Flamenco.

Unten: Beim Pedralbes Festival wird traditioneller Flamencotanz vorgeführt.

SANTORIN

Will man diese Insel wirklich verstehen, muss man sie einmal von oben betrachtet haben. Erst dann wird ihr Temperament deutlich: Ein Vulkan, untergegangen und eingesackt mit seiner Caldera, aber dennoch erhebt sich der Kraterrand wie eine Krone aus dem Meer. Wer auf Santorin urlaubt, macht Ferien auf einem Vulkan. Und erst mit diesem Wissen versteht man die Dramaturgie der Schiffseinfahrt zur Insel besser, wenn sich rechts und links steile Wände auftun. Sie sind wie Tore in eine andere Welt, eine Welt der Feuerberge, der Kargheit, der Dramatik, gleichzeitig aber auch der Romantik und der wunderschönen Panoramen. Mit seiner bizarren Lage, den Dörfern, die wie Adlerhorste an den Felsen kleben, und den teilweise in den Stein gehauenen Hotels bietet die Insel auf hohem Niveau Romantik wie wohl kaum eine zweite in Griechenland.

Oben: Fira wurde an einem Steilhang über dem Meer errichtet. Hell gestrichene, würfelförmige kleine Häuser, die ineinander verschachtelt scheinen und miteinander verbunden sind, verleihen der Stadt ihr Gesicht.

Links: Die Ansichten der hoch über dem azurblauen Meer auf scharfkantigen Felsen thronenden und in der Sonne leuchtenden, schneeweißen Häuser von Oia auf Santorin faszinieren alle Besucher der griechischen Kykladeninsel.

● FIRA (THIRA)

In der Hauptsaison legen am Hafen von Fira die großen Kreuzfahrtschiffe an und spülen ihre Reisegruppen an Land. Wer den steilen Anstieg ins Dorf nicht schafft, setzt sich in eine Seilbahn und pendelt so bequem zwischen den Stationen, denn Fira liegt 260 Meter hoch und ist über einen alten Maultierpfad am besten erreichbar, mehr als 580 Stufen führen vom Hafen zum Dorf mit den strahlend weißen Fassaden und Dächern. Aufgrund der vielen Touristen hat sich im Ort eine gute Struktur ausgebildet, bei der die Restaurants nicht aufs Preis-Leistungs-Verhältnis achten müssen. Ist man einmal zum Sonnenuntergang entlang der Promenade des Ortes geschlendert, wird schnell deutlich, warum dieses Panorama so verlockend ist. Sehenswert in Fira ist nicht nur das Gewirr aus engen Gassen und den Häusern am steil abfallenden Berg, sondern auch die Kathedrale, die nach einem Erdbeben im Jahr 1956 wiedererrichtet wurde und mit Wandmalereien und Ikonen ausgeschmückt ist. Ihre Kuppel und der Arkadengang strahlen kykladische Romantik aus. Besucher sollten aber nicht auf Regentropfen warten, um die Museen der Inselhauptstadt zu besuchen; sie lohnen auch bei gutem Wetter. Das Prähistorische Museum etwa zeigt Stücke aus früher Zeit und erzählt von Ackerbau, Viehzucht, Safrananbau und Silbenschriften. Im Archäologischen Museum sind Fundstücke wie antike Mosaiken,

WARUM IM HERBST?

Sonnenfans sind auf Santorin gut aufgehoben, denn wie alle Kykladen wird die Insel viele Tage im Jahr von der Sonne verwöhnt. Davon macht auch der Herbst keine Ausnahme. Doch er ist auf Santorin die Zeit der Romantik. Denn es wird insgesamt leerer auf der Insel, viele Charterflüge stellen ihren Betrieb mit dem Ende des Sommers ein. Nun sind es nur noch einige Besucher aus dem Asiatischen Raum, die die heiße Sommersonne nicht brauchen. Ansonsten hat man die Tage und Nächte mehr für sich, man hat wieder die Chance, ohne Touristenmassen am Strand zu liegen, geheime Buchten zu entdecken und sich die heimische Küche ohne lange Wartezeiten in den Restaurants zu genießen.

Plastiken und Keramiken ausgestellt. Sie entführen in die hellenistische Zeit und passen gut zu einem Besuch von Alt-Thera, um sich den Alltag des frühen Griechenland vorzustellen. Wer sich vor Augen führen lassen will, wie die Menschen in der Zeit der Venezianer gelebt haben, der geht am besten in das Gyzi-Museum im alten Herrenhaus.

Oben: Erdbeben haben die Insel bis in die jüngste Zeit erschüttert. Fira wurde im Stil traditioneller Bauformen wiederaufgebaut.

Unten: Der »Rote Strand« Kokkini Ammos ist von einer rötlich gefärbten Lavasteilwand umgeben.

● KAP AKROTIRI

Das südwestliche Ende der Insel ist mehr als nur die Inselspitze; auch für archäologisch Interessierte bietet es einen guten Ausflug, dort laden Ausgrabungsstätten mitsamt Museum zu einer Zeitreise ein. Zu sehen sind zum einen die Ruinen eines venezianischen Kastells aus dem 14. Jahrhundert, zum anderen gibt es ein

Museum, das über Funde Auskunft gibt, denn an dieser Stelle befand sich einst eine Siedlung. Der Leuchtturm am Kap ist nicht von innen zu besichtigen, lohnt aber dennoch den Abstecher.

● ALT-THERA

Wer wissen will, wie die Menschen vor 2500 Jahren gelebt haben, besucht die antike Stadt Alt-Thera. Sie liegt auf dem steilen Mesa Vouno und ist ein Zeugnis einer kykladischen Stadt damaliger Zeit. Breite Straßen führen zu einem Theater, dessen Reste ebenso erhalten sind wie die Agora oder die Säulenhalle der einstigen Basilika, auch Überbleibsel römischer Bäder sowie von Privathäusern lassen sich in den Ruinen ausmachen. Zwei Höhlen in der Nähe der Stadt laden ebenfalls zu einem Abstecher ein. Eine davon gilt als antikes Heiligtum, über die Funktion der zweiten streiten sich die Geister – entweder war sie eine Abfallgrube oder ein Opferplatz, meint man.

● ART SPACE

Wenn ein Kunstmuseum in einen alten Weinkeller zieht, dann ergibt sich eine Mischung mit besonderem Charme. Zeitgenössische Kunst fügt sich passend und edel in das Ambiente der Fässer und langen Gänge ein. Zudem ist die Galerie im Ort Exo Gonia ein perfekter Abstecher für alle, denen es gerade zu warm geworden ist. Wein wird auf dem Gelände auch noch produziert, und die Winzer lassen sich dabei gern über die Schulter schauen.

● OIA

Blaue Kuppeldächer vor glitzerndem Meer, steile Bebauung am Vulkankrater und alte griechische Windmühlen im Hintergrund: Wer das Postkartenbild von Santorin sucht, fährt nach Oia. Das kleine Dorf ist etwas ursprünglicher und ruhiger als das trubelige Fira. Besonders zum Sonnenuntergang ist Oia ein beliebter Ort, und die Terrassen der Lokale sind schnell voll besetzt. Auch tagsüber lohnt sich der Rundgang, denn – wen wundert es bei dieser schönen Atmosphäre – es haben sich viele Künstler angesiedelt und bieten in ihren Ateliers Einblick in ihre Tätigkeiten.

● PERIVOLI

Der längste und feinste Strand der Insel ist grau-schwarz. Hier stehen Liegen zum Sonnenbaden, wer Lust auf Surfen oder andere Wassersportarten hat, kann Kurse besuchen.

● ROTER STRAND

Ganz in der Nähe der Ausgrabungsstätte Akrotiri befindet sich dieser schmale Strand, der

DINNER FOR TWO

ABOVE & BEYOND RESTAURANT // Ein guter Ort, um den Abend mit einem köstlichen Mahl und Blick auf den Sonnenuntergang zu genießen, ist dieses exklusive Restaurant. Besonders romantisch wird es beim Candle-Light-Dinner. Spezielle Wünsche wie Blumenschmuck oder Kuchen werden gerne umgesetzt. Vorab reservieren ist meist nötig, denn Above & Beyond besitzt nur vier Tische.
// abovebluesuites.com/#!fine-dining

PORTO CARRA HOTEL // Dachterrassen haben immer etwas Entspannendes. Wenn dort auch noch bequeme Sitzkissen zum Relaxen und Sich-aneinander-Kuscheln einladen, ist das der perfekte Abschluss eines Ferientages. Die Bar des Hotels Porto Carra bietet diesen Komfort, ohne überlaufen zu sein. // Fira Caldera, Thira

CANAVES OIA: PANORAMA BALCONY // Eine von Kerzen erleuchtete kleine Terrasse, mit Blick auf das dunkler werdende Meer und weit und breit keine Menschen – romantischer kann ein Dinner gar nicht sein als auf dem Panoramabalkon von Canaves Oia.
// canaves.com/canaves-oia-suites

sich unter einer tennisplatzroten Steilküste erstreckt. Einheimische nennen den Strand Kokkini Ammos. Um die Bucht herum lassen sich zahlreiche Höhlen finden. In den 1960er-Jahren waren sie die beliebten Rückzugsorte der Hippies. Heute lassen sich dort ebenso ungestört ein paar Stunden verbringen.

ÜBERNACHTEN

HOTEL KATIKIES // Romantischer als in diesem Hotel kann man kaum wohnen; es befindet sich in Oia und verwöhnt seine Gäste, die am liebsten Flitterwochen dort verbringen. Ob der Pool hoch über dem Meer, ein voll verglastes Restaurant, Massagen oder Weinverkostungen – man glaubt hier auf Wolke sieben zu schweben.
// katikies.com

SECRET LEGEND SUITES // Wer Luxusklasse sucht, der ist in diesem Hotel richtig: Runde Betten mit Panoramablick auf Meer und Inseln, Service der Extraklasse und ein verwöhnendes Spa sind ebenso inklusive wie das Restaurant mit Sonnenuntergangsgarantie. Luxus hat aber auch seinen Preis.
// secretlegendsuites.com

HONEYMOONPETRA VILLAS // Wenn die Flitterwochen schon im Namen stecken, wird das seinen Grund haben. Für Pärchen ist das familiengeführte Hotel zu jedem Zeitpunkt der Beziehung eine Empfehlung wert.
// honeymoonpetra.com

KULTURGENUSS

● ARCHÄOLOGISCHES MUSEUM FIRA
Viele griechische Inseln sind bekannt für ihre archäologischen Ausgrabungen. Bereits im Jahr 1902 widmete man ihnen ein eigenes Museum in Fira. Doch bei einem Erdbeben in den 1950er-Jahren wurde das Gebäude zerstört. Vier Jahre später wurde ein neues errichtet und birgt heute Vasen aus dem 5. Jahrhundert v. Chr., Fresken aus der hellenistischen Zeit, Kunstwerke aus Byzanz und vieles mehr.

● NAVAL MARITIME MUSEUM OIA
Die lange Tradition der Seefahrt auf Santorin wird in diesem Museum in Oia erlebbar. Viele kunstvolle Abbildungen von den unterschiedlichsten Schiffen, anschauliche Modelle aus Holz, nautische Exponate – das alles wird dem Museumsgast hier präsentiert.

● THE WHITE DOOR THEATRO
Um auf Santorin eine typisch griechische Hochzeit mitzufeiern, muss man keine Einheimischen kennen oder gar selbst vor den Traualtar treten, sondern einfach dem White Door Theatro einen Besuch abstatten. Man sieht dort jedoch nicht einfach nur einem Theaterstück zu, sondern erlebt eine Liveshow, die alle Anwesenden mit einbezieht. Die Schauspieler sprechen Englisch. Für den kleinen Hunger während der Show gibt es Mezedes und Wein.

● GRIECHISCHE NÄCHTE IN DEN TAVERNE
Wer kennt sie nicht, die Legenden von den griechischen Nächten. Auch auf Santorin kann man sie erleben. Dafür muss man sich einfach in einer der zahlreichen Tavernen erkundigen. Nicht wenige bieten regelmäßig Livemusik und Tanz zum oder nach dem Abendessen an.

ZU ZWEIT ERLEBEN

○ EINE WANDERUNG ENTLANG DER CALDERA

Fira als Hauptort der Insel strahlt Geschäftigkeit und Trubel aus. Wie schnell dieser allerdings vorbei sein kann und sich in Nichts auflöst, das erfahren Reisende, wenn sie vom etwas höher gelegenen Ortsteil Firostefani entlang der Caldera des Vulkans bis nach Oia wandern. Es ist ein Weg, der höchstens 20 Minuten beansprucht, aber einmalige Ausblicke und vor allem Ruhe bietet. Und deshalb sollte man sich auch gerne ein wenig mehr Zeit dafür nehmen, denn bei einem Spaziergang durch so faszinierende Landschaft kann man wunderbar in philosophische und persönliche Gespräche kommen, die durch niemanden gestört werden.

○ GRIECHISCHEN DUDELSÄCKEN LAUSCHEN

Dudelsäcke stammen doch aus Schottland, oder? Auf Santorin jedenfalls würde man sie auf den ersten Blick nicht verorten. Dennoch lassen sie sich dort finden. In Akrotiri gibt es einen Instrumentenbauer, der aus Schafsknochen und Ziegenhaut noch die alten Instrumente, die hier Tsamboúna genannt werden, baut. Für die Griechen bedeutet dieser Klang das »Weinen der Erde«.

○ IN EINER HÖHLE SCHLAFEN

Die Höhlenwohnungen auf Santorin sind ganz typisch für die Insel. Obwohl einige Hotels der alten Tradition folgen und Zimmer und Appartements in die steilen Vulkanwände bauen, ist es nicht dasselbe, wie in den alten Höhlen zu schlafen. Es gibt aber noch Privatanbieter auf der Insel, die Reisenden die Möglichkeit geben, in einer Höhle zu übernachten. Ein wirklich außergewöhnliches Erlebnis mit garantierter Privatsphäre und Panoramablick!

○ GRIECHISCHEN WEIN KOSTEN

Wer griechischen Wein nur aus Udo Jürgens' Schlager kennt, sollte spätestens auf Santorin eine Kostprobe des edlen Tropfens nehmen. Eine gute Adresse dafür ist das Weingut Gaia. Nicht nur schmeckt der Wein hervorragend, auch die Aussicht beim Wine Tasting ist einzigartig. Ein paar entspannte Stunden hier zu verbringen, lohnt sich.

○ DEN LEUCHTTURM AM KAP AKROTIRI AUFSUCHEN

Der Sonnenuntergang auf Santorin ist ein echtes Event. Man trifft sich in den angesagten Bars, sucht sich den schönsten Platz, um das goldene Licht zu genießen, bevor sich das Blau vom Himmel ergießt. Doch es muss nicht immer die Szenebar sein, wenn es am Leuchtturm einen perfekten Panoramaplatz gibt. Der Leuchtturm von Kap Akrotiri ist zwar nur von außen zu besichtigen, bietet aber einen wunderschönen Platz, um Blicke schweifen lassen und sich Arm in Arm von der untergehenden Sonne verzaubern zu lassen.

Unten links: Die Höhlenwohnungen auf Santorin gibt es von altmodisch traditionell bis modern und stylisch. Eins haben sie alle gemeinsam: eine grandiose Aussicht auf die Umgebung.

Unten rechts: Der Leuchtturm Akrotiri liegt an der Spitze der südwestlichen Küste Santorins.

TALLINN

Die estnische Hauptstadt am Finnischen Meerbusen mit ihrem wunderschönen historischen Stadtkern, dem alten Reval (bis 1918), gilt als herausragendes Beispiel einer nordeuropäischen Handels- und Hafenstadt des Mittelalters. Daher hat die UNESCO die gesamte Altstadt in die Liste der Welterbestätten aufgenommen. Die Altstadt mit ihren schmucken Plätzen und verwinkelten Gassen wie auch zahlreichen historischen Baudenkmälern erinnert bis heute an die Blütezeit des Handels. Daneben besitzt Tallinn aber auch einen hochmodernen Teil, der zahlreiche Start-Up- und Technikunternehmen hervorbringt. Nicht umsonst hat Tallinn den Beinamen »Hongkong des Baltikums«. Besucher können sich also auf einen aufregenden und vor allem abwechslungsreichen Städtetrip freuen.

Hereinspaziert! Die Zwillingstürme des Viru-Tors in Tallinn heißen die Besucher in der Altstadt willkommen (oben).

Links: In den verwunschenen Gassen von Tallinn trifft man auf pittoreske Häuserzeilen, Innenhöfe, Kirchen und auf so manches faszinierende Museum.

● ALTSTADT

Kopfsteingepflasterte Straßen schlängeln sich durch die Altstadt und enden auf mittelalterlichen Marktplätzen. Schmale Seitengänge führen zu manch verwunschenem Hinterhof, der im Sommer herrlich bepflanzt ist. Schmuck renovierte Giebelhäuser in Weiß und Creme stehen links und rechts, dazwischen gemauerte Speicher und Scheunen. Gut 80 Prozent davon stammen noch original aus dem 11. Jahrhundert. Abends sorgen historische Straßenlaternen für besondere Stimmung. Bars, Restaurants und Boutiquen locken zum Bummeln und Verweilen. Zauberhaft sind im Sommer die »Weißen Nächte«, wenn sich das Leben nur auf der Straße abspielt. Die alte, knapp zwei Kilometer lange Stadtmauer mit noch 26 stehenden Türmen schützt den Stadtkern.

● MARKTPLATZ UND RATHAUS

Inmitten der Altstadt liegt der Rathausplatz, seit Jahrhunderten Marktplatz und beliebter Treffpunkt der Tallinner. Gesäumt von historischen Bürgerhäusern, wird er beherrscht vom gotischen Rathaus (1404), das noch heute einen Eindruck vom Stolz der Bürgerschaft vermittelt, aber auch von hanseatischer Zurückhaltung. Es herrscht kein Protz, sondern selbstbewusste Schlichtheit, gekrönt von einem markanten Turm. Hoch oben sitzt der »Alte Thomas«, Träger der Wetterfahne und Wahrzeichen der Stadt. In den Kellergewölben wird die Geschichte des Baudenkmals dokumentiert. Eine weitere Attraktion stellt die historische Ratsapotheke dar, die seit 1422 ununterbrochen in Betrieb ist und mit einer Schau von altertümlichen Heilmitteln begeistert.

● RATSAPOTHEKE

Schon um 1422 wurden in der »Raeapteek« an der Ecke des Rathausplatzes Arzneien hergestellt – damit ist sie die wohl älteste noch in den Ursprungsräumen betriebene Pharmazie

WARUM IM HERBST?

Neben einer Stadterkundung eignen sich kühle Herbsttage vor allem zur Besichtigung der zahlreichen Museen Tallinns, so zum Beispiel des Kadriorg-Parks. Die Anlage rund um das Barockschloss umfasst neben dem KUMU-Museum eine Vielzahl kleinerer Museen, etwa das Anton-Hansen-Tammsaare-Museum über das Leben des Autors, das Eduard-Vilde-Museum über einen der beliebtesten Dichter Estlands sowie das Mikkel-Museum, in dem u.a. Vasen und Porzellan ausgestellt sind. Das Estnische Meeresmuseum im historischen Wasserflugzeug-Hangar zeigt rund 200 Exponate rund um die estnische Seefahrt, darunter ein U-Boot, den 100 Jahre alten Eisbrecher »Suur Tõll« und das Wasserflugzeug »Short 184«.

Europas. Doch nicht nur Pflanzentees, Salben, Tinkturen und allerlei Öle gingen hier während der Jahrhunderte über die Tresen. Verkauft wurden u. a. auch Papier, Wachs, Salz, Tinte, Spielkarten, Schießpulver und Tabak. Der Renner waren allerdings lange Zeit das hausgemachte Marzipan und der Tallinner Klarett, ein süßer Gewürzwein. Beide werden bis heute produziert.

● ALEXANDER-NEWSKI-KATHEDRALE

Mit ihrer rot-weißen Fassade und den fünf Zwiebeltürmen setzt die Alexander-Newski-Kathedrale eindeutige Akzente im Stadtbild. Zar Alexander III. befahl 1894, die Kirche auf einem Martin Luther gewidmeten Platz zu bauen. Nach der Unabhängigkeit von Russland sollten alle Erinnerungen an die Besatzer beseitigt und der prunkvolle Kuppelbau abgerissen werden. Doch dazu kam es nicht. Namensgeber der russisch-orthodoxen Kirche war der Fürst von Nowgorod, Alexander Yaroslavitz Newski, ein russischer Nationalheld, der in der Eisschlacht 1242 die deutschen Ordensritter geschlagen hatte. Läuten die elf Glocken, erklingt die ganze Stadt. Das Glockenensemble ist das kraftvollste aller Kirchen Tallinns; die schwerste Glocke wiegt 16 Tonnen.

● HEILIG-GEIST-KIRCHE

Mit ihren schneeweißen Mauern, dem schmalen, achteckigen Turm und dem hölzernen Interieur ist die Heilig-Geist-Kirche einer der ältesten und prächtigsten Bauten in Tallinn. Sie wurde als Erweiterung der ursprünglichen Kapelle des Armen- und Siechenhauses errichtet und 1380 fertiggestellt; der Turm stammt aus dem 17. Jahrhundert. Seine Uhr misst bis heute die Zeit. Zu den Kostbarkeiten der Einrichtung zählen der Schrankaltar von Berndt Notke aus dem 15. Jahrhundert und die Kanzel von 1597. Nach der Reformation wurden in der Heilig-Geist-Kirche die ersten Predigten auf Estnisch (und nicht mehr auf Deutsch) gehalten; der von Pastor Johann Koell 1535 veröffentlichte Katechismus gilt als erstes Buch in estnischer Sprache.

● KADRIORG

Nachdem Zar Peter I. Estland seinem Reich einverleibt hatte, ließ er ab 1718 seine Sommerresidenz Katharinental (Kadriorg) mit Schloss und Park anlegen. Der Planer und Architekt des nordöstlich der Altstadt gelegenen, zum Finnischen Meerbusen ausgerichteten Ensembles war Nicola Michetti. Heute ist Kadriorg eine gehobene Wohngegend mit vielen aufwendig renovierten Holz- und Steingebäuden aus dem 19. und 20. Jahrhundert, Botschaftsdépendencen und diversen Museen – darunter auch jenes im ehemaligen kleinen Zaren-Wohnhaus und eines für den estnischen Kunstsammler Johannes Mikkel. Der estnische Staatspräsident hat in einem Palais des Schlossparks seinen Sitz. Das Barockschloss selbst beherbergt das estnische Museum für ausländische Kunst. In unmittelbarer Nähe der einstigen Zaren-Sommerfrische steht der Neubau des KUMU-Museums.

Links oben: Die heutige Gestalt des Barockschlosses Kadriorg geht auf Umbauten des 18. Jahrhunderts zurück.

Links unten: Die Heilig-Geist-Kirche mit ihrem barocken Turm gilt als eines der schönsten Gotteshäuser der Stadt.

Unten: In der Straße Kuninga in der Altstadt stehen viele historische Häuser.

DINNER FOR TWO

Ö // Fine Dining wird im Restaurant Ö richtiggehend zelebriert: ein romantisches Dinner, bei dem man sich durch die modern interpretierte estnische Küche schlemmen kann.
// restoran-o.ee

RESTORAN CONTROVENTO // Ein beliebtes italienisches Restaurant inmitten der historischen Altstadtgassen. Sowohl drinnen als auch draußen gibt es schöne Sitzplätze.
// controvento.ee

RESTAURANT RATASKAEVU 16 // Mit köstlich zubereiteten und kunstvoll angerichteten Speisen bietet dieses gemütliche Restaurant für jeden ein Erlebnis.
// rataskaevu16.ee

KULTURGENUSS

● KUMU

Bedeutungsvoll gleich in mehrfacher Hinsicht ist das 2006 eröffnete »Kunstimuuseum KUMU«. Scharfkantig, schmal und kurvig wurde das siebenstöckige Gebäude aus Kupfer, Glas und Kalkstein in eine bestehende Klippe integriert – und zwar dort, wo zu Zeiten Peters des Großen die Stadt endete. So stehen sowohl der Ort als auch die von dem finnischen Architekten Pekka Vapaavuori entworfene Hülle des KUMU für eine neue Ära. Zudem dokumentiert das Museum, das zu den größten und modernsten Nordeuropas zählt, mit seiner Sammlung die estnischen Varianten der wesentlichen europäischen Kunstepochen der Neuzeit. Die Werkpalette reicht dabei vom 18. Jahrhundert bis in die Gegenwart und schließt sowohl den Sozialistischen Realismus während der fünfzigjährigen sowjetischen Besetzung Estlands ein als auch nonkonformistische sowjetische Kunst.

● PÖFF

Wer das Filmfestival in Cannes oder die Berlinale kennt, sollte sich auch das PÖFF nicht entgehen lassen. Das Tallinner »Filmfestival der Schwarzen Nächte« zählt nämlich ebenso zu den von der FIAPF zur A-Kategorie gekürten Festivals. Internationale und nationale Produktionen werden dabei begleitet von einem umfassenden Rahmenprogramm.

● JAZZKAAR

Freunde der Jazzmusik sollten den Veranstaltungskalender Tallinns nach dem Jazzkaar absuchen. Bei diesem Festival, das an mehreren Terminen über das Jahr verteilt stattfindet und zu den größten seiner Art im Baltikum zählt, werden Jazzfans voll auf ihre Kosten kommen.

Der moderne Bau des KUMU. Das Museum zeigt Kunstwerke vom 18 Jahrhundert bis heute.

ÜBERNACHTEN

THE THREE SISTERS // Das Fünf-Sterne-Boutique-Hotel befindet sich mitten in der Altstadt von Tallinn. Der mittelalterliche Kern des Hauses trifft auf modernste Ausstattung und Design. Im Hotel befindet sich ein Gourmetrestaurant. **// 3s.ee**

BOUTIQUE HOTEL SCHLÖSSLE // Keine Geringere als Königin Elisabeth II. trug sich hier 2006 ins Gästebuch ein. Die Räumlichkeiten bewahren den Charme einer mittelalterlichen Residenz, Designer Jean Pierre Martel verpasste ihnen schließlich einen modernen Touch. **// schloesslehotel.com**

SAVOY BOUTIQUE HOTEL // In einem ehrwürdigen Gebäude aus den 1890er-Jahren und 2006 aufwendig renoviert, ist das Hotel ideal für alle Romantiker. Gold, Braun und Bronze dominieren die Farbpalette, die Atmosphäre atmet Charme und Luxus. **// rixwell.com/en/hotels/savoy-boutique-hotel-tallinn**

ZU ZWEIT ERLEBEN

○ DIE STIMMUNG DES KISSING HILL WIRKEN LASSEN

Der Name ist Programm! Auf Estnisch als »Musumägi« bezeichnet, liegt der Hügel inmitten eines Parks aus dem 19. Jahrhundert – der passenderweise im Stil der Romantik angelegt wurde. Steinerne Brücken und dicke Bäume prägen das Bild. Überall finden sich Holzbänke, die zum Verweilen einladen. Und dann sollte man die Stimmung dieses Ortes auf sich wirken lassen. Wem dabei noch immer nicht warm ums Herz wird, der sollte die Skulpturen sprechen lassen. Für immer versteinert, zeigen sie eng umschlungene Pärchen, die entweder kurz vor einem innigen Kuss stehen oder unmittelbar danach. Neben all dieser Zweisamkeit ist der Park jedoch auch der Erinnerungsort an Kristian Jaak Peterson. Der estnische Dichter gilt als einer der Vorreiter der nationalen Literatur und setzte sich als Student mutig für die eigene Landessprache ein – in einer Zeit, in der nicht nur die Vorlesungen auf Deutsch abgehalten wurden. Die Tuberkulose nahm ihm jedoch schon im Alter von 21 Jahren das Leben. Zurück lässt er das Aufkeimen der estnischen Identität und einen kleinen und doch reichen Schatz der eigenen Dichtung. Warum nicht ein schönes Gedicht an diesem besonderen Ort rezitieren?

○ UNTER FREIEM HIMMEL SCHLAFEN

Zwar liegt der Lahemaa-Nationalpark eine Autostunde von Tallinn entfernt, aber wenn man die Zeit hat, sollte man sich unbedingt auf den Weg machen. Denn dort liegt Viru Bog, ein Hochmoor, das ursprünglicher und wildromantischer nicht sein könnte. To do: auf schmalen Holzpfaden wandeln, abends ein Feuer entzünden und die Nacht unter Sternen verbringen.

○ BLUMEN IN UNGERADER ANZAHL ERSTEHEN

Auf dem Blumenmarkt der Altstadt wird man Pflanzen jeglicher Art finden. Besonders schön ist jedoch, dass sich diese Blumenpracht Tag und Nacht vor den historischen Bauten unmittelbar beim Viru-Tor entfaltet und so vor eine eindrucksvolle Szenerie gesetzt ist. Die Romantik beginnt also schon beim Blumenkauf. Übrigens sollte man in Estland nie den Fehler begehen, der oder dem Angebeteten eine gerade Anzahl an Blumen zu überreichen. Denn das macht man hier nur zu Beerdigungen.

○ GESUNDHEITSMUSEUM

Äußerst anschaulich und interaktiv widmet sich das Eesti Tervishoiu Muuseum dem menschlichen Körper und seiner Gesundheit.

Unten links: Für Paare ist es besonders schön, durch den romantischen Park der Liebenden zu spazieren. Immer wieder kommt man an Steinskulpturen umarmender Liebespaare vorbei.

Unten rechts: Findlinge im Meer haben etwas Mystisches an sich. Die großen in der Landschaft liegenden Steine sind manchmal alleine und manchmal auch in Gruppen vorzufinden.

BUDAPEST

»Paris des Ostens« nennt man Ungarns pulsierende Hauptstadt auch, denn sie besitzt ein äußerst glanzvolles Musik-, Theater- und Kulturleben. In Budapest warten außerdem prachtvolle Bauten und breite Boulevards, elegante Kaffeehäuser und üppige Jugendstilbäder wie aus 1001 Nacht darauf, entdeckt zu werden. Die Donau teilt Ungarns Hauptstadt in das bergige Buda mit dem Burgviertel auf der einen und das flache Pest mit dem kuppelbekrönten Parlamentsgebäude auf der anderen Uferseite.

Oben: Obwohl das auf einem Hügel angesiedelte Burgviertel in Budapest schon zweimal beinahe komplett zerstört wurde – während der Türkenkriege und zum Ende des Zweiten Weltkriegs –, erstrahlt es heute wieder in voller Pracht.

Links: Dort, wo heute die Fischerbastei steht, befand sich im Mittelalter der Fischmarkt von Buda.

● BURGBERG UND FISCHERBASTEI

Im 13. Jahrhundert entstand die Burg Buda als Festung an der Südspitze des Burgbergs und wurde bald danach zur Königsburg auserkoren. Zugleich erwuchs auf dem übrigen Teil der Erhebung eine mittelalterliche Bürgerstadt. Heute erstreckt sich das Burgviertel über etwa zwei Drittel des Plateaus, vom Wiener Tor im Norden bis zum St.-Georgs-Platz vor den Toren der Burg. Nach den Verwüstungen während der Türkenkriege musste das gesamte Viertel neu aufgebaut werden. Das verspielte, festungsartige Ensemble der Fischerbastei steht am Rand des Vorplatzes der Matthiaskirche am Steilabhang zur Donau. Es entstand 1902 nach Plänen des Budapester Architekten Frigyes Schulek, der romanische Formen mit solchen anderer Epochen kombinierte. Vom Viertel »Wasserstadt« direkt unterhalb führt eine zugehörige monumentale Treppenanlage den Berg hinauf.

● BURGPALAST

Wie zwei Geschwister stehen sie sich gegenüber – auf der einen Donauseite der Burgpalast mit seiner Kuppel, auf der anderen das Parlament. Ein wohl einzigartiges Panorama tut sich in Budapest auf. Auch wenn er vom fernen Ufer der Donau aus noch so schön aussehen mag – es lohnt sich, den Burgpalast einmal näher zu untersuchen. Seine Anfänge reichen zurück bis ins 13. Jahrhundert, als König Béla IV. sich hier einen gotischen Palast errichten ließ. Die Anlage überspannt fast den gesamten südlichen Hügel, sie ist 400 Meter lang und 200 Meter breit und größte Burg Ungarns. In ihrer mehr als 800-jährigen Geschichte hat sie viele Belagerungen gesehen und wurde vielfach zerstört, zuletzt im Zweiten Weltkrieg.

UNGARISCHE NATIONALGALERIE

Im Burgpalast befindet sich die Nationalgalerie. Zu Kirchenkunst, mittelalterlichen Werken und moderner ungarischer Kunst gesellen sich wechselnde Ausstellungen.

● MATTHIASKIRCHE

Die 1255 bis 1269 als romanische Basilika entstandene Kirche auf dem Burgberg von Buda wurde als Liebfrauenkirche geweiht. Ihr inoffizieller Name geht auf Matthias I. Corvinus zurück; ihm verdankt das im 14. Jahrhundert zur dreischiffigen gotischen Hallenkirche umgebaute Gotteshaus den 80 Meter hohen Südturm. So scheint die Matthiaskirche mit ihrem bunten Dach unversehrt die Zeiten überdauert zu haben. Weit gefehlt: Ihre heutige Gestalt geht auf eine umfassende Restaurierung im Stil der Neogotik zurück.

● GELLÉRTBAD

Die Thermalquellen rund um Budapest verführten schon die Römer, an der Donau zu bleiben und sich anzusiedeln. Später nutzen die türkischen Besatzer die heilenden Quellen am Fuße des Gellért-Berges als Hamam. Als Anfang des 20. Jahrhunderts wirtschaftlicher Aufschwung nach Budapest kam, wurde auch das Hotel Gellért erbaut, das viele Budapest-Besucher nur wegen des Bades kennen. Tatsächlich zählt der Komplex zu den schönsten Thermalbädern der Stadt. Eklektisch im Jugendstil errichtet, haben

WARUM IM HERBST?

Das früher Mitte Oktober als Herbstfest bekannte Festival der Zeitgenössischen Kunst ist ein guter Vorwand der ungarischen Hauptstadt, sich nach Anbruch der Dämmerung in einem vielgestaltigen Programm von Musik, Theater und Tanz zu ergehen. Zu erwarten ist alles, von unbekannten Musikern bis zu allgemein bekannten Größen. Dazu gibt es Highlights wie den Jazz Marathon und die Nacht der Zeitgenössischen Galerien, die bis in die frühen Morgenstunden geöffnet haben. Auftritte und Veranstaltungen werden überall in der Stadt geboten, ob in Galerien, Kinos, im Nationaltheater oder in Bars und Cafés wie dem A38 oder dem Café Jedermann.

die Bauherren nicht an Verzierungen gespart: Herrlich verspielte Säulen stützen die zwei Etagen des Hauptschwimmbades, Glasmalereien, handgearbeitete Kacheln machen den Charme des Baus aus, der über drei Innen- und zehn Außenschwimmbecken verfügt.

● GELLÉRTBERG

Der nach Bischof Gellért benannte Berg ist 235 Meter hoch und bietet eine herrliche Sicht auf die Stadt. Oben hat man dem Märtyrer ein Denkmal gesetzt. Die Zitadelle erinnert an die Unabhängigkeitsrevolte 1848/49. Am südlichen Hang des Berges wurde 1926 eine kleine Kapelle in eine Höhle gebaut. Sie ist seit 1989 wieder zugänglich.

● GROSSE SYNAGOGE

Das Judentum hat in Ungarn eine lange, leider meist traurige Geschichte. Die Synagoge ist die zweitgrößte der Welt und kann im Rahmen einer Führung besichtigt werden. Eindrucksvoll das Jüdische Museum und das Holocaust-Denkmal im Innenhof, wo Tausende Opfer des Faschismus bestattet wurden.

● KETTENBRÜCKE

Winter können in Ungarn nicht nur sehr kalt werden, auch die Donau kann sich zu einem mächtigen Eisstrom entwickeln. Selbst die stärksten Holzpfeiler würden der starken Strömung und dem Druck nicht standhalten, deswegen spannten die Budapester im Sommer eine Brücke aus Pontons zwischen ihre beiden Stadtteile und hofften im Winter auf eine zugefrorene Donau. Erst der Reformer István

Oben: Budapest ist als einzige Stadt auf der Welt Hauptstadt und Kurort zugleich. Im Stadtgebiet werden heute 32 Bäder, davon neun staatlich anerkannte Heilbäder, von 123 erschlossenen Thermalquellen mit Mineralwasser versorgt. Mit üppigem Jugendstilschmuck ausgestattet ist das Gellért-Bad. Das wohl berühmteste Budapester Bad liegt mit dem gleichnamigen Nobelhotel am südlichen Ende des Gellértbergs.

Links: Auf einem Stadtbummel kommt man z. B. an der St.-Stephans-Basilika vorbei.

Rechts: Vorbild für den Bau des Parlaments war der Palace of Westminster in London. Die kunstvollen Fresken und Deckenmalereien im Inneren sind im Stil des Klassizismus gehalten und stellen die Geschichte Ungarns dar. Für die zahlreichen goldenen Verzierungen wurden mehr als 40 Kilogramm Gold verarbeitet.

Széchenyi fasste den Mut für ein damals in ganz Europa einzigartiges Vorhaben – über einen derart starken und breiten Fluss eine Brücke bauen zu lassen. Der Bau begann 1839, Széchenyi organisierte Tonnen von Stahl und stellte das Vorhaben unter englische Bauleitung. Zehn Jahre später konnte die Brücke eingeweiht werden.

● PARLAMENT

Das mit 365 Türmchen und 88 Statuen und Figuren geschmückte Gebäude besteht aus einem Mitteltrakt und zwei symmetrischen Seitenflügeln mit einer neugotischen Fassade, die auch Stilelemente des Barock und der Renaissance zeigt. Die Spitze der Kuppel schwebt 96 Meter über dem Boden, und die auf Pfeilern ruhende Decke des Kuppelsaals im Inneren erreicht eine lichte Höhe von 27 Metern. Damit zählt es zu den größten Parlamentsgebäuden der Welt.

● ST.-STEPHANS-BASILIKA

Als die St.-Stephans-Basilika im Jahr 1848 errichtet wurde, musste schon der Aushub unterbrochen werden, weil die Revolution ausgebrochen war. Als drei Jahre später die Arbeiten fortgesetzt werden konnten, starb der Baumeister Jószef Hild kurze Zeit darauf. Und dann brach auch noch die stolze Kuppel des Gebäudes zusammen. Der neue Baumeister Miklós Ybl ließ sie wieder neu errichten, verstarb aber auch wenig später. Aller Widrigkeiten zum Trotz ist die größte Kirche der Donau-Stadt dennoch fertiggestellt worden. Sie ragt mit ihrer Kuppel 96 Meter hoch in den Himmel. Die wichtigste Reliquie des Gotteshauses ist die einbalsamierte rechte Hand des heiligen Stephan, des ersten christlichen Königs von Ungarn.

● HELDENPLATZ

In der Mitte des Heldenplatzes steht das Millenniumsdenkmal, eine 36 Meter hohe Säule, die eine Statue des Erzengels Gabriel trägt. Einer Sage nach ist er dem heiligen Stephan erschienen und hat ihm die Krone überreicht. Umgeben ist der Heldenplatz von zwei Kolonnaden. Zwischen den Säulen befinden sich

DINNER FOR TWO

NEW YORK KÁVÉHÁZ // Die Betreiber bezeichnen ihr Restaurant unbescheiden als das schönste von Budapest. Sehenswert ist es auf jeden Fall. Hohe Räume, Stuck, viel Marmor, Gold. Dazu eine Speisekarte, die keine Wünsche offen lässt.
// newyorkcafe.hu

SZIMPLA KERT // In dieser vor beinahe 20 Jahren eröffneten ersten »Ruinenkneipe« der Stadt bekommt man nicht nur ein Bier, sondern erlebt auch viel Kultur. // szimpla.hu

A38 // Auf drei Etagen bietet dieses Schiff nicht nur die vielleicht angesagtesten Konzerte und Ausstellungen der Stadt, es hat auch ein hervorragendes Restaurant. // a38.hu

GOZSDU UDVAR // In dem an die Hackeschen Höfe in Berlin erinnernden Komplex finden sich Bars, Cafés, Restaurants und Galerien.
// gozsduudvar.hu

die Statuen großer Persönlichkeiten der ungarischen Geschichte.

● UNGARISCHE STAATSOPER

Sie gehört zu den prachtvollsten Opernhäusern in ganz Europa. Die im Stadtteil Pest gelegene Oper ist im Stil der Neorenaissance errichtet, nach dem Willen des österreichischen Kaisers Franz Joseph, der damals eine Wien ebenbürtige Bühne erbauen ließ. Der Kaiser hatte den berühmten Architekten Miklós Ybl beauftragt und dazu die besten Künstler der damaligen Zeit nach Budapest reisen lassen, um Fresken und Marmorarbeiten auszugestalten. 1200 Menschen finden in dem Saal Platz, er ist bis heute weltberühmt für seine erstklassige Akustik.

ÜBERNACHTEN

FOUR SEASONS GRESHAM PALACE // Dicke Teppiche und Kaminfeuer, Kristalllüster und Marmorbüsten: Der Jugendstilpalast im Stadtteil Pest mit Aussicht auf die Donau bietet mehr, als das Herz begehrt. Dazu ein hervorragendes Restaurant und einen einladenden Spa-Bereich.
// fourseasons.com/budapest

BALTAZÁR BUDAPEST // Im wunderschönen Burgviertel gelegen, lebt dieses familiengeführte Boutique-Hotel einen Retro-Stil, der gekonnt mit modernen Akzenten und Wandgemälden nach Vivienne Westwood, Keith Haring oder Andy Warhol versetzt ist.
// baltazarbudapest.com

● MARGARETENINSEL

Mitten in der Donau liegt Budapests autofreier Park. Es gibt Strände, Joggingzonen, ein Schwimmbad, den Rosengarten und die Ruinen alter Klöster. Außerdem das Zentenariumsdenkmal, das an die Vereinigung von Buda und Pest erinnert, sowie den Springbrunnen mit musikalischer Untermalung.

KULTURGENUSS

● BÉLA BARTÓK GEDENKHAUS

Von 1932 bis zu seiner Emigration in die USA 1940 lebte der berühmte Komponist in diesem Haus aus den 1920er-Jahren. Heute ist das prächtige Anwesen in ein Museum umgewandelt, in dem man sich auf die Spuren des Musikers begeben kann. Originale wie das Aufnahmegerät, mit dem er die traditionelle ungarische Volksmusik in Transsylvanien aufgezeichnet hat, sein Klavier oder die handgefertigten Möbel sind erhalten. Auch Exponate seiner eigenen umfassenden ethnografischen Sammlung werden präsentiert.

● IMRE VARGA SAMMLUNG

Diese Sammlung an Werken des ungarischen Bildhauers und weiterer zeitgenössischer Künstler des Landes gilt als Geheimtipp für Kunstinteressierte in Budapest. Die Ausstellungen befinden sich an zwei verschiedenen Standorten und sind ansprechend arrangiert.

● TANZ

Budapest gilt als europäisches Zentrum für klassische und auch zeitgenössische Tanzkunst. Die weltberühmten Ensembles der Stadt sind in ihren Ausrichtungen sehr vielfältig und ebenso die Orte, an denen sie auftreten. Gute Adressen, den Tänzerinnen und Tänzern zuzusehen, sind das Opernhaus, das Erkel-Theater, der Millenáris-Komplex und das Nationaltheater.

ZU ZWEIT ERLEBEN

Unten links: Der Elisabethturm, umringt von großen alten Bäumen, ist dank der tollen Aussicht von dort oben ein beliebtes Ausflugsziel in Budapest.

Unten rechts: Das Gellért-Bad hat Becken im Außen- und Innenbereich. Besonders sehenswert sind die vielen bunten Fliesen und Kacheln, mit denen die Wände bestückt sind.

○ JUGENDSTIL BEWUNDERN

Wenn jedes Land seine eigene Interpretation des Jugendstils hatte, so bleibt Art nouveau in Ungarn herausragend anders. Es beginnt bei den Dächern, die in bunten Mosaiken gelegt sind und aus dem roten und grauen Ziegelmeer herausragen. An vielen Häusern finden sich Bemalungen, Steinmetzarbeiten verschlungener Ranken oder aufwendig gestaltete Portale. Der Budapester Jugendstil hat eine ganz besondere Formensprache. Das liegt vor allem an Ödön Lechner, dem wohl wichtigsten Jugendstilkünstler Ungarns: Der Architekt erfand den Pyrogranit, einen künstlichen Stein, den man bunt einfärben konnte. Damit experimentierte er unter anderem an Budapests Dächern und legte die Ziegel zu bunten Mosaiken.

○ CANDLE-LIGHT-DINNER AUF DEM WASSER

Die Donau trennt nicht nur die Stadtteile Buda und Pest, sondern ist auch viel befahren – kein Wunder, denn die Schönheit der Stadt offenbart sich vom Wasser aus umso mehr. Wem der Sinn nicht nach einer klassischer Touristen-Bootsfahrt steht, der sollte eine Fahrt nach Dämmerung buchen, inklusive Dinner mit Kerzen an Board. Danach bietet es sich an, die goldenen Lichter des nächtlichen Budapest von der Kettenbrücke aus zu betrachten. Nicht nur die Brücke, deren Stützpfeiler Triumphbögen nachempfunden sind, ist nachts wirkungsvoll beleuchtet, die Stadt ist es ebenfalls. Gerade in der Abenddämmerung, wenn sich alle Lichter träumerisch in der Donau spiegeln, ein tolles Fotomotiv!

○ AUF DEN ELISABETHTURM AUF DEM JÁNOSHEGY STEIGEN

Der höchste Punkt der Budaer Berge ist über 500 Meter hoch. Genau hier steht der Turm. Mit einer Seilbahn geht es hinauf, dann zu Fuß zu dem Bau, der an eine mehrstöckige Torte erinnert. Nirgends ist die Sicht über Budapest besser! Und gleichzeitig gibt es kaum einen geeigneteren Ort für ein stimmungsvolles Picknick. Denn der Name des Turms geht auf die allseits bekannte Sisi zurück, deren Anmut den Habsburger Kaiser in Liebesrausch versetzte. Ihr zu Ehren wurde der Turm einst erbaut.

○ IN EIN THERMALBAD GEHEN

Der Thermalbadbesuch gehört einfach dazu. Das Gellért-Bad ist sehr groß und hat besonders warmes Wasser – gut bei Gelenk- und Gefäßbeschwerden. Im Rudas-Bad fühlt man sich wie in einem türkischen Tempel. Und solche belebenden Momente genießt man doch am liebsten zu zweit.

ZYPERN

Vielleicht ist das alles nur eine Erfindung von Tourismusämtern, aber ins Träumen kommt man schon, wenn man bei Paphos vor dem Felsen steht, an dem Aphrodite aus dem Meer gestiegen sein soll. Wenn dann noch die Sonne untergeht und dem Stein einen ganz leichten bronzefarbenen Schimmer verleiht, wagt man sogar, sich zu wünschen, dass die Göttin der Liebe ein zweites Mal schaumgeboren werden möge. Man sagt, wer den Felsen dreimal umrundet, dem ist die ewige Liebe sicher. Als Geburtsort der Liebesgöttin ist Zypern hervorragend als Destination für Verliebte geeignet. Kultur- und Naturlandschaften ergeben auf der Insel ein spannendes Puzzle, das man am besten zu zweit löst.

Zyperns Golden Beach trägt seinen Namen zu Recht: Wenn die Sonne untergeht, werden Strand, Felsen und Sand in ein goldenes Licht getaucht.

● GIRNE (KYRENIA)

Ehemaliges Stadtkönigreich mit alter Festung, verwinkelten Altstadtgassen, hochwertigen Museen und einem aufregenden Nachtleben: das derzeitige Touristenzentrum Nordzyperns.

ST.-HILARION-RUINE

Die trutzigen Mauern der alten Gipfelburg haben viele Belagerungen erlebt, als noch Kreuzritter durch die Lande zogen und die europäischen Machtverhältnisse sich beständig veränderten. Nur rund 140 Jahre war der Burg ein wenig Ruhe garantiert. In dieser Zeit genoss das Königshaus der Lusignans ihr Leben in vollen Zügen. Prächtig herausgeputzt waren Festung und Bewohner, stolze Jagdgesellschaften vertrieben sich ihre Zeit im Umland und die Ritterturniere standen jenen im Rest Europas in nichts nach. Und auch der bis in die Gegenwart im Volksmund überlieferte Name »Schloss der 1000 Gemächer« wird nicht von ungefähr kommen. Heute bietet die auf drei Ebenen liegende Ruine einen atemberaubenden Ausblick über das zu ihren Füßen liegende Girne und über das Mittelmeer in Richtung Türkei.

● AKÁMAS-HALBINSEL

Manchmal hat Militär auch sein Gutes. In diesem Fall den Schutz einer Landschaft, die seit dem Abzug der Armee unter Naturschutz steht. Der Westzipfel von Zypern ist wild und unberührt und bietet nicht nur Vögeln Unterschlupf. Auch die selten gewordenen Mönchsrobben fühlen sich hier wohl und räkeln sich in einer Bucht, während weiter südlich die umgangssprachlich Suppenschildkröten genannten Grünen Meeresschildkröten ihre Eier im Sand der Lára-Bucht ablegen. In den warmen Monaten oft nur ein schmaler Bach, sucht sich der Avgas seinen Weg durch die Halbinsel, an seinem Ufer lässt es sich bei milden Temperaturen im Frühling und Herbst herrlich wandern. Gesäumt ist der Weg von Sträuchern und Blumen, die in leuchtenden Farben erblühen. Auf diesem Pfad erreicht man schließlich die etwa drei Kilometer lange Avakas-Schlucht. Bis zu 30 Meter ragen ihre hellbeigen Wände in den zypriotischen Himmel, teilweise ist die Schlucht nur vier Meter breit. Die Wanderung lohnt sich allein deswegen.

● ARCHÄOLOGISCHER PARK KATO PÁFOS

Wer wohnte wohl hier, in den römischen Villen mit ihren bezaubernden Bodenmosaiken? Und wer waren die Beamten aus ptolemäischer Zeit, von denen nur ihre prächtigen Gräber geblieben sind? Der zum UNESCO-Weltkulturerbe gehörende Park schlägt einen eindrucksvollen Bogen durch zypriotische Geschichte bis zum Mittelalter, es braucht mehrere Stunden, ihn zu erschließen. Die größte Anziehungskraft auf Besucher geht wohl von den vier römischen Villen – den Häusern des Dionysos, Theseus, Aion und Orpheus – aus, denn hier finden sich die prachtvollen Mosaikböden, für die der Park berühmt ist. Dargestellt werden durch sie Szenen aus der griechischen

WARUM IM HERBST?

Zypern ist die perfekte Insel für Flitterwochen. Denn wo könnte eine Ehe besser ihren Anfang nehmen als am Aphrodite-Stein? Und auch sonst finden Jungvermählte das richtige Verhältnis von ruhigen Nischen, um dem frischen Glück ungestört Raum zu geben, bis zu lebendigen Partymeilen, um ausgelassen zu feiern. Von einfachen Tavernen bis zu mehrsternigen Nobelrestaurants ist für jeden Gaumen etwas dabei. Und passenderweise ist die Insel im Herbst etwas weniger überlaufen, sodass Zweisamkeit nicht nur ein leerer Begriff ist. Gleichzeitig ist das Wetter noch immer bestens geeignet für Wanderungen und Stadttouren. Und bei 30 °C selbst im Oktober steht natürlich ausgiebigem Baden im Meer nichts im Wege.

Mythologie. Am Rande des weitläufigen Areals finden sich die Königsgräber, doch der Name täuscht. Bestattet wurden hier »nur« reiche Bürger.

● ÓMODOS

Ein Ort, der schon seit Jahrzehnten in vielen Reiseführern als schönstes Dorf Zyperns angepriesen wird, hat es nicht leicht. Fast alle, die nach Zypern kommen, machen einen Abstecher hierher, wo ein Kloster den Dorfmittelpunkt bildet, von dem alte Gassen abzweigen und sich wunderschöne Fotomotive aufdrängen. Authentizität lässt sich gut vermarkten. Wer keine ungestörte Idylle erwartet, sondern landestypische Mitbringsel erwerben möchte, ist hier genau richtig.

● BEMALTE KIRCHEN IM TRÓODOSGEBIRGE

Versteckt im zyprischen Hauptgebirge Tróodos liegen zahlreiche Kirchen und Kapellen, die mit prächtigen byzantinischen Wandmalereien aus dem 11./12. Jahrhundert ausgeschmückt sind. Zehn über mehrere Dörfer verstreute Gotteshäuser gehören zum Welterbe

Links: Das Dorf Ómodos scheint einem Bilderbuch entsprungen. Hier ticken die Uhren noch etwas langsamer als andernorts auf der Welt.

Oben: Die Fresken der Kirche Panagia Phorbiotissa aus dem 12. Jahrhundert gehören zu den wertvollsten aus der byzantinischen Zeit.

der UNESCO: Stavros tou Agiasmati, Panagia tou Arakou, Timios Stavros, Agios Nikolaos tis Stegis, Panagia Podithou, Panagia Phorbiotissa, Kirche des heiligen Johannes Lampadistis, Panagia tou Moutoulla, Erzengel-Michael-Kirche und Ayia Sotira tou Soteros.

KLOSTER ÁGIOS IOANNIS LAMPADISTIS
Die winzige steinerne Klosteranlage Ágios Ioannis Lampadistis in den Tróodos-Bergen strahlt so viel Ruhe aus, dass sich ein Besuch auch ohne die wunderschönen byzantischen Fresken lohnen würde, die im Inneren des Klosterkirchenkomplexes erhalten sind und zum UNESCO-Weltkulturerbe gehören.

● MACHAIRÁS-KLOSTER
Das Machairás-Kloster gehört zu den großen noch bewirtschafteten. Es besticht durch die abgeschiedene Lage am Rand des Tróodos-Gebirges, seine kultivierte Stille und die angeblich Wunder wirkende Marienikone.

● CHOIROKOITIA
Die archäologische Stätte von Choirokoitia gehört zu den bedeutendsten vorgeschichtlichen Siedlungen im östlichen Mittelmeerraum. In vorgeschichtlicher Zeit spielte die Insel Zypern eine Schlüsselrolle in der Entwicklung der neolithischen Kultur. Choirokoitia, das zwischen Larnaka und Limassol liegt, ist eine ungewöhnlich gut erhaltene archäologische Fundstätte aus dieser Epoche der kulturgeschichtlichen Entwicklung und eines der ältesten Relikte menschlicher Siedlungen auf Zypern.

● LAZARUS-KIRCHE (ÁGIOS LAZAROS)
Die Mauern sind alt, ob die Ikone im Inneren echt ist, bleibt dagegen umstritten. Die im späten 9. Jahrhundert errichtete Kirche birgt vielleicht den Schädel des von Jesus vom Tod ins Leben zurückgeholten Lazarus, zumindest wurde ein Sarkophag in einer Krypta unter der Kirche gefunden, auf dem dessen Name stand. Die Reliquie ist heute der Hauptgrund für einen Besuch in der sonst recht schmucklosen Kirche.

● SALAMIS
15 000 Menschen hatten einst Platz in dem riesigen Theater. Ein monumentales Steinzeugnis einer untergegangenen Epoche europäischer Geschichte, als Salamis noch die wichtigste Stadt der Insel war, bis in spätrömische Zeiten hinein. In den zahlreichen Gräbern der Nekropole wurden interessante und teils künstlerisch gestaltete Grabbeigaben gefunden. Leider ist die imposante archäologische Stätte, an der bislang nur ein Bruchteil der alten Metropole freigelegt wurde, ein Opfer der politischen Wirren auf Zypern: wenig touristisch aufbereitet, obwohl sie die vielleicht interessanteste Sehenswürdigkeit Zyperns darstellt. Es bleibt zu hoffen, dass kommende Generationen behutsam mit dem Erbe umgehen.

DINNER FOR TWO

PAPHOS: 7 ST. GEORGES TAVERN //
Abends findet sich hier ohne Reservierung kaum ein Plätzchen, denn diese Taverne ist berühmt für ihr großes Meze-Angebot. Meze sind typisch zypriotisch: Es gibt keine Speisekarte, sondern viele Kleinigkeiten werden zu einem Festpreis gereicht. Die überaus herzliche Atmosphäre und der große Sitzbereich im Freien sind weitere Pluspunkte dieser geschmackvoll eingerichteten Taverne.
// 7stgeorges.com

PAPHOS: ASTERAS // Romantisches Dinner, das erst von der untergehenden Sonne – auf die man einen herrlichen Blick hat – und dann von Kerzenschein erleuchtet wird. Im Asteras ist das allabendlich ein Erlebnis.
// 10 Poseidonos Avenue

KULTURGENUSS

WEINTOUREN

Bei einer Weintour quer durch das nicht nur für den süßen Commandaria berühmte Weinland zeigt sich Zypern von seiner schmackhaftesten Seite. Wer das Besondere sucht, sollte die Weinstraße im Diarizos-Tal nehmen. Das dortige Anbaugebiet liegt etwas tiefer als die anderen Weingüter Zyperns, und dementsprechend besonders und anders schmecken die Weine.

ARCHÄOLOGISCHE MUSEEN

Auf Zypern scheint jede Region ihr eigenes Archäologisches Museum zu haben. Und das hat auch seinen guten Grund, denn die Funde der zahlreichen Ausgrabungen verdienen es, angemessen präsentiert zu werden. So vielfältig die Insel heute ist, so unterschiedlich sind auch die regionalen Funde aus vergangenen Zeiten. Im Archäologischen Museum des Bezirks Larnaka beispielsweise werden Töpferwaren mit Zinnglasur sowie aus Elfenbein und Alabaster gefertigte Exponate ausgestellt, die von den internationalen Handelsbeziehungen der Zyprioter erzählen. In jenem des Bezirks Lemesos hingegen dreht sich vieles um den Aphrodite-Kult mit weiblichen Terrakottafiguren oder Opfergaben. Auf eine rätselhafte Silbenschrift trifft man im Museum des Bezirks Paphos.

MUSIKFESTIVALS IM HERBST

Musikliebhaber sollten die Monate September und Oktober fest ins Auge fassen. Denn im Herbst finden zahlreiche Festivals auf der Insel statt, und dabei wird einiges geboten. Die Bandbreite reicht von klassischer und Chormusik über Flamenco bis hin zu Rock. Für das besondere Ambiente sorgen die Locations: So finden die Musikfestivals beispielsweise auf der Burg von Kerýneia, im Kloster Bellapais und im Amphitheater von Salamis statt.

Links: Die beeindruckenden Bodenmosaiken mit christlichen und weltlichen Motiven prägen die archäologische Stätte von Paphos.

ÜBERNACHTEN

HANNA KOUMI BOUTIQUE HOTEL // Guten Schlaf verspricht das Himmelbett, für kühle Nächte gibt es einen zimmereigenen Kamin und das Ambiente des hübschen Steinhauses ist mehr als heimelig.
// hannakoumi.com

NIKI'S HOUSE // Klein, gemütlich, warmherzig. Keine seelenlose Hotelburg, sondern ein sehr persönliches Ambiente.
// nikishouse.com

CASALE PANAYIOTIS // Was für eine gute Idee, diese kleinen Steincottages in eine Spa- und Hoteloase umzuwandeln, ohne ihnen den traditionellen Charme zu nehmen! Im Inneren erwarten die Gäste moderner Luxus und stilsichere Gestaltung.
// casalepanayiotis.com

ZU ZWEIT ERLEBEN

Unten links: Eine Gruppe Esel am Meer – kein typisches Bild für die meisten, aber auf Zypern ganz normal. Hier dürfen die Wildesel frei herumlaufen und können von Besuchern der Insel in ihrem natürlichen Lebensraum beobachtet werden.

Unten rechts: Unter und über der Wasseroberfläche gibt es bei Wanderungen oder Tauchgängen eine großartige Tier- und Pflanzenvielfalt zu entdecken.

○ PFERDEN UND ESELN BEGEGNEN

Vorbei an Olivenhainen mit Blick aufs ferne Meer führen die romantischen Ausritte zu Pferd, die bei Sonnenuntergang von den Betreibern der Eagle Mountain Range angeboten werden. Im Dipkarpaz Milli Parki wiederum wird den Wildeseln der Insel ein Schutzgebiet eingeräumt. Die Esel sind an Menschen gewöhnt und fressen Möhren aus der Hand.

○ AUF APHRODITES SPUREN WANDELN

Kaum eine andere Göttin ist mit der Insel so sehr verbunden wie die Liebesgöttin Aphrodite. Im Südwesten Zyperns soll sie der Mythologie zufolge aus dem Meer gestiegen sein. Aber auch andere Orte sind zu Pilgerstätten für Liebende geworden. Zum Beispiel das »Bad der Aphrodite« bei Latchi, ein natürliches Wasserbecken, in dem sie auf den Jüngling Adonis traf. Auch den Ruinen des Aphrodite-Tempels in Kouklia haftet die Kraft der Mythologie an. Vor dem türkischen Fort am Hafen von Paphos beispielsweise wird seit 1999 alljährlich Ende August oder Anfang September das Páfos Aphrodite Festival veranstaltet. Dabei kommt man in den Genuss ausgewählter Opern, die von internationalen Stars der Szene eindrucksvoll aufgeführt werden.

○ DIE RUHE DES OSTENS SPÜREN

Zypern ist längst kein Geheimtipp mehr, und vielerorts mögen die Touristenmengen einen negativen Einfluss auf einen entspannten Urlaub haben. Doch am östlichsten Punkt der Insel, an Cap Greco, scheint die Hektik und der Lärm weiter entfernt als irgendwo sonst. Stattdessen murmelt das Meer sanft, ragen Felsen in den Himmel und wiegen sich Pinien im Wind.

○ UNGESTÖRTE ZEIT AM STRAND GENIESSEN

Der Goldstrand ist ein kilometerlanger Sandstrand fast ohne Infrastruktur, fast ohne Touristen – fast zu schön, um wahr zu sein. Wen eine lange Anfahrt nicht abschreckt, die durch türkische Dörfer und über staubige Straßen führt, der ist im äußersten Nordosten Zyperns genau richtig.

○ ALAGADI-SCHILDKRÖTEN-PROJEKT

Es ist schon ein spektakuläres Ereignis, wenn die Unechten Karrettschildkröten-Mütter behäbig an Land kriechen, um ihre Eier am Alagadi-Strand abzulegen. Doch richtig berührend ist es, wenn dann 50 bis 60 Tage später die jungen Schildkröten schlüpfen, um sich auf den gefährlichen Weg ins Meer zu machen.

SINTRA

Nur für einen Tagesausflug viel zu schade ist die Stadt Sintra. Da sie von Lissabon nur gute 40 Minuten mit dem Zug entfernt ist, würde es sich lohnen, auch mehrfach hinzufahren – oder gleich ein paar Tage dort zu verbringen. Für Burgen, Paläste, die Altstadt selbst und alle anderen Sehenswürdigkeiten im Parque Natural de Sintra-Cascais sind gut drei Tage notwendig, um die Landschaft und zumindest die spektakulärsten Bauten in aller Ruhe und mit Genuss zu bewundern. Das ein wenig kühlere Klima als in Lissabon war schon früher für den Adel einer der wichtigsten Gründe, sich zumindest zeitweise hier niederzulassen. Selbstredend nicht in einfachen Häusern, sondern in extravaganten Palästen, die umgeben waren von kunstvoll angelegten Gärten. Etliche dieser Herrenhäuser und Paläste können heute von Feriengästen besucht werden.

Oben: Wer Sintra auslässt, hat wirklich etwas verpasst oder einen Grund gefunden, noch einmal in den Westen Lissabons zu fahren und die hier so verspielt-skurrile Architektur zu bewundern.

Links: Sintra besitzt viele außergewöhnliche Baudenkmäler: Herausragend ist, schon aufgrund seiner exponierten Lage, der Palácio Nacional da Pena. Der Bau ist ein pseudo-mittelalterliches, erst im 19. Jahrhundert entstandenes Burgschloss.

● PALÁCIO NACIONAL DE SINTRA

Er ist unübersehbar. Schon von Weitem ragen zwei graue Türme, die wie Kegel nach oben spitz zulaufen, über die Stadt und die Ebene. Das architektonische Alleinstellungsmerkmal des Palácio allerdings diente ganz profanen Dingen: Die Kegel sind nichts anderes als die Kamine der Palastküche. In der ursprünglich im 14. Jahrhundert von João I. gebauten Residenz, die mehrfach erweitert und umgebaut wurde, sind etliche Baustile enthalten. Arabische Elemente beispielsweise wie die geschnitzten Decken im Inneren oder Azulejos, Bilder aus glasierten Keramikfliesen, in der Sala dos Brasones (Wappensaal). Auch das Schlafzimmer von König Sebastião I. mit seinem italienischen Himmelbett, der Sirenensaal, der Saal der Araber oder der Bankettsaal mit seinen 27 an die Decken gemalten Schwänen sind sehenswert.

● CASTELO DOS MOUROS

Der Ausblick ist überwältigend, auch wenn der Aufstieg anstrengend war. Hoch über der Stadt Sintra zieht sich die Ruine einer Burg entlang, die eine lange Geschichte vorzuweisen hat. Bereits im 8. Jahrhundert errichteten die Mauren die Anlage, von deren ursprünglicher Substanz allerdings heute nur noch wenig erhalten ist. Denn in der Romantik und in der Zeit des Historismus wurden die längst verfallenen Mauern und Türmchen nach dem Geschmack der damaligen Zeit wieder neu errichtet. So prägen vor allem die Renovierungsarbeiten aus dem Jahr 1860 die heutige

Ansicht der Burg. Die Mauren übrigens hatten nicht allzu lange Freude an ihrem Bauwerk, denn im Jahr 1147 eroberte der portugiesische König Alfons I. nach mehreren fehlgeschlagenen Versuchen die Festung.

● PALÁCIO NACIONAL DA PENA

Schon beim ersten Blick ist klar: Wer ein Bauwerk wie dieses entstehen lässt, muss ein besonderer Mensch sein. Er muss den Zauber der Fantasie über den Pragmatismus stellen, ein Träumer sein. Doch der 1816 in Wien geborene Ferdinand II. litt als Prinzregent und späterer König lange an seiner deutschen Abstammung, die in Portugal als Makel angesehen wurde. Dennoch ging er am Ende als der sogenannte »o Rei Artista«, der »Künstlerkönig«, in die Geschichte des Landes ein. Mit dem Palácio Nacional da Pena schuf er eine der heute am meisten besuchten Sehenswürdigkeiten Portugals. Baumeister war der von ihm geschätzte Wilhelm Ludwig von Eschwege, der verschiedene Baustile verbinden sollte. Historismus war damals modern, und so versuchte von Eschwege, in den Gebäuden neogotische, neomanuelinische Stilformen und Elemente der Neorenaissance zu verbinden.

● PALÁCIO DE MONSERRATE

Es gibt Gebäude, die es verdienen, »leibhaftig« erlebt zu werden. Keine Beschreibung, kein noch so sorgsam gemaltes Bild kann ihnen gerecht werden. Der Palácio de Monserrate, vier Kilometer außerhalb von Sintra gelegen, ist solch ein Bauwerk. Es hat eine lange Geschichte hinter sich, ehe es in der heutigen Pracht erstrahlen konnte. Schon 1719 erwarb der damalige Vizekönig von Indien das Land, und der Nachbesitzer errichtete einen neogotischen Palast auf den Ruinen einer alten Kapelle. Doch das heutige Aussehen nahmen das Anwesen und der Park erst an, als sie im Jahr 1856 in den Besitz des damals reichsten Manns Englands, Sir Francis Cook, übergingen. Architekturliebhaber sind heute noch begeistert, indische, maurische und gotische Einflüsse in den harmonisch wirkenden Gebäuden zu entdecken. Der umgebende Park ist reich an Pflanzen aus aller Welt, darunter allein 20 verschiedene Palmenarten.

Wer reich war, baute sich in Sintra einst eine Sommerresidenz.

ÜBERNACHTEN

LUXA CHARMHOUSE HOTEL //
Wer eine Unterkunft sucht, in der man sich wie Königin und König fühlt, für den ist das LUXa eine gute Wahl. Zimmernamen wie »Romeo und Julia« oder »Dornröschen« sagen bereits alles. Die stilvolle Einrichtung im Vintage-Stil erinnert ein wenig an die pompösen Villen von Sintra. Einige Zimmer bieten einen tollen Ausblick auf die Schlösser.
// luxacharmhousehotel.com

SÃO MIGUEL GUEST HOUSE //
Dieses charmante kleine Hotel in einem restaurierten alten Gemäuer ist zentral gelegen und besitzt einen wunderschönen Garten, in dem man gern die letzten Minuten des Tages verbringt. Statt von unnötigem Luxus profitiert man hier von Herzlichkeit und Gastfreundschaft.
// Rua Soto Maior 15

ZU ZWEIT ERLEBEN

○ ZUR RICHTIGEN ZEIT HAND IN HAND DURCH SINTRA SCHLENDERN

Die Nähe zu Lissabon führt dazu, dass die meisten Sintra nur für einen Tagesausflug einplanen. Wer sich jedoch die Zeit nimmt, etwas länger in dem schönen Ort zu verweilen und auch über Nacht bleibt, hat einen entscheidenden Vorteil: Sowohl morgens, wenn die Tagestouristen noch nicht die Stadt erreicht haben, als auch abends, nachdem die letzten Busse sie wieder nach Lissabon zurückbringen, ist Sintra wie ausgewechselt. Jetzt ist der richtige Zeitpunkt, um Händchen haltend durch die Straßen zu flanieren, die man nun so gut wie für sich hat. So lassen sich die letzten oder ersten Sonnenstrahlen des Tages in Ruhe genießen.

○ SICH VON SANTÍSSIMA TRINDADE VERZAUBERN LASSEN

Ein besonders mystischer Ort Sintras ist die Kapelle Santíssima Trindade mit ihrer hinter fantasievoll geformten Felsen versteckten Krypta. Hier können die Besucher dank einer imposanten Wendeltreppe bis in die Tiefen des riesigen Initiationsbrunnens hinabsteigen. Das ist jedoch noch nicht das erstaunlichste Element der Kapelle: Von hier aus leitet eine Labyrinthgrotte zu einem Ausgang, der neben einem See mitten im verwunschenen Garten endet.

○ EINSAMKEIT AM ENDE DER WELT FINDEN

Der portugiesische Dichter Luís de Camões schrieb einst ehrfürchtig über diese Stelle: »Hier endet das Land und das Meer beginnt!«. Cabo da Roca ist der westlichste Punkt des europäischen Festlandes und tatsächlich ein Ort, der noch heute Respekt einflößt. 140 Meter hoch sind die Klippen, und der Blick auf den unendlich scheinenden Atlantik ist überwältigend. In der näheren Umgebung lassen sich einsame Buchten mit türkisgrünem Wasser entdecken. Die rauen Wellen des Atlantiks haben bizarre Felsformen ausgewaschen.

○ GEMEINSAM ENTSPANNEN

Wenn man im Urlaub nur von einer Sehenswürdigkeit zur nächsten eilt, wird man wohl kaum von dem normalen Stress des Alltags Abstand nehmen können. Aber gerade dafür sollte Urlaub gut sein. Alle Anspannungen loslassen und neue Energie für Körper und Geist schöpfen kann man beim Spa. Und weil man schließlich nicht allein unterwegs ist, bucht man zum Beispiel im Anantara Spa Tivoli Palácio de Seteais eine Behandlung für Pärchen, um sich gemeinsam ein wenig verwöhnen zu lassen.

○ MYSTISCHES SINTRA ERLEBEN

Sintra wird gemeinhin als portugiesische Hauptstadt der Romantik bezeichnet, und ebenso hervorstechend sind die zahlreichen Mythen und Legenden, die man im Centro Interattivo Sintra Mitti e Leggende auf anschauliche Art erleben kann. Musik, Literatur und Geschichte erzählen dabei von dem Sintra, das selbst den dänischen Märchendichter Hans Christian Andersen faszinierte.

Unten links: In den vielen kleineren und größeren Gassen der Stadt findet sich fast an jeder Ecke eine nette Gelegenheit einzukehren.

Unten rechts: Nach einem ereignisreichen langen Tag den Abend am Atlantischen Ozean ausklingen zu lassen, ist für viele Besucher ein besonderes Erlebnis.

TRAUM IN GRÜN

Neben dem Haupthaus selbst besteht die Anlage aus einem immens großen, üppig bepflanzten Park mit Brücken und Tunnelsystemen. Rund um das Schloss sorgen üppig bepflanzte Blumenbeete und verschiedenste Palmen für mediterranes Flair. Der Wald, der den größten Teil des Gartens einnimmt, wirkt zunächst geordnet und gepflegter, um dann auf einer Anhöhe immer wilder und verwachsener zu werden.

QUINTA DA REGALEIRA

Einem eigensinnigen Baron ist es zu verdanken, dass sich in den Bergen von Sintra eines der faszinierendsten Anwesen versteckt. Mit einem Schloss im Harry-Potter-Stil und labyrinthartigem Grün drum herum ist es alles außer langweilig.

WIE AUS DEM MÄRCHEN

Das prächtige Anwesen gehörte einst António Augusto de Carvalho Monteiro (1848–1920), der, in Rio de Janeiro geboren, als Kaffeebaron und Minenbesitzer seine Fortune machte. Nach seiner Rückkehr nach Portugal beauftragte er 1892 den italienischen Architekten Luigi Manini mit dem Bau eines standesgemäßen Herrensitzes. Dabei sparte Monteiro dos Milhões (Millionen-Monteiro), wie er vom Volk genannt wurde, an nichts. Auf dem vier Hektar großen Anwesen ließ er ein Schloss im neogotischen Stil errichten, das wie eine ergraute Theaterkulisse für ein Shakespeare-Stück aus dem Grün ragt. Stilistisch perfekt passen dazu die Kapelle sowie Brücken, Bänke und Brunnen. Fast schon Gruselfaktor hat indessen der Garten.

Links und rechts oben: Was passiert, wenn man sehr viel Geld hat, etwas exzentrischen Ansichten nachhängt und viel Personal befehligen kann, das einem alle Wünsche von den Augen abliest? Dann kommt beispielsweise so etwas heraus wie die Quinta da Regaleira in den Bergen von Sintra, 30 Kilometer nordwestlich von Lissabon.

Rechts: Von der Krypta der Kapelle Santíssima Trindade können die Besucher bis in die Tiefen des riesigen Initiationsbrunnens hinabsteigen.

TUNNEL IM DSCHUNGEL

Es beginnt schon damit, dass der Poço Iniciático kein Brunnen ist, sondern ein Schacht in der Erde. Von Moos und Stein in schaurige Grün- und Grautönen gehüllt, führt eine Wendeltreppe in die Tiefe. Unten angelangt, blickt man auf einen verzierten Marmorboden mit Kreuz. Hier wurden Initiationsriten der Freimaurer abgehalten, deren Mitglied Monteiro war. Von dort aus führt ein künstlich angelegtes, verzweigtes Höhlensystem zu anderen Teilen des Anwesens.

MÜNCHEN

Nördlichste Stadt Italiens oder gar Die schönste Stadt der Welt? Die Münchner sind stolz auf ihre Heimat, denn die Bayerische Metropole spricht alle Sinne an: Das Leben genießt man in den Straßencafés, in den Biergärten oder direkt an der Isar und im Englischen Garten. In das kulturelle München taucht man beim Opern- oder Theaterbesuch ein oder bei der Besichtigung der weit bekannten Museen wie der Pinakotheken oder des Deutschen Museums. Die modernen architektonischen Höhepunkte sind längst zu Wahrzeichen geworden, etwa die BMW Welt, die Allianz Arena oder das Olympiastadion. In der Zeit während des Oktoberfests zeigt sich die Stadt fröhlich und lebenslustig, und der Slogan, der die Olympiastadt von 1972 international bekannt gemacht hat, fasst es zusammen: »Weltstadt mit Herz«. Wenn das kein ausreichendes Argument ist, München mit seiner oder seinem Liebsten zu besuchen …

Ein markanter Aussichtspunkt im Englischen Garten ist der Monopteros. Hier treffen sich die Münchner zu jeder Jahreszeit, um zu Spaziergängen im Park aufzubrechen.

● MARIENPLATZ

Münchens zentraler Platz wird gesäumt von bürgerlichen Häuserzeilen sowie vom Neuen Rathaus und dem Alten Rathaus. Den Mittelpunkt bildet die vergoldete Mariensäule mit ihrem von Putten umkränzten Sockel. Der Marienplatz war Ausgangspunkt der bayerischen Landesvermessung.

● NEUES RATHAUS

In Formen der flämischen Gotik wurde im 19. Jahrhundert ein repräsentatives Bauwerk geschaffen. Berühmt ist das Glockenspiel, unter dem sich tagtäglich Touristen kurz vor 11 und 12 Uhr versammeln, um den Klängen des Schäfflertanzes zu lauschen; abends um 21 Uhr zeigt sich dann das Münchner Kindl.

● ALTER PETER

Der von den Einheimischen Alter Peter genannte Turm der Pfarrkirche St. Peter kann über 306 Treppenstufen bis zu einer Aussichtsplattform bestiegen werden. Das Äußere der auf einer Anhöhe, dem Petersbergl, über dem Viktualienmarkt gelegenen Kirche wirkt gotisch, im Inneren steht ein gewaltiger Barockaltar.

● FRAUENKIRCHE

Der Liebfrauendom trägt die imposantesten Doppelzwiebeltürme im Land. Die Kuppeln sind das Wahrzeichen Münchens und weithin zu sehen. Im Inneren gibt es Ausstattungsstücke aus der Zeit der Gotik, etwa einen riesigen Bronzesarkophag Ludwigs des Bayern.

● VIKTUALIENMARKT

Durch das Gassengewirr der zum größten Teil festen Verkaufsstände und den Maibaum in der Mitte wirkt der Freiluft-Einkaufsplatz für Lebensmittel ländlicher als so mancher Dorfmarkt. Hier gibt es immer was zu entdecken, von der Rossdicken, einer Pferdewurst, bis zum Saft aus gepresstem Dinkel.

● RESIDENZ

Die Münchner Residenz ist ein gewaltiger Renaissancebau mit einer kolossalen Ansammlung von Schätzen der Wittelsbacher, unter anderem der bayerischen Königskrone. Der Gebäudekomplex besteht aus mehreren Höfen, u. a. mit dem im Stil des Rokoko erbauten Cuvilliéstheater und der Allerheiligen-Hofkirche. Im Inneren der Residenz ist das Antiquarium, ein riesiges, freskengeschmücktes Renaissancegewölbe, das architektonische Glanzstück.

● FELDHERRNHALLE

Die der Florentiner Loggia dei Lanzi nachgebildete offene Halle wurde Mitte des 19. Jahrhunderts durch Friedrich von Gärtner als Auftakt der prachtvollen Ludwigstraße erbaut.

WARUM IM HERBST?

1810 veranstaltete man ein Pferderennen, um die Hochzeit des bayerischen Kronprinzen Ludwig I. mit zu feiern. Dieses rauschende Fest war ein solcher Erfolg, dass es jährlich wiederholt und schließlich zu jener derben Party wurde, die es heute ist: das Oktoberfest. Mehr als sechs Millionen Bierliebhaber sitzen an langen Tischen in riesigen Zelten, stürzen Gerstensaft hinunter und kommen zusammen auf mehr als 6,5 Millionen Liter. Auf dem Festspeiseplan stehen 500 000 Hendl, 104 Ochsen und mehr als 50 000 Portionen Schweinshaxn. Ausgeschenkt wird ausschließlich das eigens dafür gebraute Oktoberfestbier. Wen es nicht auf das riesige Volksfest zieht, der erkundet Münchens Museen, denn diese bergen hochkarätige Kunst- und Geschichtssammlungen. Passend zur Saison kann man aber auch das Bier- und Oktoberfestmuseum besuchen.

● THEATINERKIRCHE

Die Barockkirche mit ihren markanten Türmen steht am Ende der eigentlichen Altstadt. Außen kaisergelb, ist das Innere in zurückhaltender Farbigkeit gehalten. Unterhalb der beiden Turmhelme schmücken Schneckenverzierungen die Fassade, wodurch St. Kajetan, so der offizielle Name, charakteristisch für das Stadtbild wird.

● NATIONALTHEATER

Am Max-Joseph-Platz erhebt sich das Nationaltheater mit imposantem Säulenportikus und doppeltem Giebel. Als Spielort dient es der Bayerischen Staatsoper, dem Bayerischen Staatsballett und dem Bayerischen Staatsorchester. Das im Zweiten Weltkrieg komplett zerstörte Theater wurde fast 20 Jahre später wiedereröffnet.

Links unten: Das Münchner Oktoberfest – ein Gruppenrausch für Millionen – ist die größte Party der Welt. Täglich kommen durchschnittlich etwa 500 000 Gäste auf die »Wiesn«. Sie stürmen Fahrgeschäfte und Bierzelte mit einem Fassungsvermögen von bis zu 6000 Menschen. Bei der Hymne »Ein Prosit der Gemütlichkeit« prosten sich die Menschen aus aller Herren Länder und jeglicher Nationalitäten fröhlich zu.

Links oben: Die goldene Figur der Mariensäule strahlt in der Mittagssonne vor den Türmen von Altem und Neuem Rathaus.

Links: Die leuchtend gelbe Theatinerkirche direkt neben der Feldherrnhalle am Odeonsplatz.

● VALENTIN-MUSÄUM

Das im Isartor untergebrachte Museum erinnert an den Meister des skurrilen Humors und Sohn der Stadt München: Karl Valentin.

● ASAMKIRCHE

Dieses Gotteshaus, dessen offizieller Name St. Johann Nepomuk lautet, gleicht einer Schmuckschatulle in einer Grotte. Die Brüder Cosmas Damian und Egid Quirin Asam schufen dieses rauschhaft überladene Vermächtnis ihrer Kunst zwischen 1733 und 1746.

● ST. MICHAEL

Die größte Renaissancekirche Deutschlands mit mächtigem Tonnengewölbe war ein Solidaritätszeichen Herzog Wilhelms V. zur Gegenreformation. Die Giebelfassade zeigt seine Ahnenfiguren.

● KARLSPLATZ (STACHUS)

Im Sommer lockt ein offener Brunnen Einheimische und Touristen zu Tausenden an. Der Karlsplatz, den wenige Münchner so nennen, ist das Eingangstor zur Neuhauser Straße. Hier können sich Kaufwütige nach Herzenslust ausleben, denn ein Laden reiht sich an den nächsten. Vor allem internationale Marken findet man hier.

● KÖNIGSPLATZ

Den königlichen Platz mit Glyptothek und Antikensammlung ließ König Ludwig I. von seinem Baumeister Leo von Klenze entwerfen. Der mächtige Torbau der Propyläen schließt die klassizistische Platzanlage ab.

● ENGLISCHER GARTEN

Mit seinen weiten Grünflächen, Hainen, Bächen und Seen ist der Landschaftsgarten ein Paradestück unter den Parks. An den Ufern von Isar und ihren Nebenflüssen sowie am Kleinhesseloher See sammelt sich bei gutem Wetter ganz München – zumindest kommt es einem oft so vor. Trotzdem ist der Englische Garten einer der besten Orte für Naturerholung inmitten der Stadt und ein Picknick zu zweit.

● SCHLOSS NYMPHENBURG

Kurfürst Ferdinand Maria schenkte seiner Gemahlin Henriette den Auftakt zu einer strahlenden Barockschöpfung, die der Thronfolger Max Emanuel erst richtig ins Leben rief. Im Inneren zeigt die Anlage ausladendes Rokoko. Einst war der Prunkbau inmitten der Natur gelegen, zwei Stunden entfernt von München diente er als Sommerresidenz. Bis heute hat sich die Landeshauptstadt jedoch immer mehr ausgedehnt, sodass Schloss Nymphenburg nun schon fast zum Stadtzentrum gehört. Idyllisch und beeindruckend ist es allemal.

DINNER FOR TWO

SCHLOSSWIRTSCHAFT SCHWAIGE // Drei oder fünf Gänge Candle-Light-Dinner, wahlweise Fleisch, Fisch oder vegetarisch, bester Wein, und das Ganze auch noch in einem Schloss. Kurzum: Perfekt für ein romantisches Date geeignet.

// schlosswirtschaft-schwaige.de/candle-light-dinner

LUX // Mehr Privatsphäre als Pärchen findet man wohl in keinem anderen Restaurant in München: In gut separierten Nischen lässt man es sich hier schmecken, an der Wand ein Klingelknopf – falls der Champagner ausgeht.

// hotel-lux-muenchen.de/#restaurant

JAADIN // In der Liebe geht es oft ums Teilen, warum also nicht auch die vietnamesischen Köstlichkeiten des Jaadin teilen? Für ein romantisches Dinner ist das Sharing-Konzept dieses Restaurants ein Gewinn!

// jaadin.de

KULTURGENUSS

● LENBACHHAUS
Die ehemalige Residenz des Malerfürsten Franz von Lenbach dient als Ausstellungsrahmen für die Werke der Künstlergruppe »Der Blaue Reiter«.

● PINAKOTHEKEN
Die Pinakothek der Moderne beherbergt in dem 2002 eröffneten Bau u. a. Werke der klassischen Moderne, der Gegenwartskunst seit den 1950er-Jahren, Installationen und die Sammlung Neue Medien und Fotografie. In der Alten Pinakothek sind alte Meister von Holbein bis Rubens versammelt. Und schließlich gibt es noch die Neue Pinakothek. Von den französischen Impressionisten bis zu den deutschen Expressionisten bietet das Museum Kunst- und Architekturgenuss.

● RESIDENZTHEATER
Kaum ein Münchner wird jemals vom Residenztheater sprechen, denn hier heißt es nur »das Resi«. Doch dieser etwas altbacken klingende Name täuscht, denn es ist eines der größten und renommiertesten Sprechtheater im deutschsprachigen Raum.

● HAUS DER KUNST
Am Beginn der Prinzregentenstraße direkt am Englischen Garten steht der repräsentative Kunsttempel, der 1937 fertiggestellt wurde. Er hat mit der Ausstellung »Entartete Kunst« eine dunkle Vergangenheit.

● DEUTSCHES MUSEUM
Auf einer Isarinsel zwischen Ludwigs- und Corneliusbrücke erhebt sich eines der größten naturwissenschaftlichen und technischen Museen der Welt. Wissenschaft und Technik werden hier anschaulich erfahrbar und überall gibt es etwas zum Austesten.

Die Rückseite des Schloss Nymphenburg ist der Beginn einer großen Parkanlage. Hier gehen Einheimische und auch Touristen gerne spazieren.

ÜBERNACHTEN

OPÉRA // In einem kleinen Stadtpalais im Stadtteil Lehel befindet sich dieses elegante Hotel mit zauberhafter Atmosphäre und luxuriösem Ambiente. Alle Sehenswürdigkeiten der Innenstadt sind gut zu Fuß erreichbar.
// hotel-opera.de

LAIMER HOF // Die Villa aus dem 19. Jahrhundert wurde liebevoll restauriert und ist seitdem ein familiengeführtes Hotel, das nicht nur durch die Lage am Schloss Nymphenburg überzeugt. Der Service ist zuvorkommend, und dank der guten Schallisolierung kann man sich mitten in der Stadt ganz für sich wähnen.
// hotellaimerhof.de

VILLA WALDPERLACH // Vor den Toren der Stadt gelegen, mit Pavillon im grünen Garten, Sauna und charmantem Ambiente.
// blattl.de/villa-waldperlach.html

ZU ZWEIT ERLEBEN

○ EINE VIKTUALIENMARKT-TOUR UNTERNEHMEN

Mit »Viktualien« waren dereinst Lebensmittel für den täglichen Bedarf gemeint, aber es werden inzwischen auch allerhand Luxusgüter und Delikatessen aus dem Schlaraffenland verkauft. Bei dieser außergewöhnlichen Führung gibt es so viel Wurst und Käse, Süßes und Deftiges, dass man am Ende satt und zufrieden ist. Ganz nebenbei erfährt man Interessantes über Geschichte, Bräuche und unbekannte Ecken. Und bekanntlich geht die Liebe ja durch den Magen – und wo kann sie das besser als an diesem mit köstlichen Spezialitäten angefüllten Ort?

○ DURCH DEN HOFGARTEN FLANIEREN

Ein Garten zum Promenieren zwischen höfischer Architektur – so könnte die Langversion des Namens lauten. Die Anlage ist auf den Dianatempel zentriert. Er wird von einer weiblichen Figur bekrönt, die eine Allegorie auf das Land Bayern darstellt (Tellus Bavarica, »bayerische Erde«). Wer mit solcher Heimatsentimentalität nichts anfangen kann, sollte den Besuch im Hofgarten dennoch nicht missen. Gratis-Tanzabende oder Livekonzerte im Dianatempel, unzählige kleine Brunnen, umgeben von blühender Farbenpracht – Romantik in klassischer Form.

○ IM GLOCKENBACHVIERTEL FEIERN

Rosen-und-Wein-Romantik ist zwar etwas anderes, doch wer will schon Klischees folgen? Das Glockenbachviertel hat eine wechselvolle Geschichte, doch heute ist es »the place to be« für die Hipster Münchens und die Queer-Community der Stadt. In den Regenbogenbars kann man richtig gut feiern, auch tagsüber hat das Viertel an der Isar einiges zu bieten.

○ UNGESTÖRT FILME GENIESSEN

Ein Date im Kino klingt einigermaßen einfallslos und außerdem: So richtig ungestört ist man dabei nicht. Wer die Idee dennoch nicht ausschlagen will, kann nach Aschheim fahren. Im Nordosten vor den Toren Münchens gelegen, findet man hier ein Autokino, das direkt selbst aus einem Film stammen könnte. Und dieser Flair der 1970er-Jahre macht aus einem Kino-Date direkt ein Erlebnis.

○ KUSCHELN IM KOPF

Eine steile Wendeltreppe nach oben klimmen, um dann auf die riesige Theresienwiese zu blicken – das mag auf den ersten Blick nichts Romantisches an sich haben. Doch wenn man nicht gerade zur Wiesnzeit in den Kopf der Bavaria steigt, hat man diesen besonderen Ort meist ganz für sich.

Unten links: Liesl Karlstadt heißt diese Dame. Die Statue der Schauspielerin und Kabarettistin ist eines der Kunstobjekte auf dem Viktualienmarkt.

Unten rechts: Der Dianatempel im Hofgarten ist ein romantisches Plätzchen. Durch die Rundbögen sieht man in der Ferne die Theatinerkirche.

DUBROVNIK

»Wer das Paradies auf Erden sucht, komme nach Dubrovnik«, schrieb der Schriftsteller George Bernard Shaw. Sie ist die »Perle der Adria«, außer Venedig hat Dubrovnik keine Konkurrenz, sagt man. Und das mag wohl stimmen, denn die mittelalterliche Altstadt thront, an drei Seiten vom Meer umgeben, auf einer Felseninsel, die roten Dächer der Häuser leuchten schon von weitem. Wer über den Stradun schlendert, auf das blaue Meer ringsum schaut, die Renaissancepaläste bewundert oder in den engen Gassen auf Entdeckungstour geht, wird dem Charme der Stadt gnadenlos erliegen.

Oben: Hoch oben auf der Klippe befindet sich Fort Lovrijenac. Es ist vor allem durch die Serie »Game of Thrones« bekannt und für viele Besucher ein beliebtes Ausflugsziel.

Links: Die romantischen Gassen der Altstadt von Dubrovnik durchwandert man am besten zu Fuß. Wer die Möglichkeit hat, die Stadt von oben zu sehen, wird mit einer wunderbaren Aussicht auf das Adriatische Meer belohnt.

● STADTBEFESTIGUNG

Den besten ersten Eindruck von Dubrovnik hat man von oben bei einem Spaziergang auf der Stadtmauer. Sie führt einmal rund um die ganze Stadt und schützt sowohl die Land- als auch die Wasserseiten. Zum Land hin sind die Mauern vier bis sechs Meter dick, zur Seeseite hin bis zu drei Meter stark – und fast überall 25 Meter hoch. Der komplette Ring mit drei runden und zwölf viereckigen Wehrtürmen erstreckt sich über 1954 Meter. Heute lehnen sich auch einige Wohnhäuser an die Mauer an. In ihre Fenster können Besucher schauen, wenn sie im Westen hoch über dem Meer um die Festung Bokar spazieren.

● ALTSTADT

Ein Bummel beginnt am eindrucksvollsten beim Pile-Tor (Pile Vrata) im Westen, einem der beiden landseitigen Zugänge neben dem Ploče-Tor (Vrata od Ploče) im Nordosten. Über beiden wacht der Schutzheilige von Dubrovnik, Sveti Vlaho, der heilige Blasius, der ein Modell der Stadt in seinen Händen hält. Dahinter beginnt eine Welt aus Stein. Holzhäuser hatte die Stadtverwaltung schon im Mittelalter wegen der Brandgefahr verboten; ebenso wenig waren Balkone erlaubt, die den engen Gassen das Licht nehmen könnten. Straßenbreite, Geschosshöhen, Dachschrägen und Fenstergrößen waren ebenfalls gesetzlich festgelegt.

● DOMINIKANERKLOSTER

Das Kloster ist eines der schönste Bauwerke von Dubrovnik. Der Bau begann im 13. Jahrhundert und wurde Stück für Stück bis zum 16. Jahrhundert vollendet. Besonders sehenswert: der Kreuzgang.

● SPONZAPALAST

Auch hier wird der für Dalmatien typische Baustil im Übergang von der Spätgotik zur

WARUM IM HERBST?

Juli und August sind bekanntlich die wärmsten Monate, im Herbst herrschen dagegen sehr angenehme Temperaturen. Da sich das Meer nicht so schnell abkühlt, kann man noch bis in den November hinein schwimmen. Was den Herbst vor allem reizvoll macht, ist die Weinernte: Mitte September wird in den meisten Weinanbaugebieten die Ernte eingefahren. Ein Abstecher zu einem Weingut ist also fast schon ein Muss. Neben Wein ist außerdem die Salzernte interessant, die im Herbst stattfindet. Kulinarisch geht es auch jedes Jahr im Oktober auf dem Good Food Festival in Dubrovnik zu. Nicht zuletzt eignet sich der Herbst auch am besten zum Wandern in Kroatien.

Renaissance sichtbar: 1516 bis 1522 errichtet, besitzt der Sponzapalast eine verzierte, offene Arkadenhalle im Erd- sowie filigrane Maßwerkfenster im Obergeschoss. Der Innenhof ist von Säulen getragen und kann besichtigt werden. Der Palača Sponza gehört zu den wenigen Gebäuden, die das Erdbeben 1667 überstanden haben. Genutzt wurde er als Warenlager, Zollamt und sogar Gefängnis.

REKTORENPALAST

Der Rektorenpalast (Knežev dvor) hat vier Gebäudeflügel, die sich ebenfalls um einen Innenhof gruppieren. Prunkvolle Barock- und Rokoko-Säle sind erhalten, ebenso die edel ausgestatteten Wohnräume der Rektoren, die der Große Rat jeweils für die Dauer eines Monats wählte. Bei einem Rundgang durch das Stadtmuseum können die Besucher hineinschauen.

KATHEDRALE

Glaubt man der Überlieferung, war es Richard Löwenherz persönlich, der den Bau der Kathedrale einst ermöglichte. Als der englische König 1192 von einem Kreuzzug zurückkehrte, geriet er vor Dubrovnik mit seinem Schiff in ein schweres Unwetter und wurde gerettet. Zum Dank gab er den Dubrovnikern Geld, um sein Gelöbnis zu erfüllen: Mit dieser Spende sollten

Unten links: In der Nähe von Dubrovnik liegt die Ortschaft Ston, die kulinarisch auf Dubrovnik einwirkt: Von hier bezieht man Salz und Miesmuscheln, die beim herbstlichen Food Festival nicht fehlen dürfen.

Unten rechts: Der monumentale Onofrio-Brunnen auf dem kleinen rechteckigen Platz hat beim Erdbeben 1667 viel von seinen Renaissance-Verzierungen eingebüßt, nur die 16 wasserspeienden Masken sind erhalten geblieben.

die Bürger eine Kathedrale errichten. Nachdem das Erdbeben diese zerstört hatte, baute man von 1673 bis 1713 die Kathedrale Maria Himmelfahrt, Velika Gospa, im Stil des römischen Barock wieder auf. Die Schatzkammer zählte vor dem Beben zu den reichsten ihrer Art in Europa. 138 Reliquien, unter ihnen Kästchen und Statuen aus Gold, Silber und Edelsteinen, sind bis heute erhalten.

● ST. BLASIUS

Seit dem Jahr 972 ist er der Patron der Stadt, der heilige Blasius, Sveti Vlaho. Seine vergoldete Statue findet sich in der Kirche St. Blasius auf dem Hochaltar unterhalb der barocken Orgel. Ein Goldschmied aus Dubrovnik fertigte sie im 15. Jahrhundert an. Die heutige Kirche ist in den Jahren 1706 bis 1715 errichtet worden, weil ein Feuer die vorherige zerstörte. Der Architekt war kein Geringerer als Marino Gropelli.

● STRADUN

Der Stradun glänzt wie eine spiegelnde Fläche. Kein Wunder, ist er doch die von Tausenden Schuhen abgelaufene, blank polierte Hauptachse des historischen Zentrums. Der Stradun, auch Placa genannt, führt vom Pile-Tor geradewegs zur Placa Luža – und vorbei an zahlreichen Geschäften, Cafés und Bars. Der Luža-Platz ist der wichtigste der Altstadt; hier spielt sich das öffentliche Leben ab, das See-Tor öffnet den Weg zum Meer. Die Straße verläuft exakt an der Stelle des zugeschütteten Kanals, der in den Anfängen der Stadtgeschichte die beiden Siedlungen Ragusa und Dubrava trennte. Nachdem dieser Meeresarm »beerdigt« worden war, wuchs Dubrovnik zusammen.

● ONOFRIO-BRUNNEN

Den runden Brunnen auf dem kleinen Platz am Pile-Tor baute im 15. Jahrhundert der neapolitanische Baumeister Onofrio della Cava. Vor dem schweren Erdbeben 1667 versorgte der Onofrio-Brunnen die Bürger Dubrovniks mit Trinkwasser, das aus einer Quelle außerhalb der Stadt in den Brunnen eingeleitet wurde. Zwölf Kilometer Entfernung werden dabei überbrückt.

● ERLÖSERKIRCHE (SVETI SPAS)

Am Platz vor dem Pile-Tor steht auch die Erlöserkirche Sveti Spas. Die Bürger von Dubrovnik ließen sie 1520 bauen – aus Dankbarkeit, weil die Stadt vom Erdbeben in jenem Jahr verschont geblieben war. Erstaunlicherweise blieb die Kirche beim großen Erdbeben 1667 unversehrt.

● ST. IGNATIUS

Zuerst ist es eine kleine Gasse voller Stufen, dann verwandelt sich der Weg in eine prächtige, barocke Freitreppe. An deren Ende wartet die Jesuitenkirche Sveti Ignacijo. Sie erhebt sich am südlichen Ende der Altstadt und gehört zu den wenigen Bauwerken, die nach ihrer Zerstörung durch das Erdbeben nicht originalgetreu

DINNER FOR TWO

KONOBA EKVINOCIJO // Diese Taverne liegt etwas versteckt in einer Seitengasse der Altstadt. Hier ist man an der richtigen Adresse, wenn man ungestört ein paar gemeinsame Stunden bei bestem Essen genießen will.
// Ulica Ilije Sarake

LEVANAT // Mit dem Blick übers Meer sitzt man auf einer Terrasse auf der Halbinsel Lapad. Dann noch ein Glas Wein in der Hand, mit dem man der Sonne beim Untergehen zusehen kann, und feinster Fisch. Perfekt!
// restaurant-levanat.com

360° // Dinner mit Rundblick – dieses außergewöhnliche Restaurant macht es möglich. Man speist mit Blick auf den Hafen und genießt erstklassiges mediterranes Essen. Vor allem die Fischgerichte sind köstlich! Dazu einen edlen Tropfen aus dem Weinkeller.
// 360dubrovnik.com

wiederaufgebaut wurden. Stattdessen entstand 1699–1735 nach den Entwürfen des römischen Architekten Andrea Pozzo eine der größten Barockkirchen Dalmatiens.

● FRANZISKANERKLOSTER
Apotheke und Altersheim gab es in Dubrovnik schon im 14. Jahrhundert. Besonders im Franziskanerkloster hantierten Mönche früh mit Mörsern, Tiegeln und Arzneimitteln. Die Klosterapotheke ist die dienstälteste Europas und seit 1317 in Betrieb. Am Tresen gibt es Heilmittel und Kosmetika, nach uralten Klosterrezepten hergestellt. 1317 begannen die Bauarbeiten an der Kirche, die nur durch einen schmalen Gang von der Erlöserkirche, Sveti Spas, getrennt ist.

KULTURGENUSS

● AQUARIUM
Eingelassen in die dicken Mauern der Festung von Sveti Ivan von Dubrovnik sind 31 Becken. Darin befinden sich viele Meeresbewohner der Adria: Langusten, Seesterne und Korallen, Kraken, Rochen, Muränen und Aale. Das Aquarium ist ein schöner Abstecher bei einen Stadtrundgang.

● THEATER MARIN DRŽIC
Das Theater hat in Dubrovnik eine lange Tradition. Die ersten Aufführungen im Freien fanden bereits in der Renaissance statt. Ende des 17. Jahrhunderts wurde ein festes Gebäude errichtet, das jedoch 1817 abbrannte. Schließlich wurde 1865 das Theater Marin Držic erbaut. Bis heute kommt man hier in Kulturgenuss auf höchstem Niveau. Wer der kroatischen Sprache nicht mächtig ist, sollte dem Theater dennoch einen Besuch abstatten. Hier finden sich einige bedeutende Kunstwerke, etwa »Die Doppelkrönung im Himmel und auf Erden« von Vlaho Bukovac, mit der er den kroatischen Jugendstil begründete.

Links: Hier hat die Pharmazie Geschichte geschrieben: Im Kreuzgang des Franziskanerklosters werden nämlich seit 1317, dem Jahr des Baubeginns, durchgehend Medikamente und Salben hergestellt.

ÜBERNACHTEN

VILLA SIGURATA // Mitten in der Altstadt, nur zwei Minuten entfernt vom Stradun, befindet sich dieses Hotel, dessen Bau auf das 17. Jahrhundert zurückgeht. Die Zimmer sind klein und kuschelig, die Atmosphäre der mittelalterlichen Steinmauern leistet ihren Beitrag dazu. Liebenswerter Service dank der Chefin Nikolina.
// villasigurata.com

THE PUCIC PALACE // Auch wer es luxuriös mag, wird in der Altstadt fündig. Das Hotel hat trotz moderner Ausstattung den Charakter des ehemaligen Palazzo bewahrt. Kronleuchter, Antiquitäten und das edle Innendesign der Zimmer fügen sich perfekt in das denkmalgeschützte Haus ein.
// thepucicpalace.com

ST. JOSEPH'S // Das stilsicher restaurierte Gebäude aus dem 16. Jahrhundert ist heute ein feines Boutique-Hotel mit Holzboden und romantischem Ambiente.
// stjosephs.hr

ZU ZWEIT ERLEBEN

Unten links: Die Stadtmauer von Dubrovnik diente einst als Verteidigungssystem. Heute ist es für viele Besucher der Stadt ein Erlebnis, die früheren Stadtgrenzen von der Mauer aus zu erkunden.

Unten rechts: Von der Seilbahn aus hat man einen wunderbaren Blick auf die Stadt und das traumhafte Blau der Adria.

○ AUF DER ALTEN STADTMAUER SPAZIEREN

Zwei Kilometer lang ist sie, die mittelalterliche Stadtmauer von Dubrovnik. Ein Rundgang ist wirklich spektakulär! An beiden Enden der Mauer kann man den Spaziergang beginnen. Über Treppen, an Wachtürmen vorbei, mal enge, mal breite Wege – und stets die herrliche Aussicht auf das Meer und auf die Insel Lokrum. Vielen Besuchern verschlägt es bei diesem Ausflug den Atem. Doch Vorsicht ist angeraten, denn die Mauer ist hoch; man sollte sich also nicht zu weit darüber hinauslehnen!

○ PORPORELA NACHTS BESUCHEN

Tagsüber ist der Strand viel besucht, man kann wunderbar baden und diverse Wassersportarten testen. Natürlich ist das ein toller Ort, seine Zeit zu genießen. Wer jedoch ein paar intime Stunden zu zweit verbringen möchte, sollte nach Sonnenuntergang hierher kommen. Dann hat man den Strand für sich, es ist oft noch immer recht warm, aber es ist dunkel und man kann sich ungestört wähnen.

○ DEN BESTEN WEIN VERKOSTEN

Dubrovniks erste Weinbar, das »D'Vino«, besteht erst seit 2008. Hier wählt man unter 100 verschiedenen heimischen Weinen; sämtliche dalmatische, istrische und slawonische Sorten gibt es, darunter Grgić Plavac Mali und Zlatan Plavac. Die Stadt Dubrovnik bietet außerdem Weintouren an, die gerade für Paare ein schönes Erlebnis sind.

○ EINEN AUSFLUG ZU DEN ELAFITISCHEN INSELN

Acht größere, fünf kleinere und zahlreiche winzige Inselchen und Riffe gehören zu den Elafitischen Inseln, die praktisch vor der Tür von Dubrovnik liegen. Šipan, Lopud und Kolocep sind bewohnt und bekannt für ihre schönen Badestrände sowie die üppige geradezu subtropische Vegetation. Heute ein ideales Naherholungsziel für die Stadtbevölkerung Dubrovniks, verbrachten bereits im 15. und 16. Jahrhundert Adlige ihren Urlaub dort. Touristen kommen meist nur für einen Tagesausflug, sodass die Inseln ihre Ruhe weitgehend erhalten konnten.

○ MIT DER SEILBAHN FAHREN

Die Fahrt auf den Berg Srđ lohnt sich allein schon wegen der Aussicht auf die schöne Altstadt. Oben befinden sich zwei Panoramaterrassen und ein kleiner Imbiss. Wer den etwas teuren Preis für die vierminütige Fahrt nicht zahlen will, der erklimmt den Berg einfach zu Fuß.

ABENDSTUNDEN

RESTAURANT NAUTIKA

Das viel gelobte Nautika liegt direkt an der Küste der Adria. Von der Terrasse aus hat man einen wunderbaren Blick auf das Wasser und die Festungen Lovrijenac und Bokar, die abends stimmungsvoll beleuchtet sind. Das Restaurant wurde vom Guide Michelin als ein absoluter Höhepunkt eines Dubrovnik-Besuchs beschrieben, denn es ist in vielerlei Hinsicht ein besonderes Erlebnis. Die köstlichen Gerichte werden hier wie kleine Kunstwerke auf den Tellern platziert und sind eine Freude für den Gaumen und das Auge. Das Menü wird vom Küchenchef Mario Bunda gezaubert, das vom dalmatischen Hummer bis zu veganen Köstlichkeiten reicht. Seit 1881 gibt es dieses Restaurant, das früher ein beliebter Treffpunkt berühmter Seefahrer war. Für einen romantischen Abend zu zweit in Dubrovnik kann man sich keine passendere Location vorstellen.

nautikarestaurants.com

KRETA

Auf dieser Insel gibt es vieles, was das Herz von Romantikern höher schlagen lässt. Ob Palmenstrand, einsame Bergwelt, dichte Wälder, meditative Klöster oder einsame Traumstrände – Kreta zeigt sich abwechslungsreich und bietet vor allem viel Platz für ungestörte Zweisamkeit. Mit hohen Bergen, wilden Schluchten und langen Stränden vereint es viele Landschaftsformen auf engstem Raum. Wer dort ist, stößt automatisch auf die imponierende minoische Kultur mit ihren alten Palästen und Ausgrabungsstätten und auf viele Legenden. So soll der Göttervater Zeus auf Kreta geboren worden sein. Die Bewohner der Bergdörfer scheinen den Trubel gelassen zu nehmen und trinken ihren Kaffee wie eh und je, so scheint es, im Kafenion, am liebsten unter schattigen Platanen.

● IRAKLIO

Mit seinen schattigen Plätzen, den Brunnen und den angrenzenden Gebäuden im Palazzo-Stil zeigt sich Iraklio eindeutig italienisch geprägt. Zentrum ist die Platia Venizelou mit dem Löwenbrunnen. Die Venezianer haben einen Ring aus Befestigungsmauern hinterlassen, der sich wie ein Saum durch die Stadt zieht. Mit der Hafenfestung und der Loggia ist er eine der wichtigsten Sehenswürdigkeiten der Stadt. Kulinariker schätzen die Marktstraße Odos mit den bunten Gemüseständen.

MUSEEN

Nicht nur Historiker zieht es in das Archäologische Museum – zeigt es doch eine der bedeutendsten Sammlungen griechischer Kultur. Amphoren, Helme, Statuen, Münzen sowie Teile von Fresken sind dort zu sehen. Wen die Museumslust nun gepackt hat, der besucht das Historische, das Naturhistorische oder das Ikonen-Museum.

● RÉTHIMNO

Eine Festungsruine bildet die Grundlage der heutigen Stadt. Eingerahmt von der etwa 1300 Meter langen Festungsmauer, ist der Bau für das Stadtbild prägend. Doch auch die dazugehörige Altstadt lohnt einen ausführlichen Bummel durch die engen Gassen, in denen immer wieder venezianische Gebäude zu sehen sind. Ein Plus für Besucher: die langen, stadtnahen Sandstrände.

● CHANIA

Die einstige Hauptstadt der Insel punktet mit Zeugnissen verschiedener Kulturen: Ein ägyptischer Leuchtturm am venezianischen Hafen, die türkische Hassan-Pascha-Moschee, die Etz-Hayyim-Synagoge sowie die Kathedrale Eklisia tis Trimartyris gehören zu den großen Landmarken in der Stadt. Nicht verpassen sollten Reisende einen Besuch der Markthalle, die 1913 im Stil des Neoklassizismus eingeweiht wurde. Wer Museen mag, wird in Chania sicher fündig: Neben dem Archäologischen Museum informieren ein Byzantinisches Museum, ein Schifffahrtsmuseum, ein Historisches Museum, ein Kriegsmuseum und ein Volkskundemuseum über die Vergangenheit.

● KNOSSOS-PALAST

Die wichtigste Ausgrabungsstätte Kretas stammt aus dem Jahr 2100 v. Chr. und gilt als bedeutendes Zeugnis der minoischen Zeit, der frühesten Hochkultur Europas. Der Palast muss einst bis zu fünf Stockwerke gehabt haben und hielt der Königsfamilie und ihrem Hofstaat etwa 800 Zimmer vor. Vieles ist heute zerstört, bekannteste Sehenswürdigkeiten des Palastes sind unter anderem die Fresken, die Frauen mit Puffärmel-Gewändern zeigen, sowie die Abbildungen der Delfine. Aber auch der ehemalige Thronsaal ist relativ gut erhalten. Mit zahlreichen Mythen ist der Palast ebenso verbunden. Allem voran das Labyrinth des Minotaurus, aber auch Daedalus und Ikarus.

Links: In den engen Gassen von Chania stehen venezianische Adelspaläste, die heute von kleinen Läden und Cafés genutzt werden.

WARUM IM HERBST?

Sommer, Sonne, Strand – das wird allgemein mit Kreta assoziiert. Weshalb also sollte man im Herbst erst die Insel erkunden? Die Antwort steckt bereits in dem klassischen Bild. Denn während man in den Sommermonaten vergeblich nach einem Strand sucht, an dem man auch mal ganz ungestört Zeit verbringen kann, ist der Touristenstrom im Herbst deutlich geringer. Gleichzeitig ist es in dieser Jahreszeit noch immer warm genug zum Baden, und die Sonne wird man auch nicht vermissen. Aus traditioneller Sicht gibt es ein weiteres Argument für den Herbst: Dann ist die Zeit der Weinlese und die der Olivenernte gekommen.

● PHAISTOS-PALAST

Nahe Matala befindet sich der zweite wichtige Palast der Insel, der von der minoischen Hochkultur erzählt. Er stammt aus dem 2. Jahrtausend v. Chr. und wurde bei einem der großen Erdbeben 1700 v. Chr. zerstört. Die Ausgrabungen und Rekonstruktionen sind heute zu besichtigen; ein Theater, ein großer Königshof und der breite Treppenaufgang zählen zu den Höhepunkten des Geländes.

● SAMARIA-SCHLUCHT

Sie gilt als der Grand Canyon von Kreta: Die Samaria-Schlucht ist ein beliebtes Ziel für Wanderer. Sie ist 16 Kilometer lang und reicht von der Inselmitte im Südwesten bis ans Meer. Unterwegs bieten sich wunderbare Ausblicke auf Berge, Bäume und Lichtspiele. Neben der imposanten Hauptschlucht gibt es auch zahlreiche weitere Schluchten in der Region, die zum Teil noch unerforscht sind.

● LEFKA ORI

Kreta hat sein eigenes Dach der Welt: Das Gebirge Lekfa Ori wird auch oft als Kretas Himalaya bezeichnet. Wer im Frühling reist, erblickt mit Glück sogar Schnee auf den bis zu 2454 Meter hohen Gipfeln. Manchmal kann man ihn al-

Unten links: Ein Aufenthalt auf Kreta im Herbst fällt mit Sicherheit mit der Erntezeit von Wein und Oliven zusammen. Beide Produkte sollte man unbedingt verkostet haben!

Unten: Mehr als zwei Drittel der Insel sind von Gebirgen bedeckt. Der Pachnés in den Lefka Ori und der Psiloritis im Ida-Gebirge streiten sich um die Ehre, der höchste Gipfel zu sein. Neueste Messungen sprechen beiden 2456 Meter Höhe zu. Die Gebirge sind von Dutzenden tiefer Schluchten durchzogen, von denen die Samaria mit 16 Kilometern die längste – und schönste – ist.

lerdings gar nicht ausmachen, weil sich zwischendrin weißsandige Wüstengebiete in der Einsamkeit auftun. Kein Wunder, dass sich hier die Bartgeier ein Rückzugsgebiet gesucht haben.

● ZEUSS-HÖHLE

Die Höhle von Psychro zeigt nicht nur Stalaktiten und Stalagmiten, sondern war einst wohl auch ein wichtiger Kultort auf der Insel. Davon zeugen Opfertische, die hier geborgen worden sind, sowie Gegenstände früherer Kulturen, die in verschiedenen Museen weltweit zu sehen sind. Heute gelten die Tropfsteinformationen als einer der Höhepunkte.

● KLÖSTER

Über die Insel verteilen sich viele Klöster, die bis heute eine ganz eigene Atmosphäre der Stille ausstrahlen. Zudem sind sie wichtige Zeugnisse des Glaubens. Zu den bedeutendsten Klöstern der Insel gehört Arkadi bei Réthimno, das Nationalheiligtum der Insel, weil hier einst Rebellen gegen die Türken gekämpft haben. Im Kloster Moní Vrondíssi bei Zaros genießen Besucher den weiten Blick über die Berge, und das in die Felsen gebaute Kloster Katholiko bei Gouverneto ist allein wegen seiner Bauweise interessant; in der Nähe liegen Höhlen, in denen Einsiedler lebten. Auch andere Häuser, etwa Preveli oder Gouverneto, sind sehenswert und mit ihnen natürlich die zugehörigen Gärten.

KULTURGENUSS

● LYRAKONZERT

Ein Lyrakonzert gehört auf jeden Fall zu Kretas Kulturschätzen. Das Zupfinstrument wird von örtlichen Musikern noch immer gern gespielt. Konzerte gibt es fast überall zu finden. Am lebendigsten sind sie improvisiert, wenn sich dann die Griechen in den Armen liegen, den Rebellentanz tanzen und dazu auf der Leier gespielt wird. Im Bergdorf Zarós werden die Instrumente übrigens noch traditionell hergestellt. Der Musikverein zur traditionellen griechischen Musik in Iraklio ist erste Anlaufstelle für alle, die sich mit der Musikrichtung befassen wollen.

● GESCHICHTS- UND VOLKSMUSEUM RETHYMNO

Kretas Kulturschätze reichen Jahrtausende zurück. Aber nicht nur archäologische Zugänge zu vergangenen Zeiten lassen sich auf der Insel finden. Denn auch die vergleichsweise jün-

DINNER FOR TWO

BRILLANT // Für besondere Anlässe oder ein festliches Date eignet sich dieses Restaurant im Boutique-Hotel Lato. Regionalität und Qualität sind die Schlagworte bei der Auswahl der Zutaten, aus ihnen entstehen kreative Gerichte mit deutlicher Bindung an traditionelle kretische Kochkunst. Dabei sollte man sich das Dessert keinesfalls entgehen lassen!

// lato.gr/brillant-restaurant

SERENISSIMA // Uriges Ambiente wird hier mit moderner Ausstattung kombiniert. In dieser romantischen Atmosphäre hat man die Auswahl zwischen den Menüs »Earth«, »Sea« und »Vegan«, oder man isst à la carte. Jeder findet also etwas Passendes.

// serenissima.gr/restaurant/.

PRIMA PLORA // Wenn man frühzeitig reserviert und dabei einen Platz »ganz vorne« auf der Terrasse ergattern kann, steht einem romantischen Dinner nichts mehr im Wege. Die Zutaten sind aus biologischem Anbau, das Essen schmeckt vorzüglich, die Aussicht ist erhaben.

// primaplora.gr

gere Geschichte ist ein interessanter Fundus. Für ihre Entdeckung ist das Geschichts- und Volksmuseum ein guter Ausgangspunkt. Bereits das venezianische Gebäude aus dem 17. Jahrhundert, in dem es untergebracht ist, ist ein Denkmal. Im Inneren gibt es prächtige Sammlungen von Münzen, Waffen, Töpfer- und Korbwaren, Trachten und vieles mehr. Auch kretische Flaggen der Revolution werden ausgestellt.

● RAKI-DESTILLERIEN

Raki gehört in Kreta auf den Tisch. Der aus Trester gewonnene Schnaps erinnert ein wenig an italienischen Grappa. Viele Familien brennen noch heute schwarz und servieren eigene Mischungen. Wer es offizieller möchte, besucht eine Destillerie in den Dörfern, etwa in Spili. Dabei lernt man direkt noch einiges Wissenswertes über die Tradition des Nationalgetränks.

● KÓKKINO CHORIÓ

Die Glasbläserei in Kókkino Chorió ist ein lohnendes Ziel. Das Dorf diente schon als Kulisse für den Film »Alexis Sorbas« (1964). In dem Kafenion, das in dem Film eine große Rolle spielt, hat sich heute ein Tante-Emma-Laden etabliert. Die örtliche Glasbläserei zählt zu den bekanntesten der Insel und lässt Besucher bei der Fertigung von Gläsern und Schmuck zuschauen.

● NAUTISCHES MUSEUM CHANIA

Wie wohl jede Insel hat auch Kreta eine lange Tradition der Schifffahrt. Im Nautischen Museum in Chania kann man ihr nachspüren. Direkt am Hafen gelegen, besteht es aus zwei Teilen. In dem einen Museumsgebäude werden zahlreiche Schiffsmodelle und nautische Instrumente sowie weitere Exponate der Schifffahrt ausgestellt. In der zweiten Halle geht es dann um etwas größere Maßstäbe, hier kann man Schiffe in ihrer Originalgröße bewundern. Das vielleicht imposanteste darunter ist die Nachbildung eines Schiffs aus der Bronzezeit, also der Zeit der Minoer. Die »Minoa« hat sogar eine Teststrecke von mehreren Tausend Kilometern überstanden.

Links: Mit solchen Gerätschaften produzierte man früher Raki. Heute verwendet man etwas modernere Technologie, doch die Spirituose ist Tradition geblieben.

ÜBERNACHTEN

MINOS PALACE // Wenn sich Himmel und Wasser spiegeln und man nicht weiß, wo sie ineinander übergehen, dann entsteht nicht nur in den Gedanken Weite: Der Infinity-Pool des Hotels Minos Palace ist wunderschön, ebenso wie die Gesamtausstattung dieses luxuriösen und intimen Adults-Only-Hotels.
// minospalace.com

THE WHITE PALACE // Ein modernes und luxuriöses Resort an der Nordküste mit traumhaftem Meerblick von den Zimmern und Suiten. Besondere Angebote gibt es für Pärchen in den Flitterwochen.
// thewhitepalace.com

KAPSALIANA VILLAGE HOTEL // Ein restauriertes Anwesen aus Stein, umgeben von grünen Bergen, das den Charme des historischen Kreta zu spiegeln weiß. Die Zimmer sind wildromantisch mit Steinwänden, Bögen, Holzboden und warmer Beleuchtung. Einigen ist eine Terrasse mit herrlichem Ausblick angeschlossen. Auf Annehmlich--keiten wie Pool, Yogakurse und exquisitem Restaurant muss dabei nicht verzichtet werden.
// kapsalianavillage.gr

ZU ZWEIT ERLEBEN

Unten links: Im Südwesten von Kreta liegt die Insel Elafonisi, die mit dem gleichnamigen Elafonisi Strand eine paradiesische Lagunen-Landschaft bildet.

Unten rechts: In mächtige Sandsteinfelsen ist das ehemalige Hippiedorf Matala eingebettet. Die Wohnungen in den Höhlen sind für Besucher geöffnet.

○ CHANIA BEI MONDSCHEIN

Chania ist vermutlich die Ortschaft, die an erster Stelle genannt wird, wenn es um Romantik auf Kreta geht. Und das ganz zu Recht. Ein Spaziergang durch die Stadt gleicht einem Wandeln durch Raum und Zeit. Am Hafen kann man entspannt dem Treiben der Boote zusehen. All das mag auf viele Städte dieser Welt zutreffen, ein besonderes Erlebnis ist es aber, bei Mondschein durch Chania zu flanieren. Dann nehmen die Gebäude ein mystisches Leuchten an. Träumerisch erwacht der venezianische Geist, der dem Ort anhaftet.

○ DIE INSEL ELAFONISI BESUCHEN

Die Insel im Südwesten mit ihren roséfarbenen Stränden ist etwas Außergewöhnliches und sorgt mit den langen Sandbuchten für Farbspiele zwischen Türkis und Rot. Erreichen kann man sie sogar, wenn man vom Festland aus zu Fuß durch das seichte Wasser watet – Hand in Hand, versteht sich. Eine Brücke für Autos gibt es aber auch. Von der Stadt Paleochora führt eine Fährverbindung auf das Eiland. Besonders beeindruckend sind die Rosatöne des Strandes bei Sonnenuntergang.

○ ZU DEN HIPPIES VON MATALA PILGERN

Der Ort Matala wurde in den 1960er-Jahren zum Ziel von Hippies und Aussteigern. Blumenkinder und andere richteten sich in den Höhlen des Ortes häuslich ein, einige auch, um sich dem damaligen Vietnamkrieg zu verweigern. Selbst Cat Stevens und Bob Dylan waren dort. An die Flower-Power-Tradition knüpft heute das Matala Beach Festival an, es lässt die Hippiestimmung wiederauferstehen.

○ IM SCHATTEN ÜBER DIE ZEIT SINNIEREN

Wenn man verliebt ist, könnte man bekanntlich Bäume umarmen – allerdings sollte man sich dafür nicht gerade den ältesten Baum Kretas aussuchen. Inmitten des pittoresken Bergdorfs Krasi steht er mit einem stolzen Umfang von rund 20 Metern. In seinem Schatten kann man jedoch entspannt einen Frappé genießen und gemeinsam über die Zeit sinnieren, denn der Baum ist immerhin so alt wie unsere Zeitrechnung – auf rund 2000 bis 2500 Jahre schätzt man sein Alter. Was er alles zu erzählen hätte, wenn man ihn nur fragen würde …

Die nördlichste Hauptstadt der Welt – hier ein Blick auf das winterliche Reykjavík mit dem Perlan im Vordergrund.

WINTER

Eislaufen auf dem Wiener Rathausplatz, den königlichen Liebespfad von Stockholm erkunden oder auch die magischen Landschaften der Färöer durchwandern: Die winterlichen Monate sind an zahlreichen Orten wunderbar.

STOCKHOLM

Stockholm, die schwimmende Stadt, liegt an der Mündung des Mälaren in die Ostsee, erstreckt sich über 14 Inseln, die durch 57 Brücken miteinander verbunden sind, und ist umgeben von Meerengen, Kanälen und nicht weniger als 30 000 vorgelagerten Schäreninseln. Nicht umsonst heißt es auch »Venedig des Nordens«. Wasser ist hier allgegenwärtig: Man spaziert gemütlich durch die Altstadt und ruht sich danach auf einer Bank am Wasser aus und lässt sich von den goldenen Sonnenstrahlen wärmen... Außerdem ist Stockholm reich an historischen Sehenswürdigkeiten. Es präsentiert sich als moderne, weltoffene Metropole, die Restaurants bieten Spezialitäten der internationalen Küche, Dutzende Museen sowie eine lebendige Musik- und Theaterszene haben Stockholm zu einem Mekka für Kunstliebhaber gemacht.

● GAMLA STAN

Das Zentrum der schwedischen Kapitale hat sich längst in andere Stadtteile verlagert, nach wie vor aber ist die Altstadt auf der Insel Stadsholmen eine touristische Hauptattraktion. Das Gewirr der Straßen und Gassen lädt zum Bummeln ein. Das über die Jahrhunderte gewachsene Viertel wartet mit Gebäuden aus allen Epochen der Stadtgeschichte auf. In viele alte Gemäuer sind Cafés, Restaurants oder Galerien eingezogen.

VÄSTERLÅNGGATAN

Die Västerlånggatan ist die Hauptgeschäftsstraße in Gamla Stan. Hier wie überall in der Altstadt ist an der Straßenführung seit dem 16. Jahrhundert nicht viel verändert worden. Nur die Häuser, die die enge Gasse säumen, stammen aus dem 18. und 19. Jahrhundert. Heute sind hier zahlreiche Boutiquen, Souvenirshops, Kneipen und Restaurants eingezogen. An ihrem Südende zweigt die Mårten Trotzigs-Gränd von der Västerlånggatan ab – die mit einer Breite von nur 90 Zentimetern engste Gasse Stockholms.

● KÖNIGLICHES SCHLOSS

Am Nordostende von Gamla Stan befindet sich das Königliche Schloss – mit seinen 608 Räumen einer der größten Paläste der Welt. Der Prachtbau wurde an der Stelle der durch ein Feuer zerstörten mittelalterlichen Königsresidenz in der ersten Hälfte des 18. Jahrhunderts errichtet und gilt als hervorragendes Beispiel für die Architektur am Übergang vom Barock zum Rokoko. Der Palast wird vom schwedischen König, der heute auf Schloss Drottningholm residiert, nur noch selten genutzt. Viele Räume sind deshalb der Öffentlichkeit zugänglich gemacht worden. Ein besonderer Höhepunkt ist die täglich um 12 Uhr stattfindende Wachablösung auf dem Schlosshof.

● STORKYRKAN

Millionen Zuschauer auf der ganzen Welt verfolgten, wie sich Kronprinzessin Victoria und Daniel Westling am 19. Juni 2010 in der Stockholmer Domkirche, der Storkyrka, das Jawort gaben. Die Hochzeits- und Krönungskirche der schwedischen Monarchen ist das älteste Gotteshaus der Stadt und liegt nur ein paar Schritte vom Stortorget und dem Nobelmuseum entfernt am Ende der steilen Auffahrt Slottsbacken. Ihre schöne Barockfassade täuscht zunächst über das Innere hinweg: Dort ist das Bauwerk ganz und gar eine spätgotische Hallenkirche. Sie ist ganzjährig für Besucher geöffnet, im Winter sogar kostenfrei.

● NOBELMUSEUM

Unweit der Residenz befindet sich die im 18. Jahrhundert errichtete Börse, in der heute das Nobelmuseum untergebracht ist. Die sehenswerte Ausstellung informiert über Alfred Nobel sowie namhafte Preisträger.

Mittelpunkt des Viertels Gamla Stan ist der Stortorget, einst der Hauptplatz der Stadt, an dem sich heute nette Lokale reihen.

WARUM IM WINTER?

Schweden ist eine Hochburg für Eislaufwanderer. Sobald das Eis dick genug ist, werden der große Stockholmer See und seine Kanäle von begeisterten Eisläufern ausgelotet, um die längstmögliche Strecke ausfindig zu machen. Der Mälaren westlich von Stockholm ist der drittgrößte See des Landes und Hauptaustragungsort für Nordic-Skating-Veranstaltungen. Man muss nur ein kurzes Stück mit öffentlichen Verkehrsmitteln zurücklegen, schon kann man über gefrorenes Frischwasser skaten, bis zu 100 Kilometer täglich zurücklegen und unterwegs in Ortschaften anhalten wie etwa der alten Wikinger-Handelsstadt Birka mit dem größten Wikingerfriedhof Skandinaviens. Auf dem Mälaren findet seit 1999 auch das »Vikingarännet« (Wikingerrennen) statt, ein Schlittschuhrennen über eine Distanz von 80 Kilometern von Uppsala nach Stockholm. Wer von Sport genug hat, der macht sich auf, die faszinierende Welt der Stockholmer Museen zu entdecken.

● TYSKA KYRKA

Der Bau der Deutschen Kirche im Süden von Gamla Stan beherbergte einst eine Niederlassung der Hanse und wurde erst im 16. Jahrhundert zu einem Gotteshaus umgebaut. Ihr Turm ist mit 96 Metern der höchste in der Altstadt.

● NORRMALM

Breite Straßen und geschäftiges Treiben: In Norrmalm blieb in den 1950er-Jahren kaum ein Stein auf dem anderen. Grund dafür war der Bau der U-Bahn. Hochhäuser und moderne, etwas kalt wirkende Glasfassaden an den Gebäuden geben diesem Stadtteil ein eigenes Gesicht. Hier pulsiert heute das Leben, es gibt viele große Geschäfte, aber auch Luxusläden in den Einkaufsstraßen. Abends ist richtig viel los: Dann erwachen Kungsgatan, Sveavägen und Birger Jarlsgatan zum Leben und verwandeln sich in echte Flaniermeilen. Restaurants, Bars, Kinos – hier finden Einheimische und Besucher bunte Unterhaltungsangebote. Kultur gibt es natürlich auch: Das Kulturhuset dient dabei als Forum für Ausstellungen und Stadttheater, es hat eine Bibliothek und mehrere Cafés.

● RIDDARHUSET

Auch das zwischen 1641 und 1674 errichtete Riddarhuset im Westen der königlichen Residenz ist sehenswert. Bis heute tagt hier alle drei Jahre die schwedische Ritterschaft. Der

Links unten: Eislaufen mitten in der Stadt – das bietet sich nur an kalten Wintertagen, wenn der Stockholmer See und die Kanäle zugefroren sind.

Unten: Stockholm ist umgeben und durchzogen von Wasser. Besonders an den zahlreichen Uferpromenaden wird einem die einmalige Lage von Stockholm immer wieder bewusst: eine Stadt, halb Land, halb Wasser, gelegen in einem Gewirr von Inseln.

Rechts: Als »längste Kunstgalerie der Welt« bewirbt Stockholm seine U-Bahn. 90 Prozent der Bahnhöfe sind künstlerisch ausgestaltet, so auch die Station Solna centrum, die mit ihrer blutroten Decke an den Eingang zu einer Drachenhöhle erinnert.

Prunkbau wartet mit einer barocken Innenausstattung auf.

● RIDDARHOLMEN

Die zierlich anmutende Riddarholms-Kirche auf dem gleichnamigen Eiland im Westen von Stadsholmen war über die Jahrhunderte die Grablege der schwedischen Könige. Der letzte Monarch, der hier bestattet wurde, war König Gustav V. (1858–1950).

● DJURGÅRDEN

Die im Osten Stockholms gelegene Insel ist Teil des Nationalstadtparks, eines Schutzgebiets, das der Pflege des kulturellen wie des Naturerbes der Region gewidmet ist. Einige der bedeutendsten Museen Schwedens liegen hier.

SKANSEN

Das 1891 eingeweihte Skansen etwa wurde ein Vorbild für die Freilichtmuseen dieser Welt. Auf dem Museumsareal sind historische Gebäude des 19. Jahrhunderts vom Bauernhof über Arbeitersiedlungen bis hin zum Handwerksbetrieb aus allen Teilen Schwedens ausgestellt. Aus Lappland wurde ein Lagerplatz der Samen mit Rentiergehege herbeigeschafft.

JUNIBACKEN

Kleine wie große Astrid-Lindgren-Fans dürfen überdies einen Besuch im Junibacken

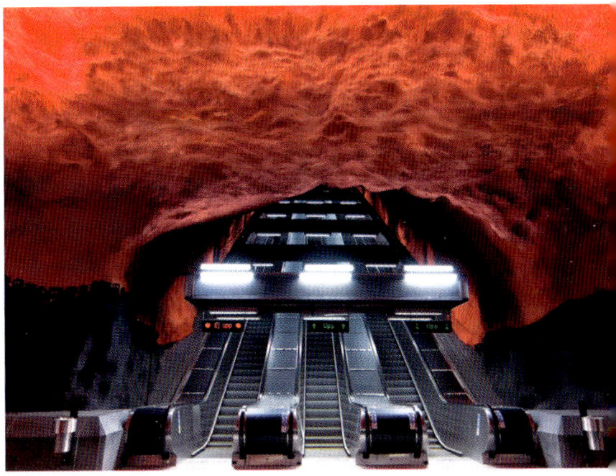

nicht versäumen. In dem Museum wurden Szenen aus den Büchern der berühmten Schriftstellerin nachgestellt.

DINNER FOR TWO

OAXEN SLIP // Eines der besten Lokale der Stadt liegt auf der wunderbar grünen Insel Djurgården. Neben der exzellenten Küche verzaubern vor allem die Aussicht und das stylische Ambiente. // **oaxen.com**

FEM SMÅ HUS // Bereits im 17. Jahrhundert betrieb Anna Lindberg hier ein Lokal. Sieben unterirdische Gewölbe über fünf Gebäude verteilt verleihen dem Restaurant seine ganz besondere Atmosphäre. // **femsmahus.se**

HIMLEN // Wie im Himmel! Hier speist man 104 Meter über den Dächern der Stadt im 25. Stock des Skrapan-Gebäudes. Darüber befindet sich eine angesagte Cocktailbar, in der man nach dem Abendessen die nächtliche Stadtsilhouette bewundern kann. // **restauranghimlen.se**

● STADSHUSET
Das Stockholmer Rathaus wurde zwischen 1911 und 1923 am Riddarholmen genau gegenüberliegenden südöstlichsten Zipfel der Insel Kungsholmen gebaut. In dem Ziegelbau findet alljährlich ein großes Bankett zu Ehren der Nobelpreisträger statt. Einige Säle und Räume sind der Öffentlichkeit zugänglich.

● ÖSTERMALM
Östermalm gehört seit dem 19. Jahrhundert zur Stadt. Zuvor grasten auf dem von Wasser umgebenen Gelände königliche Schafherden. Das Zentrum bildet der Östermalmstorg, eine der schönsten Flaniermeilen der Stadt. Der Höhepunkt ist hier die Saluhalle.

● SCHLOSS DROTTNINGHOLM
Der Wohnsitz der Königsfamilie: 1690 im Stil französischer und holländischer Vorbilder erbaut, ließ Kronprinzessin Lovisa Ulrika einige Gebäudeflügel mit Rokokoräumen errichten. Seit 1991 gehört Drottningholm zum UNESCO-Weltkulturerbe. Der größte Teil des Anwesens ist für Besucher geöffnet.

● VASA MUSEUM
Das Vasamuseum ist nach dem berühmten, 1628 auf seiner Jungfernfahrt gesunkenen und erst 1961 geborgenen Kriegsschiff benannt. Der überaus aufwendig restaurierte Dreimaster kann in einer großen, eigens dafür gebauten Halle besichtigt werden.

AUSFLÜGE

● SANDHAMN
Die Schäreninsel entspricht mit ihren Holzhäuschen und den Stränden dem perfekten Traum von Schweden. Sie ist ein beliebtes Ziel von Bootsfahrern und bietet einen großzügigen Hafen. Herrlich zum Entspannen nach langen Stadtbesichtigungen.

An Schloss Drottningholm grenzt eine Parkanlage mit Lindenalleen und Wasserflächen.

ÜBERNACHTEN

M/S MONIKA HOTELL // Willkommen an Bord! Die M/S Monika ist ein altes Schiff, das nun als Hotel dauerhaft am Kungsholms Strand angelegt hat und den Gästen komfortable Zimmer unter Deck bietet. **// msmonika.se**

ETT HEM // In dem einstigen noblen Herrenhaus fühlt man sich auf Anhieb wie zu Hause. Die Zimmer sind äußerst geschmackvoll mit Arts-and-Crafts-Dekor eingerichtet, das Personal liest den Gästen jeden Wunsch von den Lippen ab. **// etthem.se**

HOTEL SKEPPSHOLMEN // Traute Zweisamkeit genießen Paare in diesem historischen Haus auf einer Insel. Das ultramoderne ökologische Hotel zaubert Natur mitten in die City. Noch dazu befinden sich das Kunstmuseum Moderna Museet und das Architekturmuseum ArkDes in der Nähe. **// hotelskeppsholmen.se**

ZU ZWEIT ERLEBEN

○ BRUNCH AUF DER S/S STOCKHOLM

Stockholm muss man vom Wasser aus gesehen haben. Noch unvergesslicher wird die Bootstour, wenn man dabei ausgiebig brunchen kann. Nach dem Essen lädt das schöne Promenadendeck zum Verweilen ein. Jedes Wochenende um 12 Uhr kann man zu der dreistündigen Fahrt durch den Schärengarten aufbrechen.

○ AUF DEM KÖNIGLICHEN LIEBESPFAD WANDELN

Die herrliche Natur von Djurgården inmitten der Großstadt lernt man auf dem Liebespfad von Kronprinzessin Victoria und Prinz Daniel kennen. 2012 wurde der knapp 400 Meter lange Naturpfad offiziell eingeweiht. Er erstreckt sich am südwestlichen Teil des Sees Isbladskärret. Hinweisschilder geben nützliche Information zu den hier lebenden Tieren und Pflanzen.

○ RELAXEN IM CENTRALBADET

Das Jugendstilbad im Herzen der schwedischen Hauptstadt ist der perfekte Ort, um Körper und Geist zu erholen. Es bietet u. a. Massage und Hautpflege, ein Yogastudio, ein römisches Bad und eine Sauna mit Thermalbad, Whirlpool, Kneippanlage und Dampfbad. Seit über 100 Jahren kommen Einheimische wie Besucher hierher. Geschaffen wurde diese Oase der Ruhe im Jahr 1904 von dem schwedischen Architekt Wilhelm Klemming (1862 - 1930).

○ DURCH DEN KUNGSTRÄDGÅRDEN SCHLENDERN

Wenn die Einheimischen Kungsan sagen, meinen sie diesen Park im Herzen der Stadt. Bis zum 18. Jahrhundert war das Gelände den Blaublütigen vorbehalten, dort wurde ihr Gemüse kultiviert, dort entspannten sie. Heute ist es die gute Stube der Stockholmer.

○ MIT DEM KATARINAHISSEN FAHREN UND DIE GANZE STADT ÜBERBLICKEN

Der Lift führt auf den Katarinaberg. Viele nutzen ihn aber nur, um von der Plattform aus einen traumhaften Blick auf Stockholm zu haben. Gerade nachts ist die beleuchtete Stadt ein Hingucker. Die Plattform ist übrigens auch über Holzstufen zu Fuß erreichbar.

Unten links: Das Centralbadet liegt mitten in der Stadt und ist ein Ort der Entspannung und der Erholung.

Unten rechts: Die Plattform des Katarinahissen ist ein wunderbarer Aussichtspunkt.

WIEN

Kopfsteinpflaster und enge Gässchen, Heurige und Tanzbälle, prunkvolle Schlösser und imposante Museumsbauten: In der österreichischen Hauptstadt »an der schönen, blauen Donau« treffen Biedermeier-Idylle und imperiale Pracht aufeinander. Bei einem Besuch in Wien kann man eine Vielzahl romantischer Unternehmungen machen, etwa eine Fahrt auf der Donau bei Sonnenuntergang, eine Tour mit dem Fiaker durch die Altstadt oder den Besuch eines Heurigen am Stadtrand. An den Werken, mit denen die vielen Dichter und Denker, Musiker und Maler von hier aus die Welt eroberten, kommt man keinesfalls vorbei, Und ein Opern- oder Theaterbesuch sollte ebenfalls auf dem Programm stehen.

Links: Das Kunsthistorische Museum beherbergt nicht nur Kunstwerke aus sieben Jahrtausenden, vom Alten Ägypten bis zum Ende des 18. Jahrhunderts, sondern ist auch selbst ein Kunstwerk: Das unter anderem von Ernst und Gustav Klimt ausgemalte Treppenhaus dominiert eine marmorne Theseusgruppe von Antonio Canova.

Rechts: Durch sein bunt-gezacktes Dach ist der Stephansdom unverkennbar eines der wichtigsten Wahrzeichen von Wien.

● NATIONALBIBLIOTHEK

Eine der bedeutendsten Bibliotheken der Welt mit mehr als 6,7 Millionen Objekten, darunter einzigartige Handschriften und Inkunabeln. Ein Glanzstück europäischer Barockarchitektur ist der kuppelbekrönte Prunksaal.

● HOFBURG

Die Wiener Hofburg war über 600 Jahre Zentrum des Habsburgerreiches, vor allem aber die Hauptresidenz der kaiserlichen Familie, und ist zu besichtigen. Heute kommen der österreichische Bundespräsident sowie mehrere Minister und Staatssekretäre in den prunkvollen Repräsentationsräumen ihrem Dienst nach.

● MOZARTHAUS

Von 1784 bis 1787 wohnte der Komponist in diesem Haus. Seit dem Jubiläumsjahr 2006 informiert eine Dauerschau über diese Zeit. Es finden sich Bildnisse, Notendrucke, Autografe und vieles mehr.

● STEPHANSDOM

Wiens wichtigstes Gotteshaus und das weithin sichtbare Wahrzeichen der Stadt wird von den Einheimischen gern »Steffl« genannt: ein Wunderwerk der Steinmetzkunst mit einer gut 750 Jahre zurückreichenden Geschichte.

● KAISERGRUFT

Im Kellergewölbe unter der Kapuzinerkirche wurden seit dem 17. Jahrhundert die habsburgischen Herrscher und ihre engsten Angehörigen bestattet.

● KUNSTHISTORISCHES MUSEUM

Besucherattraktion ist die Gemäldegalerie mit Meisterwerken aus fünf Jahrhunderten, u. a. von Martin Schongauer, Cranach und Dürer, Brueghel, Rubens und Rembrandt, Tintoretto, Tizian oder Velázquez.

● NATURHISTORISCHES MUSEUM

Die 39 Säle bergen eine der größten naturwissenschaftlichen Sammlungen Europas mit Mineralien und Meteoriten, Fossilien, Skeletten sowie zeitgenössischen Tier- und Pflanzenarten. Höhepunkte sind u. a. die steinzeitliche Statuette der »Venus von Willendorf« und das rund 13 000-bändige »Wiener Herbarium« mit Belegpflanzen aus der ganzen Welt.

WARUM IM WINTER?

Ballzeit! Von Januar bis März werden jedes Jahr etwa 450 Bälle veranstaltet. Den Auftakt macht der große Silvesterball in der Hofburg; auf unzähligen weiteren wie dem Blumenball, dem Jägerball oder dem Bonbonball wird bis in den Frühling getanzt. Zu den Ballhäusern zählen die Hofburg, eine Sinfonie aus Marmorsäulen und riesigen Kronleuchtern, verschiedene Konzertsäle und die Wiener Staatsoper. Ein Spleen der Wiener ist, die Bälle von diversen Berufsverbänden auszurichten, man wird also von lauter Rechtsanwälten oder Wiener Kaffeehausbesitzern umschwirrt. Ballkarten kann jeder kaufen, der zu tanzen und sich nobel zu kleiden versteht (Smoking oder Ballkleid). Eine Tanzstunde vorab wird auch für Geübte empfohlen, denn die Wiener Art ist unglaublich schnell. Die Tanzschule Elmayer bietet dafür Ball-Blitz-Kurse an.

● NEUES RATHAUS

Der Prunkbau des Neuen Rathauses entstand zwischen den Jahren 1872 und 1883 und wurde in gotisierenden Formen errichtet. Der Arkadenhof, die Feststiege und der Festsaal können im Rahmen von Führungen besichtigt werden.

● VOTIVKIRCHE

Nicht ohne Grund wird sie auch »Ringstraßendom« genannt: Die im Jahr 1879 geweihte Votivkirche gilt weltweit als einer der bedeutendsten neogotischen Sakralbauten.

● NASCHMARKT

Wiens größter innerstädtischer Lebensmittelmarkt – seine Wurzeln reichen bis ins späte 18. Jahrhundert – erstreckt sich rund 500 Meter weit von der Kettenbrückengasse bis zum Karlsplatz. Am östlichen Ende, nahe der Secession, sind der Markt, seine Waren und sein Publikum am erlesensten. In der Mitte des Marktes atmet man exotische Düfte und findet viele internationale Spezialitäten. Am Samstagvormittag wird in diesem Bereich auch ein Bauernmarkt und gleich daneben ein uriger Flohmarkt abgehalten.

● SECESSION

Josef Maria Olbrich schuf in den Jahren 1897 bis 1898 für die »Wiener Secession« – eine avantgardistische Künstlergruppe, die sich von ihren im Künstlerhaus organisierten konservativen Kollegen abgegrenzt hatte – dieses Ausstellungsgebäude. Es zählt zu den Hauptwerken des Wiener Jugendstils.

Links: Bei den leutseligen Vorstadtbällen und »Gschnasen« – so die wienerische Bezeichnung für ein fröhliches Kostümfest – herrscht kein strikter Dresscode. Einzige Vorgabe ist höchstens die, sich originell zu kostümieren. Bei den repräsentativen Veranstaltungen hingegen wird elegante Garderobe verlangt – bei den Damen ein bodenlanges Abendkleid, bei den Herren Smoking oder Frack.

Oben: Schloss Schönbrunn ist nicht nur von außen ein beeindruckender Palast; in seinem Inneren kann man schönsten Barock bewundern.

● KARLSKIRCHE

Sie wurde 1713 von Kaiser Karl VI. anlässlich einer überstandenen Pestepidemie in Auftrag gegeben. Ihre Schöpfer, Fischer von Erlach senior und junior, vereinten klassische Formen der griechischen, römischen und byzantinischen Architektur.

● HUNDERTWASSERHAUS

In einer unscheinbaren Gasse im 3. Bezirk steht jenes merkwürdige Haus, das in der Liste der meistbesuchten Attraktionen gleich nach dem Stephansdom und Schönbrunn rangiert. Sein Schöpfer, Friedensreich Hundertwasser, stellte dabei optisch alles Gewohnte auf den Kopf: Er durchsetzte Mauern und Kanten mit krummen Linien und Buckeln, schuf schiefe Böden, ließ Balkone und Dächer mit Bäumen bepflanzen und dekorierte die Fassade mit grellbunten Tropfen, Kringeln und Kachelmosaiken.

● SCHLOSS BELVEDERE

Zu Wiens Hauptwerken des Barock zählt das von Lukas von Hildebrandt entworfene Belvedere. Errichtet wurde das aus zwei Schlössern bestehende Sommerpalais in den Jahren 1714 und 1723 für den legendären Feldherrn und Türkenbezwinger Prinz Eugen von Savoyen. In den Prunkräumen zeugen Meisterwerke von Waldmüller, Klimt, Kokoschka & Co. von der Blüte der Malerei des 19. und frühen 20. Jahrhunderts.

● ZENTRALFRIEDHOF

Wiens zentrale Begräbnisstätte liegt im südöstlichsten Bezirk Simmering, auf halbem Weg zwischen der Stadt und dem Flughafen von Schwechat. Sie wurde 1874 eröffnet und umfasst auf 2,4 Quadratkilometer Fläche mehr als 300 000 Gräber, in denen etwa drei Millionen Menschen ihre letzte Ruhe fanden.

● SCHLOSS SCHÖNBRUNN

Die Ikone des imperialen, barocken Wien schlechthin ist das im Villenbezirk Hietzing gelegene Schloss Schönbrunn. Als feudale Schöpfung des frühen 18. Jahrhunderts spiegelt es die Lust am architektonischen Überschwang wider, die nach dem Triumph über die Türken die aristokratischen Bauherren beflügelte. Bis 1918 war Schönbrunn die Sommerresidenz der Habsburger. Heute besichtigen in der Hochsaison bis zu 11 000 Schaulustige täglich die prunkvollen Kaiserappartements, die historischen Kutschen in der Wagenburg, das Palmenhaus wie auch den Tiergarten.

● PRATER

Der Prater bildet eine Oase der Erholung und der Kurzweil. Diese zwischen Donau und Donaukanal gelegene, fast 15 Kilometer lange Wald- und Wiesenlandschaft war einstmals ein kaiserliches Jagdrevier. Joseph II. machte es 1766 für die Öffentlichkeit zugänglich. Das Gebiet ist von Altwasserarmen sowie von einem weitverzweigten Netz an Rad- und Spa-

DINNER FOR TWO

SILBERWIRT // Traditionsreiches, über 200 Jahre altes, stimmungsvolles Vorstadt-Gasthaus mit dezentem Face-Lifting und schönem, schattigem Hofgarten. Gehobene österreichische Küche.
// silberwirt.at

SENHOR VINHO // Eine kulinarische Reise durch Portugal. In diesem Lokal stimmt einfach alles: das Essen, die Atmosphäre, der Service. Unbedingt Wein zum Essen bestellen!
// senhorvinho.at

SETTIMO CIELO // Im siebten Himmel fühlt man sich bei dieser Aussicht tatsächlich: Das gehobene italienische Restaurant befindet sich nämlich genau gegenüber vom Stephansdom. Ein Besuch bietet sich auch abends an, auf einem guten Drink über den Dächern der Stadt.
// fabios.at

zierwegen durchzogen und bietet Hobbysportlern darüber hinaus eine dichte Infrastruktur. In dem westlichen, stadtnahen Bereich lockt der sogenannte Wurstelprater mit Biergärten, Spielhallen und Geisterbahnen, verschiedenen Hightech-Schleudern und Hochschaubahnen. Und, nicht zu vergessen, mit dem Riesenrad – jener 67 Meter hohen, spektakulären Eisenkonstruktion, von deren Waggons aus man ein prächtiges Panorama genießt.

ÜBERNACHTEN

IMPERIAL // Sozusagen der Rolls-Royce unter Wiens Nobelherbergen, auch »Österreichs erstes Haus« genannt, in dem die Republik ihre offiziellen Gäste einquartiert. Stilmöbel, alte Meister, kostbare Lüster und Teppiche machen aus dem ehemaligen Stadtpalais ein bewohnbares Museum.
// imperialvienna.com

SACHER // Wunderbar plüschig-altmodisches Nobelhotel mit legendärem Ruf, nicht nur dank der gleichnamigen Schokoladentorte. Wertvolle museale Ausstattung, neuer Kontrapunkt: die modern-schicken Suiten und das Hauben-Restaurant.
// sacher.com/de/wien

SANS SOUCI // Das Boutique-Hotel in unmittelbarer Nähe zum MuseumsQuartier bezeichnet sich selbst als »Ort der Entspannung, des vielschichtigen Genusses«. Das Designstudio YOO sorgte für die herrliche Innenausstattung.
// sanssouci-wien.com

KULTURGENUSS

● WIENER SÄNGERKNABEN
Schon im 14. Jahrhundert sangen Knaben am Wiener Hof. Die klaren Stimmen und Sangesfreude erlebt man heute in der Hofburgkapelle oder im Haus für Musik und Theater.

● BURGTHEATER
»Die Burg« ist die unbestrittene Nummer eins unter den örtlichen Sprechtheatern. Das Ensemble zählt zu den besten der deutschsprachigen Schauspielerwelt. Der Bau ist auch architektonisch interessant.
// burgtheater.at

● STAATSOPER
Das »Erste Haus am Ring« bietet erlesene Opernkultur auf höchstem Weltniveau. Hier stellen Abend für Abend die besten Sänger und Dirigenten in prachtvoller Ausstattung ihr Können unter Beweis.
// wiener-staatsoper.at

● MUSEUMSQUARTIER
An der Nahtstelle von 7. und 1. Bezirk wurde 2001 das MuseumsQuartier (MQ) eröffnet. Es vereint die Barockstrukturen der ehemals kaiserlichen Stallungen mit postmoderner Architektur und zählt mit Kunsthalle, Museum moderner Kunst und Leopold Museum zu den zehn größten Kulturzentren der Welt.
// mqw.at

● ALBERTINA
Das Palais beherbergt die weltweit größte grafische Sammlung mit rund 44 000 Aquarellen und Zeichnungen sowie rund 1,5 Millionen Druckgrafiken.
// albertina.at

ZU ZWEIT ERLEBEN

○ EIN SPAZIERGANG DURCH DEN WIENERWALD MIT ANSCHLIESSENDER EINKEHR

Außer Burgen, Schlössern und Kirchen gibt es im Naturparadies Wienerwald Weinlokale, »Heurige« genannt. Klassische Rebsorten: Zweigelt, Zierfandler oder auch Rotgipfler. Das altehrwürdige Winzerdorf Grinzing am Fuß des Kahlenbergs ist der bekannteste Heurigenort im Raum Wien. Seine Nobellokale bieten den Gästen in der Regel einen stimmungsvollen Garten, ein reichhaltiges Buffet und Livemusik in Form originaler Wienerlieder.

○ SPEZIALITÄTEN IN EINEM KAFFEEHAUS GENIESSEN

Ob Kleiner Schwarzer oder Wiener Melange – ein Stück Sachertorte gehört dazu. Am besten im Café Hawelka, wo Udo Jürgens oder Elias Canetti saßen. Eine Traditionsadresse für Liebhaber exquisiter Kaffeehäuser ist natürlich das Café Sacher, gelegen im Erdgeschoss des gleichnamigen Nobelhotels, direkt hinter der Staatsoper. Gleich nebenan, im zugehörigen Laden, gibt's auch die legendäre Schokoladentorte, die man, reisetauglich verpackt, mit nach Hause bringen kann.

○ EINE FIAKERFAHRT MACHEN

Sie gehören zu den viel besungenen Klischees und sind aus der Wiener Innenstadt kaum wegzudenken: jene berühmten Zweispänner, die bei Schönwetter zwischen Ringstraße, Hofburg und mittelalterlichem Stadtkern ihre Runden drehen. Angeblich war es ein Gastwirt, der Mitte des 17. Jahrhunderts in der Pariser Rue de Saint Fiacre als Erster Lohnkutschen verlieh. Eine Generation später fiel die Idee auch in Wien auf fruchtbaren Boden. Vor 1900 fuhren über 1000 Fiaker durch die Kaiserstadt. Heute geht es rein ums Vergnügen.

○ CANDLE-LIGHT-DINNER AUF DEM RIESENRAD

Auf dem Prater locken Fahrgeschäfte und Geisterbahnen. Eine Fahrt mit dem Riesenrad ist beinahe Pflicht bei einem Wienbesuch. Dieses hält speziell für Paare etwas ganz Besonderes bereit: Im Dinner-Waggon wird ein Candle-Light-Dinner serviert. Abends von hoch oben auf die Lichter der Stadt zu blicken und dabei ein romantisches Abendessen zu genießen, ist ein Erlebnis, von dem man noch lange später erzählen wird.

○ EISLAUFEN AM RATHAUSPLATZ

In der Vorweihnachtszeit bietet sich dieser Wiener Klassiker der romantischen Aktivitäten an: der Eistraum am Rathausplatz. Beschwingt übers Eis gleiten, die Hand des anderen nehmen und sich mit dem Strom der Eisläufer treiben lassen. Danach eine Tasse heißen Punsch trinken und in Weihnachtsstimmung kommen.

Unten links: In Wien ist ein Kaffeehaus schöner als das andere. Typischerweise bestellt man sich eine Melange und einen Kuchen dazu. Ein Geheimtipp: die Puppenkrapfen beim Zuckerbäcker Demel.

Unten rechts: Das Riesenrad auf dem Prater ist nachts beleuchtet. Die Fahrt lohnt sich, man hat eine wunderbare Aussicht über die Stadt.

EINEN KAFFEE UNTER PALMEN

DAS PALMENHAUS

Nicht weit von der Staatsoper entfernt befindet sich das Palmenhaus. Es liegt am Rand des Burggartens auf der Rückseite der kaiserlichen Hofburg. Früher war das 128 Meter lange Glashaus die Orangerie der Kaiserfamilie. Nachdem es um die Jahrhundertwende abgerissen und Anfang des 20. Jahrhunderts nach den Entwürfen des österreichischen Architekten Friedrich Ohmann (1858–1927) wiederaufgebaut wurde, kamen Einflüsse des Jugendstils hinzu. Von 1919 bis 1938 diente das Palmenhaus als Ausstellungsort für Künstler. Heute ist im linken Teil das Schmetterlingshaus untergebracht, der rechte Flügel wird weiterhin als Gewächshaus genutzt, und mittig im erhöhten Teil des Gebäudes befindet sich eine Brasserie. Hier kann man bei einem Aperitif draußen in der Sonne sitzen oder auch drinnen im lichtdurchfluteten Glashaus. Es gibt sowohl Kaffee und Kuchen als auch herzhafte Speisen. Durch die vielen Grünpflanzen entsteht eine sehr besondere Atmosphäre, die man sich nicht entgehen lassen sollte.

palmenhaus.at

FÄRÖER

Was Besucher auf den Faröern erwartet, ist eine einzigartige Mischung aus rauer Natur und schnuckeligen, quirligen Städten oder verschlafenen Fischerdörfern, in denen bezaubernde Menschen leben. Die Entstehung der Färöer liegt etwa 60 Millionen Jahre zurück und ist vulkanischen Ursprungs, das vorherrschende Gestein ist Basalt. Der Archipel bildet ein spitz zulaufendes Dreieck, das von Enniberg im Norden bis Sumbiasteinur im Süden 118 Kilometer Länge misst, von Mykineshólmur im Westen bis Fuglø im Osten 75 Kilometer Breite. Kein Ort auf den Faröern ist mehr als fünf Kilometer vom Meer entfernt. Vom höchsten Berg, dem Slættaratindur, aus lässt sich bei guter Sicht der ganze Archipel überblicken. Das höchste Kliff der Welt ragt hier mit 754 Metern senkrecht aus dem Meer. Die fünf Hauptinseln, die die meisten Touristen anziehen, sind über Brücken und Tunnel miteinander verbunden.

Oben: Mystische Landschaft um die kleine Ortschaft Gásadalur auf Vágar. Der Wasserfall Múlafossur ist hier einer der Besuchermagneten.

Links: Die spektakulären Felsformationen Drangarnir und Tindhólmur gehören zur Insel Vágar.

● STREYMOY

Streymoy, die »Strömungsinsel«, das größte und längste Eiland der Färöer, ist die Hauptinsel des Archipels. Der Sundini, eine natürliche Meerenge mit einer Strömungsgeschwindigkeit von bis zu zwölf Knoten, trennt Streymoy von ihrer östlichen Nachbarinsel Eysturoy. Auf einer Fläche von 374 Quadratkilometern leben rund 22 500 Einwohner, die über den Vágartunnel den einzigen Flughafen der Inselgruppe erreichen können. Am Ostufer im Süden von Streymoy liegt die kleine, aber quirlige Hauptstadt der Färöer: Tórshavn. Das politische, wirtschaftliche und geistige Zentrum des Landes und hat neben einem der ältesten bestehenden Parlamente der Welt eine Vielzahl an Attraktionen zu bieten.

● EYSTUROY

Im Osten der Hauptinsel Streymoy liegt die zweitgrößte Insel des Archipels: Eysturoy. Sie beherbergt den 882 Meter hohen Slættaratindur, welcher der höchste Berg der Färöer Inseln ist. Von seinem Gipfel aus ergibt sich ein atemberaubendes Rundum-Panorama über die gesamte Inselgruppe. Eysturoy beheimatet außerdem eines der beliebtesten Fotomotive der Färöer: Der Ort Gjógv, der eingebettet inmitten von spitzen, pyramidenförmigen Bergen auf saftig grünen Wiesen liegt, wird über eine 200 Meter lange Felsspalte mit dem Meer verbunden. Der natürliche Hafen, der schon zur Zeit der Wikinger Verwendung gefunden hatte, zieht jedes Jahr Fotografen in das kleine Dorf.

WARUM IM WINTER?

Die abgeschiedenen Inseln mit ihren bizarren Felsformationen, steilen Wasserfällen, gigantischen Klippen und der schroffen, aber malerischen Landschaft sind in den letzten Jahren zu einem begehrten Reiseziel geworden. Outdoorfans finden hier, abseits vom touristischen Trubel, eine beeindruckende Naturkulisse. Die Hauptreisezeit ist für die meisten Besucher in den Sommermonaten, doch haben die Färöer im Winter einen besonderen Reiz: Trotz steifer Brise des Nordatlantiks und teils rauen Wetterbedingungen empfangen die herzlichen Einwohner ihre Besucher immer offen. Im Winter ist es relativ einsam und man kann die traumhafte Natur in vollen Zügen genießen.

● BORÐOY

Im malerischen Borðoy reihen sich sanfte Täler an steile Gipfel, wodurch ein vielfältiges Landschaftsbild entsteht. Insgesamt 23 Gipfel überragen die größte der Nordinseln, der Norðanfyri Lokkaskarð ist mit 772 Metern der höchste unter ihnen. An die Ufer der idyllischen Fjorde Borðoys haben sich viele kleine Ortschaften mit charmantem Flair angesiedelt. Der größte Ort davon ist Klaksvíg, dessen natürlicher Hafen von zentraler Bedeutung für die Fischindustrie der Färöer ist. Ausgrabungen belegen, dass das Gebiet rund um Klaksvíg, heute der zweitgrößte Ort des Archipels, schon zu Zeiten der Wikinger besiedelt war. Überreste einer Thingstätte, der »várting«, können davon Zeugnis geben.

● KALSOY

Kalsoy, die »Männerinsel«, ist eine der sechs Nordinseln der Färöer und gilt aufgrund ihrer Randlage und spärlichen Besiedlung als Außeninsel. Der Kalsoyarfjørður trennt die Insel von ihrem nördlichen Pendant, der »Fraueninsel« Kunoy: Wahrscheinlich ist diese Geschlechtertrennung auf eine Zeit zurückzuführen, als die Fischer häufig auf hoher See ihr Schicksal ereilte und der Frauenanteil dadurch stark anstieg. Kalsoy ist vor allem bekannt für den Leuchtturm von Kallur, der auf den wild zerklüfteten Felsen sitzt,

Links: Die possierlichen Papageitaucher sind kein seltener Anblick auf den Färöern, besonders nicht auf der westlichsten Insel, der Vogelinsel Mykines.

Unten: Der Sørvágsvatn oder Leitisvatn wirkt surreal: Ihn und das Meer trennen 32 Meter Höhe, doch scheint er zu schweben.

Rechts: Fast läuft man Gefahr, die traditionellen Häuser wie hier in Saksun zu übersehen, so gut fügen sie sich mit ihren Grasdächern in die Landschaft ein.

die dramatisch in den Atlantik eintauchen. Da der Wanderweg, der zum Leuchtturm führt, nur mit einer Fähre von Klaksvik aus erreicht werden kann, ist die Zahl an Touristen begrenzt – die ungezähmte Natur kann also ungetrübt von Menschenmassen erlebt werden.

● VÁGAR

Ihre vielen Buchten gaben Vágar, der drittgrößten Insel, ihren Namen (zu deutsch: Buchteninsel) und auch ihren drei Siedlungen Sørvágur, Miðvágur und Sandavágur. Direkt neben dem einzigen internationalen Flughafen des Landes befindet sich der Leitisvatn (auch Sørvágsvatn genannt), der größte Binnensee der Färöer. Etwas weiter nördlich erstreckt sich der zweitgrößte See und zugleich eines der wenigen Naturschutzgebiete der Färöer: Fjallavatn. Beliebte Ausflugsziele sind die Wasserfälle Bøsdalafossur, Gásadalur und Reipsáfossur, und wer es schaurig mag, besucht die Klippe Trælanípa, wo einst nicht mehr arbeitsfähige Sklaven hinabgestürzt worden sein sollen. Vágar bildet zusammen mit Tindhómur, einer äußerst kleinen, aber durch ihre markanten Felsformationen ausgesprochen beeindruckenden Insel, und der Vogelinsel Mykines die Region Vagár.

LEITISVATN

Was aussieht wie ein Fehler der Natur, ist der größte See der Färöer: der Leitisvatn (Sørvágsvatn). Zwei Namen hat er, weil sich die Einheimischen Vagárs nicht einig werden. Die Bewohner des Ostufers wollen, dass der See namentlich

DINNER FOR TWO

STREYMOY: KOKS // Chefkoch Poul Andrias Ziska zaubert ein Geschmackserlebnis auf den Teller, das seinesgleichen sucht. // koks.fo

STREYMOY: ETIKA // In dem einzigen Sushi-Restaurant auf den Färöern fühlt man sich wie in Japan. Es gibt neben Sushi auch gegrillten Fisch, Meeresfrüchte sowie Fleischgerichte. // etika.fo

STREYMOY: RÆST // Fermentierte Speisen? Darauf hat sich dieses Restaurant spezialisiert. Die Menschen machen durch Fermentation seit Jahrhunderten Fisch und Fleisch haltbar. Wer typisch färöische Küche sucht, wird hier fündig, denn authentischer wird es nicht! // raest.fo

SANDAVÁGUR: FISKASTYKKIÐ // Eine äußerst heimelige Atmosphäre erwartet einen hier. Die Betreiber achten auf lokale und saisonale Produkte. Der Lachs könnte frischer kaum sein, der Rhabarbersaft strotzt vor Erfrischung. // fiskastykkid.fo

ihnen zugerechnet wird – sie nennen ihn Leitisvatn. Bei den Bewohnern des Westufers ist er unter dem Namen Sørvágsvatn bekannt, was ihn ihrem Territorium zuordnet. Der 3,4 Quadratkilometer umfassende See ist dreimal größer als der Fjallavatn, der zweitgrößte See der Färöer. Durch die unmittelbare Nähe zum Atlantik wirkt seine Lage von lediglich 40 Metern über dem Meeresspiegel unglaublich beeindruckend. Von einer bestimmten Perspektive aus spielt die Natur dem Betrachter mithilfe einer optischen Täuschung einen Streich: Die 40 Meter Höhe wirken plötzlich wie mehrere Hundert Meter: ein Phänomen, das es so nur einmal auf der Welt gibt. Wäre der See nicht durch ein Kliff vom Meer getrennt, würde sich sein ganzer Inhalt auf einmal in den Nordatlantik ergießen.

ÜBERNACHTEN

STREYMOY: HOTEL HAVGRÍM //
Direkt an der Úti við Strond unweit der historischen Festung Skansin gelegen, besticht dieses frisch renovierte Boutique-Hotel mit einer atemberaubenden Aussicht.
// hotelhavgrim.fo

EYSTUROY: GJÁARGARÐUR //
Das charmante Gasthaus am Rand der Ortschaft Gjógv ist zu empfehlen – eine Unterkunft weit weg vom Alltagsgeschehen, aber ein idealer Ausgangspunkt für Ausflüge. **// gjaargardur.fo**

STREYMOY: HOTEL FØROYAR //
Wer Luxus sucht, ist hier genau richtig. Von allen Zimmern des Vier-Sterne-Designhotels aus hat man einen wunderbaren Blick auf den Nólsoyarfjørður.
// hotelforoyar.fo

● TINDHÓLMUR

Die größte der insgesamt elf färöischen Holme ist der Tindhólmur, was übersetzt »Zinkenholm« bedeutet – zurückzuführen ist der Name auf seine außergewöhnliche Form. Obwohl der Tindhólmur an der Südseite mit einer senkrechten Steilwand in den Atlantik abfällt und seine Nordseite scheinbar in einem 45-Grad-Winkel daran angelehnt wird, stehen auf diesem Holm zwei Häuser. Um die spektakuläre Kulisse an der westlichsten Spitze des Fjords Sørvágsfjørður zu erblicken, muss man mindestens zwei Stunden wandern, doch am Ende des Weges wird man reichlich belohnt: Zuerst fallen die dramatischen Felsenklippen von Dranganir mit ihrem natürlichen Tor ins Auge, gefolgt von der imposanten Felsspitze des Tindhólmur. Am Horizont wird das Bild schließlich von der Vogelinsel Mykines abgeschlossen.

● MYKINES

Wie Kalsoy hat auch das Vogelparadies Mykines den Status einer Außeninsel. Auf dem 10,3 Quadratkilometer kleinen Eiland gibt es nur einen Ort, Mykines bygd, den eine Handvoll Menschen bewohnt. Daneben leben hier etwa 1200 Schafe. Der Legende nach soll Mykines einst ein riesiger Wal gewesen sein, den ein Fischer mutig aus seinem Revier vertreiben sollte. Er bewarf ihn mit Mist, was der Insel den Namen »Mistnase« einbrachte.

● SUÐUROY

Seefahrer und Fischer leben seit Urzeiten hier auf der südlichsten und abgelegensten Insel der Färöer, auf Suðuroy. Ihre Bewohner empfinden einen ganz eigenen Stolz auf ihre Herkunft, der sich im speziellen Dialekt der Insel widerspiegelt. Die idyllischen Fischerdörfer Sandvík und Hvalba sind Zeugnisse längst vergangener Zeiten. Wer sie besucht, kann auf Lítla Dímun hinüberblicken, die kleinste Insel des Archipels. Sie ist von Menschen unbewohnt. Den Sommer über werden Schafe mit dem Boot dorthin gebracht.

ZU ZWEIT ERLEBEN

○ DAS ROMANTISCHE MORGEN- UND ABENDROT GENIESSEN

Traditionell erklimmen die Einheimischen am 21. Juni, dem längsten Tag des Jahres, den knapp 880 Meter hohen Berg Slættaratindur, um sowohl Sonnenauf- und -untergang zu feiern. Jedoch kann man den Berg auch in der kalten Jahreszeit besteigen. Der unbeschreibliche Panoramablick auf die umliegenden Inseln entschädigt für den vierstündigen Aufstieg von Gjógv aus oder die einstündige Tour ab Eiði.

○ AM KALLUR-LEUCHTTURM DIE EWIGKEIT SPÜREN

Nahezu unspektakulär erscheint der Leuchtturm im Vergleich zu der ihn umgebenden Szenerie, wenn die untergehende Sonne die bizarren Felsen der Insel Kalsoy anstrahlt und Wolken und Meer in Farbe taucht. Ruhig steht der Leuchtturm inmitten steiler Felsklippen auf der »Männerinsel«, die majestätisch aus dem wilden Ozean ragt. Bei diesem Anblick scheint man der Ewigkeit ein bisschen näher gekommen. Dieser Moment will unbedingt mit jemand Besonderem geteilt werden!

○ SIGHTSEEING IN TÓRSHAVN

Tinganes ist die Altstadt von Tórshavn, die mit ihren engen Gassen und den charmanten roten Holzhäusern die Gäste verzaubert. Nach dem Besuch der Tórshavner Domkirche geht es in den Tórshavner Stadtpark mit dem größten Wald auf der Insel, in dessen Mitte ein Denkmal für die verstorbenen Fischer und Seemänner steht. Direkt am Hafen von Tórshavn thront über der Festung der Leuchtturm Fort Skansin. Er weist nicht nur den Seefahrern den Weg in die Hauptstadt, sondern ist auch ein guter Aussichtspunkt über die Stadt und das Meer mit der vorgelagerten Insel Nólsoy.

○ DAS TANZBEIN SCHWINGEN

Zur Volkskultur gehört noch immer der färöische Kettentanz. Der aus dem Mittelalter überlieferte Volkstanz zu Heldenliedern ist simpel, sodass es nicht schwer ist, mitzumachen. Das überlieferte Brauchtum wird zum Beispiel als Höhepunkt des färingischen Nationalfeiertags Ólasvsøka am 29. Juli um Mitternacht auf dem Marktplatz in Tórshavn getanzt. Bereits einen Tag zuvor schlüpfen Tausende Färinger in ihre Tracht (die der bayerischen Tracht ähnelt) und bejubeln die nationale Ruderregatta.

Unten links: Der kleine Leuchtturm auf dem Kamm der Insel Kalsoy ist für viele Paare ein Anlass zu einer Wanderung mit atemberaubender Aussicht.

Unten rechts: Besonders sehenswert sind in Tórshavn die bunten Häuser am Wasser.

GENF

Nach Zürich ist die am Abfluss der Rhône aus dem Genfersee gelegene Stadt die zweitgrößte der Schweiz. Sie hält jede Menge entdeckenswerte Schätze für Genießer bereit und eignet sich hervorragend für ein romantisches Wochenende zu zweit! Wo die Fontäne des Jet d'eau ihr Wasser 145 Meter hoch gen Himmel schießt, von Jura und Savoyer Alpen umkränzt, an die Bucht des Sees geschmiegt – dort liegt Genf. Das »protestantische Rom«, in dem Johannes Calvin vor gut 450 Jahren seine Reformideen propagierte und Henri Dunant 1864 das Rote Kreuz gründete, präsentiert sich heute als internationale Stadt. Ein Drittel ihrer Bewohner sind Ausländer, 200 überstaatliche Organisationen, darunter die Vereinten Nationen und die Weltgesundheitsorganisation, haben hier ihren Sitz. Zu den weiteren Attraktionen gehören die Kathedrale St. Peter samt angrenzender Place du Bourg-de-Four, das Palais des Nations – heute Hauptsitz der UN – und das Denkmal des gebürtigen Genfers Jean-Jacques Rousseau.

Oben: Schlicht und anmutig präsentiert sich die Kathedrale von Genf.

Links: Beim richtigen Sonnenstand glitzert im Jet d'eau ein Regenbogen – gegen ihn wirken die Häuser an der Uferpromenade fast schon farblos.

● KATHEDRALE ST. PIERRE

Die dreischiffige Pfeilerbasilika St. Pierre in Genf, erbaut von 1150 bis 1232, war bis 1536 Sitz des katholischen Bischofs. In der Reformationszeit wurde sie das Wirkungszentrum Jean Calvins und Hauptkirche der Protestanten, die den Großteil des katholischen Dekors entfernten. In seiner calvinistischen Kargheit strahlt der im romanischen Stil begonnene und frühgotisch vollendete Bau majestätische Würde aus. Die beiden unvollendeten Haupttürme kamen im 13. Jahrhundert hinzu, der klassizistische Säulenportikus um 1750, die metallene Turmspitze im Jahr 1895. Sehenswert sind der Stuhl Calvins, das geschnitzte Chorgestühl und das Grab des Hugenottenführers Henri de Rohan (1579 bis 1638). Eine steile Wendeltreppe führt auf

WARUM IM WINTER?

Eine Ausrede gefällig, um vor Weihnachten Schokolade zu essen? Beim größten Stadtfest von Genf, der l'Escalade, versammelt man sich, um mit Marzipan gefüllte »Marmites en chocolat« (Schokoladentöpfe) zu zerschlagen und der Verteidigung der Stadt gegen den Angriff des Herzogs von Savoyen am 11. Dezember 1602 zu gedenken. Der Legende nach wurde dieser Überfall abgewehrt, weil eine Hausfrau einen der Soldaten mit einem »Marmite de l'Escalade« (Topf mit heißer Schokolade) übergoss und dann Alarm schlug. Außerdem gibt es einen Fackelzug, einen acht Kilometer langen Lauf durch die Altstadt und einen Kostümlauf.

den Nordturm, der einen einzigartigen Rundblick bietet. In einem Museum unter der Kathedrale werden die reichen archäologischen Funde des Ortes gezeigt.

● BAUDENKMÄLER DES VÖLKERBUNDES UND DER UNITED NATIONS

Bei der Gründung des Völkerbundes 1919 in London wurde beschlossen, den Hauptsitz nach Genf zu verlegen, hatte sich die Stadt doch schon zuvor bei internationalen Konflikten als Ort der Schlichtung bewährt. Ende der 1930er-Jahre war das Palais des Nations

Rechts: Einen Besuch wert ist das Ethnographische Museum von Genf (MEG), das neben den vielen Völkern der Welt auch Religionen wie Voodoo immer wieder Ausstellungen widmet.

Ganz links: Die Fête de l'Escalade, ein geschichtsträchtiges Volksfest im Dezember.

Links oben: Tief vereist ist diese Anlegestelle im Genfer See und bezeugt eindrucksvoll die Schönheit des Winters.

Unten: Das Bergpanorama am Genfer See ist im Winter besonders schön. Unten der glänzende See und darüber die gezuckerten Berge.

genannte Hauptgebäude im Art-déco-Stil fertiggestellt. In wesentlichen Teilen kann der Palast, gegenwärtig Sitz der europäischen UN-Vertretung, heute besichtigt werden.

● PLACE DU BOURG-DE-FOUR

Dies ist der älteste Platz von Genf und ein beliebter Treffpunkt bei Jung und Alt. Seit dem 11. Jahrhundert gilt der Platz als das Zentrum der Stadt, an dem sich alle Straßen treffen. Wo früher reges Markttreiben herrschte, sitzen heute die Gäste gelassen in den einladenden Cafés und auf den Terrassen der Lokale. Wo lässt es sich also besser für ein Weilchen entspannen als hier?

● PARC DES BASTIONS

Der große Park am Rande der Altstadt ist die grüne Seele von Genf. Hohe Bäume und gepflegte Grünflächen prägen hier das Bild, riesige Schachbretter sorgen bei Jung und Alt für Vergnügen. Außerdem verbirgt sich im Park eine der bedeutendsten Sehenswürdigkeiten von Genf: das Internationale Reformationsdenkmal, eine etwa 100 Meter lange Steinwand mit Skulpturen der Begründer der Genfer Reformation.

● GENFER SEE

»Gewöhnlich ist er glatt und blass, ins Graue spielend oder ins Silberweiße, aber manchmal, wenn die Brise weht, dunkelt er und kräuselt sich und wird plötzlich wie ein großer, blauer, frisch umbrochener Acker.« So beschreibt der Schriftsteller Charles Ferdinand Ramuz die sichelförmige Wasserfläche des Genfer Sees, die überragt wird von den Zacken der Dents du Midi und den majestätischen Savoyer Alpen, auf die bei Genf die Jurahügel folgen. Nach dem ungarischen Plattensee ist der Genfersee das zweitgrößte Gewässer Mitteleuropas. Gespeist wird er vor allem durch die Rhône. An seinen Ufern wird seit Jahrhunderten intensiv Weinbau betrieben, heute ist die Waadt das zweitgrößte Anbaugebiet der Schweiz. Bei Lausanne bilden die Weinbergterrassen des Lavaux eine einzigartige Kulturlandschaft.

DINNER FOR TWO

BRASSERIE DE L'HÔTEL DE VILLE // Nicht nur alteingesessene Genfer frequentieren dieses Lokal mit seiner betont altmodisch wirkenden Einrichtung, auch Vertreter der städtischen Künstlerszene und Geschäftsleute fühlen sich durch dieses Flair angezogen.
// hdvglozu.ch

CAFÉ PAPON // Das traditionsreiche Restaurant-Café in der Genfer Altstadt besticht durch mittelalterliches Flair und serviert moderne Gerichte.
// cafepapon.ch

IZUMI // In dem Spitzenrestaurant des Four Seasons Hotel des Bergues zaubert Chef Mitsuru Tsukada eine gekonnte Mischung aus peruanisch-japanischen Gaumenfreunden auf den Teller. Qualität, die ihren Preis wert ist. Das Besondere: die Aussicht von der Dachterrasse.
// fourseasons.com/geneva/dining/restaurants/izumi

KULTURGENUSS

● MUSÉE D'ART ET D'HISTOIRE
Das Museum für Kunst und Geschichte gehört zu den größten Museen der Schweiz. Anhand verschiedener Sammlungen aus Archäologie, Angewandter Kunst und Bildenden Künsten werden die bedeutenden Phasen der Geschichte der westlichen Zivilisation beleuchtet. Zu sehen sind u. a. Objekte aus dem alten Ägypten, dem antiken Griechenland sowie Byzantinische Kunst, Waffen, Musikinstrumente, Silber, Gemälde der italienischen, englischen, holländischen, französischen und Schweizer Schulen. Ein berühmtes Werk ist der »Wunderbare Fischzug« (1444) von Konrad Witz.

● MEG
(MUSÉE D'ETHNOGRAPHIE DE GENÈVE)
Hier wartet eine der größten völkerkundlichen Sammlungen der Schweiz. An die 400 000 Sammlerstücke, darunter Bücher, Foto- und Filmmaterial sind hier zu bestaunen. Zusätzlich gibt es eine Fachbibliothek, ein Auditorium und ein Medienzentrum. Austauschen kann man sich auch im Café oder in der Buchhandlung.

AUSFLÜGE

● LAUSANNE
Früher haben Reisende die Waadtländer Hauptstadt vorzugsweise als die »wahre Königin des Genfer Sees« besungen. Heute behauptet sich die kleinste der Schweizer Großstädte als dynamisches Geschäfts-, Kongress- und Bankenzentrum mit eher jugendlichem Flair. Ihre kleine, sorgsam gepflegte Altstadt und ihre lebendige Kulturszene wollen entdeckt werden.

Oben: Die Kathedrale von Lausanne wird als bedeutendstes Bauwerk der Frühgotik auf Schweizer Boden eingestuft. Sie ist das einzige Schweizer Gotteshaus, das dem Vergleich mit den großen Kathedralen Europas standhält. Wahrscheinlich begann man mit dem Bau der Kirche um 1150.

ÜBERNACHTEN

FOUR SEASONS HOTEL DES BERGUES GENEVA // Kaum zu toppen: am Ufer des Genfersees gelegen, ein mit Michelin-Sternen ausgezeichnetes Restaurant und ein exzellenter Spa-Bereich. Seit 1834 ist dieses Hotel eine der ersten Adressen der Stadt.
// fourseasons.com/geneva

HOTEL D'ANGLETERRE // Die Lage am Genfersee beschert den Gästen dieses Hauses eine einmalige Aussicht auf den Jet d'Eau mit dem Mont Blanc im Hintergrund. Das Boutique-Hotel verbindet gekonnt britischen Charme mit Schweizer Gastfreundlichkeit.
// dangleterrehotel.com

LES ARMURES // In einem historischen Haus aus dem 17. Jahrhundert befindet sich dieses exquisite und elegante Boutique-Hotel zwischen der Maison Tavel und der Kathedrale inmitten der Genfer Altstadt.
// lesarmures.ch

ZU ZWEIT ERLEBEN

○ GENFER FONDUE ESSEN

Brotwürfel in dickflüssigen Käse zu tunken, gehört zu den Dingen, die man in Genf auf jeden Fall einmal gemacht haben sollte. Gute Adressen sind z. B. das »Café du Soleil«, das »Bains des Pâquis« und »Le Gruyérien«.

○ EINE SEE-EXKURSION UNTERNEHMEN

Während auf den meisten Schweizer Seen die Passagierdampfer während der kalten Jahreszeit nicht verkehren, erhält die Compagnie Générale de Navigation sur le Lac Léman ihren Betrieb ganzjährig aufrecht. An Bord dieser Veteranen lässt sich bei einer schmackhaften Mahlzeit die See- und Berglandschaft entspannt genießen. Unter anderem kann man an Bord der Schiffe auch zum weltberühmten Château de Chillon gelangen.

○ NÄCHTLICHER STADTBUMMEL

Es gibt kaum etwas Romantischeres als abends durch die Genfer Altstadt zu bummeln. Warmes Licht erfüllt die Gässchen, die Menschen haben es sich in ihren Häusern oder in lauschigen Bars und Restaurants gemütlich gemacht. Ein besonderes Flair herrscht in den Abendstunden in der Stadt, das man am besten in Begleitung seiner oder seines Liebsten erhascht.

○ EINEN COCKTAIL SCHLÜRFEN

Wenn die Stadt neben Fondue machen eines kann, dann ist es Cocktails mixen. Fernab der Touristenmeile im Zentrum und um den Genfersee gibt es in Eaux-Vives, Carouge oder Plainpalais zahlreiche wirklich exzellente Bars, in denen man einen schönen Abend zu zweit verbringen kann.

○ EIN SELFIE MIT DER WASSERFONTÄNE MACHEN

Den besten Blick auf die 140 Meter in die Luft schießende Fontäne im Genfersee hat man vom Pont du Mont Blanc und von der Promenade du Lac aus. Wer noch näher ran will, macht eine Bootsfahrt. Der ikonische Jet d'eau muss auf jeden Fall festgehalten werden. Also nichts wie posieren und das beste Foto knipsen!

Unten links: Fast mystisch wirkt das nächtlich beleuchtete Batiment des Forces-Motrices.

Unten rechts: Traditionell trinkt man zum Schweizer Käsefondue einen trockenen Weißwein, aber auch Tee und hin und wieder ein Gläschen Schnaps gehören dazu.

VENEDIG

»Es gibt zwei Arten von Städten: alle anderen und Venedig«, stellte Henry James fest. In der Stadt auf dem Wasser ist tatsächlich vieles anders. Venedig ist unvergleichlich, geheimnisvoll und voller Wunder. Mit einfachen Worten lässt sich »das schöne Gegengewicht der Welt«, wie Rainer Maria Rilke die Lagunenstadt bezeichnete, kaum beschreiben. Denn Venedig erscheint uns wie eine Mischung aus Wirklichkeit und Traum, aus Geschichte und Mythos. Wohl an keinem anderen Ort der Welt ist Vergänglichkeit so unmittelbar erfahrbar wie hier. Der morbide Charme der Stadt wird gespeist aus dem Wissen um die einzigartige Pracht, die sie vor Jahrhunderten entfaltete, und um ihren ebenso einzigartigen Niedergang. Venedig steht gleichermaßen für Höhepunkte von Kunst und Architektur wie ausschweifendes, weltverliebtes Leben, für das der Carnevale di Venezia und die Person Casanovas zu Inbegriffen wurden. Eine Stadt zum Verlieben, für Verliebte!

Die Santa Maria della Salute wird oft auch als Pestkirche bezeichnet. Durch die Pestepidemie im 17. Jahrhundert starb ein großer Teil der Venezianer. Der Senat wollte eine Kirche zu Ehren der Jungfrau Maria bauen, damit sie die Stadt von der Krankheit erlösen sollte.

● PIAZZA SAN MARCO

Der, so sah es zumindest Napoleon, »schönste Salon der Welt« ist das Herz der Stadt. Tauben flattern, Wiener Kaffeehausmusik erklingt, am Uhrturm schlagen zwei riesige Bronzemohren die Stunde. Umgrenzt wird der Platz von den Arkaden der Prokuratien, des alten Sitzes der Stadtverwaltung. Zur Lagune hin bildet die kleinere Piazzetta mit ihren zwei Säulen (deren eine der Markuslöwe, die andere der heilige Theodor krönt) den Abschluss.

● SAN MARCO

Die im frühen Mittelalter gegründete Kirche verdankt ihre Formgebung der Bindung Venedigs an Konstantinopel. Wie dort üblich, ist der marmorverkleidete, fünf Kuppeln aufweisende Dombau mit Mosaiken geschmückt. Besonders schön sind jene in der rechten Vorhallenkuppel. Die Kuppeln selbst, aber auch die Pala d'Oro, ein byzantinischer Altaraufsatz aus Gold, Emaille und Edelsteinen, zählen zu den besonderen Kostbarkeiten.

● CAMPANILE UND LOGGETTA

Der Turm von San Marco bietet einen überwältigenden Blick über die Stadt. Der 95 Meter hohe Bau stürzte am 14. Juli 1902 ein, wurde jedoch umgehend wieder aufgebaut. Auch die von Jacopo Sansovino errichtete Loggetta am Fuß des Campanile, durch den Einsturz schwer in Mitleidenschaft gezogen, hat man originalgetreu rekonstruiert. Ursprünglich war sie als Repräsentationsbau Kulisse für die Zeremonien der Serenissima, später dann zog hier die Palastwache ein.

● MARKUSBIBLIOTHEK

Der von Jacopo Sansovino errichtete und später zur Lagune hin verlängerte Bau zählt zu den Höhepunkten der Renaissance in der Stadt. Der plastisch-körperhafte Stil hat seine künstlerischen Wurzeln allerdings in Rom, wo Jacopo Sansovino seine Ausbildung erhielt. Die Vorliebe für die kleinteiligen Schmuckformen und die Gleichmäßigkeit der langen Front sind jedoch charakteristisch für die Lagunenstadt. Im Inneren ist das Archäologische Museum untergebracht. Die Bibliothek hat heute ihren Sitz gleich nebenan in der Zecca, dem ehemaligen Münzgebäude.

● DOGENPALAST

Ursprünglich war der Sitz der venezianischen Stadtrepublik ein von Wasser umgebenes Kastell – das bereits im 12. Jahrhundert eher einem Palast glich denn einer Burg. Im Innern kann man – im Hof – die Gigantentreppe, auf der die Dogen gekrönt wurden, und im Palast selbst die Goldene Treppe, dazu Repräsentationsräume, die Ratssäle mit ihren Kassettendecken, Gemälden (u. a. von Tizian, Tintoretto und Paolo Vero-

WARUM IM WINTER?

Das bekannteste barocke Kostümfest der Welt, der Karneval von Venedig, ist so extravagant, wie der von Rio zügellos ist. Die Venezianer feiern ihren Karneval seit (mindestens) dem 15. Jahrhundert. Offiziell eröffnet wird er am Samstag zwei Wochen vor Aschermittwoch, wenn die Maskenparade gegen 16 Uhr den Markusplatz verlässt. Zu den Highlights gehören der Dogenball (für Kostümierte und Tanzkundige) und der Korso der geschmückten Boote und Gondeln auf dem Canal Grande. Auch abseits der Hauptveranstaltungen ist viel los. Straßenkünstler bespielen die Plätze, manchmal gibt es auf dem Campo San Polo auch eine Spritzeisbahn. Also, nichts wie los: Eine Maske besorgen und Karnevalsstimmung schnuppern!

nese), die Wohnung des Dogen und die berüchtigten Gefängnisse hinter der Seufzerbrücke besichtigen.

● SAN GIORGIO MAGGIORE

Die leuchtend weiße Marmorfassade der Kirche San Giorgio Maggiore liegt auf dem gleichnamigen Inselchen. 1565 entwarf Andrea Palladio die dreischiffige Benediktinerkirche, deren Grundriss ein lateinisches Kreuz beschreibt und deren langer Mönchschor ebenso nach Palladios Tod errichtet wurde wie der Campanile.

● ARSENALE

Das bereits 1104 gegründete Arsenal war einst die durch Mauern gesicherte Schiffswerft der gefürchteten venezianischen Seeflotte. Um 1420 arbeiteten hier 16 000 Leute. Und auch den venezianischen Schiffszwieback produziert man im Arsenal.

● IL REDENTORE

Die 1592 vollendete Erlöserkirche, ein Spätwerk Palladios, wurde 1576, als in Venedig die Pest wütete, in Auftrag gegeben. Alljährlich kam zum Dank für die Überwindung der Not eine große Prozession des Dogen und seines Gefolges von San Marco über eine Bootsbrücke herüber. Das Erlöserfest wird bis heute am dritten Sonntag im Juli begangen. Die Kirchenfassade zeigt die für Palladio charakteristischen hintereinandergeschichteten Giebelmotive.

Oben: Die reich geschmückte Fassade der Basilica di San Marco mit ihren goldglänzenden Mosaiken, säulenverzierten Portalen, gotischen Tabernakeln und Statuen zieht alle Blicke am Markusplatz auf sich.

Links: Das Spiel mit Masken und Kostümen: Beim Carnevale di Venezia sind der Fantasie keine Grenzen gesetzt. Im 18. Jahrhundert wurde der Karneval offiziell von einem vermummten Staatsdiener eröffnet. Zwei Monate lang, bis Aschermittwoch, war das Tragen von Masken erlaubt. Venedig galt damals als die amüsierfreudigste Stadt Europas: »Wer sich amüsiert, macht keine Revolution«, meinten die Behörden.

Rechts: Mehr als 400 Brücken gibt es in Venedig. Am berühmtesten ist die Rialtobrücke, die das Sestiere San Marco mit den Rialtomärkten in San Polo verbindet.

● CANAL GRANDE

Die Wasserhauptstraße Venedigs wird von prächtigen Palästen und von einigen Kirchen gesäumt, aber nur vier Brücken überspannen sie: der Ponte Scalzi, die neue Calatrava-Brücke, der Ponte Rialto und die Accademia-Brücke. Gondeln und Vaporetti sind die Haupt-Fortbewegungsmittel auf dem im Schnitt nur fünf Meter tiefen Wasserweg.

● CA' PESARO

Der wuchtige, von Baldassare Longhena errichtete Bau mit schwerem, vor der Fensterreihe platziertem Säulenschmuck und vielen plastischen Akzenten ist ein Lehrbeispiel für den Barock. Im Palast befindet sich die Galerie für moderne Kunst (u. a. mit Werken von De Chirico, Boccioni, Bonnard, Chagall, Klimt, Kandinsky und Klee) sowie das Museum für orientalische – überwiegend japanische – Kunst aus der Zeit vom 17. bis zum 19. Jahrhundert.

● CA' D'ORO

Der berühmteste gotische Palast der Stadt hat eine ehemals vergoldete Fassade, die ihm den Namen gab. Auftraggeber war der Kaufmann Marino Contarini, Hauptarchitekt der Venezianer Bartolomeo Bon. Drinnen hat heute die Galleria Franchetti, ein Museum, ihren Sitz. Sie präsentiert Kunstwerke der Zeit vom 14. bis zum 18. Jahrhundert, darunter überwiegend Arbeiten venezianischer Künstler.

● GALLERIA DELL'ACCADEMIA

Hier sind Werke sämtlicher venezianischer Meister vom frühen Mittelalter bis zum Rokoko zu finden. Besondere Anziehungspunkte sind Giorgiones märchenhaftes Gemälde »Das Gewitter«, Paolo Venezianos Polyptychon mit Marienkrönung sowie Vittore Carpaccios achtteiliger Zyklus zum Leben der heiligen Ursula.

● RIALTOBRÜCKE

Die berühmteste Brücke Venedigs mit ihrem weitgespannten Bogen, den Treppenstufen, Durchblicken und Souvenirläden wurde 1588–1591 von Antonio da Ponte erbaut und war bis ins 19. Jahrhundert der einzige Übergang über

DINNER FOR TWO

TRATTORIA SOTTOPROVA // Abseits der Touristenströme liegt dieses Lokal. Auch Einheimische lassen sich hier die Pizza schmecken.
// Via Giuseppe Garibaldi, 1698

RIVIERA // Eines der Restaurants, in das Einheimische zu einem romantischen Abendessen gehen. Der Blick auf den Kanal und die vorzügliche Küche überzeugen.
// ristoranteriviera.it

POSTE VECIE // In dem ehemaligen Postamt aus dem 16. Jahrhundert befindet sich heute eines der ältesten Restaurants der Lagunenstadt. Hier verzaubert das Dekor genauso wie die Speisekarte. // postevecie.com

LA ZUCCA // Obgleich es hier nur vegetarische Gerichte gibt, geht selbst Fleischessern das Herz auf, denn hier mundet einfach alles. Noch dazu sind die Weine exzellent. // lazucca.it

den Canal Grande. Seinerzeit breitete sich in der Gegend das alte Handelszentrum der Stadt aus.

● PALAZZO CORNER (CA' GRANDE)

Der von Jacopo Sansovino erbaute Palast ist ein Beispiel für eine Anlage der Hochrenaissance. Gegenüber hat die Sammlung Peggy Guggenheim mit grandioser moderner Kunst ihren Sitz.

● SANTA MARIA DELLA SALUTE

Dieser großartige Sakralbau ist wie Il Redentore eine Votivkirche, gestiftet vor dem Hintergrund einer Pestepidemie. Städtebaulich meisterhaft platziert, gehört er zu den Wahrzeichen Venedigs. Ab 1631 wurde die barocke Kirche mit ihrer Kuppel und dem reichen Skulpturenschmuck durch Baldassare Longhena errichtet.

ÜBERNACHTEN

HOTEL DANIELI // Elegante Säulen und Bögen schmücken die Fassade des einstigen Palazzo Dandolo. Handgemachte Kronleuchter aus Muranoglas zieren die Empfangshalle. Bereits Balzac, Dickens, Proust und George Sand logierten hier.
// marriott.com/hotels/travel/vcelc-hotel-danieli-a-luxury-collection-hotel-venice/

ANTICA LOCANDA STURION // Das Dreisternehotel in einem Renaissancepalazzo mit Blick auf den Canal Grande liegt zentral in Rialto. Schon früh beherbergte das Haus Händler, Seefahrer, Botschafter und Künstler.
// locandasturion.com

NOVECENTO // Das familiengeführte Boutique-Hotel in einer ruhigen Seitenstraße nahe dem Markusplatz hat alles, was einen Aufenthalt bezaubernd macht. Die Zimmer sind in warmen Wohlfühltönen gehalten, der Service ist hervorragend.
// novecento.biz

KULTURGENUSS

● MUSEO CIVICO CORRER

In der Ala Napoleonica, dem napoleonischen Flügel, und den Neuen Prokuratien liegt das Museum, das die venezianische Geschichte dokumentiert. Der Gelehrte Teodoro Correr (1750–1830) vermachte seine umfangreiche Sammlung zur Geschichte Venedigs seiner Heimatstadt unter der Bedingung, dass diese ein Museum einrichtete.
// correr.visitmuve.it

● TEATRO LA FENICE

»Auge und Ohr des Zuschauers gefällig« sollte das neue Opernhaus sein – so lautete 1789 die Formulierung in der entsprechenden Ausschreibung des internationalen Architekturwettbewerbs, den Gian Antonio Selva als einer von 29 Bewerbern eindeutig für sich entschied. Er entwarf fünf um das Parkett verlaufende Reihen mit nur zur Bühne hin offenen Logen.
// teatrolafenice.it

● LA BIENNALE DI VENEZIA

Seit 1895 wird in den jeweils ungeraden Jahren zwischen April und November die Kunstausstellung Biennale veranstaltet. In den geraden Jahren findet seit einigen Jahrzehnten die Architekturbiennale statt. Ebenfalls zum Umfeld der Biennale zählen die Internationalen Filmfestspiele. Erstmals 1932 veranstaltet, sind sie seit 1935 im August/September ein jährliches Ereignis auf dem Lido.

ZU ZWEIT ERLEBEN

Unten links: Für eine Venedigreise sollte man ein wenig Zeit mitbringen. Die magische Atmosphäre der Stadt erschließt sich nämlich am besten, wenn man sich einfach durch die vielen Gassen treiben lässt und dabei den Anblick der vielen Paläste, Innenhöfe, Brücken und Kanäle genießt.

Unten rechts: Konzerte gibt es in Venedig seit eh und je. Ein klassisches Vivaldi-Konzert oder auch Jazz – das Angebot ist vielfältig.

○ EINE GONDELFAHRT MACHEN

Eine Fahrt mit den traditionellen Gondeln ist ein Muss! Bekannt sind die Gondolieri für ihren Gesang, der die Touristen auf der Fahrt durch die Kanäle in romantische Stimmung versetzen soll. Gelenkt werden die Gondeln mit nur einem Riemen, der über eine Rudergabel geführt wird. Um dem Gewicht des Gondoliere im Heck entgegenzuwirken, sind alle Gondeln an der Bugspitze mit dem »ferro«, einem schweren Metallbeschlag, versehen. Ähnlich formalisiert wie die Gestalt der Gondeln ist auch die Kleidung der Gondolieri. So tragen sie in der Regel ein gestreiftes Shirt zu einer schwarzen Hose und auf dem Kopf einen Strohhut mit Bändern. Eine Gonelfahrt kann man selbstverständlich auch in der kalten Jahreszeit unternehmen ...

○ AUSFLUG AUF DIE LAGUNENINSELN

Venedig ist nicht die einzige lohnende Insel in der Lagune. Murano ist für seine Glasbläser bekannt, denen man zusehen kann. Burano dagegen hat eine lange Tradition der Spitzenstickerei. Außerdem geben die bunten Fischerhäuser so manches Fotomotiv ab. Torcello war einst Bischofsresidenz.

○ MIT VENEZIANERN KÖSTLICHKEITEN IM VINI DA GIGIO GENIESSEN

Von Touristen wird das kleine Lokal in einer ehemaligen Weinhandlung leicht übersehen. Umso mehr wissen Einheimische die typische regionale Küche, die sich an Frischem der Saison orientiert, zu schätzen.

○ JAZZ IN VENEDIG

Zweimal im Jahr, zwischen Januar und April und zwischen Juni und August, organisiert »Veneto Jazz« Konzerte und Events in der Region. Zu den vielen Veranstaltungen zählt auch das Jazzfestival von Venedig. Tickets für ein Konzert im Teatro la Fenice oder der Chiesa della Pieta sind heiß begehrt! Alle Infos unter: http://venetojazz.com. Wer nicht zur Festivalzeit in der Stadt ist, sollte den Venice Jazz Club besuchen und dort einem Konzert lauschen.

○ MIT DEN BRAGOZZI DIE KANALLABYRINTHE ERKUNDEN

Bragozzi sind hölzerne Segelboote, die früher in und um Venedig zum Fischen eingesetzt wurden. Dank des flachen Rumpfs kann man damit Seitenarme der Lagune entdecken, die andere Ausflugsboote nicht erreichen.

DA ROMANA

Diese Trattoria auf der Insel Burano ist ein beliebtes Restaurant der Venezianer, die für solch köstliche Speisen gern schon mal den kurzen Weg mit dem Boot hierher in Kauf nehmen. Fischgerichte sind hier die absolute Spezialität. Die Fische werden traditionell auf einem Holzkohlegrill gegart.

daromana.it

BURANO

Südlich von Torcello findet man die über eine Holzbrücke mit der Nachbarinsel Mazzorbo verbundene Insel Burano. Diese zählt mit ihren langen Reihen bunter kleiner Häuser zu den malerischsten Flecken der Lagune. Die knalligen Farben der Hausfassaden sollen der Legende nach den Fischern als Orientierungshilfe gedient haben, wenn sie im trüben Nebel nach Hause kamen.

BUNT, BUNTER, BURANO

Lange Zeit lebten die Bewohner vom Fischfang. Vier eng aneinander liegende Inseln bilden das Ensemble von Burano, das insgesamt durch acht Brücken miteinander verbunden ist. Die Inselgruppe gehört zu den frühesten Siedlungsorten von Venedig. Das Wahrzeichen des Archipels ist der schiefe Glockenturm der Kirche San Martino, der hoch über die Silhouette der Stadt hinausragt. Das durch seinen geneigten Turm auffallende Gotteshaus besitzt eine barocke frühe Kreuzigungsdarstellung von Giovanni Battista Tiepolo.

Der schiefe Campanile der Kirche San Martino (recjzs) ist ebenso schon von Weitem zu sehen wie die vielen bunten Fischerhäuser an den schmalen Kanälen, die den besonderen Charme von Burano ausmachen. Dabei hatte die farbenfrohe Fassadenfarbe einst rein praktische Gründe, erleichterte sie doch den Fischern das Auffinden ihres eigenen Anlegeplatzes.

»MERLETTI«

Die Fischerinsel Burano mit ihren bunten Häusern ist für ihre geklöppelten Spitzen berühmt. Im 16. und 17. Jahrhundert standen die venezianischen Spitzen im Ruf, die feinsten der Welt zu sein. Doch im 18. Jahrhundert erlebte diese alte Kunst einen rapiden Niedergang. Erst gegen Ende des 19. Jahrhunderts kam das alte Handwerk durch gezielte stattliche Förderung wieder zu Ehren. Heutzutage sind echte Burano-Spitzen freilich fast unbezahlbar. Seit 1981 kann man kostbare venezianische Spitzen, aber auch Musterentwürfe und die aufwendige Spitzenherstellung im Museo del Merletto und der angeschlossenen Spitzenklöppelschule bestaunen.

REYKJAVÍK

Die Entstehungsgeschichte Reykjavíks ist nicht gerade romantisch: Es war Ingólfur Arnarson, ein Wikinger aus Norwegen, der sich hier als Erster niederließ. Als er Norwegen verlassen musste, nahm er mit seiner Familie Kurs auf Island. Die Insel in Sichtweite, warf er nach alter Sitte die Hochsitzpfeiler seines ehemaligen Hauses ins Meer und gelobte, sich dort niederzulassen, wo sie angeschwemmt würden. Bis dahin schlug er sein Lager auf der kleinen Insel Ingólfshöfði vor der Südküste auf. Erst nach einigen Jahren fanden seine Sklaven die Pfeiler in einer Bucht an der Südwestküste. Wegen der Dampfsäulen nannte Arnarson sie Reykjavík, »Rauchbucht«. Von der Landnahme durch Letzteren bis zur Verleihung der Stadtrechte 1786 war Reykjavík nur ein großes Dorf. Seit diesem Gründungsjahr zieht die Stadt die Menschen magisch an. Heute ist Reykjavík das unumstrittene wirtschaftliche, kulturelle und politische Zentrum Islands. Wer die Stadt in den Wintermonaten besucht, wird ihrem ganz besonderen Charme verfallen.

Das Konzerthaus Reykjavíks, entworfen von Ólafur Elíasson, mit seiner auffälligen Glasfassade ist ein Meisterwerk der Architektur, inspiriert von der isländischen Natur.

● ALT-REYKJAVÍK

Das zwischen dem historischen Hafen und dem Tjörnin-See gelegene Viertel präsentiert sich als lebendiges, modernes großstädtisches Zentrum mit zahlreichen Einkaufs- und Ausgehmöglichkeiten. Die historische Bebauung wurde an vielen Stellen durch moderne Zweckbauten ersetzt. Dennoch haben sich einige sehenswerte historische Bauten wie das um 1850 errichtete Falkenhaus, in dem für den Export bestimmte isländische Falken gefangen gehalten wurden, erhalten. In dem direkt am See gelegenen Iônó, einem adretten Holzbau von 1897, ist heute ein Café untergebracht, in dem Theateraufführungen stattfinden. Reykjavíks neues Rathaus wurde 1992 auf einer eigens für diesen Zweck aufgeschütteten Insel im See errichtet. Es gilt als Paradebeispiel postmoderner Architektur. Nur einen Steinwurf entfernt wartet am Austurvöllur die 1796 eingeweihte kleine Domkirkja mit einem Taufbecken des Bildhauers Bertel Thorvaldsen auf. Das isländische Parlament residiert seit 1973 in einem historischen Gebäude, das 1880 gegenüber der Kirche errichtet wurde.

● HALLGRÍMSKIRKJA

Das auf einem Hügel errichtete größte Kirchengebäude Islands ist das auch in der Ferne sichtbare Wahrzeichen der Hauptstadt. Für eine weite Aussicht über die Stadt bietet sich die Aussichtsplattform des Glockenturmes an. Das 1986 zur 200-Jahr-Feier der Stadt geweihte Gotteshaus wurde nach dem Pfarrer und Dichter Hallgrímur Pétursson (1614–1674) benannt. Der lange Zeit nicht unumstrittene Kirchenentwurf stammt vom ehemaligen Staatsarchitekten Guðjón Samúelsson, der auch das Hauptgebäude der Universität, das Nationaltheater, den katholischen Dom und die Kirche in Akureyri entwarf. Die Hallgrímskirkja ist sein letztes Werk. In der außergewöhnlichen Architektur dieses Gotteshauses wollte er die wiederkehrenden Elemente der Insellandschaft darstellen: Die Betonpfeiler an der Front symbolisieren Basaltsäulen; das Weiß erinnert an die Gletscher, die die Insel prägen. Für die Touristen ist die Kirche zu einem beliebten Besichtigungsziel und Fotomotiv geworden. An Silvester feiern die Menschen auf diesem Platz gern mit einem Feuerwerk den Jahreswechsel.

● ALTER HAFEN

Der alte Hafen von Reykjavík, erbaut 1913 bis 1917, ist ein idealer Ausgangspunkt für einen Spaziergang. Überragt wird das Gelände von der 2011 eröffneten Konzert- und Kongresshalle Harpa, mit der das Areal neuen Schwung erhielt und die den Übergang zum Industriehafen Sundahöfn bildet. Wer mag, kann einfach am Kai entlangspazieren oder die restaurierten ehemaligen Fischerhütten bestaunen, die heute Cafés, Restaurants und Geschäfte beheimaten. Von hier starten auch zahlreiche Exkursionen aufs Meer oder einige der oftmals kostenlosen Stadtführungen. Kulturell hat der Hafen ebenfalls eine Menge zu bieten, beherbergt das Gelände doch zahlreiche Museen. So unter anderem das Reykjavíker Kunstmuseum oder das Víkin Maritime Museum.

WARUM IM WINTER?

Die nördlichste Metropole der Welt ist ein wahres Winter Wonderland. Zwar kann es hier recht eisig und windig sein, doch gegen die niedrigen Temperaturen hilft zum Beispiel ein Bad in der Blauen Lagune, deren Wasser rund 40°C beträgt. Vor allem nachts unter dem Sternenhimmel wird es romantisch. Die Isländer trotzen dem Winter auch mit anderen Mitteln: Die Bars und Kneipen sind voll mit feierlustigen Menschen, die Straßen hell erleuchtet. Für Romantiker sind dagegen vor allem die Polarlichter, die über den Nachthimmel tanzen, ein Highlight. Mit etwas Glück kann man das beeindruckende Naturschauspiel in gleich mehreren Nächten hintereinander sehen. Der Winter in Reykjavík verspricht in jedem Fall unvergessliche Momente!

● SUNDAHÖFN

An das alte Hafengelände schließt sich östlich hinter der futuristisch anmutenden Konzert- und Kongresshalle Harpa der neue Hafen Sundahöfn an. Dort legen vor allem die riesigen Container- und Kreuzfahrtschiffe an, die für den alten Hafenteil zu groß sind. Der Kontrast zwischen den beiden Häfen könnte kaum spannungsreicher sein – dort malerisch historisch, hier modern und industriell. Bis zu zwölf Meter Tiefgang sind in Sundahöfn möglich. In den Sommermonaten vergeht kaum ein Tag, an dem nicht mindestens ein Kreuzfahrtschiff einläuft, teilweise sind es gar sechs pro Tag.

● WHALES OF ICELAND EXHIBITION

Das Museum, das u. a. mit dem lokalen Meeresforschungsinstitut zusammenarbeitet, zeigt alles rund um die Walarten, die sich in den Gewässern vor Island tummeln, und ist das größte seiner Art in Europa. Beeindruckend sind die mehr als 20 Modelle in Originalgröße. Herzstück ist das Modell eines 25 Meter langen Blauwals. Zudem gibt es einige interaktive Stationen, die den Besuchern das Leben der teils gigantischen Meeresbewohner näherbringen. Wer möchte, der kann zudem in einer eigens geschaffenen virtuellen Welt zumindest digital in Kontakt mit den Riesensäugern treten. Für Gruppen werden spezielle Touren angeboten.

● TJÖRNIN

Dieser ist der Stadtsee Reykjavíks und einer der bekanntesten in ganz Island. Noch im 18. Jahrhundert war der Tjörnin die südliche Grenze der Stadt. Heute liegt er inmitten der Altstadt, ist beliebt bei Jung und Alt. Am Ufer befinden sich unter anderem das Rathaus, das in den See hineingebaut wurde, ganz in der Nähe das Parlamentsgebäude, die Nationalgalerie sowie das berühmte Mentaskóllin, Islands ältestes Gymnasium. Der See ist zudem Lebensraum für zahlreiche Vögel. Insgesamt mehr als 40 Arten leben dort. Im Winter wird aus dem ansonsten kristallklaren Wasser des Sees eine große Eisfläche, auf der sich dann auch mögliche Eishockey-Stars von morgen tummeln.

Rechts: Eines der Wahrzeichen Reykjavíks ist die Hallgrímskirkja. Sie ist die größte Kirche von ganz Island.

Unten links: Auf dem Reykjavíkurtjörn, der im Winter zufriert, wird in der kalten Jahreszeit gerne Hockey gespielt.

Links: Früh am Morgen regt sich noch nicht viel am winterlichen Hafen.

Unten: Hin und wieder ragen Turmspitzen unter den roten und gräulichen Häuserdächern hervor.

DINNER FOR TWO

DILL // Das erste Restaurant Islands, das mit einem Michelin-Stern ausgezeichnet wurde. Gunnar Karl Gíslason bringt traditionelle nordische Zutaten und modernste Kochkunst zusammen, Sommelier Ólafur Örn Ólafsson sucht den passenden Wein dazu aus.
// dillrestaurant.is

ÓX // Eine Offenbarung! Für ein unvergessliches Geschmackserlebnis sollte man seine oder seinen Liebsten in dieses Lokal entführen. Unbedingt im Voraus reservieren!
// ox.restaurant

FOOD CELLAR MATARKJALLARINN // Tolle Brasserie, in der täglich auf einem Rosewood-Flügel gespielt wird. Authentisches Essen in wunderbarer Atmosphäre. // matarkjallarinn.is

KOPAR // Am alten Hafen gelegen, serviert dieses Restaurant vornehmlich Fisch. Daneben sind die Enten-Pfannkuchen zu empfehlen.
// koparrestaurant.is

● HLJÓMSKÁLAGARÐUR
Dieser ist der älteste Park der Stadt. Er liegt an der östlichen Seite des Sees Tjörnin. Benannt ist die Grünanlage nach dem achteckigen Konzertsaal Hljómskálinn, der gleich beim Betreten des Parks ins Blickfeld gerät. 1930 wurde an dieser Stelle eine Hochschule für Musik gegründet. Ursprünglich gab es sogar die Idee, bei schönem Wetter auf dem Dach Konzerte stattfinden zu lassen. Sehenswert im Hljómskálagarður sind unter anderem die von Einar Jónsson errichtete Statue des romantischen Dichters und Nationalhelden Jónas Hallgrímsson und das Selbstbildnis des isländisch-dänischen Bildhauers Bertel Thorvaldsen (1770–1844), der als einer der wichtigsten Vertreter des Goldenen Zeitalters in Dänemark galt.

KULTURGENUSS

● KONZERTHAUS HARPA
Das 2011 eröffnete Konferenzzentrum und Konzerthaus ist das neueste Wahrzeichen der isländischen Hauptstadt. Entworfen hat es das Kopenhagener Architekturbüro Henning Larsen, die ungewöhnliche Fassade stammt von dem isländischen Künstler Olafur Eliasson. In dem asymmetrisch-kubischen Gebäude direkt am Meer haben das isländische Symphonieorchester und die isländische Oper ihre Spielstätte. Das Logo besteht aus zwölf ringförmig angeordneten Stimmgabeln, die für die zwölf Monate des Jahres stehen. Die vier Farben im Logo – Feuerrot, Silbergrau, Blauviolett und Goldgelb – wiederholen sich in den vier großen Konzertsälen: Feuerrot für Eldborg (»Feuerburg«, der Krater eines Vulkans), Silbergrau für Silfurberg (»Silberfels«, ein doppelbrechender Kalkspat), Blauviolett für Norðurljós (»Nordlicht«) und Goldgelb für Kaldalón (eine Bucht in den Westfjorden).
// en.harpa.is

Viele Besucher haben Lust, bei einem »Reykjavík Bar Crawl« mitzumachen. Sie finden immer freitags ab 22 Uhr statt.

ÜBERNACHTEN

EYJA GULDSMEDEN // Stylisch, nachhaltig, heimelig. Das Interieur dieses Boutique-Hotels ist originell-individuell; man nächtigt z. B. im Himmelbett. Eine Bar und ein hervorragendes Biorestaurant gehören ebenfalls zum Haus.
// guldsmedenhotels.com/eyja

101 HOTEL // Modernes Design, kombiniert mit Werken von einheimischen Künstlern. Die Farben Schwarz, Grau und Weiß dominieren die Räumlichkeiten. Dieses ist eines der ältesten, aber immer noch eines der angesagtesten Designhotels der Stadt.
// 101hotel.is

KVOSIN HOTEL // Das kleine Boutique-Hotel befindet sich im historischen Reykjavík. Das Haus stammt von 1900, wurde aber jüngst renoviert und bietet seinen Gästen eine erstklassige Unterkunft.
// kvosinhotel.is

ZU ZWEIT ERLEBEN

○ POLARLICHTER SCHAUEN

In alten Beschreibungen wird das Polarlicht als eine überirdische Erscheinung, ein Zeichen der Götter aufgefasst. Doch die Wissenschaft hat diese Erklärungsversuche längst entzaubert: Ein Polarlicht, so die prosaischere Version, ist eine durch Anregung von Sauerstoff- und Stickstoffatomen entstehende Leuchterscheinung am Nachthimmel.

○ EINEN AUSFLUG AUF DIE INSEL VIÐEY MACHEN

Die Insel im Kollafjörður ist vulkanischen Ursprungs und lag bis vor 9000 Jahren noch unter Wasser. Besiedelt wurde sie im 10. Jahrhundert. Bekannt ist Viðey heute vor allem wegen des Imagine Peace Tower. Auch historisch hat die Insel Bedeutung: Ab 1755 diente sie dem Landvogt Skúli Magnússon Viðeyjarstófa als Amtssitz. Das Gutshaus zählt zu den ältesten Steingebäuden Islands. Auch die zweitälteste heute existierende Kirche des Landes ließ der Vogt 1774 bauen.

○ AM ICELAND AIRWAVES FESTIVAL TEILNEHMEN

Das Airwaves-Festival zieht Stars wie Björk oder Kraftwerk genauso an wie unbekannte Künstler. Gespielt wird in Clubs, aber auch in Büchereien, Kinos oder Kneipen. Für viele ist das Airwaves ein Statement isländischer Musikkultur. Mit dem Gespür für Trends von morgen schaffen es die Veranstalter, beinahe jeden Musikgeschmack zu treffen.

○ DIE MUSEUMSLANDSCHAFT ERKUNDEN

Reykjavík wartet mit einigen hochkarätigen Museen auf. Das Nationalmuseum präsentiert einen multimedialen Einblick in die Kulturgeschichte von der Besiedlung bis zur Gegenwart. Einen Höhepunkt bildet das Ásmundur Sveinsson Museum im ehemaligen Atelier des Künstlers. In dem strahlend weißen, von ihm selbst entworfenen Betonbau sowie im Garten sind seine Skulpturen zu bewundern. Einen Besuch wert ist auch das Þjóðmenningarhúsið, das Nationale Zentrum für Islands kulturelles Erbe. Im Kjarvalsstaðir sind die Werke des bekanntesten isländischen Malers Jóhannes Sveinsson Kjarval (1885–1972) ausgestellt. In einem der Tanks auf dem Öskjuhlið befindet sich das Saga-Museum.

○ WHALE WATCHING

Je höher es gen Norden geht, desto größer ist die Chance, Wale zu beobachten. Doch es muss nicht unbedingt Húsavík am äußersten Ende sein, auch von Reykjavík aus lassen sich zahlreiche Touren buchen bzw. starten. Angebote gibt es direkt im alten Hafen der isländischen Hauptstadt. Bei nahezu 100 Prozent liegt die Garantie, bei einem Ausflug neben Delfinen, Robben und Seehunden auch tatsächlich die geheimnisvollen Bewohner des Meeres zu sehen. Vor den Küsten ziehen Schwertwale (Orcas) genauso entlang wie beispielsweise der nördliche Zwerg- und der Entenwal, der Grindwal oder der Schweinswal.

Unten links: In grüner, violetter und pinker Farbe sind die magischen Polarlichter auf der kleinen Insel zu bestaunen.

Unten rechts: Wer einmal einen Wal auf offener See gesehen hat, vergisst das nie wieder. Die Giganten der Meere kann man in Island vom Schiff aus beobachten.

ROTHENBURG OB DER TAUBER

Rothenburg ist der Inbegriff deutscher Mittelalterromantik! Die wunderschöne Lage oberhalb der Tauber und der nahezu unversehrt erhalten gebliebene Stadtkern, die mächtige Stadtmauer, enge Gässchen, überall Fachwerk vom prächtig geschmückten Patrizierdomizil bis hin zum windschiefen Häuschen, das sich in eine enge Lücke schmiegt. Rothenburgs Silhouette ist voller Giebel, spitzer Kirchtürme, bulliger Wehrtürme. Die Stadt besitzt viele urige Restaurants und kleine Läden mit Andenken, Kunsthandwerk und Spielwaren. So lockt Rothenburg Touristenscharen aus aller Herren Länder an. Ideal ist der Ort für ein romantisches Wochenende im Winter, der Weihnachtsmarkt am Reiterlesmarkt ist märchenhaft.

Oben: Die Straßengabelung »Plönlein« wird eingerahmt vom Siebersturm und dem Kobolzeller Tor.

Links: Man hält Rothenburg ob der Tauber gemeinhin für ein originales Stück Mittelalter, dabei wurde fast die Hälfte der Altstadt bei einem Bombenangriff im März 1945 zerstört und jahrelang detailgetreu rekonstruiert. Hier im Bild: Rödergasse.

● STADTTORE

Wendet man sich am Plönlein nach rechts, so gelangt man durch das Kobolzeller Tor über den Kobolzeller Steig und den Taubertalweg zur Kobolzeller Kirche am Ostufer der Tauber. Nimmt man dagegen die Schmiedgasse linker Hand, passiert man den Siebersturm und erreicht alsbald über die Spitalgasse das ehemalige Spital. Hier, im südlichsten Zipfel Rothenburgs, sorgte das mächtige Bollerwek der Spitalbastei für Schutz und Sicherheit. An den Stadttoren allenthalben zu sehen ist neben dem Stadtwappen auch der Reichsadler. In der Zeit von 1274 bis 1802 war Rothenburg »unter den Flügeln des Adlers«. Letzterer symbolisiert: Unser alleiniger Stadtherr ist der Kaiser.

RÖDERTOR

Das Osttor der alten Stadtmauer wird von zwei schönen Zoll- und Wachhäuschen mit außergewöhnlichen spitzen Helmen flankiert.

● RATHAUS

Im Gegensatz zu den vielen Fachwerkhäusern rundum präsentiert sich das Rathaus von Rothenburg als ein mächtiger Renaissancebau. Von seinem Turm aus hat man eine prächtige Aus-

WARUM IM WINTER?

Rothenburg ob der Tauber ist ein besonderer Ort zwischen Nordsee und Alpen. In aller Welt gilt er als Inbegriff des Altdeutschen, doch die meisten Deutschen sind nie dort gewesen. Man hält es für ein originales Stück Mittelalter, dabei wurde fast die Hälfte der Altstadt bei einem Bombenangriff im März 1945 zerstört und rekonstruiert. Heute ist Rothenburg ein »Must« auf vielen Reiserouten. Fachwerk und Butzenscheiben, Kopfsteinpflaster und Spitzgiebel – besonders schön ist es natürlich in der Adventszeit, wenn sich die Altstadt mit Lichtern herausputzt, wenn die kleinen Läden allerlei Christbaumschmuck verkaufen und einer der schönsten Adventsmärkte der Region in der Altstadt abgehalten wird.

sicht über Stadt und Umgebung. Das Historiengewölbe im Keller lässt die Epoche des Dreißigjährigen Krieges wieder lebendig werden.

● ST. JAKOB
In der gotischen Hauptkirche der Stadt sind gleich mehrere kostbare mittelalterliche Altäre zu sehen, vor allem der Heiligblutaltar von Tilman Riemenschneider mit einer eindrucksvollen Abendmahlszene und der goldglänzende Zwölfbotenaltar.

● MARKTPLATZ
Inmitten der oft engen Straßen und Gässchen liegt der überraschend großzügig angelegte Marktplatz. Um 10 Uhr morgens und abends spielen die Figuren der Kunstuhr an der Ratstrinkstube Bürgermeister Nuschs »Meistertrank« nach.

● BAUMEISTERHAUS
Die Fassade des vielleicht schönsten Renaissancehauses in Rothenburg zeigt die sieben Tugenden und die sieben Laster. Heute sind in dem Domizil des Baumeisters Leonard Weidmann ein Restaurant und ein Café untergebracht.

● BURGGARTEN
Anstelle der 1356 durch ein Erdbeben zerstörten Stauferburg ist im Westen der Stadt heute ein schöner Garten angelegt worden. Von der auf einem Felssporn gelegenen Ter-

Unten links: Der alljährliche Weihnachtsmarkt inmitten der Altstadt mit ihren traumhaften alten Fachwerkhäusern zieht viele Besucher magisch an.

Oben: Hoch über den Dächern der Stadt ragen die beiden Türme von St. Jakob.

Oben rechts: 1945 zerstörte ein Luftangriff die Gerlachschmiede vollständig. Doch bereits 1951 war das putzige Haus mit seinem markanten Giebel wiederaufgebaut.

rasse hat man einen herrlichen Blick über das Taubertal.

● GRAFIKMUSEUM IM DÜRERHAUS

Die Entwicklung der Drucktechnik vom 16. Jahrhundert bis heute anhand von Radierungen aus dem 16. Jahrhundert, die Künstler wie Dürer, Rembrandt, Goya, Munch oder Renoir fertigten, sowie grafische Werke zeitgenössischer Künstler sind in dieser Privatsammlung von Ingo Domdey enthalten. Modernste Radiertechnik und Computergrafik werden ebenso angesprochen. Und das Besondere: Besucher können sich in der museumseigenen Druckwerkstatt selbst im Drucken versuchen. Künstler Ingo Domdey leitet fachkundig die Kurse.

● HANDWERKERHAUS

Wer erleben will, wie Rothenburg im Mittelalter aussah, sollte sich das alte Häuschen in der Altstadt ansehen. 1270 erbaut, war es die Heimat unterschiedlicher Handwerker und wurde kaum verändert. Ein Einsiedler, der das Haus lange Zeit bewohnte, sprach sich gegen Modernisierung aus und erhielt die historische Bausubstanz weitgehend intakt. Sehr zur Freude der heutigen Besucher!

● FLEISCH- UND TANZHAUS

Während im Erdgeschoss des prächtigen Fachwerkhauses einstmals die Metzger ihre Waren anboten, diente der Festsaal im ersten Stock dem Tanz. Für viele gilt das Gebäude am St.-Georg-Brunnen als das schönste Haus der Stadt. Heute werden die Räume im Inneren unter anderem vom Rothenburger Künstlerbund für Ausstellungen genutzt.

● MITTELALTERLICHES KRIMINALMUSEUM

Wer es gern schön schaurig mag, dem sei ein Stadtspaziergang an einem Regentag mit anschließendem Besuch des Kriminalmuseums empfohlen – Deutschlands bedeutendste rechtshistorische Sammlung. Auf 2500 Quadratmetern werden 2000 Exponate aus 1000 Jahren Rechtsgeschichte präsentiert – von Folterinstrumenten über Schandmasken bis hin zu historischen Schriften zu Recht und Gesetz.

DINNER FOR TWO

RESTAURANT MITTERMEIER // Das Restaurant in der Villa Mittermeier steht für hohen Anspruch, ohne unnötiges Gewese darum zu machen. Genannt wird das Ganze »Casual Dining«. Die Qualität der Speisen spricht für sich, eine persönliche Beratung vom Chefkoch gehört dazu, und auch die Weine brauchen sich nicht zu verstecken.
// villamittermeier.de/restaurant

HOTELRESTAURANT SONNE // Feinste fränkische Küche in sehr gepflegtem Ambiente erwartet die Gäste dieses wunderschönen Altstadtrestaurants.
// hotel-sonne-rothenburg.com

ZUR HÖLL // Eines der ältesten und schönsten Gebäude der Stadt ist diese Trinkstube in der Burggasse 8. Zu empfehlen ist eine Weinprobe, bei der man allerlei fränkische Klassiker verkostet. Nach dem Essen fühlt man sich eher dem Himmel nahe als der Hölle.
// hoell-rothenburg.de

Beim Anblick von Keuschheitsgürtel, Daumenschraube & Co. wird dem Besucher erschreckend bewusst, wie drastisch die Rechtsprechung früher war. Faszinierend und beängstigend zugleich sind die Museumsobjekte.

KULTURGENUSS

● SCHMIEDGASSE
Fachwerkhäuser reihen sich hier aneinander, aber nicht (nur) die Architektur zieht die Menschen in die lange Gasse. Kleine Geschäfte, oft inhabergeführt, verkaufen alles, was den Einkaufsbummler erfreut, von Kunsthandwerk bis zu ausgefallenen Souvenirs.

● REICHSSTADTMUSEUM
Das Stadtmuseum im einstigen Dominikanerinnenkloster (gegründet im Jahr 1258) kann mit einer der ältesten Klosterküchen und einer Ausstellung zur Waffengeschichte von der Steinzeit bis ins 19. Jahrhundert aufwarten. Auf über 2500 Quadratmetern erstreckt sich das Museum, in welchem es außerdem eine Abteilung zur jüdischen Stadtgeschichte mit all ihren Facetten gibt.

● »DER MEISTERTRUNK«
Das historische Festspiel, das über die Pfingstfeiertage in Rothenburg aufgeführt wird, handelt von der Einnahme der protestantischen Reichsstadt im Dreißigjährigen Krieg (1631) durch kaiserliche Truppen und von ihrer glücklichen Rettung durch dreieinviertel Liter Wein. Neben der täglichen Aufführung des Meistertrunks ist vor allem der historische Heereszug mit über 700 Teilnehmern der Höhepunkt des Sonntags.

● REICHSSTADTTAGE MIT SCHÄFERTANZ
Von nah und fern kommen die Menschen am ersten Wochenende im September in die Stadt im Taubertal. Das Mittelalterspektakel der Reichsstadttage lockt jeden Herbst auch Liebhaber von Kunsthandwerk und gemütlichem Marktflair an. Unter anderem gibt es ein Zeltlager mit Rittern. Bauern und Bürger in mittelalterlichen Kostümen sind überall in der Altstadt anzutreffen. Eines der Highlights des Festes ist der Historische Schäfertanz, der vor der schönen Kulisse der Altstadt aufgeführt wird.

ÜBERNACHTEN

HOTEL GARNI KREUZERHOF //
Wie die gesamte Stadt verströmt auch der Kreuzerhof mittelalterliche Romantik. In einer ruhigen Seitenstraße gelegen; es sind alle Sehenswürdigkeiten gut zu Fuß erreichbar.
// kreuzerhof-rothenburg.de

GOTISCHES HAUS // Das liebevoll restaurierte Patrizierhaus aus dem 13. Jahrhundert dient heute als Vier-Sterne-Hotel. Von der faszinierenden Vergangenheit des Gebäudes zeugen das Fachwerk und das Natursteinmauerwerk. Romantik pur verströmt auch die Einrichtung.
// historik-hotel-gotisches-haus.de

HOTEL HERRNSCHLÖSSCHEN //
Man könnte das Hotel als den Klassiker in Rothenburg bezeichnen. Inmitten der Altstadt liegt das kleine Landhaus mit stilvollem Charme und barockem Garten. Ideal für Romantiker und Anspruchsvolle.
// hotel-rothenburg.de

ZU ZWEIT ERLEBEN

Unten links: Der rot-schwarze Oldtimer parkt vor dem Weihnachtsdorf von Käthe Wohlfart. Hier kann man das ganze Jahr über schönste Weihnachtsdekoration kaufen.

Unten rechts: Am Schnittpunkt von Klingen- und Klostergasse liegt die Kirche St. Jakob. Sehr beliebt sind die Konzerte auf der Rieger-Orgel.

○ IM WEIHNACHTSMUSEUM IN STIMMUNG KOMMEN

Neben dem bekannten Laden von Käthe Wohlfahrt zeigt das Deutsche Weihnachtsmuseum hübschen historischen Christbaumschmuck, dazu Krippen, Nussknacker, Räuchermännchen und vieles mehr. Natürlich dürfen dabei Pyramiden aus dem Erzgebirge ebenso wenig fehlen wie Räuchermännchen, Schwibbögen und Zinnornamente.

○ BURGFRÄULEIN UND RITTER SPIELEN

Höfische Dame, nobler Ritter oder doch lieber Nachtwächter? Beim »Kostümerlebnis« in der Waffenkammer kann man ein mittelalterliches Gewand anlegen und in vergangene Zeiten eintauchen. Vorherige Buchung notwendig unter Tel. 09861 / 37 13.

○ ORGELKONZERT IN ST. JAKOB

Ein privates, exklusives Orgelkonzert kann in der Kirche St. Jakob gebucht werden. Für etwa 30 Minuten lauscht man den wundervollen Klängen, die die große Rieger-Orgel in den Raum sendet. Zum Repertoire gehören Werke aus Barock, Klassik und Romantik.

○ DEN ROTHENBURGER TURMWEG ENTLANGGEHEN

Der Röderturm ist der Ausgangspunkt des sehr interessanten Turmwegs, der die alte Stadtmauer entlang einmal rund um die Altstadt führt und dabei auch das Burgtor (links) passiert.

○ SCHNEEBÄLLE ESSEN

Nicht aus Schnee, sondern aus Mürbeteig besteht dieses traditionelle Gebäck der Region, das – mit reichlich Puderzucker bestäubt – optisch dem echten Schneeball ähnelt. Schmeckt vorzüglich im Original, aber auch in den zahlreichen weiteren Varianten: mit Schokolade überzogen, mit Mandeln bestreut, mit Marzipan verfeinert …

COTSWOLDS

Die sanften grünen Hügel der Cotswolds ziehen sich von Südwesten nach Nordosten quer durch mehrere Grafschaften. Sie werden gern als »Heart of England« bezeichnet und tragen seit 1966 den Titel »Area of Outstanding Natural Beauty«. Diese Kategorisierung ist vergleichbar mit einem Nationalpark und mit Auflagen für eine besondere Landschaftspflege verbunden. Charakteristisch für die Kleinstädte der Cotswolds sind die Baumaterialien, denn viele Häuser sind aus »Limestone« gebaut, dem goldgelben Sandstein, und mit dunkelgrünem Moos gedeckt. Die schönen Kirchen in den Städtchen, die »wool churches«, stammen aus der Zeit, in der die Region durch Wolle zu Wohlstand kam. Heute ist dieser darauf zurückzuführen, dass wohlhabende Londoner und auch so manch Prominenter sich hier in den grünen Cotswolds einen zweiten Wohnsitz leisten oder den Ruhestand verbringen. Eine Reise in dieses romantische Fleckchen Erde lohnt sich für all diejenigen, die typisch englische Architektur und malerische Landschaften schätzen.

● BOURTON-ON-THE-WATER

Bereits die Römer ließen sich in Bourton-on-the-Water nieder, doch die meisten Häuser stammen aus dem 17. Jahrhundert, erbaut mit dem typischen Cotswolds-Stein sowie bezaubernden Giebeln und ähnlichem Schmuckwerk. Doch es ist vor allem der River Windrush, der dem Ort sein besonderes Bild verleiht. Von Bäumen gesäumt und kaum knietief, durchquert er Bourton-on-the-Water. Mehrere kleine Steinbrücken ohne Geländer führen von einer Seite auf die andere und brachten der Stadt den Beinamen »Venedig der Cotswolds« ein.

● STOW-ON-THE-WOLD

Nicht nur im Englischen Bürgerkrieg spielte Stow-on-the-Wold eine entscheidende Rolle,

Romantisch, gemütlich und ein wenig nostalgisch: Die Orte Chipping Campden (links) und Bibury (rechts) sind typisch für die englischen Cotswolds.

DINNER FOR TWO

STOW-ON-THE-WOLD: THE PORCH HOUSE // Als eines der ältesten Pubs Englands serviert dieses gemütliche Lokal die wohl besten Gerichte in Stow, herzlicher Service inbegriffen.
// porch-house.co.uk

BURFORD: THE LAMB INN // Feuer am offenen Kamin, eine riesige Auswahl an Bier, typisch englisches Essen wie Fishcakes oder Sausages mit Kartoffelbrei – hier taucht man ein in die Cotswolds-Idylle. Zu empfehlen ist auch der Sunday Lunch.
// thelambinn.com

THE SLAUGHTERS MANOR HOUSE // Besonders zum Afternoon Tea geeignet ist dieses Restaurant in einem Herrenhaus aus dem 17. Jahrhundert, Ofenfrische Scones mit Clotted Cream und exquisite Sandwiches gibt es hier zum Tee. // slaughtersmanor.co.uk

Links: Das jakobinische East Banqueting House und die St James Church sind die wichtigsten Sehenswürdigkeiten von Chipping Campden.

Unten: Eine Höhe von 16 Metern misst der Broadway Tower und bietet eine beeindruckend weite Sicht über die Umgebung.

sondern auch in seiner Funktion als Handelsstadt. Am Kreuzungspunkt wichtiger Straßen der Region gelegen, florierte hier der Wollhandel. Auch heute noch wird der Marktplatz oft genutzt. Es werden nicht mehr nur Schafe gehandelt, sondern es preisen auch die Bauern aus der Umgebung hier regelmäßig ihre Waren an. Hier erlebt man ein Stück authentisches England.

● MORETON-IN-MARSH

Auch Moreton-in-Marsh verdankt dem Handel im 13. Jahrhundert seine Größe und Bedeutung. Viele Jahrhunderte später errichtete man dafür auch die Redesdale Market Hall, noch heute ein Anziehungspunkt für Besucher, ebenso wie der Markt jeden Dienstag. Ein weiteres Wahrzeichen der Ortschaft ist der Curfew Tower. Er ist das älteste erhaltene Gebäude in Morenton-in-Marsh. Bis ins Jahr 1860 läuteten seine Glocken jede Nacht, um die Anwohner an die Gefahr eines Feuers zu erinnern.

ÜBERNACHTEN

MORETON-IN-MARSH: MANOR HOUSE // Am Roman Fosse Way im Herzen von Moreton-in-Marsh gelegen, bietet diese Unterkunft englischen Stil und Landhausluxus.
// cotswold-inns-hotels.co.uk/the-manor-house-hotel

SOUTHROP: THYME // Als »ein Dorf im Dorf« beschreibt sich das restaurierte historische Anwesen. Wo bereits im Mittelalter ein Pfarrhaus, Bauernhäuser, Cottages und Scheunen standen, befindet sich heute ein luxuriöser Hotelkomplex.
// thyme.co.uk

THE WILD RABBIT // Jedes Zimmer ist nach einem Tier benannt: Ob Hase, Fuchs oder Maus – individuell und liebevoll ist jedes einzelne bis ins kleinste Detail gestaltet. Das moderne Design ist kombiniert mit natürlichen Materialien. Neben dem eigentlichen Hotel kann man sich auch in einem gemütliches Cottage einmieten.
// thewildrabbit.co.uk

ZU ZWEIT ERLEBEN

○ EINEN ROMANTISCHEN SPAZIERGANG MACHEN

Die idyllischen Ortschaften der Cotswolds eignen sich perfekt für Spaziergänge. In Bourton-on-the-Water zum Beispiel kann man den Fluss Windrush entlanggehen und auf einer der Parkbänke ein Päuschen einlegen. Vor allem die malerische High Street im Ortskern sollte man nicht verpassen.

○ EINE PRIVATE FOTOTOUR MACHEN

Im Rahmen der »Cotswold Photography Tours«, die von Andrew und Ann Moseley-Packer durchgeführt werden, lernen Besucher die malerische Landschaft aus einem ganz besonderen Blickwinkel kennen. Auf einer persönlichen Tour zeigen einem die Guides die schönsten Ecken der Cotswolds und wo und wann man die besten Fotos einfängt. Abgestimmt auf die individuellen Bedürfnisse der Teilnehmer, machen Andrew und Ann Touren zu Fuß, mit dem Auto oder eine Kombination aus Fahren und Laufen. Infos unter: cotswoldphotographytours.co.uk

○ AUF ZWEI RÄDERN DURCH DIE COTSWOLDS

Mit der »Cotswold Line National Cycle Route« erkundet man per Fahrrad die schönsten Ortschaften zwischen Oxford und Worcester. Die knapp 125 Kilometer lange Strecke passiert Orte wie Moreton-in-Marsh und Chipping Campden oder Evesham. Alle 15 Kilometer befindet sich ein Bahnhof. Wer also nicht mehr auf den Drahtesel will, der kann etappenweise auch den Zug nehmen.

○ ST EDWARD'S CHURCH IN STOW-ON-THE-WOLD

Beinahe meint man, in ein Märchen oder zumindest einen Fantasyfilm hineinversetzt worden zu sein. Doch Stow-on-the-Wold ist zwar zauberhaft, aber doch ganz real. Die Tür, von majestätischen Bäumen flankiert, gehört zur St Edward's Church. Errichtet wurde die Kirche vermutlich ab dem 12. Jahrhundert, später folgten mehrere Umbauten und Erweiterungen.

○ SUDELEY CASTLE & GARDENS

Wenige Kilometer von Broadway entfernt befindet sich eines der schönsten Schlösser der Gegend, das auf eine über 1000 Jahre alte Geschichte zurückblickt. Auf dem Anwesen liegt Queen Katherine Parr, die letzte Ehefrau von Heinrich VIII., begraben. Zu besichtigen sind die Innenräume sowie die Gärten. In der Adventszeit das »Spectacle of Light« nicht verpassen!

Unten links: Zwei alte Eiben bewachen den Eingang zur St Edward's Church in Stow-on-the-Wold.

Unten rechts: Beim »Spectacle of Light« auf Sudeley Castle werden Schloss und Parkanlagen in buntes Licht getaucht und entführen Besucher in verschiedene Märchenwelten.

ROMANTISCH-GEMÜTLICH

THE SWAN HOTEL IN BIBURY

Efeu umrankt das herrliche Anwesen in Bibury, direkt am River Coln gelegen. An dieser Stelle soll es schon vor 1672 ein Inn gegeben haben als Gasthof für Postkutscher. Das heutige Hotelgebäude stammt aus dem 18. Jahrhundert. Die 20 Zimmer verteilen sich auf das Haupthaus und auf urige Cottages auf dem Gelände. Die Gäste erwarten romantische Unterkünfte, teils mit Himmelbett oder frei stehender Badewanne ausgestattet. Eine Brasserie sorgt für das leibliche Wohl. Die Betreiber haben sich dem »Simple Life« verschrieben: Ein Feuer im Kamin, ein gutes Buch, ein Glas Wein und jede Menge Grün und Ruhe bilden hier die Grundlagen für eine gelungene Romantik-Auszeit zu zweit. Oder zu dritt: Hunde sind nämlich auch willkommen!

cotswold-inns-hotels.co.uk/the-swan-hotel

HOTEL

ERZGEBIRGE

Es muss wohl so gewesen sein, dass sich der liebe Gott der herrlichen Aussicht wegen auf die Greifensteine setzte, um von dort aus rundherum das Erzgebirge aufzubauen. So legte er Berge und Hügel an und trennte sie fein säuberlich durch Täler voneinander. Auch an die Menschen dachte er und verteilte in der ganzen Gegend Höfe, Dörfer und Städtchen und umgab sie mit Straßen und Flüssen. Wo er noch leere Flächen sah, da pflanzte er tiefe Wälder, in denen er Wildtiere ansiedelte, um den Freischützen ein Jagdrevier zu schaffen. Tief unter der Erde versteckte er allerhand Erze, welche die Menschen aufspüren sollten, um sich dadurch ihren Lebensunterhalt zu verdienen. Als Nächstes musste sich der Herrgott noch Namen für das überlegen, was er geschaffen hatte. Die Städte benannte er beispielsweise Augustusburg oder Stollberg, während er den Bergen Namen wie Bärenstein, Schatzenstein oder Tannenberg gab. Danach lehnte sich Gottvater zurück und betrachtete mit Wohlgefallen, was für ein einzigartiges Werk er vollbracht hatte. Im sächsischen Erzgebirge findet man nicht nur eine majestätische Naturlandschaft und malerische Ortschaften, sondern auch alte Traditionen wie die Herstellung von Holzspielzeug, von Nussknackern, Krippen und Engeln. Hier ist man genau richtig, um sich in der Vorweihnachtszeit auf Heiligabend einzustimmen und vielleicht die ein oder andere Ergänzung für die Weihnachtsdekoration mit nach Hause zu nehmen, beispielsweise die weltberühmte erzgebirgische Weihnachtspyramide.

Oben: Besonders im Winter ist der Fichtelberg ein Paradies für Naturfreunde: Dichter Schnee schafft hier eine beruhigende Stille.

Links: Die schneebedeckte Bergkirche Seiffen ergibt ein wunderschönes Fotomotiv.

● NATURPARK ERZGEBIRGE/VOGTLAND
Wellige Hügel im Westen, raue Höhenzüge im Osten, so präsentiert sich Deutschlands längster Naturpark. Er zieht sich von der Weißen Elster im Vogtland bis zur Freiberger Mulde im Osterzgebirge über 120 Kilometer an der deutsch-tschechischen Grenze entlang. Wie der Name nahelegt, wurde hier bereits seit dem Mittelalter intensiver Bergbau betrieben. Heute stellt der Kontrast zwischen der abwechslungsreichen Kulturlandschaft und den Relikten fast unberührter Natur den besonderen Reiz der Gegend dar. Unbesiedelte Täler mit Schluchtenwäldern und Quellmooren, Hochmoore in den Kammlagen, Feucht- und Bergwiesen sowie die Reste der ursprünglichen Bergmischwälder bieten seltenen Tier- und Pflanzenarten wie dem Sperlingskauz, dem Birkhuhn, dem Eisvogel, der Flussperlmuschel und der Feuerlilie sowie vielen Enzian- und

WARUM IM WINTER?

Geübte Skifahrer sollten sich am Fichtelberg nicht wundern, wenn sie plötzlich überholt werden. Rasant zieht ein Snowboarder an ihnen vorbei. Beim genaueren Hinsehen allerdings entpuppt er sich als ein Vertreter einer neuen Spezies des alpinen Wintersports. Mit einem Segel lassen sich die Snowkiter auf einem Snowboard über die Pisten ziehen, das ist fast so wie Kitesurfen auf Schnee. Dabei können die Anhänger des neuen Trendsports beachtliche Geschwindigkeiten von bis zu 70 Stundenkilometern erreichen. Dafür eignet sich das Skigebiet um den und auf dem höchsten Berg Sachsens natürlich hervorragend. Der zentrale Wintersportort ist hier Oberwiesenthal, den man auch im Winter mit der dampfbetriebenen Fichtelbergbahn erreicht.

Orchideenarten ein einzigartiges Refugium. Daneben zeugen alte Bergwerksstollen, Halden, Stauanlagen, idyllische Heckenlandschaften und Bergbaustädtchen von Jahrhunderten menschlicher Nutzung.

● FICHTELBERG

Mit 1215 Metern ist der Fichtelberg bei Oberwiesenthal der höchste Gipfel des deutschen Erzgebirges. Er liegt inmitten der größten geschlossenen Waldfläche Sachsens und weist etwa 165 Kilometer Wanderwege sowie zahlreiche Mountainbike-Routen auf. Der Aufstieg von Oberwiesenthal auf das Fichtelbergplateau ist nicht anspruchsvoll und in knapp einer Stunde zu machen. Rund um den Gipfel bringt es die exponierte Lage des Berges mit sich, dass dort auch viele seltene Gebirgspflanzen gedeihen wie der Alpen-Flachbärlapp oder die Grüne Hohlzunge und der Weiße Höswurz, zwei Orchideenarten.

Links: Bunte Zugdrachen schmücken den Himmel über der verschneiten Piste auf dem Fichtelberg. Oft wehen auf dem Gipfel starke Winde, die ein hohes Tempo ermöglichen.

Links oben: Die markanten Greifensteine ragen aus den Wäldern um Ehrenfriedersdorf im westlichen Erzgebirge.

Links unten: Die St. Annenkirche in Annaberg-Buchholz gilt als größte Kirche der Spätgotik in Sachsen.

Deshalb gibt es am Fichtelberg – neben einem ausgedehnten Wintersportzentrum – auch gleich drei Naturschutzgebiete.

● PÖHLSEE

Der fast vier Quadratkilometer große See etwas außerhalb des Naturparks zwischen Plauen und Elsterberg wurde einst als Hochwasserschutz angelegt. Heute ist er nicht nur ein Refugium für seltene Vogelarten, sondern auch ein beliebtes Wassersport-Revier. Seinen Namen erhielt er von dem überfluteten Dorf Pöhl, dessen Ruinen auf dem Seegrund von Tauchern erkundet werden können. Für Wanderer gibt es einen 20 Kilometer langen Rundweg um den See.

● SCHWARZENBERG

Aufgrund ihrer wunderschönen Lage wird die Stadt auch als »Perle des Erzgebirges« bezeichnet. Die St.-Georgen-Kirche bietet ein barockes Raumerlebnis. Das Schloss aus dem Jahr 1555 und die malerische Altstadt lohnen ebenfalls einen Besuch. Für Nostalgiker empfiehlt sich ein Besuch im Eisenbahnmuseum.

● ALTENBERG

Tief im Osten Deutschlands versammelt sich einmal im Jahr die Weltelite der Bobfahrer, der Rodler und Skeleton-Fahrer. Im Osterzgebirge steht die Bobbahn Altenberg, die als die schwierigste, wenn nicht sogar gefährlichste Rennstrecke der Welt gilt. 1,4 Kilometer lang stürzen sich die Bob- und Skeleton-Fahrer über ein bis 15-prozentiges Gefälle unter anderem durch einen 320-Grad-Kreisel hinab auf der Jagd nach Rekorden.

● SCHNEEBERG

1470 wurde hier Silber gefunden. Vom einstigen Reichtum zeugen St. Wolfgang, die größte gotische Hallenkirche Sachsens, und das barocke Stadtbild. Hier ist ein Zentrum der erzgebirgischen Weihnachtstradition.

● SCHLOSS AUGUSTUSBURG

Schon von Weitem sieht man Sachsens bekanntestes Renaissanceschloss auf der Kuppe des 516 Meter hohen Schellenbergs. Kurfürst August ließ den Prachtbau 1568 bis 1572 als Jagdschloss errichten.

● FREIBERG

In der restaurierten Silberstadt findet sich mit Rathaus, Marktplatz, alten Kirchen und Deutschlands ältestem Stadttheater historisches Flair. Der Dom offenbart seine Werte erst im Inneren, mit goldener Pforte, zwei Kanzeln und einer Silbermann-Orgel. Sehenswert ist auch die Mineraliensammlung »terra mineralia« auf Schloss Freudenstein. Die Besu-

DINNER FOR TWO

ALTENBERG: WALDSCHÄNKE »ALTES RAUPENNEST« // Bereits seit 1924 besteht das traditionsreiche, mitten im Wald gelegene Gasthaus, in dem es regionale Spezialitäten gibt.
// altesraupennest.de

ALTENBERG: GASTHOF BÄRENFELS // Der liebevoll erhaltene historische Gasthof gehört zum gleichnamigen Naturhotel.
// naturhotel-baerenfels.de

SEIFFEN: GASTSTÄTTE HOLZWURM // Ganz in der Nähe des Spielzeugmuseums kann man in diesem gemütlichen Restaurant einkehren und typisch erzgebirgische Spezialitäten essen.
// holzwurm-seiffen.de

FREIBERG: SCHWANENSCHLÖSSCHEN // Das erste Restaurant auf dem Wasser ließ Woldemar Bretschneider 1896 hier erbauen; Ende der 1990er-Jahre wurde ein originalgetreuer Nachbau errichtet, der der Romantik vergangener Zeiten in nichts nachsteht. // schwanenschloesschen.de

Das Spielzeugmuseum und diverse Schauwerkstätten künden in Seiffen von der Tradition der Holzspielzeugmacher. Die Seiffener Kirche ziert als Holzmodell zahlreiche Schwibbögen (Lichterbögen).

cherbergwerke »Reiche Zeche« und »Alte Elisabeth« veranschaulichen, was die Stadt einst reich gemacht hat.

ÜBERNACHTEN

NEUHAUSEN: SCHLOSSHOTEL PURSCHENSTEIN // Einmal wie eine Prinzessin oder ein Graf nächtigen? Das kann man in diesem luxuriösen Hotel, das außerdem ein vorzügliches Restaurant beherbergt.

// purschenstein.de

CHEMNITZ: SCHLOSSHOTEL KLAFFENBACH // Auf die Gäste dieses 5-Sterne-Hotels warten komfortable Zimmer und Suiten mit Blick auf das wunderschöne alte Rittergut oder auf das Wasserschloss.

// schlosshotel-chemnitz.de

BREITENBRUNN: LANDHOTEL RITTERSGRÜN // Viel Erholung und Ruhe bietet die herrliche Landschaft rund um das Hotel im oberen Erzgebirge.

// landhotel-rittersgruen.de

● SEIFFEN

Spielzeugwinkel nennt man den staatlich anerkannten Erholungsort Seiffen auch. Über 140 Werkstätten drechseln und schnitzen hier das traditionelle Spielzeug der Bergmänner, ob nun Nussknacker, Pyramiden, ganze Weihnachtskrippen oder Engel. Der Besucher wird die Stadt mit Sicherheit mit einem der Holzspielzeuge verlassen. Wer erfahren will, dass hinter den Nussknackern und Räuchermännern nicht nur Spielerei steckt, sondern sie aus purer Not geboren wurden, der besucht das Spielzeugmuseum in Seiffen. Ganz nah kommt man der Welt der Bergleute im Freilichtmuseum. Hier kann man einen Blick in eine historische Spielzeugmacherwerkstatt werfen, ein Wohnhaus eines Kumpels besuchen und einem Wasserkraft-Drehwerk zuschauen.

● FRAUENSTEIN

Die mächtige Burg bietet nicht nur Ausblicke auf die Erzgebirgslandschaft, sondern auch Einblicke in Leben und Werk des Orgelbaumeisters Gottfried Silbermann.

● GLASHÜTTE

Gleich drei renommierte Manufakturen produzieren hier handwerkliche Präzisionsuhren. Im Uhrenmuseum kann man mehr darüber erfahren.

● SCHLOSS KUCKUCKSTEIN

Das neugotische Schloss war einst Ritterburg und Zentrum der sächsischen Freimaurer. Heute ist es der romantische Mittelpunkt des Städtchens Liebstadt.

ZU ZWEIT ERLEBEN

○ SCHNEEBERGER LICHTELFEST FEIERN

In der Adventszeit sind die im Stil des Barock und Rokoko gehaltenen Häuser der Altstadt stimmungsvoll beleuchtet, ein Stadtbummel lohnt sich also. Der Höhepunkt ist jedoch das alljährlich am zweiten Adventswochenende abgehaltene Lichtelfest mit Bergparade.

○ DURCH ANNABERG-BUCHHOLZ, »DIE SCHÖNSTE BERGSTADT DES ERZGEBIRGES«, BUMMELN

Die traditionsreiche alte Stadt mitten im Erzgebirge wird von der wuchtigen St.-Annen-Kirche überragt. Im überraschend lichten Inneren entfaltet sich ein Bilderbuch aus Bibelszenen. Direkt neben der Kirche geht es im Bergbaumuseum in die Unterwelt. Ein Museum erinnert an den hier geborenen Rechenkünstler Adam Ries. Zu Weihnachten verwandelt sich die ehemalige Bergbaustadt in einen wahren Weihnachtstraum. Der Markt wird bekrönt von einer großen Pyramide, in der Marienkirche erstrahlt die bergmännische Krippe in festlichem Glanz.

○ ROMANTISCHE WINTERWANDERUNG

Aufgrund der häufigen Niederschläge im Winter ist das Erzgebirge ein recht schneesicheres Wintersportgebiet. Fernab vom Trubel der Pisten ist man bei einer Wanderung zu zweit. Einige Stunden durch den knirschenden weißen Schnee zu wandern und sich danach vor dem Kaminfeuer aufwärmen – dazu lädt die Erzgebirgsregion im Winter ein.

○ AUF DEN WEIHNACHTSMÄRKTEN SCHLEMMEN

In nahezu jedem Ort im Erzgebirge findet in der Adventszeit ein Weihnachtsmarkt statt. Hier gibt es Tradition, Handwerkskunst und typisch erzgebirgische Köstlichkeiten! Ein absolutes Highlight ist auch das Einläuten der Weihnachtszeit mit dem Pyramidenanschieben, wenn die großen Holzpyramiden das ersten Mal entzündet werden. Die Märkte finden in der Regel ab Ende November bis zum 23. Dezember statt, manche sind aber auch nur an einzelnen Wochenenden.

○ MIT DER FICHTELBERGBAHN FAHREN

Schnaufend schiebt sich die Dampflokomotive den Berg hinauf, denn der Endpunkt der Schmalspurbahn ist Oberwiesenthal, die höchstgelegene Stadt Deutschlands. Die Strecke schlängelt sich von Cranzahl aus durch schneebedeckte Wälder und führt kurz vorm Ziel spektakulär über das 23 Meter hohe Hüttenbachviadukt.

Unten links: Wer sich noch ein bisschen sportlicher betätigen möchte, kann sich Langlaufskier unterschnallen. Viele Langlaufloipen im Erzgebirge führen durch eine erhaben schöne Winterwelt, in der die Bäume schwer mit Schnee beladen sind.

Unten rechts: Die Schmalspurbahn zwischen Cranzahl und Oberwiesenthal ist nicht nur bei Kindern beliebt.

PORTO

Die »Hauptstadt des Portweins« ist nach Lissabon die zweitgrößte Stadt des Landes und liegt in der historischen Provinz Douro Litoral. Gerne bezeichnet sich die quirlige Metropole, die sich am rechten Ufer des Douro steil den Hang hinauf erhebt, auch als »heimliche Hauptstadt Portugals«. Ein Sprichwort besagt, dass in Porto das Geld verdient wird, das die Einwohner von Lissabon ausgeben. Kaufmännisch nüchtern präsentiert sich dementsprechend das Stadtbild. Prunkvolle Paläste fehlen, stattdessen findet man kopfsteingepflasterte Gässchen und Häuser mit wunderschönen Fassaden. Viel besuchte Bars und vor allem die vielen traditionsreichen Portweinkeller laden zum Genießen ein. Ribeira, das älteste Viertel der Stadt, hat sich seinen Charme bewahrt und besticht mit steilen, engen Gässchen und versteckten Restaurants. Ein Kurztrip nach Porto verspricht Genuss und Kultur pur.

Oben: Portugals zweitgrößte Stadt liegt an einem steilen Hang über dem Rio Douro, kurz vor dessen Mündung in den Atlantik. Untermalt wird die idyllische Silhouette durch die historischen Portweinboote, die am Flussufer verankert sind.

Links: Die Livraria Lello ist nicht nur die schönste, sondern auch die älteste Buchhandlung Portos.

● PONTE DOM LUÍS I

So mancher Betrachter fühlt sich beim Anblick der Stahlkonstruktion an den Eiffelturm erinnert – und trifft mit dieser Assoziation fast ins Schwarze: Die Planung lag in den Händen von Théophile Seyrig, einem ehemaligen Weggefährten von Gustave Eiffel. Das Bauwerk gilt als Meisterleistung der damaligen Ingenieurskunst. 3000 Tonnen Stahl stecken in der doppelten, frei gespannten Konstruktion der Ponte Dom Luís I. Über dem Bogen fährt heute die Straßenbahn und verbindet damit die beiden Ufer des Douro zwischen Porto und Vila Nova de Gaia. Über die untere, hängende Fahrbahn läuft der Autoverkehr. Fußgänger können auf beiden gehen.

● CAIS DA RIBEIRA

Die Kais am Douro, an denen früher die Handelsschiffe anlegten und Waren entladen wurden, sind heute fest in der Hand der Touristen. Ein Lokal ums andere residiert in den ehemaligen Lagerräumen; die Tische im Freien und in den schummerigen Hinterhöfen sind bis auf den letzten Platz besetzt. Das Viertel zwischen Praça da Ribeira und der Brücke Ponte Dom Louís I. zählt zu den ältesten Portos und war bis vor wenigen Jahren auch eines der ärmsten. Heute sind viele der ehemaligen Bewohner dem Tourismus gewichen; andere halten trotzig an ihrem Alltag in den verwinkelten Gassen fest, über denen die Wäsche an Leinen flattert.

● SÉ CATEDRAL

Wie eine Festung überragt der wuchtige Kathedralbau aus dem 12. Jahrhundert das Ribeira-Viertel. Zwei mächtige Türme rahmen den Querbau mit romanischer Rosette und Zinnenkranz. In seinem Inneren ist das als Wehrkir-

WARUM IM WINTER?

Zunächst wären da die recht moderaten Temperaturen von 6 bis 10°C zu nennen. Und dann das wunderbare Essen: Das berühmte Francesinha, ein *bifana* oder ein Caldo Verde schmecken im Winter vielleicht sogar noch besser als im Sommer, da der Körper einem eine warme Mahlzeit dankt, ganz zu schweigen von einem köstlichen Bacalhau. Außerdem finden zahlreiche Feste wie das Filmfest im Februar/März statt. Und wenn es draußen regnet oder kalt ist, zieht es die Menschen eher nach drinnen, zum Beispiel in die Livraria Lello, die schönste Buchhandlung der ganzen Stadt.

che errichtete Gotteshaus einer Gruft ähnlicher als einem Ort der Lobpreisung Gottes. Doch im 18. Jahrhundert setzte der seinerzeit viel beschäftigte Baumeister Nicolau Nasoni mit einigen wenigen Kunstgriffen ein paar aufregende Akzente: Er gestaltete einen strahlenden, mit Gold überzogenen Hauptaltar unter einer lichten Kassettendecke aus Marmor und Granit und platzierte in der Sakramentskapelle im linken Querhaus einen noch prächtigeren Altar, der aus 800 Kilogramm reinen Silbers getrieben wurde.

● IGREJA DE SANTA CLARA

Wer die Igreja de Santa Clara nur von außen betrachtet, sieht vielleicht nur ein weiteres Kirchengebäude, eines unter vielen in Porto. Doch das Innere verheißt eine Formenexplosion vor dem Auge des Betrachters: »Üppig« ist gar kein Ausdruck für diese Ornament- und Schmuckvielfalt! Die Holzschnitzereien gelten als Meisterwerke der Sakralkunst im Barock- und Rokokostil. Neben den Azulejos ist die vergoldete Holzschnitzerei, die Talha dourada, eine Besonderheit der portugiesischen Kunst.

● IGREJA DE SÃO LOURENÇO

Der Gründung von Kirche und Kloster durch die Jesuiten im 16. Jahrhundert gingen heftige Proteste voraus. Die Bürger von Porto wehrten sich vor allem gegen die Einrichtung eines Kollegs, denn sie befürchteten, dadurch eines ihrer Privilegien zu verlieren: Adligen war es zu jener Zeit nämlich nicht gestattet, länger als

Links oben: Mit seinen Kronleuchtern und dem Jugendstil-Spiegelsaal zählt das Belle-Epoque-Café »Majestic« zu den touristischen Attraktionen Portos.

Links unten: Konzert in der Casa de Musica, die von dem Architekten Rem Koolhaas entworfen und 2005 eröffnet wurde.

Oben: Zwei Gotteshäuser unter einem Dach, die viel gemeinsam haben: Die Igreja do Carmo und die Igreja dos Carmelitas beherbergen in ihrem Inneren prachtvolle Talha-dourada-Altäre.

drei Tage in Porto zu verweilen. Die Schule, so die Sorge, würde hochwohlgeborene Kinder und deren Eltern dazu verleiten, sich in der Stadt niederzulassen – was trotz der Proteste passierte. Das Kloster ist verschwunden, doch die Kirche mit ihren Architekturstilen von Manierismus über Barock bis Klassizismus beherrscht den Platz gegenüber der Sé. Im Inneren schwelgt sie in Azulejos und Talha dourada.

● PALÁCIO DA BOLSA

In Porto wird Geld verdient, in Lissabon ausgegeben – so stellt sich das Verhältnis der beiden traditionell konkurrierenden Städte aus der Sicht von Porto dar. Gibt es ein besseres Symbol für die Bedeutung des Handels als eine prunkvolle Börse? Der Börsenpalast wurde 1842 als Sitz von Portos Handelsvereinigung in Auftrag gegeben und erst 1910 vollendet. Durch die lange Bauzeit vereint er in seinem eklektizistischen Dekor alle Stile des 19. Jahrhunderts. Hinter der klassizistischen Fassade verbergen sich Räume im Stil Louis' XVI., Empiresalons, ein Neorenaissance-Gerichtssaal und eine Bibliothek in bester britischer Tradition.

● IGREJA MONUMENTO DE SÃO FRANCISCO

Die Kirche geht auf eine Franziskanergründung im 13. Jahrhundert zurück. In den 1720er-Jahren entfernten Architekten und Bildhauer die gotische Ausstattung und ersetzten sie durch eine nahezu alle Kapellen bedeckende Hülle aus Talha dourada. Das vergoldete Schnitzwerk schwingt sich zu fantastischen Altären wie jenem der Nossa Senhora da Rosa auf.

● IGREJA DO CARMO

Die Doppelfassade der beiden nebeneinander erbauten Kirchen Igreja do Carmo und Igreja dos Carmelitas ist die auffällige Landmarke an Portos hoch gelegener Praça de Carlos Alberto, dem Mittelpunkt des Universitätsviertels. Etwas mehr als 100 Jahre liegen zwischen der Fertigstellung der beiden Gotteshäuser.

● ESTAÇÃO SÃO BENTO

Portos Bahnhof, sicherlich die berühmteste Bahnstation des Landes, wurde zu Beginn des 20. Jahrhunderts errichtet. Ihre riesige Bahnhofshalle ist komplett mit Azulejobildern ausgekleidet: Sie beschwören bedeutende Momente der portugiesischen Geschichte, so das Ritterturnier der Batalha de Arcos de Valdevez von 1141 oder die Eroberung Ceutas durch Infante Dom Henrique 1415.

● AVENIDA DOS ALIADOS

Als hätte sich eine Pariser Avenue in die nordportugiesische Metropole geschlichen: Die Avenida dos Aliados mit ihren neoklassizistischen

DINNER FOR TWO

CAFÉ MAJESTIC // Ein Nebeneinander von Alt und Neu macht den Charme der Rua de Santa Catarina aus, und er kumuliert im Jugendstilambiente des nostalgischen Café Majestic. Seit seiner Eröffnung 1916 verkehrten hier Intellektuelle und Künstler. Joanne K. Rowling verfasste in diesem plüschigen Ambiente unter Kronleuchtern das erste Kapitel ihrer »Harry Potter«-Saga.
// cafemajestic.com

FLOR DOS CONGREGADOS // Seit drei Generationen sorgt dieses kleine, aber sehr feine Restaurant bereits für Gaumenfreuden. Unbedingt probieren: das Terylene-Sandwich!
// flordoscongregados.pt

ENOTECA 17.56 // Auf der anderen Seite des Flusses Douro kann man in diesem Weinlokal die edlen Tropfen der Region probieren. Dazu werden allerlei leckere Kleinigkeiten serviert. Von der Terrasse aus kann man bei einem richtig guten Wein den herrlichen Panoramablick auf die Stadt genießen.
// enoteca1756.pt

Prunkbauten könnte ebenso die französische Hauptstadt schmücken. In der Anlage dieser Straße spiegelt sich der Wohlstand Portos zu Beginn des 20. Jahrhunderts, als ein altes Viertel abgerissen wurde, um Platz für die repräsentative Flaniermeile zu schaffen. Sie führt auf das 1920 erbaute Rathaus zu mit seinem 70 Meter hohen Turm zu. Mehrere Denkmäler und das Reiterstandbild Dom Pedros IV. auf der anschließenden Praça da Liberdade schmücken die Avenida.

● MERCADO DO BOLHÃO

Der imposante Bau dieses größten und schönsten Lebensmittelmarkts von Porto stammt aus der Zeit Anfang des 20. Jahrhunderts. Der Mittelpunkt des im Herzen der Stadt zwischen der Fußgängerzone Rua Sá da Bandeir und der parallel verlaufenden Rua de Santa Catarina gelegenen zweistöckigen Gebäudes ist der überdachte Innenhof, in dem die Gemüse- und Obsthändler ihre Stände haben. Entlang der mit schmiedeeisernen Balustraden geschmückten Galerien gruppieren sich Metzger und Fischverkäufer, Garküchen und Cafés.

ÜBERNACHTEN

HOSPES INFANTE SAGRES // Das luxuriöse Traditionshotel wurde umfassend renoviert und öffnet in neuem Glanz, ohne seinen stilistischen Ursprung in der Belle Époque zu vergessen. Pluspunkte sind die zentrale Lage und das eigene Restaurant »BOOK«.
// hospes.com

TOREL PALACE PORTO // Einer der schönsten Paläste der Stadt, der Palacete Campos Navarro, öffnete 2020 frisch renoviert als Boutique-Hotel seine Pforten. Jedes der Zimmer ist einem anderen Schriftsteller der portugiesischen Moderne gewidmet und entsprechend individuell eingerichtet.
// torelpalaceporto.com/de

MELINA COLINA // Die modernen Zimmer befinden sich in einem denkmalgeschützten Haus zwischen Stadtzentrum und Altstadt. Das Treppenhaus und das historische Musikzimmer sind original erhalten.
// menina-colina.pt

KULTURGENUSS

● FILMFEST »FANTASPORTO«

Die Stadt feiert jährlich eines der weltweit bedeutendsten Festivals im Fantasyfilmgenre, zu dem über 100 000 Zuschauer kommen.
// fantasporto.com

● PARK UND MUSEUM VON SERRALVES

Mit mehr als 4300 Werken zeitgenössischer Kunst wartet das Museu de Arte Contemporânea de Serralves im innerstädtischen Parque de Serralves auf. Der Park lädt zu ausgedehnten Spaziergängen ein.

● MUSEU NACIONAL DE SOARES DOS REIS

Das Haus hat sich als Nationalmuseum vor allem portugiesischer Kunst der letzten beiden Jahrhunderte verschrieben. Neben Gemälden stellt es Plastiken, Möbel und Keramik aus.

● MERCADO BOM SUCESSO

Regional oder aus aller Welt, süß oder herzhaft – das Angebot an Lebensmitteln ist riesig. Wer mag, schlemmt gleich an einem der vielen Stände innerhalb der Halle.

ZU ZWEIT ERLEBEN

○ IN DER LIVRARIA LELLO STÖBERN

Eine unvergessliche Sehenswürdigkeit – nicht nur für Bibliophile – ist die Livraria Lello e Irmão in der Rua das Carmelitas 144 im Zentrum Portos, eine der schönsten Buchhandlungen der Welt. Schon die aufwendig verzierte Fassade des sehenswerten Jugendstilgebäudes aus dem Jahr 1906 ist eindrucksvoll. Im Inneren der »Kathedrale der Bücher« beeindrucken die Büsten berühmter Schriftsteller des Bildhauers Romão Júnior und die geschwungene Holztreppe, die zu den holzvertäfelten, offenen oberen Etagen führt. Neben einer Vielfalt portugiesischer und fremdsprachiger Literatur findet man hier ein breites Sortiment an Reiseführern und Postkarten. Im Obergeschoss unter der Buntglasdecke kann man in einer kleinen Cafeteria unter anderem Portwein genießen.

○ EINE EXQUISITE FOOD-TOUR MACHEN

In Porto warten einige Köstlichkeiten auf hungrige Besucher, wie etwa »Croquetas de bacalao« (frittierte Stücke getrockneten Kabeljaus) und »Caldo verde«, eine Kartoffelsuppe mit Chouriço und Couve Galega, einer portugiesischen Variante des Grünkohls. Einen unvergesslichen Einblick in die Vielfalt der hiesigen Gastronomie erhält man auf einer Food-Tour. Einer der renommiertesten Anbieter ist Taste Porto (tasteporto.com).

○ PORTWEIN VERKOSTEN

Rund um die Stadt liegen die wichtigsten Anbaugebiete für Portos edlen Tropfen, da ist eine Führung durch einen Weinkeller inklusive Verkostung quasi ein Muss. Die größte Auswahl hat man auf der anderen Seite des Flusses in Vila Nova de Gaia.

○ MIT DER HISTORISCHEN STRASSENBAHN FAHREN

Auf drei Linien ziehen die alten Trams ihre Runden. Hier befindet man sich nicht nur auf einer Tour durch die Stadt, sondern auch auf einer Zeitreise. Wer mehr über die Tram wissen möchte, besucht das Museu do Carro Eléctrico.

Unten links: Nicht nur Bücherfreunde kommen in der Livraria Lello auf ihre Kosten, sondern auch Anhänger des Jugendstils: Die gesamte Inneneinrichtung hat sich dieser Kunstrichtung verschrieben.

Unten rechts: Steil ist die Anfahrt mit der Straßenbahn zur Igreja Paroquial de Santo Ildefonso. Mit ihrer von zwei Türmen eingerahmten Barockfassade über einer eleganten Freitreppe beherrscht die im 18. Jahrhundert erbaute Kirche die Praça da Batalha.

BERLIN

»Berlin! Hör' ich den Namen bloß / da muß vergnügt ich lachen! / Wie kann man da für wenig Moos / den dicken Wilhelm machen!« Das Paul-Lincke-Lied »Berliner Luft« gilt heute als inoffizielle Hymne Berlins. Seit Berlin Hauptstadt ist, kommen jedes Jahr Millionen von Besuchern, um Berliner Luft zu tanken. Kilometerweit laufen sie vom Reichtagsgebäude durch das Brandenburger Tor, die Prachtstraße Unter den Linden hinunter, pilgern durchs Tiergartengrün zum Potsdamer Platz, staunen über die neue Welt unter dem schwebenden Zeltdach und suchen am Kollwitzplatz und in der Kastanienallee nach dem Mythos vom Prenzlauer Berg. Kosmopolitische Weltläufigkeit, ein breites Angebot an Hochkultur, eine kunterbunte Szene und ein großer Reichtum an Zeugnissen aus Geschichte und Gegenwart haben Berlin zu einem der beliebtesten europäischen Städtereiseziele gemacht, vor allem auch bei Paaren, die die spannende Metropole gemeinsam entdecken wollen.

● BRANDENBURGER TOR

Es ist das Wahrzeichen Berlins, war Symbol der Teilung und ist heute Symbol der Einheit Deutschlands: das 26 Meter hohe und 65,50 Meter breite Brandenburger Tor, das die Prachtstraße Unter den Linden mit fünf Durchlässen nach Westen abschließt. Für die ältere Generation ist es noch immer besonders, das Tor von beiden Seiten betrachten zu können. Das einzige erhaltene Stadttor ist heute Mittelpunkt der Berliner Partymeile.

● REICHSTAG

Schon im Deutschen Kaiserreich und während der Weimarer Republik war der heutige Regierungssitz das Zentrum der Macht. Für eine Führung mit Besuch der gläsernen Kuppel am besten vorher anmelden. Von oben hat man den besten Blick – und so hat sich die Reichstagskuppel, von Stararchitekt Norman Foster auf das bestehende Gebäude aufgesetzt, zu einer der beliebtesten Touristenattraktionen entwickelt.

● CHECKPOINT CHARLIE

Eine nachgebaute Kontrollbaracke erinnert an den Ort der ehemaligen Grenze zwischen dem amerikanischen und sowjetischen Sektor der Stadt in der Friedrichstraße. Im Mauermuseum »Haus am Checkpoint Charlie« ist die Geschichte des internationalen gewaltfreien Kampfes und der Befreiungsbewegungen Mittel- und Osteuropas bis hin zur DDR-Opposition und zum Mauerfall dokumentiert.

Die größte Silvesterparty findet jedes Jahr zwischen dem Brandenburger Tor und der Siegessäule statt.

● JÜDISCHES MUSEUM

Allein wegen des Neubaus von Daniel Libeskind ist dieses Museum einen Besuch wert. Die Dauerausstellung beschäftigt sich mit zwei Jahrtausenden deutsch-jüdischer Geschichte.

● HOLOCAUST-MAHNMAL

Unweit des Brandenburger Tors erinnert ein stets zugängliches Stelenfeld an die ermordeten Juden Europas. Informativ und berührend ist das Zentrum unterhalb der Stelen.

● POTSDAMER PLATZ

Es ist mehr als ein Platz, es ist ein gigantisches Areal voller Neubauten, voller Glanz und Glas. Architekten wetteiferten hier um die kühnsten Konstruktionen, und so gelangen ihnen zahlreiche sehenswerte aufstrebende, klare Bauten, deren eindrucksvollster vielleicht das Sony Center mit seiner Zeltdachkonstruktion ist.

● SCHLOSS CHARLOTTENBURG

Das größte und schönste Berliner Schloss besitzt eine gelbe Fassade, die rekordverdächtige 505 Meter Breite misst und deren Mittelstück von einem mehrstufigen Turm mit dekorativer Kupferhaube gekrönt ist. Das Schloss

WARUM IM WINTER?

Die Kälte gehört dazu. Aber vielleicht illustriert nichts besser den Stellenwert der Berliner Filmfestspiele, als wenn die Stars trotz eisiger Minustemperaturen in aufregenden Abendkleidern auf dem Roten Teppich vor dem Berlinale Palast am Potsdamer Platz posieren und die Fans stundenlang ausharren, um sie zu sehen. Die Filmfestspiele in Berlin gelten neben denen in Cannes und Venedig als die bedeutendsten weltweit. Beteiligt sind stets zahlreiche Kinos aus der ganzen Stadt, wobei der Schwerpunkt im Zentrum rund um den Potsdamer Platz liegt. Ein weiteres wichtiges Event im Winter ist im Januar die Lange Nacht der Museen: Dann öffnen Museen ihre Türen an einem Abend bis Mitternacht zur Besichtigung und zu Darbietungen. Dass man ein anderes Mal ohne zahllose Mitgucker wiederkommt, ist wohl die Absicht des Events, bei dem man u. a. auch Museen entdeckt, die nicht auf der Must-See-Liste der Reiseführer stehen.

ist das Werk mehrerer Architekten und wurde einige Male erweitert, wirkt aber dennoch in seiner Architektur sehr einheitlich. In seinem Inneren sind verschiedene Prunkräume zu besichtigen sowie das Museum für Vor- und Frühgeschichte. Vor dem Schloss thront auf einem Sockel das imposante Reiterstandbild des Großen Kurfürsten.

● KURFÜRSTENDAMM

Touristen kennen den Ku'damm als Flaniermeile. Doch die schon 1542 angelegte Straße war einmal der Verbindungsweg der Kurfürsten vom Stadt- ins Jagdschloss. Einen eindrucksvollen Boulevard nach dem Vorbild der Champs-Elysées sollte die Kapitale des Kaiserreiches erhalten: Reichskanzler Otto von Bismarck hatte das angeregt, als er nach dem Deutsch-Französischen Krieg aus Paris zurückgekehrt war. Und so wurde aus dem ehemaligen Knüppeldamm zum Jagdschloss im Grunewald eine 3,5 Kilometer lange und 53 Meter breite Prachtstraße.

Unten links: Zur Eröffnung der Filmfestspiele wird das Musical-Theater am Potsdamer Platz jedes Jahr zum Berlinale Palast. Wie bei den Filmvorführungen für Besucher aus aller Welt ist auch bei der Ankunft der Schauspieler zur Eröffnung der Berlinale der Andrang des Publikums groß.

Oben: Der Gendarmenmarkt wird von drei imposanten Bauten beherrscht: vom Deutschen Dom, vom ehemaligen Königlichen Schauspielhaus (links), das heute als Konzerthaus genutzt wird, und vom Französischen Dom (rechts im Bild).

Unten links: Mit seinen vier Ecktürmen erinnert der Berliner Dom an die Peterskirche in Rom. Die Grablege der Hohenzollern wurde von 1894 bis 1905 auf Wunsch Kaiser Wilhelms II. dort gebaut, wo vorher ein schlichtes Kuppelhaus stand.

● GEDÄCHTNISKIRCHE

Eines der Wahrzeichen Berlins ist die Kaiser-Wilhelm-Gedächtniskirche, die Ende des 19. Jahrhunderts erbaut, 1943 zerbombt und danach nicht wiederaufgebaut, sondern ab dem Jahr 1961 durch einen neuen Altarraum ergänzt wurde. Dieser, mit abertausend kleinen Fenstern verkleidet, erstrahlt im Innern in magisch blauem Licht, ein entschleunigender Ruhepunkt am hektischen Breitscheidplatz.

● UNTER DEN LINDEN

Der Prachtboulevard führt zu einigen wichtigen Sehenswürdigkeiten. Dazu gehören das Brandenburger Tor, die Staatsoper, die Museumsinsel, der Dom und das Zeughaus.

● PRENZLAUER BERG

Der Stadtteil im Norden Berlins ist vor allem für seine internationalen Restaurants und Bars bekannt. Auch das kulturelle Leben – von Musik bis Theater – ist von Bedeutung.

● GEDENKSTÄTTE BERLINER MAUER

Mitten durch die Bernauer Straße verlief die Grenze. Die Gedenkstätte der Berliner Mauer erinnert mit Filmen, einer Ausstellung und einem Dokumentationszentrum daran.

● FERNSEHTURM UND ALEXANDERPLATZ

Der »Alex« liegt mitten in der Hauptstadt. Das beliebte Fotomotiv ist die Weltzeituhr. Das zweite Highlight ist der Fernsehturm, mit 368 Metern Deutschlands höchstes Bauwerk.

● GENDARMENMARKT

Mit dem Ensemble aus klassizistischen Prachtbauten wie dem Schauspielhaus, dem Deutschem und dem Französischen Dom ist der Gendarmenmarkt der wohl schönste Platz Berlins. In seinem Zentrum steht, den Blick auf das Schauspielhaus gerichtet, eine Statue Friedrich Schillers.

● NIKOLAIVIERTEL

Hübsch und alt präsentiert sich das Nikolaiviertel – es wurde im Jahr 1987 zum 750. Geburtstag der Stadt Berlin weitgehend neu aufgebaut. Alte Häuser von anderen Orten wurden hierhin versetzt, neue, mit Giebeln und Erkern auf alt getrimmt, kamen dazu – eine schöne Illusion von Altstadt und angenehmes Flanierviertel. Mittendrin gibt es aber auch wirklich alte Bauten, dazu Cafés und Restaurants sowie die zweitürmige Nikolaikirche.

● HACKESCHE HÖFE

Die größte und schönste Hofanlage im Zentrum Berlins: Ein riesiger Gebäudekomplex mit Wohnungen, Ateliers, Boutiquen, Läden, Restaurants, Kinos und Galerien gruppiert sich um insgesamt acht Innenhöfe, die alle Anfang des 20. Jahrhunderts entstanden sind, damals mit wunderschönen Jugendstilelementen ausgeschmückt und mit farbig glasierten Kacheln

DINNER FOR TWO

HEISIG // Edles KPM-Porzellan, Rosen in der Vase, silberne Kerzenleuchter und Seidentapete – romantischer geht es kaum. Das französische Restaurant in einer Nebenstraße des Ku'Damm lässt einen für eine Weile den Alltag vergessen.

// restaurant-heising.de

CAFÉ EINSTEIN // In einer Jugendstilvilla untergebracht, eignet sich dieses Café mit seiner 1920er-Jahre-Eleganz sowohl zum Brunch als auch zum romantischen Abendessen.

// einstein-udl.com

GRILL ROYALE // Liebe geht durch den Magen, vor allem in diesem auf Fleisch und Fisch spezialisierten Lokal direkt an der Spree. Zu den illustren Gästen zählen Filmstars und Models. Reservierung dringend erforderlich.

// grillroyal.com

verkleidet und liebevoll und aufwendig restauriert.

● BEBELPLATZ
In der Mitte des architektonisch reizvollen Platzes ist das unterirdische Denkmal zur Bücherverbrennung durch eine Glasplatte zu sehen.

KULTURGENUSS

● KULTURFORUM
Am Potsdamer Platz hat sich eine Ansammlung kultureller Einrichtungen entwickelt, von denen einige in architektonisch interessanten Gebäuden untergebracht sind, etwa die Philharmonie und die Neue Nationalgalerie.

● MUSEUMSINSEL
Auf einer Landzunge in der Spree befindet sich eine Konzentration hochklassiger Museen: Pergamonmuseum, Altes und Neues Museum, Antikensammlung, Museum für Vor- und Frühgeschichte und weitere Institutionen sind in fünf prächtigen Bauten zu Hause.

● EAST SIDE GALLERY
Wenige Monate nach dem Fall der Mauer bemalten 118 Künstler aus 21 Ländern einen Abschnitt der Mauer in Berlin-Friedrichshain. So entstand die größte Open-Air-Galerie der Welt.

● FRIEDRICHSTADT-PALAST
Nur der Name der vom Bertolt-Brecht-Platz abgehenden Straße »Am Zirkus« erinnert noch an den alten Friedrichstadt-Palast, der 1869 als erste Markthalle Berlins errichtet sowie 1874 zum Zirkus und 1919 zum Großen Schauspielhaus umgebaut wurde. Heute besitzt das Haus die größte Theaterbühne der Welt.

● DEUTSCHE STAATSOPER
Die Deutsche Staatsoper war das erste große Bauobjekt des jungen Königs Friedrich II. in Zusammenhang mit seinem am heutigen Bebelplatz geplanten Forum Fridericianum. Seit 1741 von Georg Wenzeslaus von Knobelsdorff geplant, wurde die damalige »Königliche Hofoper«, eines der schönsten Opernhäuser der Welt.

● KONZERTHAUS BERLIN
Das von Karl Friedrich Schinkel erbaute Schauspielhaus gehört zu den Meisterwerken klassizistischer Architektur in Deutschland.

ÜBERNACHTEN

HOTEL AM STEINPLATZ // Das Boutique-Hotel in Charlottenburg befindet sich in der Nähe des Tiergartens, des Potsdamer Platzes und des Zoos. Luxus, Geschichte, Kultur und Lifestyle sind perfekt kombiniert. **// marriott.com**

SCHLOSSHOTEL BERLIN // Das Haus stammt von 1911 und ist im Renaissancestil französischer Paläste des 18. Jahrhunderts erbaut. Den Charme und die Grandeur von damals verströmt das luxuriöse Hotel bis heute. Die u. a. von Karl Lagerfeld und Patrick Hellmann gestaltete Einrichtung verleiht dem Hotel eine besondere Note. **// schlosshotelberlin.com**

THE MANDALA HOTEL // Ästhetik, ein stimmiges Design sowie perfekter Service prägen das Hotel am Potsdamer Platz. Im Restaurant Facil genießt man die Kreationen von Chefkoch Michael Kempf. **// themandala.de**

ZU ZWEIT ERLEBEN

○ NÄCHTLICHE BOOTSFAHRT AUF DER SPREE

Im Winter, wenn die Tage kurz sind, ist eine Fahrt mit dem Ausflugsschiff auf Spree und Landwehrkanal genau das Richtige für Romantiker: Die wunderschön beleuchteten Sehenswürdigkeiten beidseits des Flusses, deren Lichter sich im Wasser spiegeln, kann man sowohl von drinnen als auch draußen an Deck bewundern. Allerdings sollte man sich für Letzteres warm in eine Decke mummeln.

○ DEN FERNSEHTURM ERKLIMMEN UND GANZ BERLIN ÜBERBLICKEN

Auf 207 Metern liegt das Restaurant »Sphere«. Es dreht sich in einer Stunde einmal um die eigene Achse. Gehobene Küche, garniert mit Traumblick und Klavieruntermalung ab 19 Uhr.

○ EINE TRABI-SAFARI UNTERNEHMEN UND SICH IN DIE VERGANGENHEIT VERSETZT FÜHLEN

Man lenkt den kultigen Trabant selbst und fühlt sich nostalgisch in die DDR zurückversetzt, während man dem Reiseführer folgt. Dieser versorgt die Teilnehmerinnen und Teilnehmer mit viel Informativem. Generell sind verschiedene Touren im Angebot.

○ EISLAUFEN IM HERZEN DER CITY

Wer im Winter nach Berlin kommt, kann dort Eislaufen und sogar rodeln! In der kalten Jahreszeit verwandelt sich der Potsdamer Platz in das größte Wintersportzentrum Berlins. Die Rodelbahn mitten in der Stadt mit Blick bis zum Brandenburger Tor ist einzigartig. Der Schnee wird angeliefert. Für alle Fälle liegen Sommerrodelmatten darunter. Eine weitere Eislaufbahn gibt es am Neptunbrunnen beim Fernsehturm. Vor der Kulisse am westlichen Alexanderplatz dreht man beschwingt seine Runden auf dem Eis.

○ AUSFLUG IN DIE TROPEN

Wenn es draußen kalt und ungemütlich ist, sehnt man sich da nicht nach warmem Klima? Ein Ort in der Stadt, an dem es das ganze Jahr über heiß und feucht wie in den Tropen ist, sind die historischen Gewächshäuser im Botanischen Garten. Rund 22000 Blumen- und Pflanzenarten wachsen und gedeihen hier auf einer Fläche von 43 Hektar.

Unten links: Bunt beleuchtet ist die Schlittschuhfläche auf dem Potsdamer Platz.

Unten rechts: Auf dem Gelände des Botanischen Gartens verzaubert im Winter der »Christmas Garden« mit seinen Abertausenden Lichtern die Besucher.

REGISTER

BILDNACHWEIS

C = Corbis, G = Getty, M = Mauritius

Cover:
Vorderseite: Jacob Lund/Shutterstock.com (Frauen mit Fahrrad), Botond Horvath/Shutterstock.com (Budapest), DavideAngelini/Shutterstock.com (Kakao), Sven Hansche/Shutterstock.com (London), Ekaterina Pokrovsky/Shutterstock.com (Paris), Armando Oliveira/Shutterstock.com (Lissabon), Rickson Davi Liebano/Shutterstock.com (Dublin); Rückseite: Roman Belogorodov/Shutterstock.com (Korfu).

S. 2/3 Look/Danita Delimont, S. 4/5 G/Nick Brundle Photography, S. 6/7 Giannis Papanikos/Shutterstock.com, S. 8/9 G/Marco Bottigelli, S. 10 Look/Travelstock44, S. 11 G/Alvaro Gonzalez, S. 12/13 G/Grant Faint, S. 14/15 G/Gianliguori, S. 16 M/Stefan Kiefer, S. 17 M/Stephen Emerson, S. 18 G/Perboge, S. 18 Look/VWPics, S. 19 C/Carl Bruemmer, S. 21 G/John Freeman, S. 21 Look/Travel Collection, S. 22/23 Patryk Kosmider/Shutterstock.com, S. 24 G/RudyBalasko, S. 25 G/Prescott09, S. 26 Noppasin Wongchum/Shutterstock.com, S. 26 G/Heritage Images, S. 26 G/Sir Francis Canker Photography, S. 27 TTstudio/Shutterstock.com, S. 27 M/Jason Langley, S. 28 M/Kavalenkava Volha, S. 29 G/Nick Brundle Photography, S. 29 Look/Elan Fleisher, S. 30 G/Jorg Greuel, S. 31 Christian Horz/Shutterstock.com, S. 32 M/Thomas Ebelt, S. 32 M/Werner Dieterich, S. 33 Look/Arnt Haug, S. 35 Look/Walter Schieflwohl, S. 35 Lapa Smile/Shutterstock.com, S. 36 G/Pierre Ogeron, S. 37 Look/age fotostock, S. 39 M/René Mattes, S. 39 Julia Lav/Shutterstock.com, S. 40 M/Ross Hoddinott, S. 41 G/Joe daniel price, S. 42 Look/The Travel Library, S. 42/43 Look/robertharding, S. 43 G/Clive Nichols, S. 45 G/Peter Unger, S. 45 M/Steve Vidler, S. 46 Look/Rainer Mirau, S. 47 G/Radomir Hofman, S. 48 C/Rob Tilley, S. 48 M/Alamy, S. 51 Look/Don Fuchs, S. 51 G/Anouchka, S. 52 Svietlieisha Olena/Shutterstock.com, S. 53 frantic00/Shutterstock.com, S. 53 Gagarin Iurii/Shutterstock.com, S. 54 M/Lucas Vallecillos, S. 55 G/FotoVoyager, S. 56 G/Ingolf Pompe, S. 56/57 G/Sylvain Sonnet, S. 59 Look/Christina Körte, S. 59 Matyas Rehak/Shutterstock.com, S. 60 Andrij Vatsyk/Shutterstock.com, S. 61 Nick N A/Shutterstock.com, S. 62 M/P. Widmann, S. 62 M/imageBROKER, S. 62/63 M/Ingo Boelter, S. 65 Look/Peter Schickert, S. 65 G/Maxsol7, S. 66 Look/robertharding, S. 67 Look/Design Pics, S. 68 G/Joe Daniel Price, S. 68/69 C/Massimo Borchi, S. 71 Look/Hemis, S. 72 G/Eleanor Scriven, S. 73 G/Vasilis Tsikkinis photos, S. 74 G/Zoom-zoom, S. 74/75 G/Alexander Spatari, S. 76 G/Lucianbolca, S. 77 Look/age fotostock, S. 77 M/P. Kaczynski , S. 78 Look/age fotostock, S. 80 Look/Photononstop, S. 80 Look/ClickAlps, S. 81 G/Neil Farrin, S. 83 G/Alvaro Cabrera, S. 83 G/Mel Stuart, S. 84 Look/Andreas Strauß, S. 86 G/Franckreporter, S. 86/87 G/Bbbrrn, S. 88 Look/Andreas Straufl, S. 89 Look/Rova-art, S. 89 M/René Mattes, S. 90 G/Stuart Black, S. 91 Look/Sabine Lubenow, S. 92 M/World Pictures, S. 92/93 Look/Jürgen Richter, S. 92/93 M/Franck Guiziou, S. 93 G/Eloi_Omella, S. 94 Look/Brigitte Merz, S. 95 Binder Medienagentur/Shutterstock.com, S. 95 Look/Sabine Lubenow, S. 96 G/Westend61, S. 97 M/John Kellerman, S. 98 G/Loic Lagarde, S. 99 M/Barry Mason, S. 100 G/Travelstock44 – Juergen Held, S. 101 Grzegorz Czapski/Shutterstock.com, S. 101 G/Loop Images, S. 102/103 M/Juergen Held, S. 104/105 G/Photo Art by Mandy, S. 106 M/Alamy, S. 107 M/Alamy, S. 108 G/Roberto Ricciuti, S. 109 G/Slow Images, S. 111 G/Christopher Combe, S. 111 C/Guido Cozzi, S. 112/113 Look/Christian Mueringer, S. 114 M/Alamy, S. 115 G/Peter Zelei Images, S. 116 G/Brian Jannsen, S. 116 travelview/Shutterstock.com, S. 117 G/Purestock, S. 119 M/Alamy, S. 119 G/Raffi Maghdessian, S. 120 G/Zu Sanchez, S. 122 G/Marco Bottigelli, S. 122 Look/Kay Maeritz, S. 125 G/Chiara Salvadori, S. 125 Look/age fotostock, S. 126/127 Look/ClickAlps, S. 128 M/DBrian Jannsen, S. 130 G/Stefano Rellandini, S. 130/131 G/Olena_Z, S. 132 G/Naibank, S. 133 M/Alamy, S. 133 Look/Hemis, S. 134/135 Look/Hemis, S. 136 Look/age fotostock, S. 137 G/Gonzalo Azumendi, S. 139 G/Dhwee, S. 140 G/Siegfried Layda, S. 142 Look/Elan Fleisher, S. 143 M/Wojtek Buss, S. 143 M/age, S. 144 G/Elena Pejchinova, S. 145 G/CCat82, S. 146 G/Goce, S. 146 G/Alexander Spatari, S. 148 G/Majaiva, S. 149 G/Joao Inacio, S. 149 Look/Franz Marc Frei, S. 150

M/FB-Schulz, S. 151 M/Udo Siebig, S. 152 M/Martin Siepmann, S. 152/153 G/ABBPhoto, S. 153 M/Martin Siepmann, S. 155 M/image-BROKER, S. 155 M/Laszlo Szirtesi, S. 156 canadastock/Shutterstock.com, S. 157 M/Lucas Vallecillos, S. 157 M/Lucas Vallecillos, S. 158 G/Andrea Comi, S. 159 M/Prisma, S. 161 Vlas Telino studio/Shutterstock.com, S. 161 M/Sabine Lubenow, S. 162/163 Look/Thomas Stankiewicz, S. 164 G/Michele Falzone, S. 165 G/Jorg Greuel, S. 166 G/Sylvain Sonnet, S. 167 Look/Kay Maeritz, S. 168 Look/Ingolf Pompe, S. 169 M/AndrÈ GonÁalves, S. 169 Look/robertharding, S. 170 Look/robertharding, S. 172 M/Alamy, S. 173 M/Mauro Toccaceli, S. 173 G/Miha Pavlin, S. 174 M/Susana Guzman, S. 176 G/Westend61, S. 177 G/Evgeni Dinev Photography, S. 177 G/Katja Kreder, S. 178 G/Maremagnum, S. 179 Look/Tobias Richter, S. 180 M/Marco Secchi, S. 180/181 MNStudio/Shutterstock.com, S. 181 G/Allan Baxter, S. 183 CrispyPork/Shutterstock.com, S. 183 M/Friedrich Kalcher, S. 184/185 Imagentle/Shutterstock.com, S. 186/187 G/Westend61, S. 188 M/Denis Comeau, S. 189 M/John Warburton-Lee, S. 190 M/Alamy, S. 190/191 M/Peter Horree, S. 190/191 Fotokon/Shutterstock.com, S. 192 G/Shaun Egan, S. 192 M/John Warburton-Lee, S. 193 G/Holger Leue, S. 193 Look/Reisezielinfo.de, S. 194 Look/Heinz Wohner, S. 195 M/Alamy, S. 196 M/Ingo Schulz, S. 196 G/Martin Rose, S. 196/197 Look/Heinz Wohner, S. 197 Look/Ulf Boettcher, S. 199 M/Petra Daisenberger, S. 200 C/MF, S. 201 G/Albert Tan photo, S. 202 G/Fotogeng, S. 202 M/Patrice Hauser, S. 202 C/Angelo Cavalli, S. 203 G/Frank Lukasseck, S. 204 M/Peter Horree, S. 205 Look/robertharding, S. 205 M/Alamy, S. 206 Look/Andreas Straufl, S. 207 Look/Stephan Schulz, S. 208 Look/Camillo Balossini, S. 208 Look/Othmar Seehauser, S. 208 Look/Thomas Stankiewicz, S. 210 Look/Andreas Straufl, S. 211 Look/Helmuth Rier/Suedtirolfoto, S. 211 M/Dr. Wilfried Bahnmüller, S. 212/213 Look/Helmuth Rier, S. 214 G/Anshar73, S. 215 Look/Manuel Bischof, S. 216 M/Gillian Lloyd, S. 216/217 G/Maremagnum, S. 216/217 G/REDA&CO, S. 218 M/Felix Choo, S. 219 M/Eli Pascall-willis, S. 219 G/AGF, S. 220 G/Ian.CuiYi, S. 222 M/Lucas Vallecillos, S. 222 Marco Rubino/Shutterstock.com, S. 222/223 Georgios Tsichlis/Shutterstock.com, S. 225 G/Xavi Torrent, S. 226 C/Scott Stulberg, S. 227 Sabine Klein/Shutterstock.com, S. 228 G/Julien Garcia, S. 228 G/DieterMeyrl, S. 231 M/Alamy, S. 231 M/Helmut Corneli, S. 232 G/Thomas Roche, S. 233 G/Xantana, S. 234 G/Carl D. Walsh, S. 234 G/Artie Photography (Artie Ng), S. 234/235 Mistervlad/Shutterstock.com, S. 236 G/Allan Baxter, S. 237 M/Günter Lenz, S. 237 M/Juergen Hasenkopf, S. 238 Noppasin Wongchum/Shutterstock.com, S. 240 greiss design/Shutterstock.com, S. 240 M/Alamy, S. 241 givaga/Shutterstock.com, S. 243 M/Alamy, S. 243 M/Stefan Kiefer, S. 244 G/Ryuivst, S. 246 G/Jacques SIERPINSKI, S. 246/247 M/Monica Gumm, S. 248 C/Scott S. Warren, S. 249 Sam Robertshaw/Shutterstock.com, S. 249 G/Styve, S. 250 M/age, S. 251 G/Westend61, S. 252 G/Joe Daniel Price, S. 253 M/Roberto Moiola, S. 253 Simona Bottone/Shutterstock.com, S. 254 SeregaYu/Shutterstock.com, S. 255 Look/Tetra, S. 255 G/SeanPavonePhoto, S. 256 M/Kerstin Bittner, S. 258 Look/Florian Werner, S. 258 M/P. Widmann, S. 258 FooTToo/Shutterstock.com, S. 260 amyrxa/Shutterstock.com, S. 261 M/Udo Siebig, S. 261 FooTToo/Shutterstock.com, S. 262 Look/Alois Radler-Wöss, S. 263 Benny Marty/Shutterstock.com, S. 264 Emanuel Metzenthin/Shutterstock.com, S. 264 G/RnDmS, S. 266 G/John Burke, S. 267 G/John and Tina Reid, S. 267 M/Christof Sonderegger, S. 268/269 Nautika Restaurants, S. 270 G/Mahout, S. 272 G/Tonino Giallombardo, S. 272 G/Franco Origlia, S. 272/273 Fifi montagne/Shutterstock.com, S. 274 G/Rostislavv, S. 275 G/Evgeni Dinev Photography, S. 275 G/Gareth Mccormack, S. 276/277 G/Arctic-Images, S. 278 M/Scott Wilson, S. 280 G/Henrik Trygg, S. 280/281 G/Foto-Voyager, S. 281 G/Rosa María Fernández Rz, S. 282 Anders E. Skanberg/Shutterstock.com, S. 283 Roman Sigaev/Shutterstock.com, S. 283 M/Frank Chmura, S. 284 M/Helmut Meyer zur Capellen, S. 285 Mistervlad/Shutterstock.com, S. 286 M/age fotostock, S. 286/287 G/Sergio Mendoza Hochmann, S. 289 T. Schneider/Shutterstock.com, S. 289 C/Bob Krist, S. 290/291 Look/robertharding, S. 292 G/Posnov, S. 293 G/Swen_Stroop, S. 294 Ann Stryzhekin/Shutterstock.com, S. 294/295 G/Posnov, S. 295 Kleber Ishida/Shutterstock.com, S. 297 G/Roberto Moiola, S. 297 G/Salim Madjd, S. 298 M/Bogdan Lazar, S. 299 G/Boxun Liu, S. 300 G/Photographie Jp Racine, S. 300 M/Alistair Scott, S. 300/301 Anna Nahabed/Shutterstock.com, S. 301 Look/SagaPhoto, S. 302 M/Christof Sonderegger, S. 303 G/Margouillatphotos, S. 303 Mihai-Bogdan Lazar/Shutterstock.com, S. 304 Albert Pego/Shutterstock.com, S. 306 G/Federica Baldo, S. 306/307 H. & D. Zielske, S. 307 G/Martin Ruegner, S. 309 G/Barbara Zanon, S. 309 MstudioG/Shutterstock.com, S. 310 DaLiu/Shutterstock.com, S. 311 Vunav/Shutterstock.com, S. 311 Olga Gavrilova/Shutterstock.com, S. 312 G/Francois GOUDIER, S. 314 Look/age fotostock, S. 314 G/Izzet Keribar, S. 314/315 G/Travelpix Ltd, S. 316 M/Alamy, S. 317 M/Megan Whittaker, S. 317 G/Arctic-Images, S. 318 G/Cornelia Doerr, S. 319 M/Busse & Yankushev, S. 320 G/Jorg Greuel, S. 320/321 Look/Alois Radler-Wöss, S. 321 Look/Markus Ixmeier, S. 323 Willi Pfitzinger, S. 323 G/Franz12, S. 324 M/Andrew Michael, S. 325 Hiroshige/Shutterstock.com, S. 326 G/Rosane Miller Photography, S. 326 Andrew Roland/Shutterstock.com, S. 327 G/Joe Daniel Price, S. 327 M/Alamy, S. 328/329 Martin Fowler/Shutterstock.com, S. 330 M/Gabriele Hanke, S. 331 M/Andreas Vitting, S. 332 Look/Franz Marc Frei, S. 332 Animaflora PicsStock/Shutterstock.com, S. 332 M/Volker Preusser, S. 334 VH.Jamie/Shutterstock.com, S. 335 Look/Franz Marc Frei, S. 335 G/Frank Bienewald, S. 336 Look/Travel Collection, S. 337 G/Leonardo Patrizi, S. 338 lindasky76/Shutterstock.com, S. 338 Look/Hemis, S. 338/339 G/Maremagnum, S. 341 G/Maremagnum, S. 341 G/Japatino, S. 342 G/Sven Hansche, S. 344 G/MarioGuti, S. 344 M/Jürgen Henkelmann, S. 344/345 Look/Ulf Böttcher, S. 347 Yevhenii Kravchuk/Shutterstock.com, S. 347 M/United Archives.

IMPRESSUM

MAIRDUMONT GmbH & Co. KG,
Ostfildern
Kistlerhofstraße 111
81379 München
Telefon +49.89.45 80 20-0
Fax +49.89.45 80 20-21
www.kunth-verlag.de
info@kunth-verlag.de

ISBN 978-3-96965-157-5
1. Auflage

Printed in Romania

MIX
Aus verantwortungsvollen Quellen
FSC® C127233

Verlagsleitung: Grit Müller
Redaktion: Mareike Seeger, Jennifer Valentin
Gestaltung: Ulrike Lang
Texte: Monika Baumüller, Dietmar Falk, Robert Fischer, Christiane Gsänger, Stefan Jordan, Daniela Kebel, Ute Kleinelümern, Hildegard Kretschmer, Andrea Lammert, Norbert Lewandowski, Kerstin Majewski, Michael Müller, Christa Pöppelmann, Gabriele Redden, Oliver Renzler, Iris Schaper, Julia Schott, Annika Voigt, Karin Weidlich, Walter Weiss